智慧城市综合感知

陈能成 等 著

科学出版社

北京

内 容 简 介

智慧可持续发展城市是人类社会发展的主要目标，也是当今国际科技竞争的主阵地。城市感知技术已成为智慧城市的关键技术之一。本书在城市综合感知概念的基础上，系统论述城市综合感知指标体系与系统、城市综合感知共性技术体系、城市群地表要素无缝感知、城市关键节点人车物智能感知、城市街区精细场景自主感知和城市综合感知服务系统等。

本书可供地理、计算机、遥感和城市管理等相关专业的学者和研究生阅读参考，也能够为从事智慧城市设计、建设和运维的相关人员提供技术参考。

图书在版编目(CIP)数据

智慧城市综合感知/陈能成等著. —北京：科学出版社，2022.9
ISBN 978-7-03-072824-1

Ⅰ. ①智… Ⅱ. ①陈… Ⅲ. ①现代化城市－城市建设－研究－武汉 Ⅳ. ①F299.276.31

中国版本图书馆 CIP 数据核字（2022）第 142052 号

责任编辑：朱 丽 董 墨 程雷星 / 责任校对：樊雅琼
责任印制：吴兆东 / 封面设计：无极书装

科学出版社 出版
北京东黄城根北街 16 号
邮政编码：100717
http://www.sciencep.com

北京建宏印刷有限公司 印刷
科学出版社发行 各地新华书店经销

*

2022 年 9 月第 一 版　开本：787×1092　1/16
2023 年 7 月第二次印刷　印张：17 1/4
字数：406 000

定价：168.00 元
（如有印装质量问题，我社负责调换）

作者名单

主　　笔　陈能成

副主笔　张　翔　盛　浩　胡楚丽　刘烨斌
　　　　　卜方玲　杨　超　杜文英

其他作者（以姓氏笔画为序）
　　　　　王　珂　王松涛　尹心亮　石志儒
　　　　　严颂华　李志伟　杨建思　吴　杰
　　　　　吴艳霞　吴裕星　张文俊　张晓东
　　　　　陈培坤　范业稳　周文卫　桑梓勤
　　　　　董文永　虞晶怡　漆　炜　谭喜成

序

  智慧城市是国家新型城镇化的重要抓手，也是我国"十三五"期间经济社会发展的重大工程项目之一。从 2011 年起，科技部先后部署了"智慧城市（一期）"国家 863 计划主题项目、"智慧城市（二期）"国家 863 计划重大项目、"物联网与智慧城市关键技术及示范"国家重点研发计划项目等，取得了一系列创新成果。近几年，在物联网、社会感知、大数据、人工智能和信物融合等领域涌现出一批创新的思想、方法、技术和产品，对我国智慧城市的集成研究和示范应用起到了推动、催化作用，凸显了智慧城市基础理论与应用实践研究的旺盛生命力。

  智慧城市最核心的基础是感知，而感知最前沿的理念是综合感知。该书作者陈能成教授自 2006 起到美国参与美国国家航空航天局传感网（NASA Sensor Web）与 OWS-5/6 项目开始传感器网络研究，到 2019 年获批国家重点研发计划项目，再到如今，已历时 16 载，综合感知研究一直是其主要研究方向。其研究成果获得 R&D 100 创新奖，并随后将传感网的概念、理论和技术引入国内并扩展创新，参与了智慧城市一期和二期项目课题并出版了《对地观测传感网资源集成管理的模型与方法》和《对地观测传感网信息服务的模型与方法》专著，在国际电信联盟（International Telecommunication Union，ITU）首届物联网和智慧城市研究组全体会议提出多尺度综合感知需求、概念、体系，研究成果获得教育部自然科学奖一等奖、教育部科学技术进步奖一等奖和湖北省技术发明奖一等奖等。陈能成领衔的"对地观测传感网与智慧城市"团队也入选科技部重点领域创新团队。从 2019 年主持国家重点研发计划"物联网与智慧城市关键技术及示范"重点专项"城市多尺度综合感知技术与体系"项目开始，陈能成教授持续在城市感知领域前沿攻关。该书即是上述科研攻关的系统性凝练成果，通过对综合感知共性体系、城市综合感知关键技术、城市精细场景自主感知和城市综合感知服务系统等多方面论述，阐述城市综合感知的创新理念和前沿技术。2020 年，中国工程院发布《全球工程前沿 2020》，将"基于地理时空大数据的智慧城市与智慧流域综合感知"列为土木、水利与建筑工程领域的前沿之首。该书即是探索这一前沿的最好体现！

龚健雅
中国科学院院士
2022 年 8 月

前言

综合感知是城市全域信息获取的新途径,面临多平台、多协议和多主题等挑战,存在无缝、高精度和准实时等多尺度综合感知技术难题。长江经济带是重大国家战略发展区域,武汉作为长江经济带中游城市群的核心,"城市看海""交通拥堵""江河湖生态退化"等城市病凸显,城市感知质量和效率低下,迫切需要开展多尺度综合感知技术与体系研究探索。

在此背景下,作者团队依托国家重点研发计划项目,创新提出了"综合感知"的概念,并围绕城市地表要素、人车物和应急场景感知需求,建立了多尺度综合感知指标、技术与标准体系,突破了无缝、高精度和准实时综合感知关键技术,研制了新型时空感知设备与综合感知服务系统,开展了城市群至街区尺度的暴雨内涝、区域交通和江河湖生态环境示范,打破了行业感知孤岛,提升了城市综合感知能力。本书系统阐述了上述创新成果,具体包括如下9章。

第 1 章为城市感知概述,主要从城市感知的简要介绍、相关技术、信息平台和发展趋势等方面阐述了城市感知的内涵和关键挑战,并引出城市综合感知的最新理念。

第 2 章为城市综合感知,重点阐述了城市综合感知的体系架构和关键技术。

第 3 章为城市综合感知指标体系与系统,论述了指标体系框架、典型指标体系、指标观测映射和指标管理系统。

第 4 章为城市综合感知共性技术体系,论述了能力认知、关联协同、优化构网和即时服务等共性技术,并阐述了典型案例。

第 5 章为城市群地表要素无缝感知,阐述了多源数据融合感知技术,不透水面、土壤水分和城市群降水融合感知与无缝产品,以及城市群地表要素无缝感知系统。

第 6 章为城市关键节点人车物智能感知,论述了亿级像素光场计算成像技术与装置、城市密集人群行为在线视觉分析技术、城市景物深度估计与场景语义分割技术、城市车流动态跟踪分析技术和典型应用。

第 7 章为城市街区精细场景自主感知,介绍了街区自主感知的总体框架、室内地下自主感知技术与测图设备、街区环境 RFID 智能感知技术与微网设备、突发场景手机众包成像技术与终端设备和街区精细场景立体在线感知网原型。

第 8 章为城市综合感知服务系统,包括需求分析和总体设计,以及空天地协同感知、多源大数据管理、在线融合分析、综合感知服务、综合感知运维和综合感知可视化等子系统,以及典型应用。

第 9 章为总结与展望。

本书的总体架构由项目首席科学家陈能成教授提出,项目组成员协同完善和合作实现。第 1 章由张翔组织撰写,第 2 章由陈能成、张翔、胡楚丽、王珂组织撰写,第 3 章由杜文英、王珂组织撰写,第 4 章由胡楚丽、王珂组织撰写,第 5 章由范业稳、李志伟和严颂华组织撰写，第 6 章由刘烨斌、王松涛组织撰写，第 7 章由卜方玲、杨超、吴艳霞、陈培坤组织撰写，第 8 章由尹心亮、张翔、谭喜成和陈栋组织撰写，第 9 章由陈能成、张翔组织撰写。

  本书出版得到了国家重点研发计划"物联网与智慧城市关键技术及示范"重点专项"城市多尺度综合感知技术与体系"（2018YFB2100500）的资助，并得到了科技部、工业和信息化部、武汉大学、中国地质大学（武汉）和科学出版社等单位的大力支持。

  本书是项目组研究成果的汇总和集成，同时在本书撰写过程中，作者引用了大量相关学者的研究成果，虽然已有标注和说明，但不可避免地存在遗漏之处，谨向他们表示感谢。

  限于作者水平，书中不足之处在所难免，恳请广大读者不吝赐教。

陈能成

2022 年 6 月

目录

序
前言

第1章 城市感知概述 ··· 1
1.1 城市感知简要介绍 ··· 1
1.1.1 城市感知的概念 ··· 1
1.1.2 城市感知的作用 ··· 2
1.1.3 城市感知的内容 ··· 2
1.1.4 城市感知的手段 ··· 5
1.2 城市感知相关技术 ··· 7
1.2.1 城市感知数据采集 ··· 7
1.2.2 城市感知数据传输 ··· 8
1.2.3 城市感知数据存储 ··· 9
1.2.4 城市感知数据处理 ··· 10
1.2.5 城市感知信息服务 ··· 11
1.3 城市感知信息平台 ··· 11
1.3.1 城市感知的基础信息平台 ··· 11
1.3.2 城市感知的时空信息平台 ··· 11
1.3.3 城市感知的专题应用平台 ··· 12
1.4 城市感知发展趋势 ··· 13
1.4.1 集成化的感知 ··· 13
1.4.2 智能化的感知 ··· 14
1.4.3 即时化的感知 ··· 14

第2章 城市综合感知 ··· 16
2.1 城市综合感知的概念 ··· 16
2.2 城市综合感知的体系框架 ··· 18
2.2.1 城市多尺度综合感知指标体系 ··· 19
2.2.2 空天地协同感知共性技术体系 ··· 21
2.2.3 城市多尺度综合感知标准规范体系 ··· 22
2.3 城市综合感知的关键技术 ··· 22

第3章 城市综合感知指标体系与系统 ··· 24
3.1 城市综合感知指标体系框架 ··· 24
3.1.1 顶层架构 ··· 24
3.1.2 观测能力与需求 ··· 26

3.1.3 元模型框架 ··· 27
3.1.4 元数据结构 ··· 29
3.2 城市综合感知典型指标体系 ··· 33
3.2.1 暴雨内涝综合感知指标体系 ·· 33
3.2.2 区域交通综合感知指标体系 ·· 41
3.2.3 江河湖生态综合感知指标体系 ··· 45
3.3 城市综合感知指标观测映射 ··· 52
3.3.1 映射原理 ··· 52
3.3.2 映射方法 ··· 52
3.3.3 映射流程 ··· 53
3.3.4 映射实例 ··· 56
3.4 城市综合感知指标管理系统 ··· 59
3.4.1 系统架构 ··· 59
3.4.2 设计原则 ··· 61
3.4.3 功能设计 ··· 62
3.4.4 功能实现 ··· 62

第4章 城市综合感知共性技术体系 ·· 71
4.1 概述 ·· 71
4.2 能力认知 ·· 72
4.2.1 城市感知网观测任务刻画 ··· 72
4.2.2 城市感知网观测能力认知 ··· 76
4.3 关联协同 ·· 80
4.3.1 关联协同理论基础 ·· 80
4.3.2 关联协同模型框架 ·· 81
4.3.3 关联耦合模式与判别规则 ··· 82
4.3.4 关联耦合模式求解 ·· 84
4.4 优化构网 ·· 85
4.4.1 点面观测时空构网 ·· 86
4.4.2 移动观测规划控制 ·· 88
4.4.3 大规模传感器构网问题解算 ·· 89
4.4.4 多观测构网方案 ··· 90
4.5 即时服务 ·· 91
4.5.1 观测即服务 ·· 91
4.5.2 规划即服务 ·· 91
4.5.3 告警即服务 ·· 92
4.6 典型案例 ·· 93
4.6.1 城市群典型地表要素任务刻画 ··· 93
4.6.2 城市群典型地表要素基础观测能力认知 ······························· 93

4.6.3　城市群典型地表要素关联协同 98
　　4.6.4　城市群典型地表要素优化构网 101
第5章　城市群地表要素无缝感知 103
　5.1　概述 103
　5.2　多源数据融合感知技术 103
　　5.2.1　城市感知网多源数据分类 103
　　5.2.2　城市感知网多源数据融合的必要性 104
　　5.2.3　城市感知网多源数据融合层次 105
　　5.2.4　城市感知网多源数据融合典型方法 105
　5.3　不透水面融合感知与无缝产品 108
　　5.3.1　不透水面融合感知方法 108
　　5.3.2　多尺度不透水面融合感知产品 112
　5.4　土壤水分融合感知与无缝产品 114
　　5.4.1　城市群土壤水分感知数据源分类 115
　　5.4.2　城市群尺度土壤水分融合感知产品 117
　　5.4.3　城市郊区尺度土壤水分感知产品 119
　　5.4.4　重点街区尺度土壤水分感知产品 121
　5.5　城市群降水融合感知与无缝产品 122
　　5.5.1　初始降水空间划分 123
　　5.5.2　降水特征空间构建 123
　　5.5.3　星地融合偏差校正 125
　　5.5.4　降水融合感知产品 126
　5.6　城市群地表要素无缝感知系统 127
　　5.6.1　系统概述 127
　　5.6.2　系统架构 127
　　5.6.3　功能组成 128
　　5.6.4　系统接口 129
　　5.6.5　功能实现 130
第6章　城市关键节点人车物智能感知 136
　6.1　概述 136
　6.2　亿级像素光场计算成像技术与装置 136
　　6.2.1　亿级像素光场装置构建 136
　　6.2.2　亿级像素光场计算成像技术 139
　6.3　城市密集人群行为在线视觉分析技术 148
　6.4　城市景物深度估计与场景语义分割技术 150
　　6.4.1　城市景物深度估计技术 150
　　6.4.2　城市场景语义分割技术 154
　6.5　城市车流动态跟踪分析技术 156

6.5.1 车流动态跟踪的挑战 157
  6.5.2 车辆目标检测方法 158
  6.5.3 车辆目标跟踪方法 160
  6.5.4 联合训练检测和跟踪模型 160
 6.6 典型应用 161
  6.6.1 行人检测和人脸识别 161
  6.6.2 车辆跟踪、计数与车牌识别 161
  6.6.3 车辆违规检测与异常事件报警 161

第7章 城市街区精细场景自主感知 163

 7.1 概述 163
 7.2 总体框架 163
 7.3 室内地下自主感知技术与测图设备 164
  7.3.1 街区室内地下自主时空信息感知技术 164
  7.3.2 机器人三维测图设备 171
 7.4 街区环境 RFID 智能感知技术与微网设备 177
  7.4.1 低功耗远距离 RFID 智能传感器技术 177
  7.4.2 RFID 城市环境感知微网 180
 7.5 突发场景手机众包成像技术与终端设备 184
  7.5.1 室内地下场景的众包建模与感知技术 184
  7.5.2 手机众包成像终端 189
 7.6 街区精细场景立体在线感知网原型 193
  7.6.1 街区突发事件立体感知网 193
  7.6.2 街区立体感知网测试实验 201
  7.6.3 街区立体感知网的部署和运行 205

第8章 城市综合感知服务系统 208

 8.1 概述 208
 8.2 需求分析和总体设计 208
  8.2.1 系统需求 208
  8.2.2 设计原则 210
  8.2.3 用户分析 211
  8.2.4 总体设计 212
  8.2.5 系统架构 212
  8.2.6 关键技术点 217
  8.2.7 典型部署 226
 8.3 空天地协同感知子系统 229
  8.3.1 概述 229
  8.3.2 技术路线 229
  8.3.3 模块说明 229

8.4 多源大数据管理子系统 ··· 231
　　8.4.1 概述 ··· 231
　　8.4.2 技术路线 ·· 232
　　8.4.3 模块说明 ·· 232
8.5 在线融合分析子系统 ··· 235
　　8.5.1 概述 ··· 235
　　8.5.2 技术路线 ·· 236
　　8.5.3 模块说明 ·· 236
8.6 综合感知服务子系统 ··· 241
　　8.6.1 概述 ··· 241
　　8.6.2 技术路线 ·· 241
　　8.6.3 模块说明 ·· 241
8.7 综合感知运维子系统 ··· 244
　　8.7.1 概述 ··· 244
　　8.7.2 技术路线 ·· 244
　　8.7.3 模块说明 ·· 245
8.8 综合感知可视化子系统 ·· 245
　　8.8.1 概述 ··· 245
　　8.8.2 技术路线 ·· 246
　　8.8.3 模块说明 ·· 246
8.9 典型应用 ··· 246
　　8.9.1 在暴雨内涝场景中的应用 ··· 246
　　8.9.2 在江河湖生态环境场景中的应用 ·· 248
　　8.9.3 在区域交通场景中的应用 ··· 250
　　8.9.4 在灾害天气场景交通感知与应急服务中的应用 ·································· 254

第 9 章　总结与展望 ·· 256
参考文献 ·· 257

第1章

城市感知概述

1.1 城市感知简要介绍

1.1.1 城市感知的概念

21世纪以来，随着城市不断扩张以及全球人口数量的激增，全球城市发展面临着各种困难与挑战，如资源短缺、环境污染、食品短缺和公共安全威胁等（许庆瑞等，2012；郁亚娟等，2008）。与此同时，近年来科学技术发展突飞猛进，如物联网、云计算、大数据的出现，推动当前城市逐步走向智能化和可持续发展的道路，正逐步形成以人为本的社会化智慧创新方案，这成为破解目前诸多"城市病"的重要途径（李建明，2014）。

智慧城市是数字城市的智能化升级，旨在通过物联网技术将物理城市与数字城市进行无缝连接，利用云计算以及大数据技术将实时获取的感知数据进行处理并提供智能化服务（李德仁等，2011；张永民和杜忠潮，2011；Cassandras，2016；Shi and Abdel-Aty，2015）。从系统工程的观点出发，城市的"智慧"表现为由"生理智能"、"社会智能"和广义"人工智能"等三种智能形式综合形成的"整体谐生智能"，即智慧城市是对城市信息化、城市智慧成长与可持续发展，以及知识与创造力城市等三方面发展思潮的综合（夏昊翔和王众托，2017）。智慧城市的概念一经提出，便成为诸多学者关注的焦点。2019年，国家先后发布的《智慧城市时空大数据平台建设技术大纲（2019版）》和《2019年新型城镇化建设重点任务》文件指出，智慧城市发展是建设智慧社会的重要基础。目前我国已经制定了详细的智慧城市建设计划并在逐步推进（冯圣中和樊建平，2012；冯圣中等，2019；彭玲等，2016）。

智慧城市的基础是智慧的城市感知。城市感知是以城市信息化建设为基础，采用各种信息通信技术手段，获取城市中每时每刻都在产生的海量数据，并基于此更好地提高城市运作效率，满足城市居民当前和未来的经济、环境和社会需求（龚健雅和王国良，2013；王静远等，2014；陈能成等，2018）。从广义角度来看，城市感知的内容主要包括针对城市管理以及治理的公共部件和环境的感知、针对城市居民生活场所以及周围环境的信息感知、针对突发事件大众网络舆情发展趋势的社会感知等。从狭义角度来看，城市感知则主要包括有关城市公共安全，城市居民生活，城市可持续发展的人、物、环境和事件等信息的综合感知（杨靖等，2018；陈波和马向平，2019）。

1.1.2 城市感知的作用

城市感知是实现城市管理"自动感知、快速反应、科学决策"的关键,在智慧城市建设中具有重要意义。通过在城市中布设各类感知设备,可以实现对城市范围内水环境、大气环境、土壤、人群、车辆、设施和人文等各项关键信息的采集、监测和识别。在"数字孪生"理念的基础上,城市感知有望将物质世界数字化,在信息空间重建一个1∶1真实还原的数字孪生体,从而在信息空间中实时地掌握城市运行状态(杨林瑶等,2019;李德仁,2020;张新长等,2021)。

从城市感知的内涵来看,城市感知是建设智慧城市的基础。感知需求在智慧城市架构中是一项基本的需求,搭建城市感知网能够有效地促进智慧城市的发展。智能感知技术作为新一代信息技术,是智慧城市收集复杂数据和信息的关键手段,更是整个智慧城市感知体系的关键部分。过去,城市的各个职能部门感知网络建设相互独立,城市感知存在着覆盖面窄、感知方式单一、感知传输和处理能力欠缺等不足(李德仁等,2011)。经过近10年由普通城镇向智慧城市的转型,城市感知已经由过去孤立的在线感知状态逐步演变为当前多网融合的综合感知。"更全面地感知"作为智慧城市的一个特征,要求智慧城市基础设施能够更深入地收集各类数据和信息,以便整合和分析海量的跨地域、跨行业的数据和信息,为城市共享服务和运营管理提供基础的底层资源。

从城市感知的外延来看,实现智慧城市综合感知的必备技术首要是物联网,通过万物互联支撑上层智慧(龚健雅等,2019;Scuotto et al.,2016)。目前基于身份感知、位置感知、图像感知、环境感知、设施感知和安全感知等多样化的物联网手段,可以提供针对智慧城市基础设施、生态环境、设备、人员等方面的快速识别、信息采集、实时监测和反向控制,使智慧城市的各个感知单元具有信息感知和指令执行的能力。其次是云计算和边缘计算方法,两者相辅相成,应用于云中心和网络边缘端的大数据处理能力,较好地解决了智慧城市中高效处理大数据的难题(陈康和郑纬民,2009;汪芳等,2011;施巍松等,2017)。各种感知技术的广泛应用,能够为智慧城市基础设施提供更加智能的技术手段,实现信息数据的全面透彻感知和特征提取,为智慧城市大数据挖掘和顶层业务应用提供更多有价值的数据信息,从而逐步构建城市智慧服务体系,并进一步为城市民众提供有针对性的新服务和新模式。

1.1.3 城市感知的内容

城市感知将城市作为主体对象,以广泛分布的感知节点为基础,通过无线传感器网络(wireless sensor network,WSN)和射频识别(radio frequency identification,RFID)等技术手段,搜集、管理并应用多种类型城市数据。城市感知旨在打造高感度、数字化和智慧化城市,把握城市"脉搏",并不断推进城市治理、居民生活走向专业化、智能化(Uusitalo,2006)。城市全面感知主要指对可持续性发展的人、物、空间环境以及事件的综合信息进行感知。具体而言,城市感知包括以下几方面内容。

1. 感知城市的时空底板

时空底板主要包括城市的三维地理信息、定位信息和时间信息。三维地理信息数据是重要的基础空间信息。借助传统平面地图的概念,叠加空间矢量数据、地物兴趣点数据以及三维模型数据,可形成可视化三维城市展示系统,该系统能够全方位、直观地为人们提供有关城市的各种具有真实感的场景信息,并可以使用户以第一人称的身份进入城市,实现与实地观察相似的体验感。建立基于真实影像的"三维城市",人们可以直观地判读出山川、河流、楼宇和道路。从另一个角度来说,城市三维地理信息主要由基础数据和三维地理模型数据组成(朱庆,2014)。基础数据包括数字线划数据、影像与纹理数据、数字地面模型和对象属性数据等。三维地理模型包括地形建模、比较规则的实体建模、树木草地建模、小品建模和特效的绘制(如火、烟雾等特效)。城市定位信息指通过全球导航卫星系统(global navigation satellite system,GNSS)等导航卫星或室内定位技术获取的城市目标几何位置数据。在智慧城市服务和城市规划方面,地理空间或地理定位技术的作用非常重要。2022年,自然资源部办公厅印发《关于全面推进实景三维中国建设的通知》,文件明确到2025年,50%以上的政府决策、生产调度和生活规划可通过线上实景三维空间完成。实景三维作为真实、立体、时序化反映人类生产、生活和生态空间的时空信息,是国家重要的新型基础设施,可以通过"人机兼容、物联感知、泛在服务"实现数字空间与现实空间的实时关联互通,为数字中国提供统一的空间定位框架和分析基础,是数字政府、数字经济重要的战略性数据资源和生产要素。实景三维中国建设是面向新时期测绘地理信息事业服务经济社会发展和生态文明建设新定位、新需求,对传统基础测绘业务的转型升级,是测绘地理信息服务的发展方向和基本模式,已经纳入"十四五"自然资源保护和利用规划。因此,面向未来实景三维中国的建设需求,城市时空底板的感知能力还需进一步提高(李莹等,2017;李德仁,2019;朱庆等,2020;李清泉等,2022)。每个智慧城市解决方案本质上都基于地理位置数据。城市时间信息是对城市目标或行为赋予时间标签,目前主要是通过GNSS时间同步、网络时间协议(network time protocol,NTP)以太网同步、码分多址(code division multiple access,CDMA)/窄带物联网(narrow band internet of things,NB-IoT)同步、WiFi时间同步、远距离无线电(long range radio,LoRa)同步和通用无线分组业务(general packet radio service,GPRS)远程时间控制等方式,实现精准授时。

2. 感知城市的基础设施

城市基础设施是城市生存和发展所必须具备的工程性基础设施和社会性基础设施的总称,是城市中为顺利进行各种经济活动和其他社会活动而建设的各类设备的总称。按服务性质分为三类:①生产基础设施,包括服务于生产部门的供水、供电、道路和交通设施,仓储设备,邮电通信设施,排污、绿化等环境保护和灾害防治设施;②社会基础设施,指服务于居民的各种机构和设施,如商业和饮食、服务业、金融保险机构、住宅和公用事业、公共交通、运输和通信机构、教育和保健机构、文化和体育设施等;③制度保障机构,如公安、政法和城市建设规划与管理部门等。基础设施水平随经济和技术的发展而不断提高，种类不断增多，服务更加完善。城市的基础设施是城市赖以生存和发展的工程设施，因此对基础设施的感知就是对城市基础物质条件的感知。

2018年12月，中央经济工作会议首次提出了"新型基础设施建设"（即新基建）这一概念；2020年3月，中共中央政治局常务委员会会议强调，加快5G（第五代移动通信技术）网络、数据中心等新型基础设施建设进度，"新基建"成为数字经济和智慧城市发展的一个重要抓手。新型基础设施主要包括三方面内容：一是信息基础设施，包括以5G、物联网、工业互联网、卫星互联网为代表的通信网络基础设施，以人工智能、云计算、区块链等为代表的新技术基础设施，以数据中心、智能计算中心为代表的算力基础设施等；二是融合基础设施，主要指深度应用互联网、大数据、人工智能等技术，支撑传统基础设施转型升级，进而形成的融合基础设施，如智能交通基础设施、智慧能源基础设施等；三是创新基础设施，主要是指支撑科学研究、技术开发、产品研制的具有公益属性的基础设施，如重大科技基础设施、科教基础设施、产业技术创新基础设施等（袁勇和王飞跃，2016；Biswas and Muthukkumarasamy，2016）。当前"新基建"的内涵和内容正进一步深化扩展，对感知的需求也进一步提高。

3. 感知城市的生态环境

城市生态环境由自然生态环境和社会经济环境以及沟通自然、社会、经济的各种人工设施和上层建筑组成，简而言之即城市中的自然环境和人工环境（曹学章等，2016；项志勇等，2018）。自然环境包括物理及生物环境，如日照、空气、温度、河流、土地、植被等；人工环境包括市政基础服务设施，如建筑、街道交通、水、电、园林绿化等。组成城市生态环境各要素之间、各部分之间的有机组合，使城市生态环境通过生物地球化学循环、投入产出的生产代谢，以及物质供需和废物处理，形成一个内在联系的统一整体。

在城市人口剧增、社会经济迅速发展、科学技术日新月异的今天，人类活动对城市生态环境结构变动的影响，无论在深度、广度还是速度、强度上都是空前的。优雅舒适的城市生态环境是人们生活学习的前提和基础，也是社会进步发达的体现。良好的生态环境建设对整个城市系统的管理和运行起到至关重要的作用。维护城市生态环境，符合城市的可持续发展战略，能够创造友好的、和谐的、良性的发展环境。智慧生态城市建设感知，需要把人、物与环境连接起来，进行信息交换和通信，实现智能识别、定位、跟踪、监控、处理、应用、管理、决策，引领城市发展。目前智慧城市重视数字技术的应用，相对缺乏对智慧城市生态环境建设的感知，不利于智慧城市的健康发展（王鹏跃等，2019）。因此，人类在城市建设和发展过程中应当高度重视城市生态环境这一重要课题。城市环境保护必须遵循生态系统稳定性和经济发展的规律，从整体和长远的利益出发，解决好人口、能源、水资源、污染控制和土地利用等主要的城市环境问题，确保城市健康、协调地发展。

4. 感知城市的运动对象

城市中存在着大量的人群、车辆和运动物体。对于人而言，既包括单个的人体活动参数（如心电活动、脑电活动、肺循环活动、皮肤电活动以及肌肉电活动等信息）和人体属性（如姓名、性别、教育背景和工作等），也包括多个人组成的人群和人流，如道路上的行人、公园中的游客和公交内的乘客等。对于车辆而言，除了车辆本身登记的信息外，对于特殊车种，还需要感知驾驶员人脸识别、车辆货物识别以及车辆时空轨迹跟踪等参数（Ibba et al.，2017）。对于运动物体而言，感知的对象和参数就更加广泛了，如空中的飞机和无人机，广泛依赖于RFID的建筑中的钢筋、砖混的跟踪，甚至是城市垃圾的处理与跟踪等。

5. 感知城市的社会人文

城市社会人文主要是指城市在时光流逝中所形成的文化价值观念、习俗性格、宗教信仰、文化素养、审美观念和生活方式等非可见特征。这些无形的都市气质、生活理念和精神取向，成就了一个与物质世界中的真实城市并行的"看不见的城市"，给予城市中的人们不断传承的记忆和稳定的地域概念。对城市这些社会人文的感知，有助于从思想层面理解城市形成和运转的深层次规律，但目前尚处于概念探讨阶段。近些年兴起的社会感知研究，有望从人文地理的角度进行人文信息的感知与挖掘，理解人类的社会行为与活动，实现计算"以人为中心"并为社会服务的目标（於志文等，2012；刘瑜，2016；刘瑜等，2018；陈子豪等，2020）。

1.1.4 城市感知的手段

1. 物联感知

物联网是指通过RFID、红外感应器、GNSS、激光扫描器等信息传感设备，按约定的协议，把任何物品与互联网连接起来，进行信息交换和通信，以实现智能化识别、定位、跟踪、监控和管理的一种网络。"十三五"时期是我国物联网加速进入"跨界融合、集成创新和规模化发展"的新阶段，安防监控、智慧消防、智慧管廊、智慧交通、智慧物流等领域数以万亿计的新设备接入网络，形成海量数据，促进生产生活和社会管理方式进一步向智能化、精细化、网络化方向转变，城市安全防范管理更加智能、高效。5G、NB-IoT、LoRa、蜂舞协议（ZigBee）和RFID等新技术为万物互联提供了强大的基础设施支撑能力。万物互联的泛在接入、高效传输、海量异构信息处理和设备智能控制，为全面提升公共安全保障能力、构建安全保障型社会提供科技支撑，具有重要的战略意义和现实需求（孙其博等，2010；余文科等，2020；吴吉义等，2021）。

目前我国物联网感知技术和产业已拥有一定规模，但现有物联感知体系建设面临的挑战和深层次问题依然突出。总结有以下几点：①顶层设计和整体规划缺乏，设备重复建设严重；②前端感知支撑技术薄弱，智能感知程度不足；③跨行业融合应用程度较低，行业协作有待提升；④部分配套标准规范缺失，体系仍需进一步完善；⑤物联感知网规模大、分布广，信息安全形势严峻。针对现有物联感知面临的各种挑战，一方面需要以先进技术为依托，构建立体化物联感知体系，如应用多形态网络传输技术，实现海量数据的实时传输，应用多源多模态异构数据处理技术实现数据统一接入融合等；另一方面需要以可持续发展为目标，规划立体化物联感知体系运营服务方案，如基于数据的分类管理实现数据产品化服务、基于数据深度挖掘关联实现定制化服务等。

2. 遥感感知

遥感技术是 20 世纪 60 年代兴起的一种探测技术，是根据电磁波的理论，应用各种传感仪器对远距离、非接触目标所辐射和反射的电磁波信息，进行收集、处理，并最后成像，从而对地面各种景物进行探测和识别的一种综合技术，主要包括卫星遥感、无人机遥感和无人艇遥感三类（林宗坚等，2011；李德仁等，2017）。遥感卫星技术的出现解决了传统地面人力测量的难题，使测量从静态转向了实时的地球观测，并被广泛应用到交通、通信、气象、勘探等许多领域中（Chen et al.，2014；黄树松等，2019；王光辉等，2021；施建成等，2021）。例如在环境监测领域，环境卫星拥有光学、热红外、超光谱等多种先进遥感探测设备，这些设备有利于城市环境保护部门大范围、快速、动态地开展生态环境监测及评价，跟踪一些突发环境事件的发生和发展，大大提高对生态环境宏观趋势的监测评价和把握能力（刘良云等，2022；赵少华等，2022）。

近些年逐步兴起的无人机遥感技术，比卫星遥感的时空分辨率更优、机动性更强、成本也更低，给城市感知技术带来了更多可能性。利用低空无人机遥感技术可以对城市范围内的人、事件、基础设施和环境等要素实现实时动态识别和信息采集，为智慧城市的建设提供更多有价值的信息（李德仁和李明，2014；宋晓阳等，2018；郭庆华等，2021）。

3. 社会感知

社会感知是指借助于各类海量时空数据研究人类时空行为特征，进而揭示社会经济现象的时空分布、联系及过程的理论和方法，即利用社会媒体、行为轨迹、社会关系等进行的感知（於志文等，2012；Liu et al.，2015；刘瑜，2016）。随着互联网和信息技术的发展，社会系统中产生了大量具有描述个体行为、个体情感、群体交互的感知数据，如网络新闻数据、社交媒体数据等。这些感知数据为人们进一步定量理解人类社会行为与活动模式提供了一种新手段，使得感知物理世界、为个体决策和群体交互提供智能辅助和支持成为可能（Rajkumar et al.，2010；Wang et al.，2019）。而随着计算机和信息技术的发展，在原始感知数据基础上，利用社会网络分析、机器学习、数据挖掘等方法挖掘个体感知特征、行为特性和规律、群体交互模式等以辅助个体、群体认知与决策成为可能。

社会感知数据可从三个方面提取人的时空行为特征：①对地理环境的情感和认知，如基于社交媒体数据中可以获取人们对于一个场所的感受；②在地理空间中的活动和移动，如基于出租车、签到等数据可以获取海量移动轨迹；③个体之间的社交关系，如基于手机数据可以获取用户之间的通话联系信息。换句话说，在"人"的方面，社会感知可以获取人的活动与移动、社交关系、情感与认知等行为模式；在"地"的方面，可以基于群体的行为特征揭示空间要素的分布格局、空间单元之间的交互以及场所情感与语义；在"时"的方面，可以发现地理过程的规律和特征。传统的遥感技术利用光谱特征等获取地物信息，但无法有效感知社会经济环境特征，而社会感知大数据包含丰富的人群时空间行为信息，形成了对传统遥感数据的有力补充。

4. 网络感知

网络感知是了解网络状态，获得网络性能、网络环境、业务内容、用户位置、偏好等信息的能力，包括生产、维护、请求和发现感知信息。网络感知的载体是网络资源、网络安全、网络负载等。网络感知信息主要是指网络性能感知信息中的网络时延、带宽、故障监测信息和流量统计信息等。随着互联网的快速发展，网络感知的内涵从性能感知、状态感知、拓扑感知逐渐扩展到情境感知及业务内容感知，也促使网络中产生了大量的感知信息，感知数据资源和分散的数据源越来越多。各种感知信息是网络创新和应用创新的强大的推动力，如何高效地组织管理已获取的感知信息，提高感知信息的有效利用成了必须要解决的问题。

随着网络感知能力的增强及网络感知内涵的扩展，现阶段网络感知分为五类：网络性能感知信息（即网络时延、抖动、带宽、丢包率、吞吐率等相关信息）、网络状态感知信息（网络中的故障告警信息、流量状况信息、用户使用信息、异常攻击信息等与网络态势相关的信息）、网络拓扑感知信息[通过网络拓扑感知技术获取的网络中设备的基础信息及链接信息、互联网协议（IP）、自治系统（AS）、域名等网络实体的信息等]、情感感知信息（包括与该实体相关的位置、活动、兴趣、关系等信息）及业务/内容感知信息（通过内容感知技术获取的如流量中的流媒体、文件下载等业务和应用类型相关信息）。

5. 群智感知

群智感知主要指通过城市居民自身所拥有的各种移动互联网络设备（如手机指令、移动设备和可穿戴设备等）形成具有交互式的感知网络，并且将感知任务发布给网络中的个体或者群体来完成，从而帮助相关专业人员收集数据、分析信息以及共享知识（Liu et al.，2015）。它是一种新的大规模感知模式，利用随身携带的智能移动终端形成大规模、随时随地且与人们日常生活密切相关的感知系统。群智感知可以融合人的主动感知能力和设备丰富的传感器资源，因而具有信息种类丰富、感知水平高和部署成本极低的优势，是智慧城市感知层面一个重要的解决方案（Havlik et al.，2006）。

移动群智感知的结构主要分为四层：顶层是应用层，涉及高级功能，如用户交互和任务分配；第二层是数据层，负责存储、分析和处理收集到的信息；第三层是通信层，包括用于传送感知数据的通信协议；第四层是传感层，主要包括传感设备。随着社交媒体应用以及互联网的普及，群智感知逐渐在城市感知中占据越来越大的分量。

1.2 城市感知相关技术

1.2.1 城市感知数据采集

城市感知数据的采集手段与所感知数据的类型有关。城市动态感知主要依赖于"空-天-地-人"一体化的城市感知网络，以及其获取的多源、多尺度城市感知数据。传统的城市数据动态感知手段主要包括人工采样、遥感、GNSS等方式（杨靖等，2018）。

遥感技术主要包括卫星遥感和无人机遥感，其可以帮助人们对大气、地球表面甚至地下进行空间连续的测量，提供大尺度以及不同光谱等宏观感知信息，是城市感知的核心技术之一。但是，遥感技术使用的大多数传感器的观测数据都孤立地存在于其本身的数据库中，且受到通信链路和数据大小的影响，无法实时回传或者是存在严重的滞后问题。因此，在智慧城市感知系统下不能完全实现高效且实时地多维度分析。

而随着互联网、物联网、云计算和 5G 等技术的发展与普及以及社交平台在城市居民生活中的广泛应用，城市数据感知手段发生了巨大变化。物联网成为城市感知手段的另一个关键技术。依据物联网的设备类型，主要可以将其采集方式分为传感器、RFID、视频、无线信令等。以传感器技术为例，传感器是物联网中获得信息的主要设备，它最大的作用是帮助人们完成对物品的自动检测和自动控制，主要以特定的物体作为目标，包括移动感知和遥感两个主要类型（汪韬阳等，2020）。其中，移动感知手段以移动车辆为主要搭载平台，配备有高清摄像机、激光雷达、环境监测仪等仪器，通过移动车辆在城市道路中的行进，获取道路、建筑物、植被等地物数据属性以及空气温度、湿度、污染物等环境要素（Du et al.，2018）。

在当今社会的生活模式下，可以将每一个使用移动互联网络的用户看做一个潜在的智能传感器终端。这些用户在城市中生活并且参与一系列的活动，通过自身器官对周围环境的各种要素进行感知与收集，并进行自主分析与解读，然后通过社交平台将解读的信息以文本、图像或者视频的方式与其他用户进行分享（Medina et al.，2020）。因此，生活在城市中的数量庞大的用户构成了一个复杂的社会传感网络。随着各种便携式移动设备的出现，如手机、电脑、可穿戴设备等，群智感知可以为城市数据全面感知提供一种新型的感知环境以及数据共享模式。

1.2.2 城市感知数据传输

互联网是城市感知体系的骨干，通过各种物联网以及群智感知手段获取到的城市数据均需要通过互联网传输到对应的应用系统。目前，可以充当网关的网络设备包括 WiFi 网关、ZigBee 网关、4G、NB-IoT 或者是当前新兴的 5G（陈栋等，2022）。

数据传输分为两种方式，即有线传输和无线传输。有线传输是指利用金属导线、光纤等有形媒质传送信息的方式，如以太网、电缆、双绞线等。有线传输技术组建相对无线传输更加容易，配套设施也更加完善，目前已开始尝试采用人工智能和自动化控制等技术进行升级改进，以实现信息数据的自动化智能处理，未来有线传输技术也将向着这一方向继续发展。在一些信号干扰比较强的应用场景下，有线数据传输方式仍然被广泛使用，如光纤通信。无线传输是指利用无线技术进行数据传输的一种方式，分为模拟微波传输和数字微波传输。蓝牙技术是典型的短距离无线通信技术，在物联网感知层得到了广泛应用，是物联网感知层重要的短距离信息传输技术之一。ZigBee 也是一种短距离无线通信技术，它介于蓝牙技术和无线标记技术之间。无线数据传输的优势在于：①综合成本低、性能稳定；②组网灵活，扩展性好；③维护成本低。随着互联网的发展，全球信息高速公路的大规模建设已经实现了有线网络的普及，故当前的关注重点转移到无线通信网络上来。

作为 4G 技术的延伸，5G 技术高度融合了新型既有的无线接入技术，使得其在通信网络传输的各项性能指标上相对于 4G 均有显著的提高。例如，其数据的传输速率可以达到 10Gbps，相对于传统 4G 提高了 10～100 倍。在同宽带下，5G 技术传输的数据量相对于 4G 技术提高了 5～10 倍（贾路颖，2021）。根据 5G 技术在传输性能与网络结构上所具备的特点，国际电信联盟（International Telecommunication Union，ITU）确定了 5G 技术具有如下三大应用场景，分别是增强移动宽带（enhanced mobile broadband，eMBB）、海量机器类通信（massive machine-type communications，mMTC）和低延时高可靠（ultra-reliable & low-latency communication，uRLLC）（苏欢欢和李伟强，2019）。

智慧城市是一个具有多源、多维度、多层次的城市管理体系综合。要想满足智慧城市建设过程中城市感知的需求，智慧城市承载的信息传输网络要具备对海量感知数据的快速传输、存取以及处理能力，而这正与 5G 技术的三大应用场景吻合。随着城市规模的不断扩张与通信技术的快速发展，建设可持续发展的智慧城市是未来的必然趋势。将 5G 技术融入智慧城市综合感知的方方面面，必然使得智慧城市的应用得到不断深化，最终为政府、企业和人民提供更加便利的生活体验。

1.2.3 城市感知数据存储

随着城市传感器数量的激增以及城市感知深度与规模的不断扩大，多源海量大数据的存储是城市感知过程中面临的一个严峻挑战（吕雪锋等，2011；李德仁等，2014；刘智慧和张泉灵，2014；赵跃，2021）。一方面，是对数据存储量的需求越来越大；另一方面，是对数据的有效管理提出了更高的要求。目前最典型的大数据存储技术路线共有三种：第一种是采用大规模并行处理（massively parallel processor，MPP）架构的新型数据库集群，重点面向行业大数据，采用 Shared Nothing 架构，通过列存储、粗粒度索引等多项大数据处理技术，结合 MPP 架构高效的分布式计算模式，完成对分析类应用的支撑。该技术运行环境多为低成本服务器，具有高性能和高扩展性的特点，在企业分析类应用领域获得极其广泛的应用。这类 MPP 产品可以有效支撑 PB 级别的结构化数据分析，这是传统数据库技术无法胜任的。对于企业新一代的数据仓库和结构化数据分析，目前最佳选择是 MPP 数据库。第二种是基于 Hadoop 的技术扩展和封装，围绕 Hadoop 衍生出相关的大数据技术，应对传统关系型数据库较难处理的数据和场景。例如，针对非结构化数据的存储和计算等，充分利用 Hadoop 开源的优势。伴随着相关技术的不断进步，其应用场景也将逐步扩大。目前最为典型的应用场景就是通过扩展和封装 Hadoop 来实现对互联网大数据的存储分析。这里有几十种 NoSQL 技术，也在进一步地细分。对于非结构、半结构化数据处理、复杂的提取转换加载流程（extract transform and load，ETL）、复杂的数据挖掘和计算模型，Hadoop 平台更擅长。第三种是大数据一体机，这是一种专为大数据的分析处理而设计的软、硬件结合的产品，由一组集成的服务器、存储设备、操作系统、数据库管理系统以及为数据查询、处理、分析用途而特别预先安装及优化的软件组成，高性能大数据一体机具有良好的稳定性和纵向扩展性。

1.2.4 城市感知数据处理

城市感知的核心是在整合城市各种资源的同时以高效智能化的系统进行感知互联和协同处理。城市感知获取的原始数据具有显著的不确定性和高度的冗余性，对感知网络的信息传输、存储和处理能力提出了巨大的挑战（杨靖等，2018）。因此，一方面，要研究信息感知的有效方法，对不确定信息进行清洗。例如，采用 Hadoop 数据平台检测处理存在于大数据中的冗余数据，使用 K 均值聚类算法、K 邻近分类算法和支持向量机等技术充分挖掘海量数据内部的隐藏信息。另一方面，要研究信息感知的高效方法，通过数据压缩、数据融合等处理方法实现信息的高效感知（陈真勇等，2014；江俊文和王晓玲，2015；张义等，2016；高强等，2017）。

近年来，云计算作为一次新兴的技术革命，已经开始从互联网领域向各个传统领域应用（李德仁等，2014）。云计算是分布式计算的一种，指的是通过网络"云"将巨大的数据计算处理程序分解成无数个小程序，然后通过多部服务器组成的系统进行处理和分析这些小程序，得到结果并返回给用户（Barroso et al.，2003）。现在的云计算是分布式计算、并行计算、效用计算、网络存储、虚拟化、负载均衡、热备份冗余等传统计算机和网络技术发展融合的产物（李德毅，2010）。城市感知与云计算的发展相辅相成，使得云计算逐渐在智慧城市建设过程中起到越来越重要的作用（李海燕和王金龙，2021）。云计算的一大特点是支持异构设施的协同工作。基于云计算的数据中心，通过基础设施即服务的构建模式，可以将广泛分布在城市各处的多源、异构的传感器等设备进行整合，通过云操作系统进行统一调度，形成一个统一的城市感知运行平台，并按照应用需求来分配计算和存储资源，提高平台运作效率。在城市感知过程中，数据处理的安全性也是智慧城市核心竞争力的表现。基于云计算平台，城市感知数据可以借助云计算的安全机制实现业务的安全性，主要包括从基础软硬件安全设计、云计算中心操作系统的架构、加密等多方面来综合管理防控。另外，基于云计算进行城市感知数据的处理可以规避目前普遍的设备高负载状况，最大限度实现数据处理的低碳节能运行，从而确保可持续发展。

目前流行的处理框架与平台包括 MapReduce 和 Hadoop（裴衣非等，2018）。MapReduce 为一种用于计算的编程模型，其通过并行化与分布式计算实现对数据的高效处理，整体的结构较为简单。MapReduce 处理过程可以分为 Map 和 Reduce 两个阶段。首先将输入数据切分成大小相等的数据块，完成分片后，每一个数据块作为单个 Map Worker 的输入，并且多个 Map Worker 可以并行处理。当 Map Worker 读取数据进行处理后，将结果输出到 Reduce，系统会因此产生若干个 Reduce 任务并分配到不同设备进行分布式执行，最后将生成的中间文件汇总到输出文件中（王晋川等，2010）。而 Hadoop 平台主要由 HDFS（hadoop distributed file system）、Hbase 和 MapReduce 构成，是一个结合了 MapReduce 工作原理的分布式数据框架。Hadoop 可以将集群中的计算机能力与存储能力进行充分利用，具有处理效率高、可移植性强以及成本低等优点。

1.2.5 城市感知信息服务

随着信息技术的发展和智慧城市的兴起，市民对信息化的需求更加个性化、多样化，对智慧城市的信息服务提出了更高的要求。智慧城市的感知信息服务包括了政务、产业、环境、民生和公共安全等在内的城市生活各个方面，大到政府的公共管理、产业内的业界动态，小到社区乃至个人的日常生活起居，涵盖城市发展、管理和生活的各个方面。总体来看，智慧城市的感知信息服务的功能包括面向公共管理的智慧政务服务、面向产业发展的智慧产业服务和面向社会民生的智慧民生服务。智慧城市感知信息服务的主体包括信息服务需求方（信息用户）、信息服务实施方（信息服务机构，如运营商）和信息资源供给方。智慧城市社会化信息服务的成功运行需要三方主体不断进行互动、交流和协作。智慧城市信息服务的用户是指智慧城市环境下的社会化信息服务需求者和消费者，信息用户不仅包括社会大众等个体用户，还包括企业、组织机构以及政府等团体用户。智慧城市的信息服务对象就是信息用户，满足用户的信息服务需求是智慧城市信息服务机构开展社会化信息服务的目的和最终归宿。因此，智慧城市整个信息服务过程的开展都是围绕用户进行的。

1.3 城市感知信息平台

1.3.1 城市感知的基础信息平台

基于上述的关键技术，目前在国内与国外已经涌现出一系列的城市感知基础信息平台。一方面，现代城市充分运用新信息通信技术（information and communication technology，ICT）感知、分析、整合城市运行和管理系统的各项关键信息，如利用云计算、大数据、物联网等为代表的新 ICT，构建智慧城市端到端整体解决方案，为用户提供"一云二网三平台"的解决方案。另一方面，还有各城市依据需求建立起的智慧城市平台，如南京市在"十三五"期间不断加快物联网技术推广应用，优化和提升政务网络建设，打造政务服务综合云平台，完成了多个基础网络平台建设；北京市优化物联网感知设施，完善智能运行感知设施，建设智慧生活感知设施；深圳市充分整合信息基础设施和公共信息资源，促进跨部门、跨领域的信息合作，加快现有城市智慧化改造，建设海洋环境与资源监测平台、气象信息共享平台等。

1.3.2 城市感知的时空信息平台

自 2013 年起，在国家测绘地理信息局（2018 年整合到自然资源部）的指导下，我国开展了城市时空信息云平台建设任务，其中以武汉市作为首批试点城市之一（表 1-1）。基于该建设方案，武汉时空信息云平台构建了全市统一的时空大数据中心，在武汉市的城市规划、公众服务、国土资源管理等领域开展了应用（党安荣等，2018；陈能成等，

2018）。武大吉奥信息技术有限公司也相应地推出了 GeoSmarter 吉奥地理智能服务平台。GeoSmarter 是一套应对大数据时代下政府以及企业信息化变革而规划的平台化解决方案。该平台以城市感知大数据为核心，构建了政府或企业级的智慧服务中心，打造政府或企业级的智慧服务引擎，为政府和企业重大决策、互联互通等提供技术保障（戈晶晶，2017）。GeoSmarter 平台主要由数据融合平台、数据管理平台以及数据运营平台三个部分组成，目前已经广泛应用于武汉市智慧电网、智慧水利、智慧交通、智慧民生等领域。广州城市信息研究所（简称城信所）有限公司也研发了一系列各具特色的城市时空信息平台。其在继承数字城市地理空间框架的基础之上，采用大数据、物联网、云计算等技术，统筹城市感知信息资源建设，集成了静态的专题信息以及城市智能感知的实时信息，形成了时空信息云平台（黄仲华等，2019）。例如，城信所的城信城市信息模型平台是城市感知信息模型集成、管理、应用和服务的平台。该平台结合物联感知、智能推演城市发展，让城市变得可感知、有智慧。另外，北京超图软件股份有限公司和武汉中地数码科技有限公司也发布了相关的城市感知应用平台，如 SuperMap SGS 系列平台（宋关福等，2019）和 MapGIS 系列平台（杨礼平等，2019）。这些时空信息平台，实现了多源数据的采集、汇聚、共享、管理、融合、分析、应用和服务，可以有效降低城市资源能耗，提升城市管理效率，因此成为城市管理者和民众关注的核心问题（姚晓婧等，2019）。

表 1-1　国内典型智慧城市时空信息云平台

机构	代表平台	平台特点
武大吉奥信息技术有限公司	GeoSmarter	以大数据为核心，构建政府或企业级智慧服务中心，打造政府或企业级的智慧服务引擎，为政府和企业的重大决策、信息公开和互联互通提供技术保障
广州城市信息研究所有限公司	城信城市信息模型平台	平台具备高精度、高保真、高性能的真三维实时动态渲染技术，并且能够实现城市级多源异构大数据模型轻量化转换与融合
北京超图软件股份有限公司	SuperMap SGS 系列平台	基于服务式 GIS 平台 SuperMap iServer 开发，采用金字塔图片引擎与 GIS 功能服务引擎一体化技术，具备灵活方便的系统定制开发模式以及分布式跨平台应用部署能力
武汉中地数码科技有限公司	MapGIS 系列平台	城市运行核心系统的全面感测、充分整合、激励创新和协同运作，达成城市运行的最佳状态

1.3.3　城市感知的专题应用平台

基于前述城市感知的基础信息平台和时空信息平台，针对不同的专题领域，国内外设计开发了一系列专题应用平台，包括智慧交通、智慧医疗、智慧教育、智慧社区和智慧环保等。下面对智慧交通和智慧环保两类专题应用平台进行简要阐述。

智慧交通应用平台，就是在现有的交通状况下，充分利用现代高新技术进行合理的交通需求分配和管理，通过卫星导航系统、汽车自动引路系统、交通信息通信系统、视频监控和计算机管理等多种技术手段，将整个路网的通行能力迅速提高，实现安全、快速、便捷运输目的的一种交通综合治理方案（蔡翠，2013；苑宇坤等，2015；杜豫川等，2022）。该平台的基础也是城市感知能力，能将采集到的各种道路交通及服务信息经交通管理中心处理后，传输到公路运输系统的各个用户、驾驶员、居民、警察局、停车场、运输公司、医院、救护排障等部门。出行者可实时选择交通方式和交通路线。管理部门也可随时掌握车辆的运行情况，进行合理调度，从而使路网上的交通流运行处于最佳状态，减少交通拥挤和阻塞，最大限度地提高路网的通行能力，提高整个公路运输系统的机动性、安全性和生产效率。

智慧环保就是借助物联网技术，把传感器和装备嵌入各种环境监控对象（物体）中，通过超级计算机和云计算将环保领域物联网整合起来，可以实现人类社会与环境业务系统的整合，以更加精细和动态的方式实现环境管理和决策。经过近几年的发展实践，智慧环保已经被证明是环境监管和治理的有效措施，并被作为环境保护和管理的新模式得到广泛推广（徐敏和孙海林，2011；刘锐等，2012，2020；李信茹等，2021）。智慧环保专题应用平台一般包括如下四个业务平台：①生态环境全要素监测系统，覆盖大气、水、土壤、固废、噪声等，实现全面监测功能。通过科学部署感知终端与感知网络，建立覆盖辖区范围内各项生态环境要素的监测网络，实现感知信息数据的实时传输。这一方面主要是通过物联网技术实现。②生态环境综合业务应用系统，实现管理考评与监察执法功能。以污染源全生命周期的监督管理为主线，对政府责任部门、排污单位、治污企业等监管对象，进行精准化监督管理与考核评价，建立起"横向到边、纵向到底"的网格化环境监管体系，如环境监察移动执法系统、环境网格化管理系统、电子卡排污总量控制系统、污染源"一企一档"系统等。③生态环境决策支持管理系统，实现决策指挥功能。融合生态环境监测数据资源和其他专业数据资源，建立"环保一张图"智能决策管理系统，为政府部门提供准确、及时的数据信息和科学、高效的指挥平台。④智慧环保民生服务系统，实现公众服务功能。通过智慧环保平台的开放应用，进行环境质量发布、环境问题投诉、行政许可申办、行政处罚公示等，形成政府与公众良性互动、共建共享的生态格局。该部分突出案例就是环境信访举报系统，平台在前端开放社会门户系统，社会公众可以在线进行环境污染举报与投诉，同时还可以借助平台分析整理信访数据，辅助环境问题解决。

1.4 城市感知发展趋势

1.4.1 集成化的感知

集成化代表了城市感知朝着网络化、系统化和一体化方向的发展趋势，体现出充分利用当前已有感知资源，实现协同效应的发展取向。一方面，当前各类物理感知技术手段亟须集成。当前城市中已经或正在部署一系列传感器，包括视频网络、RFID电子标签、道路卡口、环境监测站网、无人机、无人车和卫星遥感等。这些物理传感器搭载平台各异、观测性能不一、观测数据多样，为城市感知提供了丰富的物理基础。通过集成化，能够充分利用上述物理传感器的各自优势，取长补短或强强联合，实现城市对象更加精确、多维或者连续的感知效果。例如针对城市道路拥堵场景，可以先利用道路传感器和视频网络监测车流量和拥堵区域,再利用无人机获取拥堵区域的俯视数据,对拥堵原因进行进一步判别,达到快速处置交通应急事件的目的。另一方面,物理感知与社会感知的集成更是大势所趋。社会感知旨在基于城市中广泛布设的大规模多类型传感设备,实时地感知城市社会个体的行为活动,并分析挖掘群体交互特征和规律,从而辅助个体的社会行为,支持群体的沟通、互动以及协作(於志文等,2012)。目前,城市综合感知主要侧重于物理感知,其能够有效获取城市外在运行状态和表观特征。然而,对于城市中更深层次的社会状态,如群体情绪、公众偏好和经济运行等,仅依靠物理感知尚无法进行有效提取,从而造成城市感知能力缺失。为此,必须从社会感知的宏观群体和微观个体两个方面开展城市综合感知能力建设(O'Keeffe et al.,2019)。宏观群体是指利用各种社会感知手段揭示人类活动和社会经济环境,研究人类群体的时空行为(李君轶等,2015)。而微观个体行为是以人为感知单元,基于社会感知数据提取个人的时空行为模式和关系。为此,在隐私保护和数据安全的前提下,要重点挖掘可信的社交媒体、手机信令、GNSS设备、可穿戴设备和群智设备等大数据(刘瑜,2016;刘经南等,2014)。最后还要高度融合现有的物理感知与社会感知手段,形成对城市内外部完整全面的感知能力。

1.4.2 智能化的感知

面对复杂多样的城市管理需求,急需增强城市感知的智能化水平。感知智能是机器具备了视觉、听觉、触觉等感知能力,将多元数据结构化,并用人类熟悉的方式去沟通和互动。智能化的感知主要涉及语音理解、图像识别、图谱分析和知识挖掘等技术。现有的一些智能化管理功能,如智慧消防、智慧环保和智慧能源等,的确能够表现出一定的自动化和自主性,但大多数仍未达到可靠、可信和可应用的水平。具体来说,当前感知智能层在部分技术上已相对成熟,但其仍属于弱人工智能。它仅能实现语音识别、图像识别和简单的自然语言处理等非常有限的一部分,并且依赖于大规模的标注数据进行监督训练。在理解、情感、联想等高级功能方面,机器仍难以实现,因此很多时候也被称为"伪智能"(赵平,2019;王建伟,2019;孙秋野等,2018)。其核心原因就是没有充分挖掘城市综合感知获得的海量数据和信息,没有完全建立准确可靠的城市发展模拟与预测模型,更没有达到人类智能的平均水平(郑南宁,2016)。因此不可否认,现在的城市感知与管理的智能水平还相对初级。为此,李德仁等(2017)提出了构建"智慧城市脑"的宏伟设想,将人工智能应用于城市信息学,将大幅度提升城市信息处理的感知认知能力,更加精细、准确和即时地对高时变城市事件做出科学响应,实现城市管理分析的高度智能化。

1.4.3 即时化的感知

传统离线的感知数据处理流程一般是先收集数据,然后将数据存储到数据库中。当需要某些数据时,通过对数据库中的数据做操作得到结果,再进行其他相关的处理。这样的处理流程会造成结果数据密集,结果数据密集则数据反馈不及时,导致数据服务不及时。因此，基于城市感知网络，即时获取动态城市大数据，快速即时地提取城市事件和行为的格局与过程信息，科学分析其演化规律，并提供主动的位置智能服务，成为时空大数据城市实践过程中新的挑战和机遇（李清泉，2017）。即时化的感知趋势主要包括即时采集、即时处理、即时分析和即时服务四个方面。即时采集指传感器采集系统实时监测，高频次采集各种环境或监测对象信息，实现物理世界多种元素、信息空间以及人类社会信息的获取，这要求传感器采集系统具备大范围、高带宽的实时传输和计算能力（郭仁忠等，2020）。即时处理以最低的延迟对实时捕获的数据流进行处理，以生成实时（或近乎实时）报告或自动响应（Kloeckl et al.，2012）。例如，实时监视解决方案可以使用传感器数据来监测车流量，可以使用此数据动态更新地图以显示交通堵塞情况，或自动启动堵塞车道或其他交通管理系统。即时分析旨在提供数据端到端实时处理能力（毫秒级、秒级、分钟级延迟），可以对接多个数据源进行实时数据抽取，为多数据应用场景提供实时数据消费，更及时地反映数据的价值和意义。即时服务是指将前述处理分析的信息和知识，通过即时化的网络传输设施，快速地返回或推送到用户端，实现用户需求即时响应。即时服务要求网络传输即时和信息表达即时。

第 2 章

城市综合感知

2.1 城市综合感知的概念

多尺度综合感知旨在集成行业感知物联网和对地观测遥感网,关联协同空天地多源感知手段,一体化地实现大尺度趋势和分布感知、中尺度结构和功能感知以及小尺度行为和特征感知,并提供主动按需即时服务。从另一个角度理解,多尺度综合感知也就是"场景-目标-要素"的时空多尺度综合感知,体现着系统性认识世界的思想,将打破传统单源感知和认识城市的局限性。多尺度综合感知是地理时空信息获取的新模式,是城市建模与动态认知的前提。城市多尺度综合感知是在城市领域的具体化,是物联网"感-联"和智慧城市"用-融"关键技术的桥梁,更是智慧城市一体化服务系统的基础。

从内涵而言,多尺度综合城市感知在观测的角度意味着空天地集成化的感知手段、内容、精度和时效都是多尺度的,包括观测平台多尺度(如卫星、无人机、测量车、行业网、机器人、智能手机)、感知范围多尺度(如城市群、城市、街区)、感知精度多尺度(如米、分米、厘米)、感知时效多尺度(如季度、周、即时)、感知空间分辨率多尺度(如千米、米、分米)。同时,支持多主题(如交通、环境和灾害等)和多要素(降水、水位和土壤水分等)城市变量的一体化获取,并由统一的感知网络和感知服务平台支撑上述综合感知信息,从而实现城市群趋势分析、城市运行状态监测和街区个体行为跟踪。下面具体阐述对多尺度的理解。

(1)观测平台多尺度。目前我国正在逐步构建空天地集成化传感网,利用高速通信网络和无处不在的感知手段,遵循观测、数据、处理和服务等标准规范,集成现有空间信息基础设施,实现异构资源集成管理、多平台协同观测、多源数据融合以及信息聚焦服务等多种方法和技术,构建互联互通的城市感知基础体系。这一体系属于空间信息网络的一种实例化,包括卫星、无人机、测量车、行业网、机器人和智能手机等存在于不同空间高度和范围的感知平台,将从系统论和协同论角度满足智慧城市的多尺度、高时变和多样化感知需求,特别是对资源环境灾害和各种人流、物流及事件流的监测与跟踪具有重要意义。因此,在这一背景下,非常有必要综合利用观测平台的多尺度特性。

(2)感知范围多尺度。观测平台的多尺度,产生了感知范围的多尺度。例如,卫星观测平台能够在几千平方千米和几百平方千米级别的尺度上对地面进行相对连续的感知,而无人机平台则可以在几十平方千米的范围内对地面进行低空感知,但原位观测的行业网则仅能对地面几十甚至几平方米范围内的状态进行感知。虽然感知范围各异,但都是从不同的侧面对地表进行客观记录,因此都是我们认识世界必不可少的维度。大尺度的感知有助于对趋势和分布进行把握,如大范围的气温分布、降水分布和土壤水分分布;中尺度的感知有助于对结构和功能进行分析,如城市土地利用分区、交通拥堵关键路段和城市人群密集区;小尺度的感知有助于对局部行为和特征进行理解,如高速公路收费站状态、地下停车场淹没积水情况和湖岸的点位污染源。

(3) 感知精度多尺度。由于不同的观测平台采用不同的技术手段在不同的空间范围内开展感知,结果精度的多尺度性不可避免。例如,卫星遥感受大气环境、太阳辐射和地面异质性的影响,接收到的地表表观辐射量成分比较复杂,利用反演模型提取信息时精度受限,如 GF-1 WFV、Landsat TM/ETM+ 和中分辨率成像光谱仪(moderate-resolution imaging spectroradiometer,MODIS)等光学遥感卫星平台反演的土壤水分精度一般没有 SMAP、SMOS 和 Radarsat 等微波卫星平台的高,而微波土壤水分数据的精度(无偏均方根误差)一般也在 $0.021 \sim 0.220 \text{m}^3/\text{m}^3$,但地面部署的土壤水分感知网络的数据却被当作真值。再如,在城市建筑物的几何测量中,使用无人机倾斜摄影测量技术在水平方向的精度可达到分米级,而在垂直方向上精度更差。但采用地面测量车或者测量机器人,搭载激光雷达,水平和垂直方向精度都可达到厘米级。不同的应用需求,对感知精度也有不同的要求。由此可见,多种尺度的感知精度,属于综合感知领域广泛存在的一个特点,需要合理地进行理解和利用。

(4) 感知时空分辨率多尺度。与感知精度类似,感知时间分辨率(时效)和空间分辨率也存在多尺度的特征,如每年一次的土地利用普查、每月一次的土壤水分监测、每天一次的轨道桥梁健康感知、每小时一次的温度感知和实时的大气质量监测。感知时效的多尺度特性,一方面由感知平台和传感器决定,另一方面由具体场景和需求决定。例如,受限于太阳同步轨道,大多数卫星遥感仅能达到几十天到几天的重访能力,而位于同步地球轨道上的卫星传感器,则可以做到几小时一次的重访。再如,由于不同的应用目的,区域土壤水分一般仅要求每周一次的感知,但区域降水则需要每天甚至每小时一次的感知。

多尺度综合感知相比于传统感知模式,具有显著的不同。例如,暴雨内涝后的区域交通场景,在当前是一个非常典型但又非常复杂的感知对象。由于思维模式和行政原因,传统的感知方法一般仅采用同一类感知手段,例如,当前城市水务部门在桥梁、隧道和十字路口部署了水位传感器,能够在局部点位上精确测量水深。而交通部门的内涝信息主要来源于前者,自身部署的大量视频传感器则主要用于车流量监测,这些数据尚无法很好地用于内涝监测、淹没分析和受困人群提取。在这种情况下,相关部门就不能很好地掌握全局内涝分布情况。因此,传统的感知主要是单一维度的,难以从地理现象多尺度的客观表现来进行统筹考虑。

假如采用多尺度综合感知的理念,则可以从一种系统论的角度选择和布局感知资源。首先,在城市群宏观尺度上,采用卫星视频、无人机视频、地面交通和气象监测网,感知城域高速公路通行状态、迁徙趋势和路域灾害信息等,提供城市群全局的交通和降水状态信息。其次,在城市中观尺度上,采用无人机视频、光场相机阵列、移动测量车、地面交通和积水监测网,感知高速公路出入口车流、城市道路积水和"两客一危"状态,提供城市范围的交通环线通行状态、城区积水分布和车辆拥堵区域。然后,在街区室内地下微观尺度上,采用移动测量机器人、智能手机众包成像和 RFID 智能感知微网,感知街区交通环境、人群、车辆、道路场景和地下停车场,提供街区重点区域积水、街区人车物拥堵和地下停车场淹没等信息服务。最后,通过以上宏观、中观和微观三个尺度同时感知,从全局到细节,全面掌握多尺度的区域交通信息,支撑城市群、城市和街区多尺度的交通应急决策。通过服务系统,向政府、公众与企业等用户提供即时服务。

纵观地理信息感知(或监测)领域,与"多尺度综合"相似的概念有很多,典型的如多源、协同和集成等,但这几个名词在内涵和重点上仍有着不同(表 2-1)。"多尺度综合"更加强调感知资源、感知过程和感知结果的时空多尺度特性和系统性分析思维,更加符合地理要素多尺度的核心规律,更加明确多种感知手段的系统整合。

表 2-1 与多尺度综合相似的名词概念对比

相关概念	定义	用于感知的侧重点
多源	指两个或者多个来源	强调感知的来源多样
协同	指协调两个或者两个以上的不同资源或者个体,协同一致地完成某一目标的过程或能力	突出多种感知资源协作配合,共同实现一个目标
集成	一些孤立的事物或元素通过某种方式改变原有的分散状态集中在一起,产生联系,从而构成一个有机整体的过程	突出多个离散感知资源整合到一起
多尺度综合	将同一技术体系下的多个时间、空间和精度等尺度部件、要素和内容视为一个整体	强调感知资源、感知过程和感知结果的时空多尺度特性和系统性分析思维

2.2 城市综合感知的体系框架

城市感知具有感知场景复杂、感知要素多样、感知手段异构等特点。当前城市感知技术针对城市典型场景特定事件和任务存在感知要素不明确,感知手段未有效协同且感知平台孤立、未能互联互通,城市多观测耦合和即时服务困难等一系列问题,尚不能满足城市无缝、高分辨率、高精度和准实时的多尺度感知应用需求。在这样的背景下进行城市综合感知需要建立一个体系框架(图 2-1)。首先,建立城市多尺度综合感知指标体系,明确城市典型场景感知要素及具体要求。其次,建立包含城市点面观测能力动态认知、关联协同和优化构网的空天地协同感知共性技术体系,实现不同尺度下"指标要素-观测手段"的关联映射,制定面向特定场景任务的空天地协同观测方案。然后,针对城市群大范围关键要素变化感知、城市密集人车物关键节点实时感知、街区复杂立体场景自主感知等典型感知场景,突破城市多尺度综合感知关键技术。最后,制定城市多尺度综合感知标准规范,建立涵盖城市综合感知需求、架构、指标、元数据的智慧城市时空感知信息服务框架标准体系,为实现城市多尺度综合感知奠定标准基础。

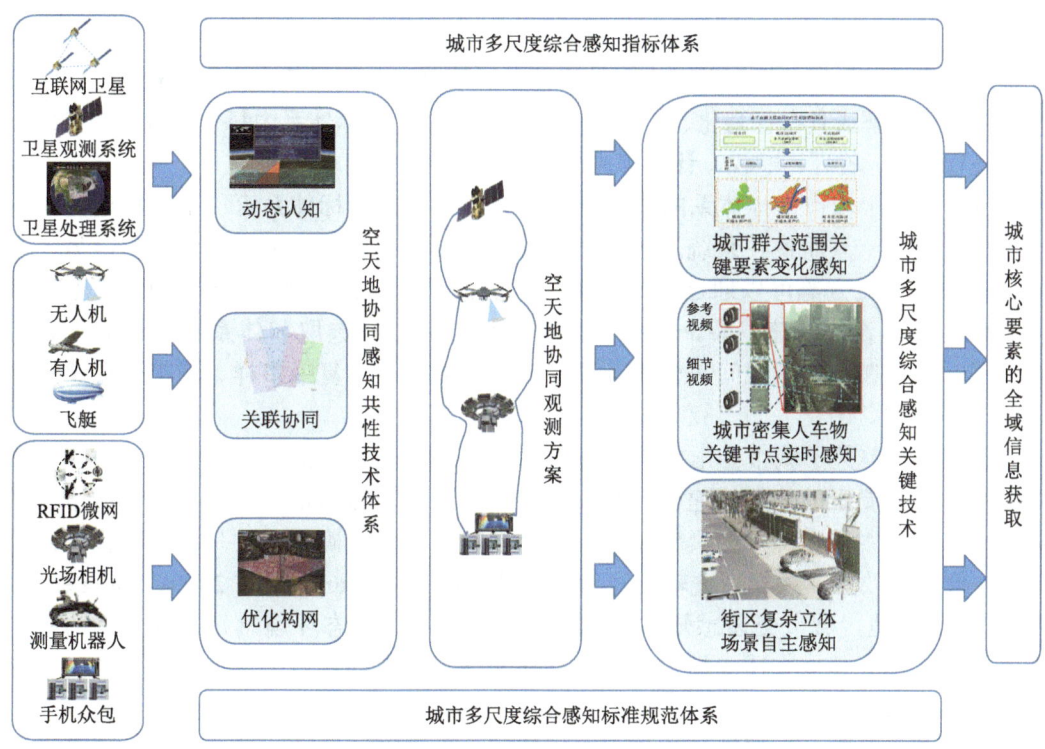

图 2-1 城市综合感知的体系框架

因此，城市综合感知共性体系主要包括城市多尺度综合感知指标体系、空天地协同感知共性技术体系、城市多尺度综合感知标准规范体系，以及面向不同场景特定要素的城市多尺度综合感知关键技术。其中，①城市多尺度综合感知指标体系通过分析城市典型领域的感知架构与组成要素，研究"领域—主题—要素"三级关联机制，建立城市多尺度综合感知顶层指标体系；分析城市暴雨内涝、江河湖生态和区域交通等主题感知要素和影响因子，构建主题级多尺度综合感知指标体系；梳理主题级感知指标的共性特征，形成面向城市自然灾害、生态环境和基础设施等领域级多尺度综合感知指标体系。②空天地协同感知共性技术体系针对城市群地表要素无缝感知、城市人车物关键节点实时感知、街区复杂立体场景自主在线感知等典型场景任务需求，开展空天地点面协同的观测能力动态认知，建立城市感知网观测能力信息场；基于点面多观测耦合模式和点面观测时空布网、移动观测规划控制与大规模传感器优化布局方法，构建多观测"动态认知-关联协同-优化构网"的综合感知共性技术体系。③城市多尺度综合感知标准规范基于城市多尺度综合感知指标体系和共性技术体系，制定城市综合感知需求、架构、指标、元数据等标准规范，形成包含城市综合感知管理系统框架、节点元模型、时空信息服务接口和特定领域感知规范的国际标准体系。

2.2.1 城市多尺度综合感知指标体系

指标体系是指由若干个反映社会、经济、环境等领域的对象总体数量特征的相对独立又相互联系的统计指标所组成的有机整体。指标体系的建立是进行预测、评价研究以及辅助决策等工作的前提和基础，它是将抽象的研究对象按照其本质属性和特征的某一方面的标识分解成具有行为化、可操作化的结构，并对指标体系中每一构成元素（即指标）进行归类、管理、赋权、计算等操作。

国内外关于城市指标体系的研究众多，科学的城市指标体系可以引导拟建和在建的智慧城市，一方面使各系统及子系统的规划、设计和建设更加合理和优化，另一方面使政府、投资方等可以通过城市建设水平更加了解城市（魏敏，2018）。随着城市化和信息化建设的快速发展，数据量爆炸式增长为指标选取和体系构建造成一定困难。同时还存在不同领域间平台相互孤立、指标体系架构复杂多样、城市信息感知难以统一等问题。

例如，目前关于城市暴雨内涝灾害的指标体系大多从评估的角度出发，而关于感知指标和感知要素的体系构建研究较少，城市自然灾害感知指标体系定义了城市自然灾害感知过程中所需感知的具体要素，是全面反映灾情、确定减灾目标、优化防御措施、评价减灾效益及进行减灾辅助决策的重要依据（Fang and Gao, 2009; Wang et al., 2017）。类似地，城市交通感知指标体系、城市江河湖生态环境感知指标体系的构建则需要参考现有其他交通指标体系、生态环境指标体系的内容，充分覆盖各种交通管控、生态环境保护需求的指标种类，同时需要对感知指标的组成要素进行详细说明，包括感知要素及其各种属性，从而与交通管理、生态环境治理和监测任务的要求进行匹配，实现各种传感器对相关信息的快速提取，为城市管理决策提供智慧化服务（Zhao et al., 2019）。

基于上述分析，目前城市感知指标相关研究大多聚焦在评估指标体系，对感知指标体系的研究较少（兰景涛，2013；赵阿兴和马宗晋，1993）。感知指标体系和评估指标体系的异同点如表 2-2 所示。感知指标体系在构建目标和潜在应用方面都有其独特的意义和价值，且在智慧城市建设中占据重要地位，因此对感知指标体系构建方面的研究是很有必要的。

表 2-2 感知指标体系和评估指标体系的异同点

类型	共同点	构建目标	潜在应用
城市感知指标体系	均为面向城市的指标体系集合，且指标具有可观测、可量测性	分析监测城市不同领域的状态和趋势需要明确的要素类型，定义这些要素类型以及不同要素类型在不同尺度下对时空分辨率、精度等的感知需求	实现感知数据的快速获取，辅助城市监测和管理决策，提升城市智慧化水平
城市评估指标体系		表征和评价城市发展水平的指标集合，定义指标含义和计算方法	横纵向对比城市发展水平，如智慧化水平等

另外，现有的指标体系研究中，大多通过统计年鉴、现场调查等手段获取数据，通过指标权重评估等方法来对指标进行预测、评价或其他辅助决策，这样所构建出的指标体系存在评价上的滞后性，目前仍缺少一种能够有效关联复杂多样指标与实时观测资源的方法。因此，构建感知指标与不同平台传感器之间的动态映射关系至关重要。

2.2.2 空天地协同感知共性技术体系

城市多尺度综合感知共性技术体系是在城市多尺度综合感知范围内,由具有共通性和相互关联的技术按照一定的结构进行逻辑组合进而构成的一个有机整体,属于城市多尺度综合感知的顶层设计和总体技术指导(图 2-2)。面对街区—城市—城市群多尺度城市空间,区域交通、江河湖生态、暴雨内涝等多主题多要素城市事件,时间连续、空间无缝等多观测需求,以及卫星、无人机、地面监测站行业物联网等多样化的城市感知手段,亟须一个通用、标准化的共性技术体系指导城市事件多尺度、多主题、多要素的综合感知,实现城市事件的快速响应与处理。

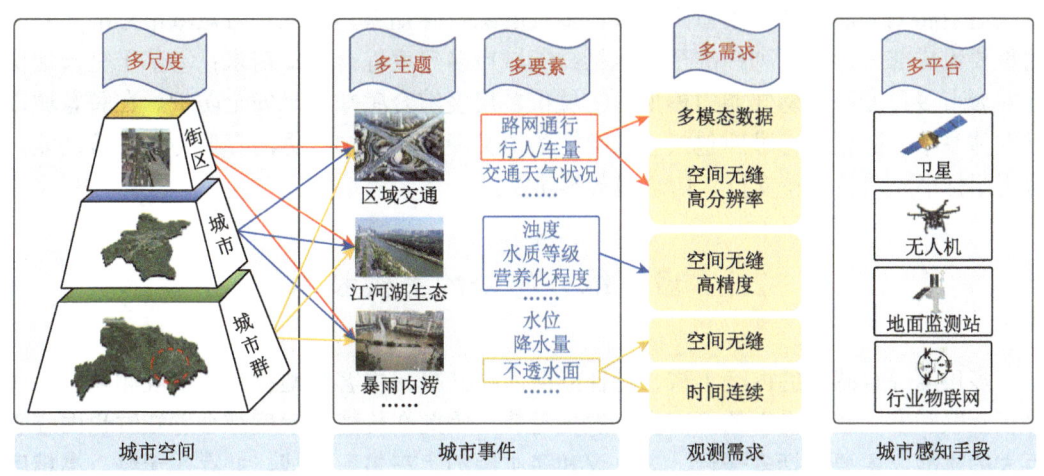

图 2-2 城市综合感知的场景、需求与手段

针对城市综合感知需求及多源异构感知平台孤立、存在时空盲区等一系列技术瓶颈,重点研究空天地协同感知的点面多观测耦合模式,建立涵盖空天地多观测"动态认知-关联协同-优化构网"的综合感知共性技术体系。

(1)城市感知网空天地点面观测能力动态认知技术。针对城市群地表要素米级无缝感知需求,研究空天地点面观测协同的空间覆盖能力认知方法;面向城市人群密集的复杂环境,研究高分辨率点观测和大范围网监控耦合的人车物检测与跟踪能力认知方法;针对街区应急场景高精度感知需求,研究街区立体观测和室内地下感知耦合的场景识别能力认知方法;建立城市感知网观测能力信息场,实现城市核心要素高准确率感知。

(2)城市多观测关联协同技术。基于多源多尺度观测能力,研究多观测耦合模式;分析城市多观测特征,研究遥感数据网、无人机与地面传感网的点面观测关联协同技术,为城市群地表要素感知提供支撑;研究城市视频终端、光场相机阵列与视频卫星的关联协同方法,为城市人车物实时感知奠定基础;研究机器人、测量车、RFID 微网和无人机的协同观测方法,为街区应急场景感知提供支撑。

（3）城市多尺度综合感知网构建技术。研究点面观测时空布网、移动观测规划控制与大规模传感器优化布局方法，为城市多尺度综合感知网构建奠定方法基础。研究暴雨内涝、区域交通和江河湖生态环境等综合监测需求，设计城市多尺度综合感知网总体架构，构建典型实验床，支撑城市群地表要素无缝感知系统与街区突发事件立体感知网建设。

2.2.3 城市多尺度综合感知标准规范体系

城市多尺度综合感知系列标准是针对智慧可持续发展城市的建设目标，系统定义城市感知中涉及的需求、技术、产品和安全等方面的技术规范。城市多尺度综合感知系列标准的特征在于目标性、整体性、层次性、相关性和适应性。按照目标明确、全面成套、层次适当和划分清楚的基本原则，城市多尺度综合感知系列标准是智慧城市标准体系中的重要组成部分，此系列标准至少包括：①城市多尺度综合感知需求；②基于空天地协同的城市多尺度综合感知能力模型；③城市多尺度综合感知信息安全防护。在智慧城市标准体系中，数据层标准应包括感知数据的语义理解、感知数据的存储与处理等功能，应用层标准应包括决策支持、信息服务等功能。

2.3 城市综合感知的关键技术

多尺度综合感知的内涵丰富、特征鲜明，在其模式中客观地存在"多观测耦合、多协议互联和多主题按需"的"三多"发展趋势，因此在构建多尺度综合感知时也面临着巨大的挑战，主要包括多平台、多协议和多主题的"三多"挑战，并存在无缝、高精度和准实时等多尺度综合感知技术难题。因此，城市综合感知的关键技术包括如下三项。

（1）在城市群地表要素的变化感知方面，亟须空间无缝连续感知关键技术。目前，城市群地表要素（如不透水面、土地利用、土壤水分、气温和降水等）的感知要么采用空间离散且有限的地面站点，要么采用卫星遥感实现大范围连续覆盖。但是仅依靠卫星遥感难以实现时间连续、空间无缝的感知效果。究其原因包括如下几个方面：①光学卫星遥感普遍受云遮挡，导致空间缝隙；②卫星遥感传感器可能存在故障和系统性误差，导致空间缝隙；③极轨卫星遥感受到轨道运行的客观限制，难以实现随叫随到的时效性；④有些地表要素存在于植被之下，难以仅通过卫星遥感的手段获得直接观测。由此可见，虽然时间连续、空间无缝的感知效果对于高动态地掌握城市群大尺度特征至关重要，但当前这些客观因素导致了对城市群地表要素的变化感知还无法实现上述目标。例如，将当前10m级的不透水面年度更新进一步突破到全域米级、重点区域分米级的动态更新，仍然是一个难点。因此，有没有可能利用综合感知中多平台、多传感器和多尺度的特征，协同卫星、无人机和地面不同的感知能力，在传统卫星遥感感知出现时空缝隙时，提供时空重建方案，成为城市多尺度综合感知面临的首要技术难题。

（2）在城市人车物运动目标的智能认知方面，亟须城市关键节点人车物智能感知关键技术。目前城市中广泛部署的视频监控网络，组成了庞大的人车物感知能力。但传统的视频摄像头存在视场角小、容易被植被或人群遮挡和视距有限的问题，虽然能够在局部小范围内实现较好的感知效果，但无法实现宽视场、千米级别和抗遮挡的效果，亟须新的硬件和技术突破。为此，目前国内外最新的趋势是采用超高分辨率的光场相机来解决这一问题。例如，可通过 4×5（个）全局光场相机深度信息和 5×6（个）局部高分辨率相机高清动态图像的多尺度融合，加上全局扫描高清静态场景，达到 10.8 亿像素观测，从而实现宽视场和长距离动态感知效果。但与之伴随的另一问题就是，如何从超高分辨率的光场相机中实时地智能化地提取出人车物的信息。例如，从当前千万像素、百米级滞后观测突破到十亿像素、千米级的实时识别跟踪，仍然是一个挑战。要解决这一问题，必然要突破机器智能、计算机视觉和高性能处理等一系列技术难点（华先胜等，2021）。因此，在未来大规模应用超高分辨率光场相机的背景下，如何突破城市人车物运动目标的实时化智能认知难题，成为城市多尺度综合感知面临的另一技术难题。

（3）在街区时序应急要素的自主感知方面，亟须街区精细场景自主感知关键技术。目前街区应急感知的场景，除了依靠视频和部分原位站点之外，既缺乏自主感知的机动设备，又缺乏实时在线组网通信的能力。例如，当城市街区出现暴雨积水情况时，可以通过隧道内部署的水位传感器进行快速检测，在室外也可以通过视频摄像头进行人工的感知。这种模式存在一些空间上的盲区，如一些街区没有部署传感器，或者传感器突发断电。当前亟须构建一种能够基于在线模式的多传感器自主感知方法，以在发生暴雨内涝、火灾或车祸等时，能够自组织地在线驱动对应传感器弥补部分街区感知失效的缺陷，从而使新增的传感器快速加入网络，而网络内的传感器能够即时协作。这里的技术包括街区尺度观测自组网、街区观测动态协作和特定参数高精度定位及监测等。因此，在前面对城市群和城市人车物感知的基础上，街区尺度的高精度在线感知成为构建城市多尺度综合感知面临的第三个技术难题。

第 3 章

城市综合感知指标体系与系统

3.1 城市综合感知指标体系框架

3.1.1 顶层架构

城市综合感知指标体系的五层架构为（图 3-1）：领域、主题、子主题、指标项、值（感知要素及其属性）。

（1）Level 1 领域层。组成：城市中的领域包括经济、社会、文化等，该指标体系重点关注"自然灾害""交通""江河湖生态环境"。依据：分类继承自 ITU 关键性能指标（key performance indicator，KPI），同时考虑任务要求和实际情况有个性化调整。

（2）Level 2 主题层。组成：将领域层进一步下分为多个主题，"自然灾害"领域下分"暴雨内涝"主题，"交通"领域下分"区域交通"主题，"江河湖生态环境"领域下分"水环境""大气环境""土壤环境"三个主题。依据：分类参照 ITU KPI 及现有国内外划分机制。

（3）Level 3 子主题层。组成：将主题层进一步细化到多个子主题，缩小与指标层的差距，"暴雨内涝"主题下分"诊断期""准备期""响应期""恢复期"四个子主题；"区域交通"主题下分"日常监测"和"应急管理"两个子主题；"江河湖生态环境"领域下的"水环境"主题下分"江河水情""湖泊水质"等子主题，"大气环境"主题下分"空气质量""废气排放"等子主题，"土壤环境"主题下分"土壤质量""土地利用"等子主题。依据：分类参照 ITU KPI 及现有国内外划分机制。

（4）Level 4 指标项层。组成：将子主题划分为一系列可观测、可量测、可计算的指标，这里的指标既可以是由多种感知要素经过计算得到的复合指标，也可以是由传感器观测直接得到的单一指标。依据：分类参照行业标准、需求和文献自主定义。

（5）Level 5 值层（感知要素及其属性）。组成：指标计算或观测需要用到的感知要素，以及这些感知要素在城市群、城市、街区三种尺度下的感知需求，如时空分辨率需求、精度需求等。依据：感知要素类型参照指标计算模型、需求和文献自主定义，感知属性参照任务需求以及中国地质大学胡楚丽团队关于传感器感知能力的综合定义（Hu et al., 2020）。

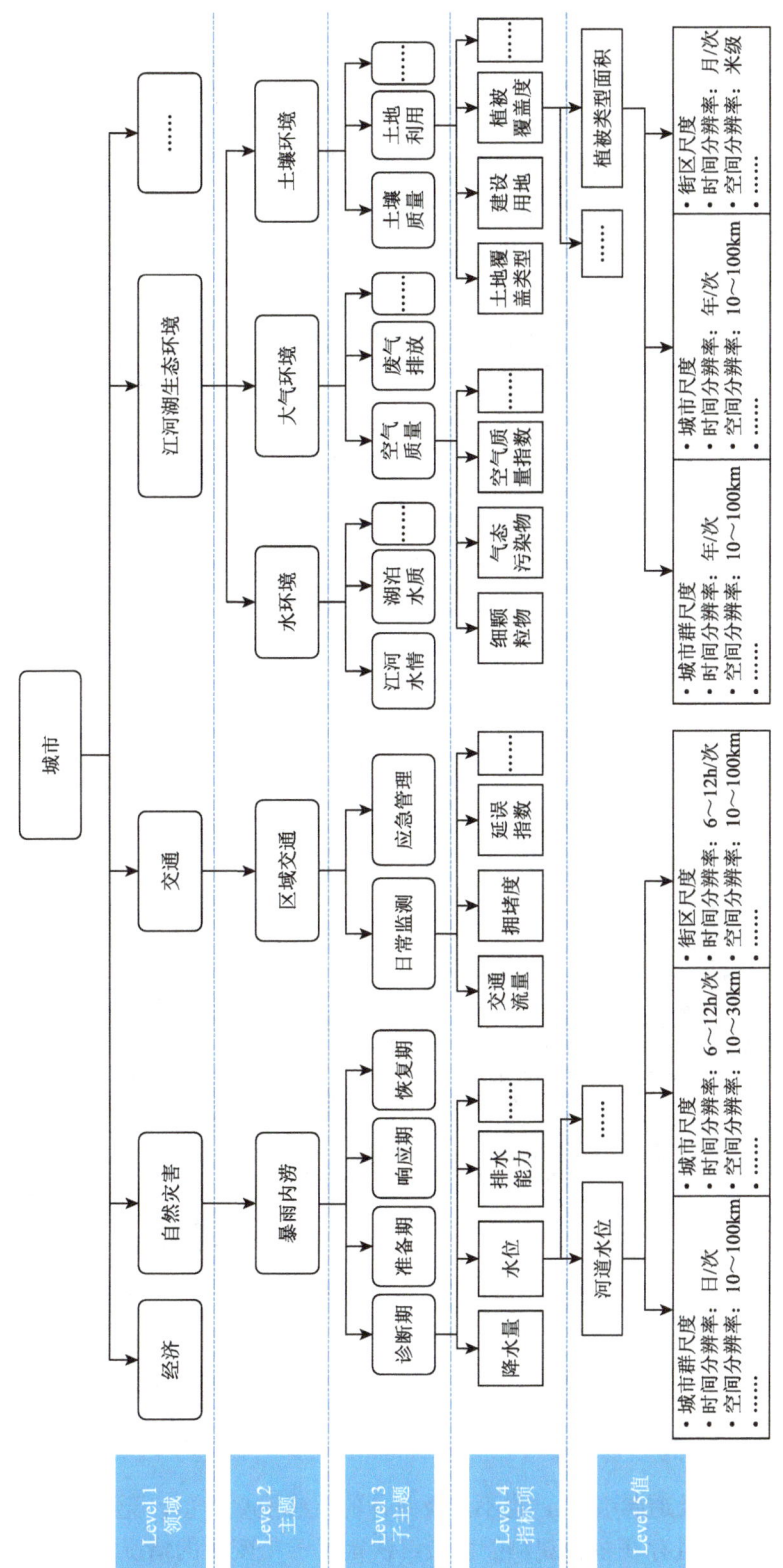

图 3-1 指标体系五层架构

3.1.2 观测能力与需求

目前将传感器按照观测能力划分为遥感卫星和原位传感器两类，此处列举了遥感卫星和原位传感器在观测广度、观测深度、观测频率、观测质量等方面的观测能力（表 3-1）。

表 3-1 传感器观测能力内容

观测能力类别	遥感卫星	原位传感器
通用观测能力		• 传感器类型 • 观测高度 • 传感器观测类型 • 传感器可移动性 • 传感器状态 • 传感器位置 • 传感器平台 • 传感器潜在应用 • 传感器观测有效时间 • 传感器规划服务
观测数据		• 观测过程 • 观测要素 • 观测属性 • 数据类型 • 数据访问级别 • 传感器观测服务 • 数据质量级别
观测广度	• 扫描范围 • 波段类型 • 波段范围 • 地面分辨率 • 观测范围	• 原位探测类型 • 探测原则 • 过载限制 • 测量值范围 • 观测范围
观测深度	• 量化级别，细分为扫描/雷达/Frame 遥感三种 • 扫描：波段特点/瞬时视场角/星下点分辨率 • 雷达：波段名称/波段类型/波段宽度/地面分辨率/辐射分辨率/波段应用 • Frame（框幅式）：波段名称/波段类型/波段宽度/地面分辨率/辐射分辨率/波段应用/灰阶/分辨能力/航向重叠/横向重叠	• 观测精度 • 观测半径 • 敏感性 • 观测应用
观测频率	• 重访周期	• 采样间隔 • 采样时长 • 响应时间
观测质量	• 地理定位精度 • 角精度 • 距离精度 • 辐射精度	• 敏感性容差 • 探测精度 • 可重复性 • 滞后容差 • 非线性误差

观测需求不涉及遥感/原位，也不涉及具体的遥感卫星类型，无法细致到与传感器观测能力一一对应，且存在多种观测能力最终决定了一个变量的情况，如观测空间范围需

要由平台高度、侧摆、扫描范围等共同决定。观测需求一般由应用单位提出，应用单位不清楚具体传感器能力细节，如果直接沿用观测能力字段设计观测需求模式，大量观测需求字段值将无法提供，这不符合观测需求设计的初衷，且会造成大量数据冗余。因此，观测需求定义无法直接沿用观测能力字段。目前观测需求仅考虑了最关键的应用尺度、空间分辨率、观测频率。其他观测需求将根据具体感知指标或感知要素做相应调整。

3.1.3 元模型框架

元建模是在某一特定领域内构建概念集合，关注模型本身的约束与规则，是对模型的再抽象，目的是指导构建具体领域的模型（Atkinson and Kuhne，2013；ISO，2005）。作为抽象构造和聚合复杂信息资源的方法，元模型能够实现网络信息资源的高度聚合与深度共享（谷琦，2008）。城市多尺度综合感知指标体系元模型定义了指标体系的元建模层次、基础构件和元数据内容，规定了指标体系元数据要素的组织结构和信息描述框架，确定了指标体系建模需要遵循的详细规则与统一元数据标准（Visconti and Cook，2002）。

1. 指标体系元模型的层次框架

为了以一种标准的、统一的信息模型对城市多尺度综合指标体系进行描述，实现指标元数据信息的结构化管理，采用基于元对象设施（meta object facility，MOF）的元建模技术，提出指标体系元模型的基本框架和内容（图 3-2）。

MOF 是由对象管理组织（OMG）提出的元建模标准，描述组成模型的建模概念及其关系。MOF 是一种典型的四层建模结构，依次为 M3、M2、M1 和 M0 层，每一层都是其上一层的实例，同时又是下一层的抽象。指标体系元建模框架定义了指标体系元模型的相关概念，确定了指标体系元建模的总体构建流程。具体包括指标体系元-元模型、指标体系元模型、指标体系信息描述模型和具体的指标体系实例四个层次，刻画了指标体系元建模的概念及其关系。

如图 3-2 所示，M3 是元-元模型层，定义了指标体系元建模所涉及的概念，主要包括指标体系元数据构件、指标体系信息模型、指标体系实例，它们的关系是层层细化，不同层次代表了指标体系元模型的不同抽象级别，指标体系信息结构是指标体系元数据构件的实例化，指标体系实例是指标体系信息模型的实例化。M2 层是指标体系元模型层，主要包括形式化元模型、建模设施元模型与信息描述元模型，分别刻画了指标体系模型的形式化规则、建模设施约束和信息描述框架。M1 层是模型层，详细定义了指标体系元数据描述构件，是信息描述元模型类的一个实例；建模语言 XML 是建模设施元模型的一个实例，指标体系信息描述模型是形式化元模型的一个实例。M0 层描述了各种类型的指标体系实例，由暴雨内涝多尺度感知指标体系、区域交通多尺度感知指标体系和土壤环境多尺度感知指标体系等具体的指标体系组成，可以分别应用于不同的感知主题和场景。

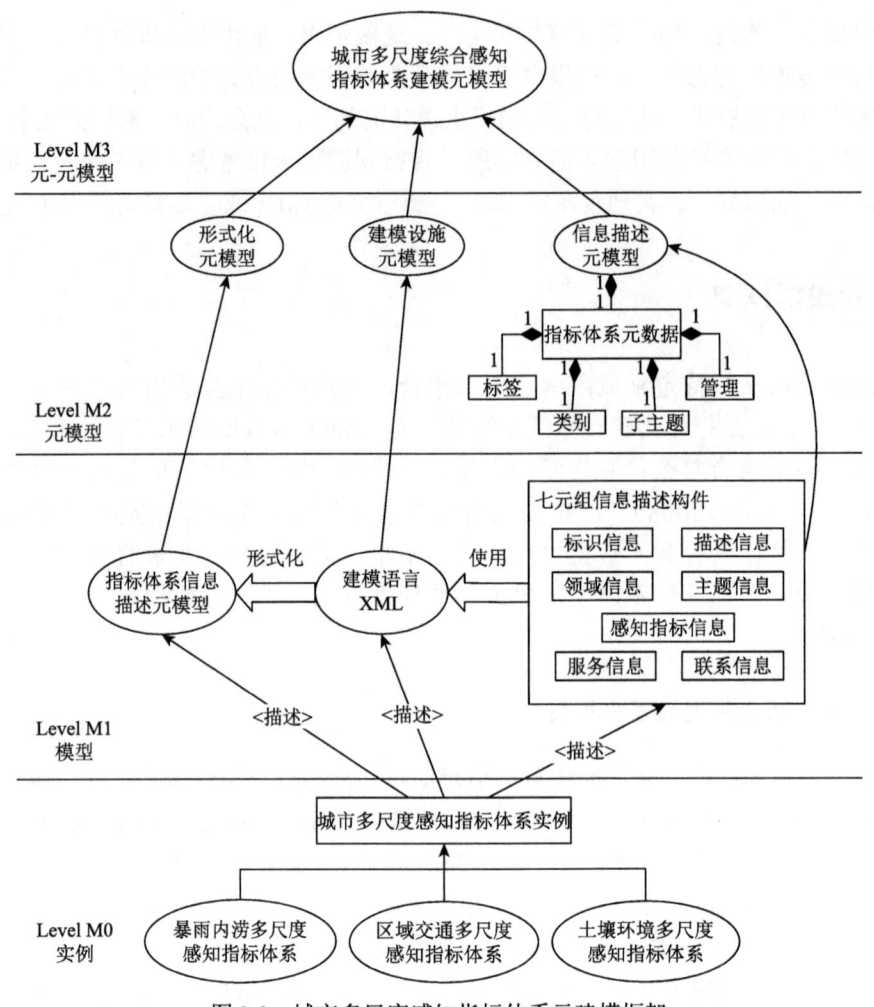

图 3-2　城市多尺度感知指标体系元建模框架

1 代表有且只有一个要素

2. 指标体系元模型构件

元模型构件目标是确定为实现城市多尺度综合感知指标体系的共享管理，需要表征指标体系的哪些基本信息。指标体系的一个特征是，每个指标体系都有相应的类别，来表示其所属的领域和观测主题；通过类别信息能够实现综合感知主题的查询。指标体系的另一个特征是每个指标体系都有相应的感知子主题；通过感知子主题能够分门别类地确定综合感知的具体信息，然后细化对应到相应的感知指标项。因此，构建指标体系信息描述的元数据构件，主要包括指标体系的标签、类别、感知子主题和管理四种基本元数据构件。

（1）标签特征：指标体系的标签特征由指标体系的标识信息和描述信息构成。标识信息反映了指标体系的标识符和名称等基本信息；描述信息是对指标体系的详细描述，便于用户对指标体系的详细信息进一步了解。指标体系的标签是指标体系发现的基础信息来源，为指标体系查询提供各类描述性元数据。

（2）类别特征：指标体系的类别特征由感知领域和感知主题构成。不同的感知指标体系分别有其对应的感知领域和感知主题,用于确定感知指标体系的主题,从而实现从综合感知主题来查询确定相应的指标体系。

(3) 感知子主题:每个感知指标体系有相应的感知子主题,用以细化综合感知的需求,并对应到相应的感知指标项。根据指标体系的管理需求分析可知,指标体系的类别和感知子主题是指标体系信息描述的重要元数据内容。此外,为了便于查询和管理指标体系,通过标准的服务接口进行访问,还需要刻画指标体系的标签和管理信息。

(4) 管理特征:指标体系管理特征主要由联系信息和服务信息构成。联系信息包括指标体系贡献者的机构、姓名、电话、邮箱和地址等,便于指标体系完善贡献者的相关信息;服务信息包括服务名称、服务地址、服务描述等内容,是指标体系发现的基础,为指标体系的访问和调用提供服务接口。

3.1.4 元数据结构

从指标体系元数据构件可知,指标体系的公共属性主要包括标签、类别、子主题和管理等方面的内容,它们构成了可重用的指标体系公共信息模型。本部分内容提供一个标准的、统一描述的、可互操作的指标体系元模型。基于元模型驱动的指标体系管理机制,用户可以针对特定的综合感知需求快速检索、发现完整的感知指标体系,从而将感知需求落实为具体可量测的感知指标项。

1. 七元组通用元数据框架

从指标体系描述构件与各类指标体系的元数据需求出发,通过对指标体系元数据的细化与归类,其元数据信息可以定义为一个七元组结构的指标体系通用信息描述框架,表现为如下形式:

指标体系元数据 = {标识信息,描述信息,领域信息,主题信息,感知指标信息,服务信息,联系信息}

其中,标识信息和描述信息是标签构件的细化,领域信息和主题信息是类别构件的细化,感知指标信息是子主题构件的细化,服务信息和联系信息是管理构件的细化。元数据构件与七元组元数据类型的关系如图 3-3 所示。

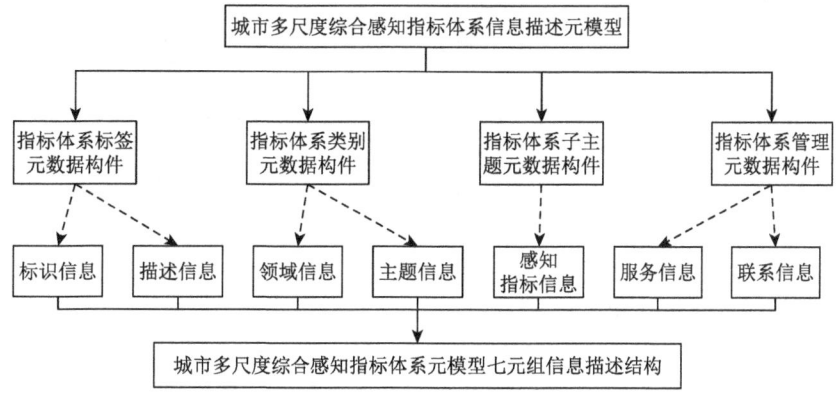

图 3-3 七元组指标体系信息描述结构

（1）标识信息：包括指标体系的标识符和名称等描述指标体系基本信息的元数据要素，以唯一标识该指标体系。

（2）描述信息：表征了该指标体系的描述等详细信息，方便用户通过文本描述来了解该指标体系的详细信息。

（3）领域信息：表征了该指标体系所属的城市领域，如自然灾害、交通、生态环境等。

（4）主题信息：表征该指标体系的感知主题，是领域信息的细分，如"自然灾害"领域下的"暴雨内涝"主题，"交通"领域下的"区域交通"主题；"生态环境"领域下的"水环境""大气环境""土壤环境"等主题。

（5）感知指标信息：表征了指标体系下具体的感知指标项。感知指标项是从感知领域到感知主题再到感知子主题一步一步细分下来的可观测、可量测、可计算的指标项。这里的指标既可以是需要由多种感知指标值经过计算得到的复合指标项，也可以是由传感器观测直接得到的单一指标项。

（6）服务信息：包括指标体系的服务名称、服务地址、服务描述等内容，是指标体系发现的基础，为指标体系的访问和调用提供接口。

（7）联系信息：包括指标体系贡献者的姓名、电话、机构、邮箱和地址等联系信息，便于后期联系和咨询。

2. 指标体系元模型 UML 类图

指标体系元模型七元组结构的指标体系元信息描述框架中，元数据要素、数据类型及其约束条件的详细内容见图 3-4，其中包括 Text 文本型、Quantity 数值型、Category 枚

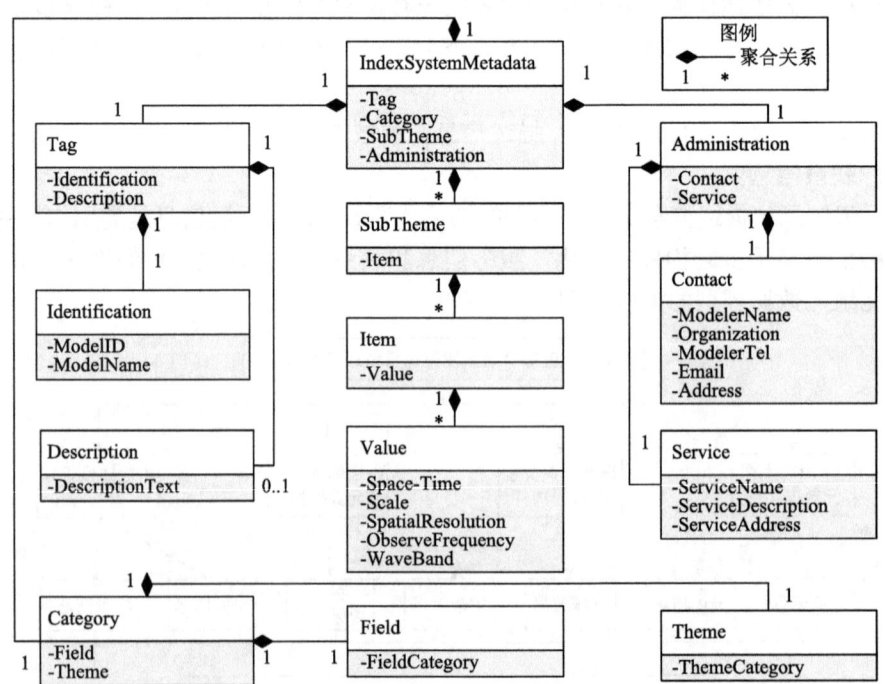

图 3-4　城市多尺度综合感知指标体系元模型元数据要素 UML 类图
0…1 代表要素最多有一个（0 个或 1 个）；1 代表要素有且仅有一个；*代表要素可以有多个

举型、Time 时间型和 ComplexType 复杂型五种数据类型。根据七元组结构的指标体系信息描述框架，分别确定每类元组包括的通用元数据要素及其数据类型、约束条件和出现次数（图 3-4）。

在指标体系元模型元数据要素 UML 类图中，IndexSystemMetadata 表示指标体系元数据类，Tag、Category、SubTheme、Administration 表示四种基本元数据构件。这四种基本元数据构件类与 IndexSystemMetadata 类存在聚合关系。标识信息 Identification 和描述信息 Description 与 Tag 类存在聚合关系；领域信息 Field 和感知主题信息 Theme 与 Category 类存在聚合关系；感知指标项 Item 与感知子主题 SubTheme 类存在聚合关系；联系信息 Contact 和服务信息 Service 与 Administration 类存在聚合关系。其中感知指标值 Value 类与感知指标项 Item 类存在聚合关系。

3. 指标体系元模型模式设计

根据城市多尺度综合感知指标体系的结构与内容，给出了指标体系元模型的 Schema 设计，以 XML 语言编写在 indexSystem.xsd 中。

IndexSystem.xsd 定义了整个模式文档的根元素 IndexSystem。IndexSystem 的内容为包含了四个元数据构件元素（Tag、Category、SubTheme 和 Administration）的容器，而每个元数据构件元素有其相应的元素类型（TagType、CategoryType、SubThemeType 和 AdministrationType）。每个元数据构件元素都包含了其相应的元数据信息元素。Tag 元素是包含了标识信息元素 Identification 和描述信息元素 Description 的顺序容器，其中 Identification 元素为必选项，而 Description 元素为可选元素。Category 元素是包含了领域信息元素 Field 和感知主题信息元素 Theme 的顺序容器，其中 Field 元素为必选项，而 Theme 元素为可选项。一个指标体系中可以有多个子主题，因此根元素 IndexSystem 和 SubTheme 元素的关系是一对多。SubTheme 元素是包含了一个或多个感知指标项元素 Item 的容器。而 Administration 元素是包含了联系信息元素 Contact 和服务信息元素 Service 的容器，其中 Contact 元素和 Service 元素均为可选元素。更详细地，每个元数据信息元素都有其对应的类型以及更详细的子元素。

IndexSystem.xsd 包含了元模型的基本类型和元素以及元素的定义，可以完整地反映整个 Schema。指标体系的 Schema 总体设计如图 3-5 所示。

其中，感知指标项元素 Item 是一个含有一个或多个感知要素元素 Value 的容器。而感知要素元素 Value 包含了具体的元素感知要素信息元素，包括感知要素标识符元素 ValueID、感知要素名称元素 ValueName、感知要素的时空范围元素 Space-Time、感知要素的尺度信息元素 Scale、感知要素的空间分辨率信息元素 SpatialResolution、感知要素的观测频率信息元素 ObservationFrequency 元素和感知要素的波段信息元素 WaveBand。其中 WaveBand 元素为可选项。感知指标项 Item 的 Schema 设计如图 3-6 所示。

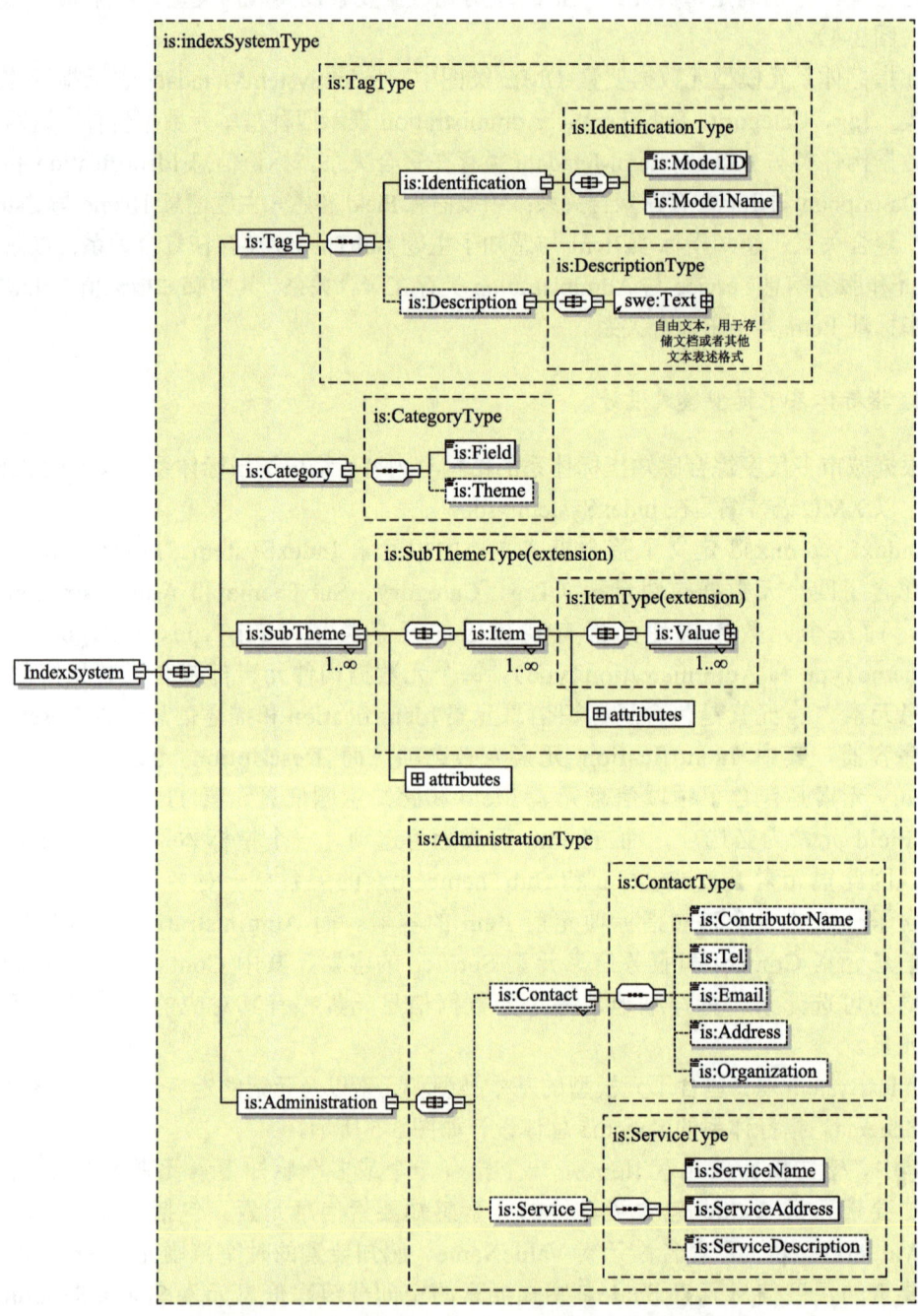

图 3-5 城市多尺度综合感知指标体系 Schema 总体设计

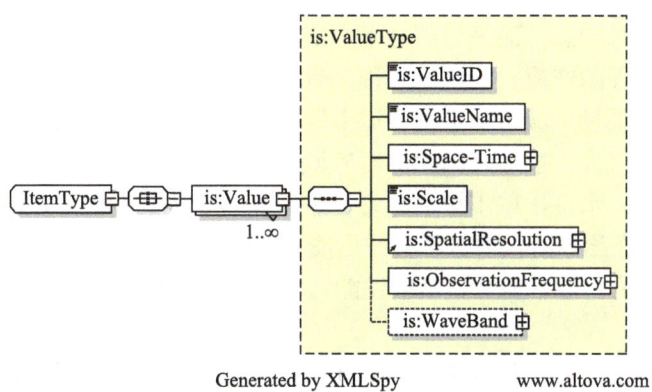

图 3-6 感知指标项 Item 的 Schema 设计

3.2 城市综合感知典型指标体系

3.2.1 暴雨内涝综合感知指标体系

针对暴雨内涝多尺度综合感知指标选取研究，按照城市暴雨内涝不同发展阶段划分子主题，参考城市暴雨内涝监测系统组成要素、ITU、国际标准化组织（International Organization for Standardization，ISO）和现有文献调研，对城市群、城市、街区等不同尺度下的感知指标进行筛选。

1. 指标体系组成

该指标体系涵盖了面向城市群、城市、街区三种尺度的在暴雨灾害事件下所需要的感知要素和影响因子。定义归纳这些指标可以为全面反映灾情、确定减灾目标、优化防御措施、评价减灾效益及进行减灾辅助决策提供重要依据。

根据联合国国际灾害风险战略的定义，可将灾害的发展过程分为四个阶段，即减灾阶段、准备阶段、响应阶段以及恢复阶段。然而，在实际应用情景中，应对灾害事件首先应该进行灾害的诊断，而不是进行减灾的准备。因此，可以将暴雨内涝灾害的发展阶段分为诊断期、准备期、响应期以及恢复期四个阶段。对应暴雨内涝的四个发展阶段，可以将主题层的暴雨内涝分为四个子主题。不同的灾害阶段有不同的感知任务，因此不同灾害阶段的感知需求不同，即感知的指标与要素不同。

1）诊断期

诊断期的主要任务是日常监测，并通过日常监测感知到异常指标，从而进行灾害的诊断。致灾因子是灾害发生的最直接诱发因素，因此其感知与观测应该贯穿整个灾害事件。对于城市暴雨内涝灾害，降水量和水位作为致灾因子，其监测应该贯穿全过程。除此之外，从城市水循环的角度出发，城市暴雨内涝是城市暴雨作用在城市系统下形成城市水循环极端现象的一种灾害。当降水发生时，一部分雨水通过自然水循环系统，经过植被截留、地面填洼、地表下渗等阶段后形成地表径流或者地下径流，然后汇入河道与海洋过程，通过蒸发的形式回到大气形态，而另一部分雨水则通过城市的排水系统汇入河道与湖泊。地形条件对水循环过程的产流、汇流等过程具有重要影响。全球变暖引起的气候变化导致城市极端降水事件频发，城市化进程中城市地表不透水面大面积增加，严重阻碍了雨水下渗，导致地表径流大大增加。因此，对应城市水循环过程，城市暴雨内涝灾害涉及的指标项包括降水量、水位、城市排水能力、渗水能力、蒸散发能力以及地形条件等。由于内涝尚未发生，在诊断阶段暂且不会发生渍水情况。因此，在日常监测期间，降水量、水位、城市排水能力、渗水能力、蒸散发能力以及地形条件是主要观测指标。

（1）降水量。

降水量的观测通常用日降水量、降水强度和降水持续时间来表示。降水量是指一段时间内降落到地面的水层深度，单位是 mm，常用的表示方式有日、月、累年年平均降水量，其中日降水量更适合于暴雨内涝灾害的感知。降水强度是指单位时间的降水量，通常测定 5min、10min 和 1h 内的最大降水量。降水持续时间是一次降水过程从开始到结束的持续时间，长时间的强降水容易导致城市内涝灾害的发生，因此降水持续时间的感知必不可少。

（2）水位。

水位是反映水情变化最直观的因素。在城市中水位的观测主要是城市内的河流或者湖泊的水位，单位是 m。

（3）城市排水能力。

城市排水系统主要包括城市雨水管网、排涝泵站、河道、湖泊以及其他城市雨水调蓄设施等（余海霞等，2017）。因此，城市排水能力这个指标可以由雨水管网密度、雨水管网排水能力、排涝泵站密度、排涝泵站排水能力、雨水调蓄设施密度、雨水调蓄设施排水能力这些要素来综合评定。

（4）渗水能力。

土壤含沙量越多，颗粒越粗糙，其渗水性能越好，保水性越差。地表不透水率越高，其渗水能力越差。地表渗水能力与土地利用关系密切，城市的土地利用主要分为居住用地、公共设施用地、工业用地、道路广场用地、市政设施用地以及绿地，不同土地利用类型其地面覆盖物的类型不同，导致其地表不透水率的差异，如道路的地表主要由沥青和水泥构成，均不透水，其渗水能力极差。因此可以使用土壤类型、土地利用、不透水率这些要素评定。

（5）蒸散发能力。

蒸散发主要指植物蒸腾和土壤蒸发。蒸散发是一个复杂的物理和生理过程，与植物种类、生育期、生长状况、土壤含水量及气象条件有密切关系。在城市中，几乎没有农作物，主要是城市绿化的作用，因此主要考虑绿植或绿叶的分布情况。叶面积指数指单位土地面积上植物叶片总面积占土地面积的倍数，可以用于评定绿植或者绿叶的分布情况。土壤蒸发的主要影响因素是土壤含水量，可以用土壤湿度进行评定。

（6）地形条件。

地形指的是地表以上分布的固定物体所共同呈现出的高低起伏的各种状态，其核心要素是高程，一般情况下指的是某点沿铅垂线方向到水准面的距离，单位是 m。

2）准备期

准备阶段的主要观测任务是灾害事件的时空预测，即预测灾害诱发因素的值，并预测灾害事件会在何时何地发生。实现城市暴雨内涝灾害的时空预测最主要的任务是降水量和水位的预测，因此城市暴雨内涝灾害准备阶段的主要感知任务是降水量与水位的实时观测，以及降水量与水位的预测。在城市暴雨内涝灾害的准备阶段，灾害随时会发生，因此关注城市的排水情况与渍水情况是非常有必要的。灾害发生后，事件的相关信息和新闻报道在网络上快速传播，会迅速引起民众的广泛关注，他们会在互联网平台上发表意见，从而产生大量的以人为感知途径的灾害相关信息，同时可能会诱发许多矛盾和问题，甚至引起民众恐慌等，威胁社会的稳定与和谐。因此，城市暴雨内涝灾害的准备阶段，也需要进行社会舆情的监测与感知。综上所述，城市暴雨内涝灾害准备阶段的主要感知指标包括降水量、水位、降水预测、水位预测、实时排水情况、渍水情况与社会舆情监测。

（1）降水量。

同1）诊断期（1）降水量。

（2）水位。

同1）诊断期（2）水位。

（3）降水预测。

临近降水预测可以短期、中期、长期降水预测，分别可实现未来2~3天、4~9天或者10~15天的降水，对城市暴雨内涝后续发展的预警具有重要意义。逐小时降水预测可实现未来几个小时内每小时降水量的预测，对城市暴雨内涝实时动态感知和预估具有重要意义。

（4）水位预测。

在城市中水位的观测主要是对城市内的河流或者湖泊的水位进行观测，因此水位预测即城市内的河流或者湖泊水位的预测，单位是米（m）。

（5）实时排水情况。

在准备阶段对于城市排水的主要感知任务是实时观测城市排水管网的排水情况，可以通过感知窨井流量和窨井水位来量化实时排水情况这个指标。

（6）渍水情况。

渍水范围和渍水时长以及渍水深度是评价渍水情况的三大要素。渍水范围是指满足一定水深情况下的积水范围；渍水时长是指积水达到一定水深情况下的持续时间，常用单位是小时（h）；渍水深度是积水的深度，常用单位是厘米（cm），可用于描述渍水的严重程度。

（7）社会舆情监测。

社会舆情监测主要是针对微博等社交媒体平台开展降水、积水等洪涝相关的热点监测，通过公众的关注和讨论情况间接反映暴雨内涝的发生情况，并及时对社会舆论情况开展合理引导，消除恐慌。

3）响应期

响应期的核心是人员救援，因此其主要观测任务是确定灾区范围、损毁道路、损毁建筑等。同时可以考虑该范围的土地利用情况，确定当前路况和被困人员的位置，从而实施人员救援。此外,实时观测降水与水位情况,关注暴雨内涝灾害的动态发展,也是非常重要的。综上所述,在城市暴雨内涝灾害响应阶段的主要观测指标包括降水量、水位、洪灾范围。

(1)降水量。

同1)诊断期(1)降水量。

(2)水位。

同1)诊断期(2)水位。

(3)洪灾范围。

洪灾范围的感知可以为人员救援提供依据,并为市民出行提供有效依据,该指标主要关注的是洪涝导致的淹没范围,以及受损道路及损毁建筑。

4)恢复期

恢复期的主要任务是损害评估,主要包括人员伤亡、经济损失和其他影响,如生态影响、农场淹没等。灾害后的总结可以为日后的灾害管理和应对提供相关经验与支持。因此,在城市暴雨内涝灾害恢复阶段的主要观测指标包括人口受灾情况、农作物受灾情况、经济受灾情况。

(1)人口受灾情况。

人口受灾情况主要关注受灾人口和死亡人口的数量,因此可以使用受灾人口数和死亡人口数来评定人口受灾情况。

(2)农作物受灾情况。

农作物受灾情况面向的对象主要是农作物、耕地、粮食产量以及受暴雨内涝影响死亡的牲畜,因此可用农作物受灾面积、农作物绝收面积、损坏耕地面积、减产粮食数量以及因灾死亡牲畜数量这几个要素进行评定。

(3)经济受灾情况。

城市暴雨内涝灾害的直接损毁对象是道路和建筑,因此经济受灾情况指标主要包括损毁房屋数量和损毁建筑数量这两个要素(表 3-2)。此外,该指标还包括受城市暴雨内涝灾害影响直接导致的不动产和存储货物的损失,以及间接性可能导致未来财产的损失,因此,经济损失也是该指标的必要要素。

表 3-2 暴雨内涝感知指标体系

领域	主题	子主题	指标项	值			
				感知要素	尺度	感知要素属性	
						时间分辨率	空间分辨率
自然灾害	暴雨内涝	诊断期	降水	日降水量/mm	城市群	日/次	10～100km
					城市	日/次	10～30km
					街区	日/次	10～100m
				降水强度/(mm/min)	城市群	日/次	10～100km
					城市	日/次	10～30km
					街区	日/次	10～100m

续表

领域	主题	子主题	指标项	感知要素	尺度	时间分辨率	空间分辨率
自然灾害	暴雨内涝	诊断期	降水	降水持续时间/h	城市群	日/次	10~100km
					城市	日/次	10~30km
					街区	日/次	10~100m
			水位	河道/湖泊水位/m	城市群	日/次	10~100km
					城市	6~12小时/次	10~30km
					街区	6~12小时/次	10~100m
			城市排水能力	河网密度/km^{-1}	城市群	年/次	30~100m
					城市	6个月/次	10~30m
					街区	每次更新	1~10m
				雨水管网密度/km^{-1}	城市群	年/次	30~100m
					城市	6个月/次	10~30m
					街区	每次更新	1~10m
				雨水管网排水能力	城市群	年/次	30~100m
					城市	6个月/次	10~30m
					街区	每次更新	1~10m
				排涝泵站密度	城市群	年/次	30~100m
					城市	6个月/次	10~30m
					街区	每次更新	1~10m
				排涝泵站排水能力	城市群	年/次	30~100m
					城市	6个月/次	10~30m
					街区	每次更新	1~10m
				雨水调蓄设施密度	城市群	年/次	30~100m
					城市	6个月/次	10~30m
					街区	每次更新	1~10m
				雨水调蓄设施排水能力	城市群	年/次	30~100m
					城市	6个月/次	10~30m
					街区	每次更新	1~10m
			渗水能力	土壤类型	城市群	年/次	30~100m
					城市	6个月/次	10~30m
					街区	每次更新	1~10m
				土地利用	城市群	年/次	30~100m
					城市	6个月/次	10~30m
					街区	每次更新	1~10m

续表

领域	主题	子主题	指标项	值			
				感知要素	尺度	感知要素属性	
						时间分辨率	空间分辨率
自然灾害	暴雨内涝	诊断期	渗水能力	不透水率/%	城市群	年/次	30~100m
					城市	6个月/次	10~30m
					街区	月/次	1~10m
			蒸散发能力	叶面积指数	城市群	年/次	30~100m
					城市	6个月/次	10~30m
					街区	月/次	1~10m
				土壤湿度	城市群	年/次	30~100m
					城市	6个月/次	10~30m
					街区	月/次	1~10m
			地形条件	高程/m	城市群	年/次	30~100m
					城市	6个月/次	10~30m
					街区	每次更新	1~10m
		准备期	降水	日降水量/mm	城市群	日/次	10~100km
					城市	日/次	10~30km
					街区	日/次	10~100m
				降水强度/(mm/min)	城市群	日/次	10~100km
					城市	6~12小时/次	10~30km
					街区	小时/次	10~100m
			水位	河道/湖泊水位/m	城市群	日/次	10~100km
					城市	6~12小时/次	10~30km
					街区	6~12小时/次	10~100m
			降水预测	临近降水预测/mm	城市群	日/次	10~100km
					城市	6~12小时/次	10~30km
					街区	小时/次	10~100m
				逐小时降水预测/mm	城市群	日/次	10~100km
					城市	6~12小时/次	10~30km
					街区	小时/次	10~100m
			水位预测	河道/湖泊水位预测/m	城市群	日/次	10~100km
					城市	6~12小时/次	10~30km
					街区	小时/次	10~100m
			实时排水情况	窨井流量/(T/h)	城市群	日/次	10~100km
					城市	6~12小时/次	10~30km
					街区	小时/次	10~100m

续表

领域	主题	子主题	指标项	值			
				感知要素	尺度	感知要素属性	
						时间分辨率	空间分辨率
自然灾害	暴雨内涝	准备期	实时排水情况	窨井水位/m	城市群	日/次	10~100km
					城市	6~12 小时/次	10~30km
					街区	小时/次	10~100m
			渍水情况	渍水范围	城市群	日/次	10~100km
					城市	6~12 小时/次	10~30km
					街区	小时/次	10~100m
				渍水深度/cm	城市群	日/次	10~100km
					城市	6~12 小时/次	10~30km
					街区	小时/次	10~100m
				渍水时长/h	城市群	日/次	10~100km
					城市	6~12 小时/次	10~30km
					街区	小时/次	10~100m
			社会舆情监测	社会舆情	城市群	日/次	10~100km
					城市	6~12 小时/次	10~30km
					街区	小时/次	10~100m
		响应期	降水	日降水量/mm	城市群	日/次	10~100km
					城市	日/次	10~30km
					街区	日/次	10~100m
				降水强度/(mm/h)	城市群	日/次	10~100km
					城市	6~12 小时/次	10~30km
					街区	小时/次	10~100m
			水位	河道/湖泊水位/m	城市群	日/次	10~100km
					城市	6~12 小时/次	10~30km
					街区	6~12 小时/次	10~ature
			洪灾范围	淹没范围	城市群	日/次	10~100km
					城市	6~12 小时/次	10~30km
					街区	小时/次	10~100m
				受损道路	城市群	日/次	10~100km
					城市	日/次	10~30km
					街区	日/次	10~100m
				损毁建筑	城市群	日/次	10~100km
					城市	6~12 小时/次	10~30km
					街区	小时/次	10~100m

续表

领域	主题	子主题	指标项	值			
				感知要素	尺度	感知要素属性	
						时间分辨率	空间分辨率
自然灾害	暴雨内涝	恢复期	人口受灾情况	受灾人口数	城市群	灾后	10~100km
					城市	灾后	10~30km
					街区	灾后	10~100m
				死亡人口数	城市群	灾后	10~100km
					城市	灾后	10~30km
					街区	灾后	10~100m
			农作物受灾情况	农作物受灾面积	城市群	灾后	10~100km
					城市	灾后	10~30km
					街区	灾后	10~100m
				农作物绝收面积	城市群	灾后	10~100km
					城市	灾后	10~30km
					街区	灾后	10~100m
				损坏耕地面积	城市群	灾后	10~100km
					城市	灾后	10~30km
					街区	灾后	10~100m
				减产粮食数量	城市群	灾后	10~100km
					城市	灾后	10~30km
					街区	灾后	10~100m
				因灾死亡牲畜数量	城市群	灾后	10~100km
					城市	灾后	10~30km
					街区	灾后	10~100m
			经济受灾情况	损毁房屋数量	城市群	灾后	10~100km
					城市	灾后	10~30km
					街区	灾后	10~100m
				损毁建筑数量	城市群	灾后	10~100km
					城市	灾后	10~30km
					街区	灾后	10~100m
				经济损失	城市群	灾后	10~100km
					城市	灾后	10~30km
					街区	灾后	10~100m

2. 指标体系模型实例

城市多尺度综合感知指标体系描述模型是对指标体系七元组数据集进行形式化表达

的效果。以城市暴雨内涝感知主题为例,针对"降水量"这一感知指标项进行指标体系的详细表征,并且在感知指标值下详细定义了三个不同尺度"日降水量"在时间范围、空间范围、空间分辨率和观测频率等方面详细的观测需求。其信息模型片段如图3-7所示。

图 3-7 暴雨内涝城市多尺度综合感知指标体系信息模型片段

3.2.2 区域交通综合感知指标体系

对交通情况进行评价、预测、管理等处理分析操作需要相关交通信息的支持,而具体感知什么交通指标、交通要素,感知到什么程度就是该指标体系所要完成的工作。从城市发展的角度来看,目前关于区域交通的研究工作主要聚焦在交通管理和生态交通,交通管理方面研究热点为拥堵评价和应急救援(陈文文和欧国立,2019)。同时考虑暴雨内涝、江河湖生态环境感知指标体系的覆盖面，最终将区域交通的子主题分为"交通日常监测"和"交通应急管理"。

区域交通感知指标体系从城市管理和交通决策的角度汇总并整理了日常监测、应急管理场景下的多种感知指标和感知要素，同时按照不同适用空间尺度给出了具体的感知属性要求。考虑指标构建的整体完备性原则，该感知指标体系包括单一指标（即通过单独的感知要素就可确定指标，如交通流量、车速等）和复合指标（即多种单一感知要素通过建模计算等获得，如拥堵度、延误指数等），实现从不同的侧面反映交通特征与性能的目的。不同空间尺度下的任务需求对同一感知指标或感知要素的要求不同，考虑指标构建的科学性和可比性原则，对体系中的每一个指标或要素在街区、城市、城市群三个尺度中的属性分别进行了说明，这是后续传感器能力映射的连接桥梁。

1. 指标体系组成

在交通领域下的区域交通主题感知指标体系按照城市群、城市、街区三个尺度汇总了感知指标，感知要素及其属性。该体系从城市管理的角度将所有指标划分在两个子主题中：交通日常监测子主题和交通应急管理子主题，分别从日常拥堵感知和突发事件后交通管理感知两方面列举必要的感知要素，同时定义不同尺度下的感知要素属性，从而指导对应传感器进行数据采集，为多种感知需求提供个性化解决方案。

1）交通日常监测

交通日常监测主要关注交通拥堵状况。交通拥堵的程度一般被认为是一个城市交通运输情况好坏的指示器（侯丽萍，2020）。交通拥堵导致服务效率差，反映在路途时间和费用上的浪费，对拥堵的原因、地点和程度进行分析，通过有针对性的交通管理、增大交通容量、出行需求管理或变更土地使用性质，可以减少拥堵发生。但是这些措施只有在有组织集中进行时才会有效果。与此同时，拥堵的评价、分析以及交通管理决策的实施都需要实际情况和数据的支持。因此，拥堵的日常监测和感知在提供有针对性的有效信息方面至关重要（Chow et al.，2014；Nagurney et al.，2010）。

城市交通拥堵的现象具体表现为车辆在交叉口、路段或一定区域的超出正常时间的滞留，对应三个空间尺度的场景，即街区尺度关注交叉口和重点路段的交通状况、城市尺度关注一定区域内路段的交通状况、城市群尺度关注路网的交通状况（杨婧，2017；Chang et al.，2016；Younes and Boukerche，2015）。而感知指标和要素的感知属性要求在三个尺度场景中也有所不同。

交通环境的关注对象主要为"人、车、路"。关注对象为"人"时，应用场景为街区尺度，对时间、空间分辨率等属性的精度要求较高；关注对象为"车"时，从车速、行车时间、车流量三个角度分类，形成由单一感知要素支持的单一感知指标和多感知要素计算得到的复合感知指标；关注对象为"路"时，重点在于街区、城市、城市群三个尺度下感知要素属性的差异。

2）交通应急管理

交通应急管理主要关注路域灾害、交通事故等突发事件发生后交通的通行状况。突发事件发生前，感知降水、风速、团雾等天气条件，能提前预测和评估下一时期的交通状况，为预警提供信息支持；突发事件发生后，重点感知不同空间尺度下道路的通行与否，一方面要保证受损道路对交通整体情况影响最小，另一方面要保证救援效率和救援资源的有效调配。

不同于交通日常监测子主题中"人、车、路"的感知对象，交通应急管理子主题的感知对象为道路环境。降水量、团雾、温度、湿度、风速等交通天气感知要素和淹没水深、淹没面积等道路积水感知要素既可以作为单一指标，又可以作为道路积水严重程度等复合指标的组成要素。不可通行道路可以通过传感器直接感知，同时支持最优决策路径（optimal decision，OD）、疏散路径等复合指标的解算。直接感知要素要求街区尺度下较高的时空分辨率，而通过建模计算得到的复合指标更关注城市、城市群尺度下的区域交通状况（吕北岳，2013）。这种点、面结合的感知指标体系能够指导传感器的信息获取，为道路交通事故救援风险的量化评估提供完整有效的感知方案，从而为风险管理决策提供科学依据（表 3-3）。

表 3-3 区域交通感知指标体系

领域	主题	子主题	指标项	值			
				感知要素	尺度	感知要素属性	
						时间分辨率	空间分辨率
交通	区域交通	交通日常监测	人流量/人流密度	人流量/人流密度	街区尺度（交叉口、重点路段）	每小时	米级
			拥堵时长	拥堵时长	城市群尺度（路网）	每天	千米级
					城市尺度（路段）	每天	千米级
					街区尺度（交叉口、重点路段）	每天	米级
			拥堵里程	拥堵里程	城市群尺度（路段）	每小时	千米级
					城市尺度（路网）	每小时	千米级
			交通流量	交通流量	城市群尺度（路段）	每小时	千米级
					城市尺度（路网）	每小时	千米级
			平均速度	平均速度	城市群尺度（路网）	每小时	千米级
					城市尺度（路段）	每小时	千米级
					街区尺度（交叉口、重点路段）	每小时	米级
			年平均日交通量	年平均日交通量	城市群尺度（路网）	每小时	千米级
					城市尺度（路段）	每小时	千米级
			交叉口交通量	交叉口交通量	街区尺度（交叉口）	每小时	米级
			常发拥堵路段数指标	拥堵路段数量	城市群尺度（路网）	日/周/月/年	—
					城市尺度（路段）	日/周/月/年	—
			道路饱和度	路段/路网流量、路段/路网通行能力	城市群尺度（路网）	每小时	千米级
					城市尺度（路段）	每小时	千米级
					街区尺度（交叉口、重点路段）	每小时	米级
			行程速度指数、延误指数	自由流车速、当前车辆行程车速	城市群尺度（路网）	每小时	千米级
					城市尺度（路段）	每小时	千米级
			道路拥堵指数	车辆行驶里程	城市群尺度（路网）	每日、每年	十、百千米级
			拥堵持续指标	车道长度	城市群尺度（路网）	根据拥堵持续时间	十、百千米级

续表

领域	主题	子主题	指标项	值			
				感知要素	尺度	感知要素属性	
						时间分辨率	空间分辨率
交通	区域交通	交通日常监测	拥堵持续指标	拥堵持续时间	城市群尺度（路网）	每日	十、百千米级
			拥堵度	每日交通量	城市群尺度（路网）	每日	十、百千米级
					城市尺度（路段）	每日	十、百千米级
			出行时间指数	自由流出行时间、延迟时间	城市群尺度（路网）	每日高峰期（每小时）	千米级
					城市尺度（路段）	每日高峰期（每小时）	千米级
			拥堵严重度	延误时间	城市群尺度（路网）	每高峰小时	每千车千米
					城市尺度（路段）	每高峰小时	每千车千米
			拥堵指数	出行增加时间、自由流出行时间	城市群尺度（路网）	每日（单位时间）	十、百千米级
					城市尺度（路段）	每日（单位时间）	十、百千米级
			道路交通运行指数	拥堵里程、路段交通量、路段长度	城市群尺度（路网）	每15min	十、百千米级
			基于出行时间比的道路交通运行指数	路段平均车速、路段长度、路段流量、路网实际行程时间、期望行程时间	城市群尺度（路网）	每小时	千米级
			行程时间可靠性指数	路段平均行程时间、自由流出行时间	城市群尺度（路网）	每小时	千米级
					城市尺度（路段）	每小时	千米级
			道路负荷度	路段最大交通量、路段实际交通量	城市群尺度（路网）	每小时	千米级
					城市尺度（路段）	每小时	千米级
			交通流密度	道路车流量、平均速度	城市群尺度（路网）	每小时	千米级
					城市尺度（路段）	每小时	千米级
			车道占有率（时间）	交通检测器被车辆占用的时间总和与观测时间长度的比值	城市尺度（路段）	每小时	千米级
			信号交叉口二次排队率	周期车辆数、滞留车辆数	街区尺度（交叉口、重点路段）	信号灯每周期	米级
			交叉口效率指数	行驶速度	街区尺度（交叉口、重点路段）	每小时	米级
		交通应急管理	交通天气状况	降水量、团雾、温度、湿度、风速等	城市群尺度（路网）	每小时	千米级
					城市尺度（路段）	每小时	千米级
			道路积水淹没程度	淹没范围	城市群尺度（路网）	每小时	千米级
					城市尺度（路段）	每小时	千米级
				积水点、水深、持续时间	街区尺度（交叉口、重点路段）	每小时	米级
			（灾后、事故后）不能通行路段/可通行路段	（灾后、事故后）不能通行路段/可通行路段	城市群尺度（路网）	—	米级
					城市尺度（路段）	—	米级
					街区尺度（交叉口、重点路段）	—	米级
			最短路径	最短路径	城市群尺度（路网）		千米级
					城市尺度（路段）		千米级
			最优路径	最优路径	城市群尺度（路网）		千米级
					城市尺度（路段）		千米级
			应急路径（人群疏散、车辆运输）	应急路径（人群疏散、车辆运输）	城市群尺度（路网）		千米级
					城市尺度（路段）		千米级
					街区尺度(交叉口、重点路段)	—	千米级

2. 指标体系模型实例

以城市区域交通感知主题为例,针对"交通日常监测"和"交通应急管理"这两个感知子主题分别进行了指标体系的详细表征。在"交通日常监测"子主题下,选择了"交叉口交通量"这一感知指标,在"交通应急管理"这一子主题下选择了"道路积水淹没程度"这一感知指标,并在其中各选择一个感知要素进行描述。其信息模型片段如图 3-8 所示。

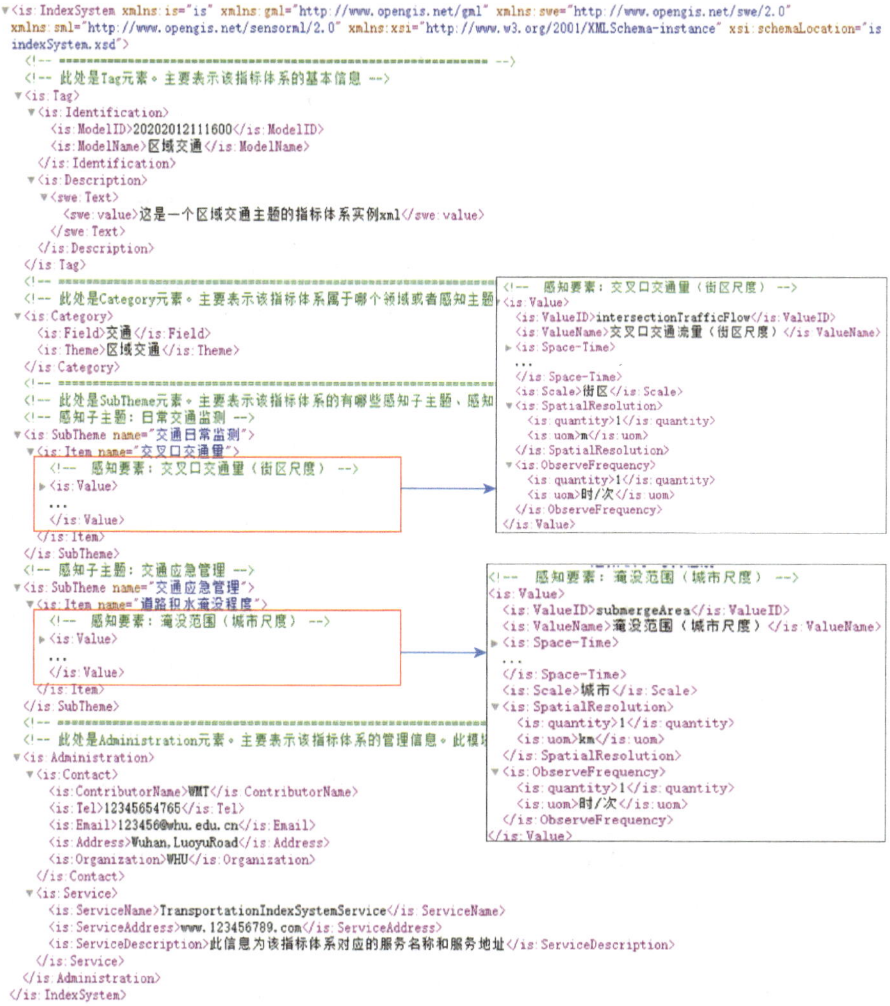

图 3-8 区域交通城市多尺度综合感知指标体系信息模型片段

3.2.3 江河湖生态综合感知指标体系

针对江河湖生态环境多尺度综合感知指标选取,结合城市水环境、大气环境和土壤环境等主题,对城市群、城市、街区等不同尺度下的感知指标进行初步筛选,并采用层次分析法对具体感知要素进行权重赋值,对感知要素选取的可行性和合理性进行进一步验证。

1. 江河湖生态环境多尺度综合感知"领域-主题-要素"三级关联机制

通过梳理生态环境领域、江河湖生态环境主题的共性特征，分析江河湖生态环境多尺度综合感知要素，如水环境的水质类别、水位、流量；大气环境的 $PM_{2.5}$、PM_{10}、NO_2、O_3、CO、SO_2、空气质量指数（air quality index，AQI）；土壤环境的土壤水分等，在时间分辨率、空间分辨率等方面的应用需求下，建立城市群、城市、街区等不同尺度下的"领域-主题-要素"三级关联机制。

2. 江河湖生态环境多尺度综合感知指标选取

针对城市水环境（江河水情、湖泊水质、水资源利用、废水排放、水环境治理、水生态保护）、大气环境（空气质量、能源消耗、废气排放、大气污染防治）和土壤环境（土壤质量、土地利用、固废防治、植被修复保护）等主题，参考"驱动力（driving）、压力（pressure）、状态（state）、影响（impact）、响应（responses）"DPSIR 模型、ITU、ISO 和现有文献调研等，对城市群、城市、街区等不同尺度下的感知指标进行初步筛选，并采用层次分析法对具体感知要素进行权重赋值，对感知要素选取的可行性和合理性进行进一步验证。

1）指标体系组成

在江河湖生态领域下的水环境、大气环境、土壤环境主题感知指标体系按照城市群、城市、街区三个尺度汇总了感知指标、感知要素及其属性。该体系从生态城市的环境监测、资源利用、污染排放、环境治理与保护等角度将所有指标划分在十四个子主题中：水环境的江河水情、湖泊水质、水资源利用、废水排放、水环境治理、水生态保护等子主题，大气环境的空气质量、能源消耗、废气排放、大气污染防治等子主题，以及土壤环境的土壤质量、土地利用、固废防治、植被修复保护等子主题，列举了必要的感知指标，同时定义了不同尺度下的感知要素属性，如时间分辨率与空间分辨率，为江河湖生态的多尺度综合感知提供指标参考。

(1) 水环境感知

水环境感知状况直接关系人类社会的可持续发展。传统的水环境监测大多基于统计数据和原位测量数据，存在周期过长和时效性差等问题，难以实现大范围、连续的江河湖水环境感知。遥感技术的发展为高时空分辨率的江河湖水环境多尺度综合感知提供了可能。结合统计数据、野外实测数据和卫星遥感数据等，对各自水环境感知子主题构建了水环境感知指标，以期为江河湖生态监测感知、污染监管与防治、资源利用与可持续发展等提供指标基础。

从水环境感知各子主题来看，江河水情主要监测重点江河水位站、河流、湖泊等的水位、流量等，为河流洪水预警提供实时信息。湖泊水质主要监测湖泊的叶绿素 a、水中有色溶解有机物质（colored dissolved organic matter，CDOM）、总磷、总氮、浊度等单一指标，水质类别、综合营养状态指数等复合指标，以及蓝藻水华面积、风险性和持续时间等湖泊生物感知。水资源利用主要包括安全饮用水人口比例和人均用水量。废水排放主要包括废水排放量、氨氮排放强度、化学需氧量（chemical oxygen demand，COD）排放强度。水环境治理主要包括水质达标率和污水达标处理率。水生态保护主要包括涉水生态系统面积变化的湖泊、河流、湿地面积。

(2) 大气环境感知

大气环境感知状况直接关系城市宜居和全球气候变化。大部分城市内的大气环境监测站点存在数量过少和分布不均等问题,难以实现不同区域和街区尺度的连续感知(Skoien et al., 2013)。结合统计数据、野外实测数据和卫星遥感数据等,从各自大气环境感知子主题出发,构建了大气环境感知指标,以期为大气环境监测感知、污染监管与防治、资源消耗等提供指标基础。

从大气环境感知各子主题来看,空气质量主要监测城市细颗粒物、城市气态污染物等单一指标,以及空气质量指数等复合指标,为空气质量感知提供实时信息。能源消耗主要包括化石能源消耗和能源消耗强度。废气排放主要包括氮氧化物排放强度。大气污染防治主要包括空气质量优良率和重污染天数比例。

(3)土壤环境感知

土壤环境感知状况直接关系土壤生态保护和修复。目前,相对于发展较为成熟和系统的水环境和大气环境感知,我国土壤环境感知在站点布设方面较为落后,难以实现具体区域的综合感知。结合统计数据、野外实测数据和卫星遥感数据等,从各自土壤环境感知子主题出发,构建了土壤环境感知指标,以期为土壤环境监测感知、资源利用、污染防治和环境修护等提供指标基础。

从土壤环境感知各子主题来看,土壤质量主要监测土壤湿度,提供实时土壤水分信息。土地利用主要包括土地覆盖类型、植被类型覆盖度以及建设用地。固废防治主要包括一般工业固体废弃物综合利用率。植被修复保护主要包括建成区绿化覆盖率。

综上所述,结合江河湖生态的水环境、大气环境和土壤环境等主题及其各自子主题,对城市群、城市、街区等不同尺度下的感知指标进行初步筛选,指标组成和感知属性如表 3-4 所示。

表 3-4 江河湖生态感知指标体系

领域	主题	子主题	指标项	值				
				感知要素	尺度	感知要素属性		
						时间分辨率	空间分辨率	其他
江河湖生态环境	水环境	江河水情	水位	水位	城市群	日/次	10~100km	实测
					城市	小时/次	10~100km	实测
					街区	分/次	米级	实测
			流量	流量	城市群	日/次	10~100km	实测
					城市	小时/次	10~100km	实测
					街区	分/次	米级	实测
			径流量	径流总量	城市群	日/次	10~100km	实测
					城市	小时/次	10~100km	实测
					街区	分/次	米级	实测
		湖泊水质	浊度	透明度	城市群	日/次	10~100km	实测/遥感
					城市	小时/次	10~100km	实测/遥感
					街区	分/次	米级	实测/遥感
			总磷	总磷	城市群	日/次	10~100km	实测/遥感
					城市	小时/次	10~100km	实测/遥感
					街区	分/次	米级	实测/遥感
			总氮	总氮	城市群	日/次	10~100km	实测/遥感

续表

领域	主题	子主题	指标项	感知要素	尺度	值		
						感知要素属性		
						时间分辨率	空间分辨率	其他
江河湖生态环境	水环境	湖泊水质	总氮	总氮	城市	小时/次	10~100km	实测/遥感
					街区	分/次	米级	实测/遥感
			氨氮	氨氮浓度	城市群	日/次	10~100km	实测/遥感
					城市	小时/次	10~100km	实测/遥感
					街区	分/次	米级	实测/遥感
			叶绿素a浓度	叶绿素a浓度	城市群	日/次	10~100km	实测/遥感
					城市	小时/次	10~100km	实测/遥感
					街区	分/次	米级	实测/遥感
			CDOM	CDOM	城市群	日/次	10~100km	遥感
					城市	日/次	10~100km	遥感
					街区	日/次	米级	遥感
			水质类别	水质等级	城市群	日/次	10~100km	实测
					城市	日/次	10~100km	实测
					街区	日/次	米级	实测
			综合营养状态指数	营养化程度	城市群	日/次	10~100km	遥感
					城市	日/次	10~100km	遥感
					街区	日/次	米级	遥感
			蓝藻水华面积	蓝藻水华面积	城市群	日/次	10~100km	遥感
					城市	日/次	10~100km	遥感
					街区	日/次	米级	遥感
			蓝藻水华风险性	蓝藻水华风险性	城市群	日/次	10~100km	遥感
					城市	日/次	10~100km	遥感
					街区	日/次	米级	遥感
			蓝藻水华持续时间	蓝藻水华持续时间	城市群	日/次	10~100km	遥感
					城市	日/次	10~100km	遥感
					街区	日/次	米级	遥感
		水资源利用	安全饮用水人口比例	得到安全管理的饮用水服务的人口	城市群	年/次	10~100km	统计
					城市	年/次	10~100km	统计
					街区	年/次	米级	统计
			人均用水量	总用水量	城市群	年/次	10~100km	统计
					城市	年/次	10~100km	统计
					街区	年/次	米级	统计
		废水排放	废水排放量	废水排放量	城市群	年/次	10~100km	统计
					城市	年/次	10~100km	统计
					街区	年/次	米级	统计
			氨氮排放强度	氨氮排放量	城市群	年/次	10~100km	统计
					城市	年/次	10~100km	统计
					街区	年/次	米级	统计
			COD	COD排放量	城市群	年/次	10~100km	统计

续表

领域	主题	子主题	指标项	感知要素	尺度	值		
						感知要素属性		
						时间分辨率	空间分辨率	其他
江河湖生态环境	水环境	废水排放	COD	COD排放量	城市	年/次	10～100km	统计
					街区	年/次	米级	统计
		水环境治理	水质达标率	水质良好的陆地水体比例	城市群	年/次	10～100km	统计
					城市	年/次	10～100km	统计
					街区	年/次	米级	统计
			污水达标处理率	污水达标处理量	城市群	年/次	10～100km	统计
					城市	年/次	10～100km	统计
					街区	年/次	米级	统计
		水生态保护	涉水生态系统面积变化	湖泊面积	城市群	年/次	10～100km	遥感
					城市	年/次	10～100km	遥感
					街区	年/次	米级	遥感
				河流面积	城市群	年/次	10～100km	遥感
					城市	年/次	10～100km	遥感
					街区	年/次	米级	遥感
				湿地面积	城市群	年/次	10～100km	遥感
					城市	年/次	10～100km	遥感
					街区	年/次	米级	遥感
	大气环境	空气质量	城市细颗粒物	$PM_{2.5}$	城市群	年/次，月/次	1m～10km	实测/遥感
					城市	日/次	1m～10km	实测/遥感
					街区	日/次	1m～10km	实测
				PM_{10}	城市群	日/次	1m～10km	实测/遥感
					城市	小时/次	1m～10km	实测/遥感
					街区	秒/次	米级	实测
			城市气态污染物	SO_2	城市群	日/次	40km×320km 30km×60km 13km×24km	实测/遥感
					城市	小时/次	50km	实测/遥感
					街区	秒/次	米级	实测
				NO_2	城市群	日/次	40km×320km 30km×60km 13km×24km	实测/遥感
					城市	小时/次	50km	实测/遥感
					街区	秒/次	米级	实测
				O_3	城市群	8小时/次	13km×24km	实测/遥感
					城市	小时/次	13km×24km	实测/遥感
					街区	秒/次	米级	实测
				CO	城市群	日/次	30km×60km	实测/遥感
					城市	小时/次	30km×60km	实测/遥感
					街区	秒/次	米级	实测

续表

领域	主题	子主题	指标项	感知要素	尺度	值		其他
						感知要素属性		
						时间分辨率	空间分辨率	
江河湖生态环境	大气环境	空气质量	空气质量指数	AQI	城市群	日/次	1m~10km 40km×320km 30km×60km 13km×24km 50km	实测/遥感
			空气质量指数	AQI	城市 街区	小时/次 秒/次	10~100km 米级	实测/遥感 实测
		能源消耗	化石能源消耗	化石能源消费总量	城市群 城市 街区	年/次 年/次 年/次	10~100km 10~100km 米级	统计 统计 统计
			能源消耗强度	单位GDP能耗	城市群 城市 街区	年/次 年/次 年/次	10~100km 10~100km 米级	统计 统计 统计
		废气排放	氮氧化物排放强度	单位GDP氮氧化物排放	城市群 城市 街区	年/次 年/次 年/次	10~100km 10~100km 米级	统计 统计 统计
		大气污染防治	空气质量优良率	优良天数	城市群 城市 街区	年/次 年/次 年/次	10~100km 10~100km 米级	统计 统计 统计
			重污染天数比例	重污染天数	城市群 城市 街区	年/次 年/次 年/次	10~100km 10~100km 米级	统计 统计 统计
	土壤环境	土壤质量	土壤湿度	水分	城市群 城市 街区	日/次 日/次 日/次	10~100km 10~100km 米级	实测/遥感 实测/遥感 实测
		土地利用	土地覆盖类型	耕地、园林、草地水域	城市群 城市 街区	年/次 年/次 年/次	10~100km 10~100km 米级	遥感 遥感 遥感
			植被类型覆盖度	植被类型面积	城市群 城市 街区	年/次 年/次 年/次	10~100km 10~100km 米级	遥感 遥感 遥感
			建设用地	建设用地面积	城市群 城市 街区	年/次 年/次 年/次	10~100km 10~100km 米级	统计 统计 统计
		固废防治	一般工业固体废弃物综合利用率	一般工业固体废弃物排放量	城市群 城市 街区	年/次 年/次 年/次	10~100km 10~100km 米级	统计 统计 统计
		植被修复保护	建成区绿化覆盖率	建成区绿化覆盖面积	城市群 城市 街区	年/次 年/次 年/次	10~100km 10~100km 米级	统计 统计 统计

2）指标体系模型实例

以土壤环境感知主题为例，针对"土壤环境"这一感知主题下的"土地利用"指标项进行了指标体系的详细表征，并将在其中各选择一个感知指标值进行描述。其信息模型的片段如图 3-9 所示。

```xml
<is:IndexSystem xmlns:is="is" xmlns:swe="http://www.opengis.net/swe/2.0" xmlns:gml="http://www.opengis.net/gml"
    xmlns:sml="http://www.opengis.net/sensorml/2.0" xmlns:xsi="http://www.w3.org/2001/XMLSchema-instance"
    xsi:schemaLocation="is indexSystem.xsd">
    <!-- ================================================================== -->
    <!-- 此处是Tag元素。主要表示该指标体系的基本信息 -->
    <is:Tag>
        <is:Identification>
            <is:ModelID>202012111648</is:ModelID>
            <is:ModelName>生态环境</is:ModelName>
        </is:Identification>
        <is:Description>
            <swe:Text>
                <swe:value>这是一个土壤环境主题的感知指标体系实例XML</swe:value>
            </swe:Text>
        </is:Description>
    </is:Tag>
    <!-- ================================================================== -->
    <!-- 此处是Category元素。主要表示该指标体系的感知主题属于哪些领域或子领域 -->
    <is:Category>
        <is:Field>生态环境</is:Field>
        <is:Theme>土壤环境</is:Theme>
    </is:Category>
    <!-- ================================================================== -->
    <!-- 此处是subTheme元素。主要表示该指标体系的感知主题下有哪些感知过程子主题和感知要素以及感知要素的构成 -->
    <!-- 感知子主题：土地利用 -->
    <is:SubTheme name="土地利用">
        <is:Item name="土地覆盖类型">
            <!-- 感知要素：城市尺度的土地覆盖类型 -->
            <is:Value>
                <is:ValueID>LandCover</is:ValueID>
                <is:ValueName>土地覆盖类型（城市）</is:ValueName>
                <is:Space-Time>
                    ...
                </is:Space-Time>
                <is:Scale>城市</is:Scale>
                <is:SpatialResolution>
                    <is:quantity>10-100</is:quantity>
                    <is:uom>km</is:uom>
                </is:SpatialResolution>
                <is:ObserveFrequency>
                    <is:quantity>1</is:quantity>
                    <is:uom>年/次</is:uom>
                </is:ObserveFrequency>
            </is:Value>
        </is:Item>
    </is:SubTheme>
    <!-- ================================================================== -->
    <!-- 此处是Administration元素。主要表示该指标体系的管理信息。此模块可选。 -->
    <is:Administration>
        <is:Contact>
            <is:ContributorName>WMT</is:ContributorName>
            <is:Tel>15623282219</is:Tel>
            <is:Email>123456@whu.edu.cn</is:Email>
            <is:Address>Wuhan,LuoyuRoad</is:Address>
            <is:Organization>WHU</is:Organization>
        </is:Contact>
        <is:Service>
            <is:ServiceName>FloodIndexSystemService</is:ServiceName>
            <is:ServiceAddress>www.123456789.com</is:ServiceAddress>
            <is:ServiceDescription>此信息为该指标体系对应的服务名称和服务地址</is:ServiceDescription>
        </is:Service>
    </is:Administration>
</is:IndexSystem>
```

图 3-9 生态环境城市多尺度综合感知指标体系信息模型片段

3.3 城市综合感知指标观测映射

3.3.1 映射原理

完成对城市群复杂指标的监测与管理，需要协同多平台资源进行观测。当前城市感知中存在"指标-观测"映射缺失问题，现有的指标监测多采用单一传感器平台监测的手段，往往无法建立与多平台观测资源之间的联系，不能有效、高效地利用传感器资源进行综合感知，导致对城市感知网场景中的指标监测存在盲区，且监测效率低下。

通过"指标-观测"映射方法（图 3-10），将感知指标与多平台观测资源关联起来，可以快速实现对感知需求任务更加高效的观测，实现对城市感知网复杂场景中的指标监测与管理，为城市群管理与规划提供理论支撑。

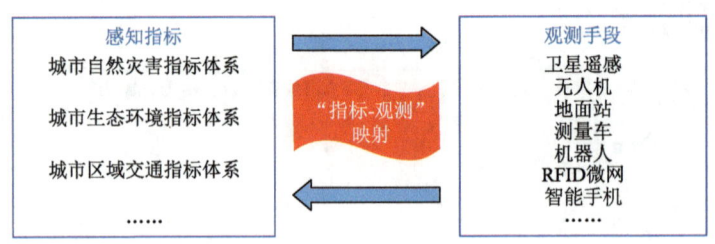

图 3-10 "指标-观测"关联规则

3.3.2 映射方法

建立城市典型领域多尺度综合感知指标、传感器观测能力描述模型，发展基于语义推理的"指标要素-观测手段"有机映射方法，为指标与观测映射奠定语义基础。研究城市多尺度综合感知指标与观测手段映射方法，建立"指标-观测"关联规则（图 3-11），对观测资源能力进行匹配运算，将感知指标任务需求同卫星、无人机、地面传感网与机器人、智能手机、RFID 微网等新型感知设备关联起来，为城市感知指标的观测与分析奠定基础。

图 3-11 "指标-观测"映射原理

3.3.3 映射流程

映射流程主要包括需求分析转化、观测实例化和"指标-观测"关联规则三大步骤。

1. 需求分析转化

用户提交的任务需求或自然语言描述的需求转换成观测参数,才能进一步转换成传感器可以识别并执行的观测指令,这是任务规划的首要工作。经过分析后的多用户任务要素中应包含(图3-12):任务类型、目标类型、时间有效性、地理位置、适用平台、传感器要求、分辨率要求、执行时间、观测次数和观测周期等。

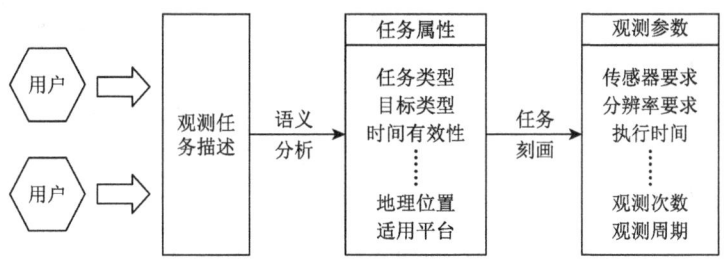

图 3-12　需求分析

2. 观测实例化

建立观测平台资源实例,包括观测频率、空间分辨率、波段类型等多种资源参数,形成七类观测平台多尺度综合感知能力数据库。以卫星平台为例(表3-5),当前构建的观测能力数据库中共包括 2218 颗卫星,主要涉及卫星的 TLE 数据、星上传感器数目、系统工程参数(数据存储量、单圈最大观测时长、数据下载速率、单景影像数据量等)、传感器空间分辨率、传感器观测主题、波段参数以及观测模式,等等。在这 2218 颗卫星中,有 835 颗属于对地观测类的卫星,且是在轨运行的,其中中国拥有对地观测类卫星有 159 颗。根据具体观测需求和传感器能力信息,满足不透水面 2m 分辨率要求的卫星传感器共有 92 颗,满足土壤水分 30m 分辨率要求的卫星传感器共有 188 颗。

3. "指标-观测"关联规则

建立"指标-观测"关联规则,依据计算出的土壤水分观测资源能力进行匹配运算,筛选出符合任务需求的观测资源。达到"指标-观测"之间的 100%映射,需要经过三个关联映射阶段:基础资源关联阶段、资源关联优化阶段以及资源增补关联阶段。

在基础资源关联阶段,对满足当前观测任务主题的资源进行初始的时空、精度的匹配,完成基础资源组合的筛选与配置;资源关联优化阶段,对已有资源组合进行观测

表 3-5 卫星观测资源样例

传感器名称	传感器全称	卫星名称	传感器类型	空间分辨率	主要任务目标	次要任务目标	机会目标	是否国内卫星
WV60	视界60相机	视界一号	高分辨率光学成像仪	0.5m	火灾覆盖度	冰川覆盖、积雪覆盖	云量	否
PAN（卡托卫星-2C/D/E/F）	全色相机	卡托卫星2C、卡托卫星2D、卡托卫星2E、卡托卫星2F	高分辨率光学成像仪	0.65m	火灾覆盖度	冰川覆盖、积雪覆盖	云量、冰川地形、地表地形	否
HiRI	高分辨率成像仪	格克图尔克卫星1号、穆罕默德VI星-A、穆罕默德VI星-B、昴宿星HR 1A、昴宿星HR 1B	高分辨率光学成像仪	2.8m（多光谱）、0.7m（全色）	生物量、光合有效辐射吸收系数、植被覆盖度、地覆盖、叶面积指数、归一化植被指数、植被类型	火灾覆盖度、冰川覆盖、海冰覆盖、积雪覆盖、土壤类型	火山灰气溶胶总量、云量、云光深度、地表反照率、冰盖地形、冰川地形、云短波反射率、地表土壤水分、大气层向上短波辐射照度	否
AEISS	先进电子成像扫描系统	韩国多目的卫星3号	高分辨率光学成像仪	0.7m（全色）、2.8m（多光谱）	生物量、光合有效辐射吸收系数、植被覆盖度、地覆盖、叶面积指数、归一化植被指数、植被类型	火灾覆盖度、冰川覆盖、海冰覆盖、积雪覆盖、土壤类型	火山灰气溶胶总量、云量、云光深度、地表反照率、冰盖地形、冰川地形、云短波反射率、地表土壤水分、大气层向上短波辐射照度	否
KHCS	哈里发相机系统	哈里发卫星	高分辨率光学成像仪	0.75m（全色）、3m（多光谱）	生物量、光合有效辐射吸收系数、植被覆盖度、地覆盖、叶面积指数、归一化植被指数、植被类型	火灾覆盖度、冰川覆盖、海冰覆盖、积雪覆盖、土壤类型	火山灰气溶胶总量、云量、云光深度、地表反照率、冰盖地形、冰川地形、云短波反射率、地表土壤水分、大气层向上短波辐射照度	否
PMS-2	全色和多光谱CCD相机-2	高分二号、高分九号、灵巧视频-A、吉林一号、灵巧-B、灵巧视频-B	多光谱成像仪（可见光、红外）	0.8m（全色）、3.2m（多光谱）	生物量、光合有效辐射吸收系数、植被覆盖度、地覆盖、叶面积指数、归一化植被指数、植被类型	火灾覆盖度、冰川覆盖、海冰覆盖、积雪覆盖、土壤类型	火山灰气溶胶总量、云量、云光深度、地表反照率、冰盖地形、冰川地形、云短波反射率、地表土壤水分、大气层向上短波辐射照度	是
PAN（卡托卫星-2A/B）	全色相机	卡托卫星（印度遥感卫星P7、卡托卫星2AT）、卡托卫星2A、卡托卫星2B	高分辨率光学成像仪	0.80m	火灾覆盖度	冰川覆盖、积雪覆盖	云量	否

第 3 章 城市综合感知指标体系与系统 ·55·

续表

传感器名称	传感器全称	卫星名称	传感器类型	空间分辨率	主要任务目标	次要任务目标	机会目标	是否国内卫星
天空卫星传感器	天空卫星	天空卫星-1、天空卫星-10（天空卫星C8、S108）、天空卫星-11（天空卫星C9、S109）、天空卫星-12（天空卫星C10、S110）、天空卫星-13（天空卫星C11、S111）、天空卫星-14（天空卫星C12、S112）、天空卫星-15（天空卫星C13、S113）、天空卫星-2（天空卫星S2）、天空卫星-4（天空卫星C4、S104）、天空卫星-5（天空卫星C5、S105）、天空卫星-6（天空卫星C2、S4）、天空卫星-7（天空卫星C3、S103）、天空卫星-8（天空卫星C6、S106）、天空卫星-9（天空卫星C7、S107）	高分辨率光学成像仪	0.9m（全色）、2.0m（多光谱）	生物量、光合有效辐射、光合有效辐射吸收系数、土地覆盖度、叶面积指数、归一化植被指数、植被类型	地表反照率、火灾覆盖度、土地覆盖度、光合有效辐射、地表土壤水分、土壤类型	火山灰气溶胶总量、云量、云光深度、海冰覆盖、冰川覆盖、积雪反射率、地表短波反射率、大气层向上短波辐照度	否
天观24	天观24成像系统	黑天全球卫星1号、黑天全球卫星2号、黑天探路者1号	高分辨率光学成像仪	1m	火灾覆盖度、光合有效辐射、积雪覆盖、地表地形	光合有效辐射、海冰覆盖、积雪覆盖	云量、地表反照率、冰川覆盖、冰盖地形	否
HiRAIS	高分辨率高级成像系统	火卫二号、迪拜卫星2号	高分辨率光学成像仪	1m（全色）、4m（多光谱）	生物量、光合有效辐射、植被覆盖度、光合有效辐射吸收系数、土地覆盖、叶面积指数、归一化植被指数、植被类型	火灾覆盖度、地表反照率、冰川覆盖、光合有效辐射、海冰覆盖、积雪覆盖、地表土壤水分、土壤类型	火山灰气溶胶总量、云光深度、地表反照率、冰川地形、冰盖地形、云短波反射率、大气层向上短波辐照度	否
MSI（埃及卫星）	多光谱成像仪	埃及卫星A	高分辨率光学成像仪	1m（全色）、4m（多光谱）	生物量、土地覆盖、叶面积指数、归一化植被指数、植被类型	火灾覆盖度、光合有效辐射、积雪覆盖、海冰覆盖、积雪覆盖、土壤类型	火山灰气溶胶总量、云光深度、地表反照率、冰川地形、地表地形、冰盖地形、云短波反射率、大气层向上短波水分、土壤土壤反射率、大气层向上短波辐照度	否

效果的评定，若有未能达到主题指标要求的区域，则进行资源的重新配置，改善其观测效果；资源增补关联阶段，当前感知网已经通过优化使得其观测能力达到最大化了，如果此时未能达到主题指标的要求，就需要新增观测资源。若已有观测资源无法达到100%映射，则需要进行增补关联映射。通过地面站资源补充缺失观测能力，就是布设有限数目的点使得它们最大限度地覆盖观测区域。由于模型计算是建立在平面之上的，所以解算结果以投影坐标方式呈现，右侧标注了投影参数信息，并参照水利部的相应资料给出了布设原则和标准。在面对城市应急感知任务时，结合实际感知场景需求，则需要考虑按需增设移动测量车、机器人等新型感知设备，在考虑运输时间成本、经济成本等实际约束情况下，对新型感知设备的调动与利用进行合理规划，在保证观测效率的同时减少成本，实现对新型感知资源的高效充分关联映射，以最大的观测能力满足实际观测需求。

通过上述三步技术手段，最终实现如下的映射流程（图3-13）。

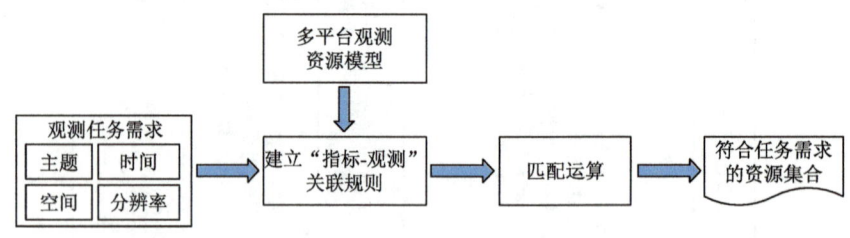

图3-13 "指标-观测"映射流程

3.3.4 映射实例

根据城市不透水面与土壤水分两类典型地表要素的无缝感知需求，进行空天地传感器观测能力满足度和协同观测方案可信度计算，求解出观测能力时空认知准确率达到90%的多传感器协同规划方案，实现不透水面与土壤水分两类典型地表要素的米级无缝感知，最终为暴雨内涝服务示范的地表要素观测数据获取提供观测方案保障。

1. 场景概览

基于地表要素观测能力时空认知技术，在武汉城市群范围开展了不透水面与土壤水分两类地表要素的观测方案设计，初步给出了观测能力时空认知准确率技术方案。以武汉1+8城市群为研究区域，以夏季汛期暴雨内涝监测为应用场景，针对30m分辨率土壤水分要素的空间无缝、周际更新与2m分辨率不透水面要素的空间无缝、季度更新感知需求，计算空天地关联协同的观测方案，为土壤水分与不透水面产品生成奠定基础。

2. 数据需求与现状

遥感反演获取土壤水分变化信息的方式主要包括可见光、近红外、热红外、微波遥感等。经过对武汉城市群土壤水分这一地表要素的可用观测资源进行调研，发现可以用于武汉城市群土壤水分米级无缝感知的资源，大约有 96 颗卫星（传感器数量为 49 个），其中国内包括高分、高景、风云、环境系列等共 31 颗卫星，国外包括 MetOp 系列、CartoSat 系列、BlackSky 系列等共 65 颗卫星。对我国的地面站网现状进行调研，土壤水分站点分为国家墒情站和地方墒情站，目前武汉城市圈有 12 个国家站点。此外，无人机属于携带传感器的可控设备（主要包括大疆、亿航、极飞等无人机产品），所以只要具有相应的波段即可开展飞行任务。与卫星遥感方式类似，结合地面土壤水分数据，利用其图像反演获得土壤水分产品，从而监测土壤水分（表 3-6）。

表 3-6 土壤水分指标详细观测需求

地表要素类型	时间范围	分辨率要求	监测频次
土壤水分	2020 年 3 月 18～19 日	30m	每天

3. 土壤水分指标关联映射

首先明确观测任务需求：时间范围为 2020 年 3 月 18～19 日；实现周际观测，观测区域为武汉城市圈；分辨率在 30m 以下。明确任务需求，建立相应的土壤水分感知指标实例，确定感知指标的时空范围及观测精度约束条件，可与传感器观测能力直接对应。通过建立土壤水分感知资源实例，用于进行指标基础关联匹配。基于已建立的土壤水分感知资源库，同时基于时空、主题、精度关联映射规则，首先进行基础关联映射（表 3-7 和图 3-14）。

表 3-7 基础映射结果表

时间	卫星名称	传感器名称	观测开始时间	观测结束时间	分辨率/m
2020 年 3 月 18～19 日	Gaofen-1-02	PMS	2020-03-19 11：21：27	2020-03-19 11：21：57	2
	Gaofen-1-03	PMS	2020-03-18 22：54：20	2020-03-18 22：55：00	2
	Sentinel 2B	MSI	2020-03-18 22：30：57	2020-03-18 22：31：41	10
	Tianhui 1-02	MS	2020-03-18 14：23：43	2020-03-18 14：24：21	10

之后进行优化映射、增补映射。优化映射阶段主要是对现有资源配置进行优化调整。对于卫星资源主要通过侧摆优化，最大化满足空间 100%匹配映射。

经过基础、优化映射，仍存在观测映射缺失部分，则需要额外添加资源补充完善感知网观测能力，其中无人机和地面站是可以增补的。先进行无人机资源增补，对无人机进行路径规划后，通过携带传感器在路径上进行扫描就可实现空间区域的覆盖，采用无人机资源补充缺失观测能力事实上就是解决路径规划问题。完成无人机资源增补后，再对整个区域增设土壤水分监测站点完成时空连续监测，基于 PIPS 点布设技术，得到了最终的增设结果及布设站点分布（表 3-8）。

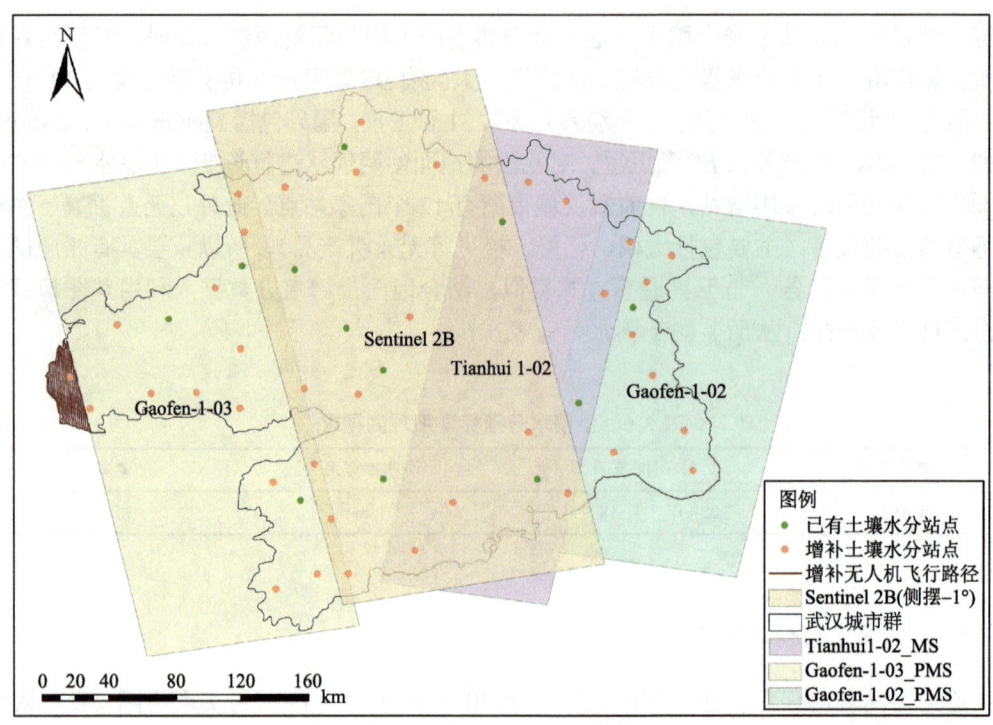

图 3-14 土壤水分指标关联映射结果图

表 3-8 地面站增设点位信息

ID	POINT_X	POINT_Y
0	483604.424	3374599.936
1	487104.4192	3364229.864
2	497604.4191	3374729.864
3	497731.5512	3403011.234
4	505933.1162	3348901.167
5	508104.419	3353729.864
6	519933.1161	3344428.644
7	522104.419	3406099.947
8	522104.4189	3420229.865
9	522104.4189	3434099.947
10	525053.1403	3456849.889
11	525914.7257	3462877.048
12	532604.4189	3437599.947
13	533933.1161	3382928.644
14	537433.1161	3403928.644
15	540558.1743	3407914.906
16	541739.7553	3333531.779

续表

ID	POINT_X	POINT_Y
17	541474.7681	3436999.223
18	543918.3056	3337251.748
19	547511.3552	3384033.278
20	548658.6247	3361576.342
21	549230.2768	3353649.738
22	552513.0024	3369351.192
23	561160.1773	3391018.753
24	572058.1742	3411414.906
25	573392.0184	3396445.204
26	586143.6097	3414797.942

最终的武汉城市群土壤水分指标关联映射结果如图 3-14 所示，图中为传感器空间协同观测信息，显示了侧摆优化后的卫星覆盖及无人机路径增补情况。监测时间节点不同，各个卫星传感器和无人机所需要补充的区域也不同。对与感知指标相互关联的观测平台资源进行监测和后续计算，为城市感知指标的观测与分析奠定数据基础。

3.4 城市综合感知指标管理系统

为了将城市多尺度综合感知指标体系所研究的成果应用到具体场景中来体现其研究价值与可行性，开发城市多尺度综合感知指标管理系统。本系统从观测建模与指标建模的资源输入开始，将多平台传感器观测能力等信息与各领域指标信息以标准模型统一构建、存储形成传感器观测能力数据库与实例化指标库，通过 3.3 节所述的"指标-观测"映射方法进行关联筛选，得到满足指标所需观测条件的传感器组合，形成最优的观测组合方案，并将其在系统中进行模拟仿真，将结果清晰地可视化出来。

3.4.1 系统架构

根据城市多尺度综合感知指标管理系统需求的特点，将其总体设计为三个层次：资源层、业务层和表现层，各个层次严格遵守标准规范等保障体系，并且充分利用 SOA 架构思想，严格遵循低耦合、高内聚、可重复利用、易扩展的设计原则，最大限度地保持各个模块、子系统的低耦合度、独立性与扩展性。系统总体架构如图 3-15 所示，图中①代表查询匹配：根据感知任务的时间、空间、主题等参数，查询匹配满足任务需求的各类观测资源；②代表组合优化：由基础关联所得到的一种或多种观测方案，对各观测方案进行组合优选，选择最优方案；③代表资源增补：通过增补关联对当前观测方案所缺失的观测能力进行补充，获得资源增补后的一种或多种观测方案；④代表增补优化：依据增补关联结果，结合实例化观测资源进行匹配，得到增补关联最优方案；⑤代表能力仿真：通过增补关联最优方案，获取方案中各观测资源信息，对观测资源和观测方案进行仿真与可视化。

（1）资源层：通过统一、标准的信息模型来约束卫星、无人机、地面站点等七类空天地平台的城市群地表要素观测感知资源的静态和动态观测能力信息与指标资源的时空信息，其是整个系统的基础部分。

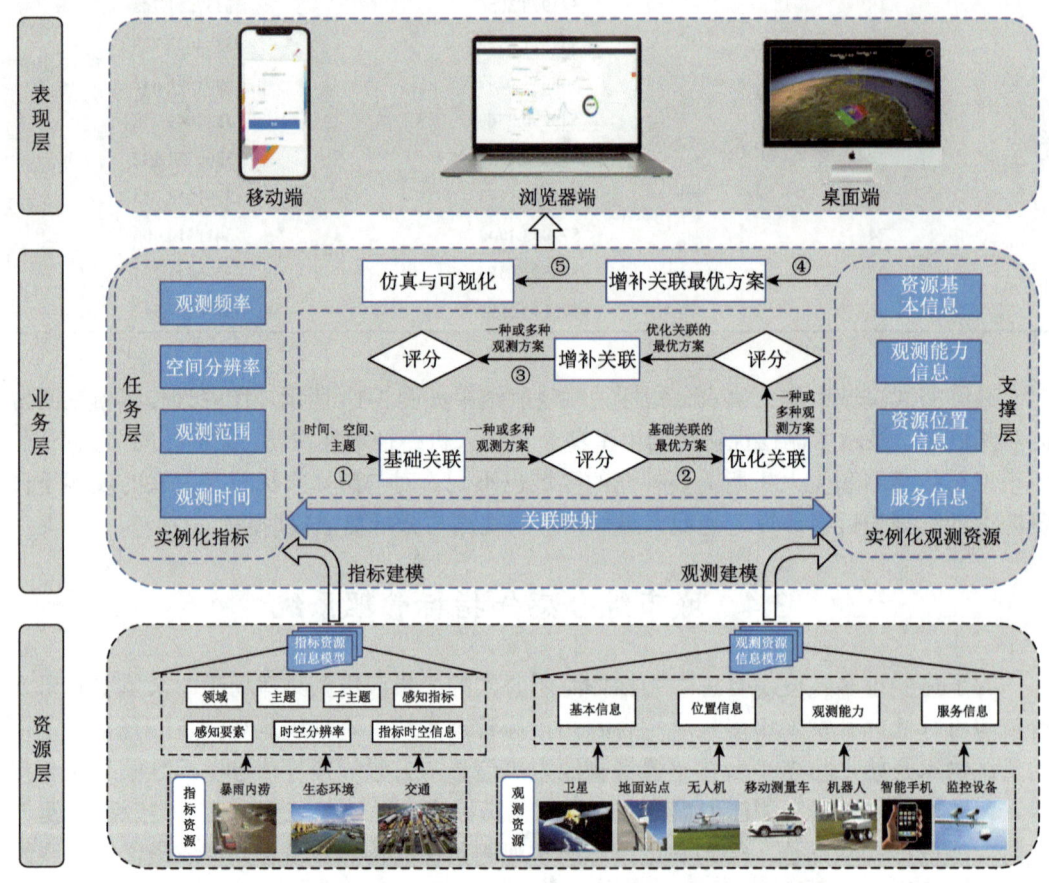

图3-15 城市多尺度综合感知指标管理系统总体架构图

（2）业务层：用户通过输入资源层中信息模型所涵盖的参数项进行指标建模与观测建模，以传感器模型传感器建模语言（sensor model language，SensorML）、指标实例化文件的形式存储并注册到数据中心，在该基础上对指标信息与观测资源进行主题筛选、时空计算、空间匹配等操作，从而建立感知指标与观测能力之间的映射关系。由此，可以根据感知任务指标的需求，生成面向城市地表要素的基本观测方案，在基本观测方案的基础上通过对各资源观测能力的分析进行时空优化与按需增补，生成最终观测规划方案，优化增补后的观测规划方案即在现有观测资源条件下所能达到的最优观测规划方案。最后，系统提供可视化功能。通过对该规划方案的观测过程与结果的仿真和可视化来直观体现该方案的模拟实施过程。此外，所有功能均基于工作流引擎进行研发，将主要功能进行模块构建、管理、组合，以保证系统功能的松耦合和可扩展性。

（3）表现层：表现层是面向用户交互的部分，对整个城市多尺度综合感知指标管理系统中功能的输入输出进行具体的展示。该系统同时支持移动端、浏览器端与桌面端，观测资源与指标的实例化注册注重随时、随地、快捷、轻便，因此将该部分设计为网页端，使用户能够在移动端与浏览器上灵活操作，而关联映射与可视化部分更注重观测规划方案生成的效率及可视化结果的直观与易理解性，所以设计为性能更为优化的桌面客户端。

3.4.2 设计原则

该系统采用人机交互式的处理方式，从业务和性能角度出发，系统设计遵循以下原则。

1. 开放、先进和标准

系统的开放性是系统生命力的表现，只有开放的系统才有兼容性，才能保证前期投资持续有效，保证系统可以分期逐步发展和整个系统的日益完善。运行环境的软、硬件平台选择要符合工业标准，具有良好的兼容性和可扩充性，能够容易地实现系统的升级和扩充，从而达到保护初期阶段投资的目标。

标准化是系统建设的基础，也是系统与其他系统兼容和进一步扩充的根本保证。因此，对于一个信息系统来说，系统设计和数据的规范性及标准化工作是极其重要的，这是系统各模块间可正常运行的保证，也是系统开放性和数据共享的要求。

2. 兼容性和可扩充性

系统具有兼容性，提供通用的访问接口，以方便与相关的信息分析管理系统进行交互。系统具有可扩充性，容易扩展，能够根据不同的需求提供不同的功能和处理能力，对数据、功能、网络结构的扩充方便简单。同时可以应用到各个层次，提供给其他系统共享应用和服务。

3. 可靠性和稳定性

可靠性由系统的坚固性和容错性决定。"多病"软件不仅影响使用，而且会对所建信息系统的基础数据造成无法挽回的损失。可靠性是系统性能的重要指标。稳定性是指系统的正确性、健壮性；一方面，应保证系统长期正常运转；另一方面，系统必须有足够的健壮性，在发生意外的软、硬件故障等情况下，能够很好地处理并给出错误报告，并且能够得到及时的修复，减少不必要的损失。

4. 实用性和易操作

系统建设要充分考虑用户当前各业务层次、各环节管理中数据处理的便利性和可行性，把满足用户业务需要作为系统开发建设的第一要素进行考虑，以最大限度地满足实际工作要求。系统建设过程中的人机操作设计均应充分考虑用户的需求，尽量采用用户的工作用语并体现用户的工作习惯、工作模式；用户接口及界面设计要充分考虑人体结构特征及视觉特征进行优化设计，界面尽可能美观大方，操作简便实用。

5. 安全性和可操作性

安全性是一个优秀系统的必要特征，系统的安全要求有：未经授权，用户不得对系统和数据进行访问,不得对数据进行修改。用户一旦对数据进行了修改,就不能事后否认,防止不合法的使用所造成数据泄露、修改或破坏。

6. 人机系统工程学和软件工程方法

从全系统的总体要求出发,按人机之间的信息传递、信息加工和信息控制等作用方式,形成一个相互关联、相互作用、相互影响、相互制约的系统。按人机系统工程的方法,合理地安排系统中的每一个布局,以获得系统的整体最优效益。

7. 充分利用已有成果和技术积累

充分利用现有的技术积累,在统一领导、规划、协调下进行系统建设,最大限度地利用已有系统的资源,包括技术和成果,实现资源共享,更好地指导系统设计和建设。

3.4.3 功能设计

城市多尺度综合感知指标管理系统主要功能模块设计如表 3-9 所示。

表 3-9 城市多尺度综合感知指标管理系统主要功能模块设计表

功能模块	功能项	功能说明
观测建模	卫星建模	输入卫星平台观测资源信息并提供注册
	地面站点建模	输入地面站点平台观测资源信息并提供注册
	无人机建模	输入无人机平台观测资源信息并提供注册
	移动测量车建模	输入移动测量车平台观测资源信息并提供注册
	机器人建模	输入机器人平台观测资源信息并提供注册
	智能手机建模	输入智能手机平台观测资源信息并提供注册
	监控设备建模	输入监控设备观测资源信息并提供注册
指标建模	指标预览、修改、删除与添加	对现有指标项进行内容预览并且可以修改、删除现有指标以及添加新指标
	指标实例化	通过选择指标并输入观测范围与时间等信息进行实例化
指标观测关联映射	基础关联	根据任务感知指标,进行指标观测的语义关联映射,获得可用传感器,对观测任务进行规划,得到满足条件且评分最高的观测方案,具体包括任务需求满足度计算与可信度计算
	优化关联	
	增补关联	
观测仿真与可视化	观测方案可视化	对观测规划得到的观测方案进行可视化展示,支持空天地传感器的动态模拟
	观测能力可视化	对传感器的观测能力进行可视化展示,支持观测能力信息场的可视化表达
	三维模型库	包含卫星、无人机、地面站等各类传感器模型,用于传感器模型进行替换、添加等操作
	三维场景管理	对三维场景进行管理,包括三维场景的新建、导入、导出、编辑、保存等

3.4.4 功能实现

城市综合感知指标管理系统主要包括登录、资源统计、观测建模、指标建模、指标观测关联映射和观测仿真与可视化六大功能模块。

1. 登录

指标管理系统登录界面如图 3-16 所示，用户需要登录验证权限后再进行后续操作。

图 3-16　指标管理系统登录界面

2. 资源统计

图 3-17 所示为指标管理系统资源统计界面，该界面可使用户更加轻易地获取系统当前信息，包括传感器入库数量、各传感器平台占比以及各主题已有指标数等信息。

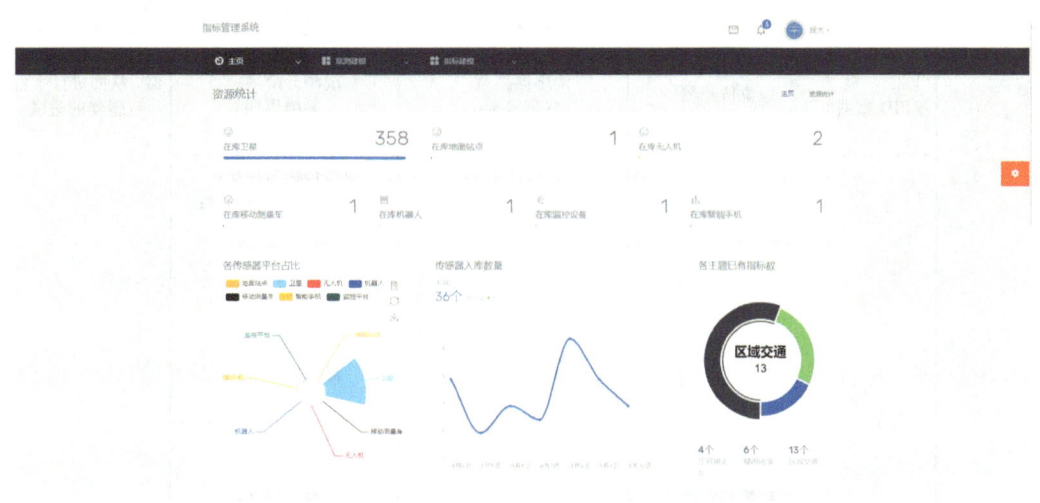

图 3-17　指标管理系统资源统计界面

3. 观测建模

通过统一的信息模型对观测资源，包括卫星、地面站点、无人机、移动测量车、机器人、智能手机、监控设备七个平台进行建模，从而形成观测能力库，其平台分类及可搭载传感器分类和模型参数见表 3-10。以地面站点平台为例，选择地面站点平台后，输入相关参数完成平台创建，如图3-18所示。点击左侧"已有地面站点平台列表"预览当前信息并添加当前所选平台负载的传感器信息（图3-19）。

表3-10 观测建模平台分类及其可搭载传感器分类和模型参数表

项目	平台名称	可搭载传感器	模型参数		说明
			通用参数	特殊参数	
观测建模	卫星	摄影成像类型传感器	传感器名称；传感器型号；唯一标识符；基本信息描述；所属厂家；预期应用；位置信息；传感器类型；共享级别；物理信息（长宽高质量）；工作湿度范围；工作温度范围；防护等级等	地面分辨率范围；成像宽度范围；摄影比例尺；焦距；灰阶……	平台与传感器分开进行建模，平台可搭载相应传感器，从而进行平台传感器的关联
		扫描成像类型传感器		地面分辨率范围；成像宽度范围；视场角……	
		雷达成像类型传感器		地面分辨率范围；成像宽度范围；波段频率范围；极化方式；光束类型……	
		非成像类型传感器		量程范围；工作波长范围；采样间隔；采样持续时间……	
	地面站点/RFID微网	原位传感器		极限观测半径；观测分辨率；采样周期	
	无人机	相机		成像传感器种类；成像传感器元件尺寸；视场角；光圈……	
		激光雷达		线束数量；激光波长；激光安全等级……	
		三维激光扫描仪		线束数量；激光波长；距离分辨率；最大测距……	
		原位传感器		极限观测半径；观测分辨率；采样周期……	

续表

项目	平台名称	可搭载传感器	模型参数		说明
			通用参数	特殊参数	
观测建模	移动测量车	相机	传感器名称；传感器型号；唯一标识符；基本信息描述；所属厂家；预期应用；位置信息；传感器类型；共享级别；物理信息（长宽高质量）；工作湿度范围；工作温度范围；防护等级等	成像传感器种类；成像传感器元件尺寸；视场角；光圈……	平台与传感器分开进行建模，平台可搭载相应传感器，从而进行平台传感器的关联
		激光雷达		线束数量；激光波长；激光安全等级……	
		三维激光扫描仪		线束数量；激光波长；距离分辨率；最大测距……	
	机器人	相机		成像传感器种类；成像传感器元件尺寸；视场角；光圈……	
		激光雷达		线束数量；激光波长；激光安全等级；激光波长……	
		三维激光扫描仪		线束数量；激光波长；距离分辨率；最大测距……	
	智能手机	相机		分辨率；最大像素……	
		深度相机		深度图分辨率；等效焦距；深度视场角……	
	监控设备	普通监控		图像帧率；清晰度；最大变焦倍数	
		光场相机		三维深度分辨率；光场分辨率；视频帧率……	

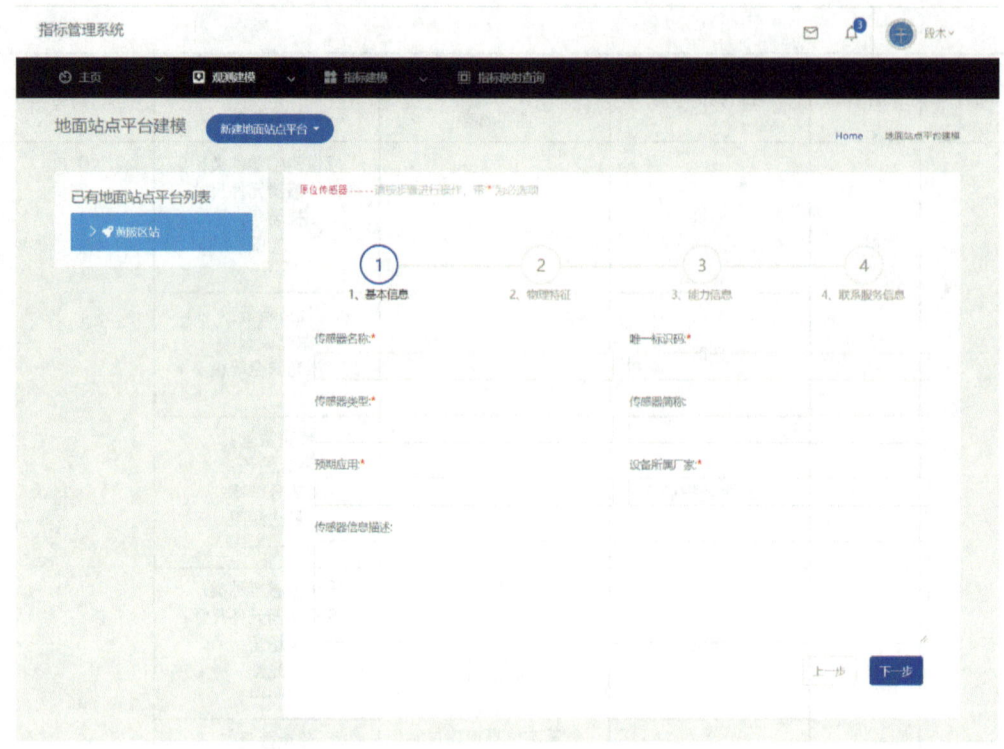

图 3-18　地面站点平台观测建模界面

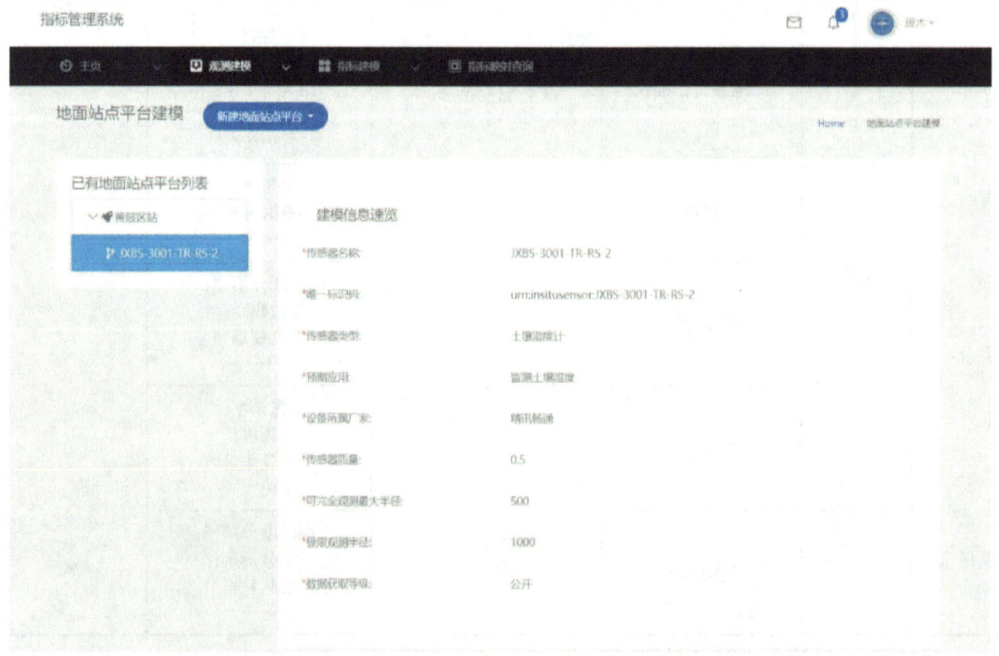

图 3-19　预览平台信息及添加平台所属传感器

4. 指标建模

指标建模分为指标预览、修改、删除与添加和指标实例化两部分，指标预览、修改、删除与添加能够让用户直观地看到当前指标体系中已经涵盖的指标以及该指标被感知所需要的时空分辨率等条件信息，并且用户可以对指标进行内容预览并且可以修改、删除现有指标以及添加新指标等操作（图 3-20）。

图 3-20　指标预览与修改添加

而指标实例化部分则需要用户选取想要实例化的指标，并输入想要感知该指标的时间范围以及空间范围，指标实例化模型参数和页面设计如图 3-21 和图 3-22 所示，空间范围的输入提供了上传自定义 shp 格式文件以及在地图上拉框框选区域两种形式（图 3-23）。

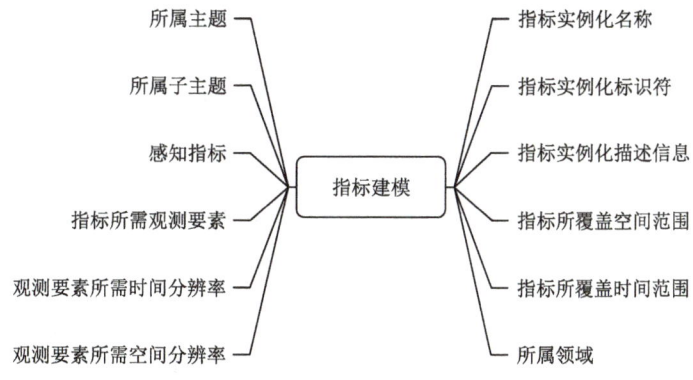

图 3-21　指标实例化模型参数

图 3-22　指标实例化输入

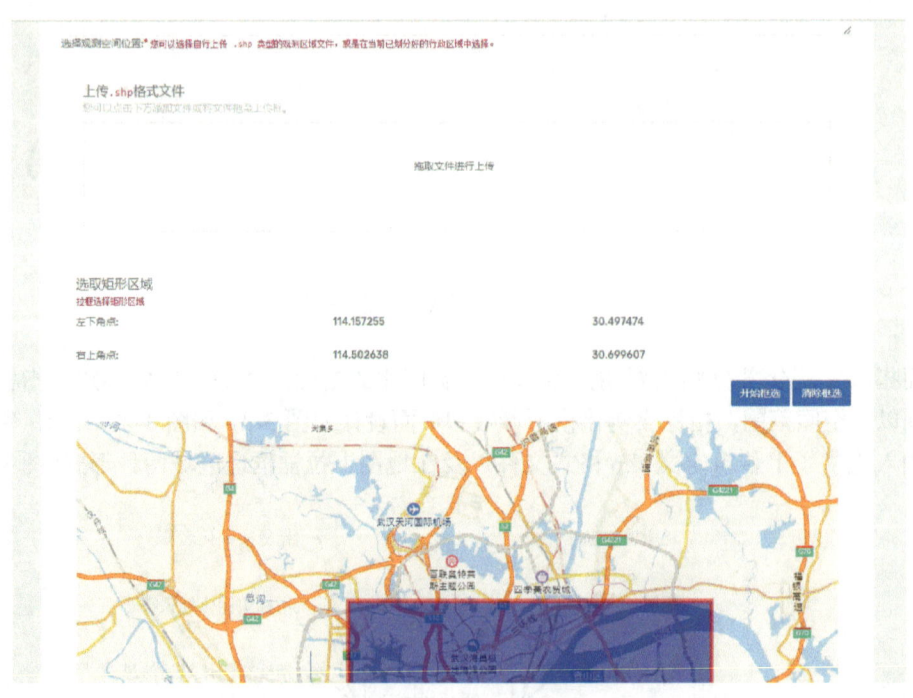

图 3-23　指标实例化选择空间范围

5. 指标观测关联映射

关联映射步骤如下：首先选取实例化后的指标，针对其中观测时间、观测空间、观测主题等观测任务信息，进行关联匹配，从观测资源库中查询符合条件的传感器资源，基本关联逻辑（图 3-24 和图 3-25）；其次对查询到的传感器资源进行组合，得到多个观测资源组合，再对这些观测方案进行精度评估，得到一种较优的观测方案；然后进行优化关联，通过调整传感器本身能力范围内的参数从而得到一种更优的观测方案；最后对观测方案进行增补关联，得到一种最优的观测方案，并存储到数据库中。

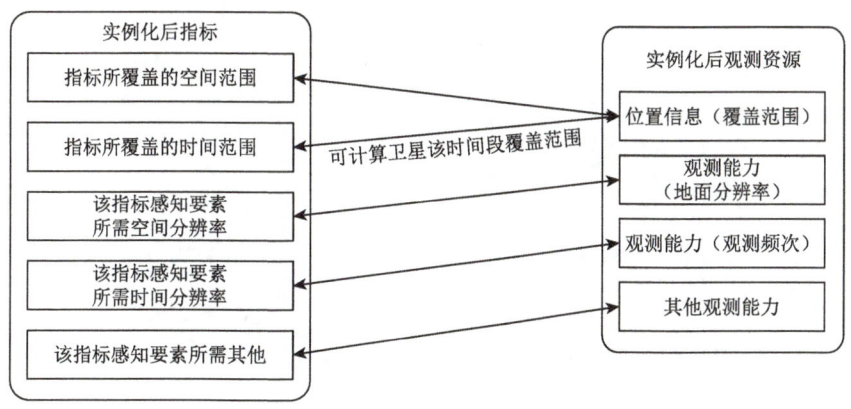

图 3-24　关联映射基础关联逻辑

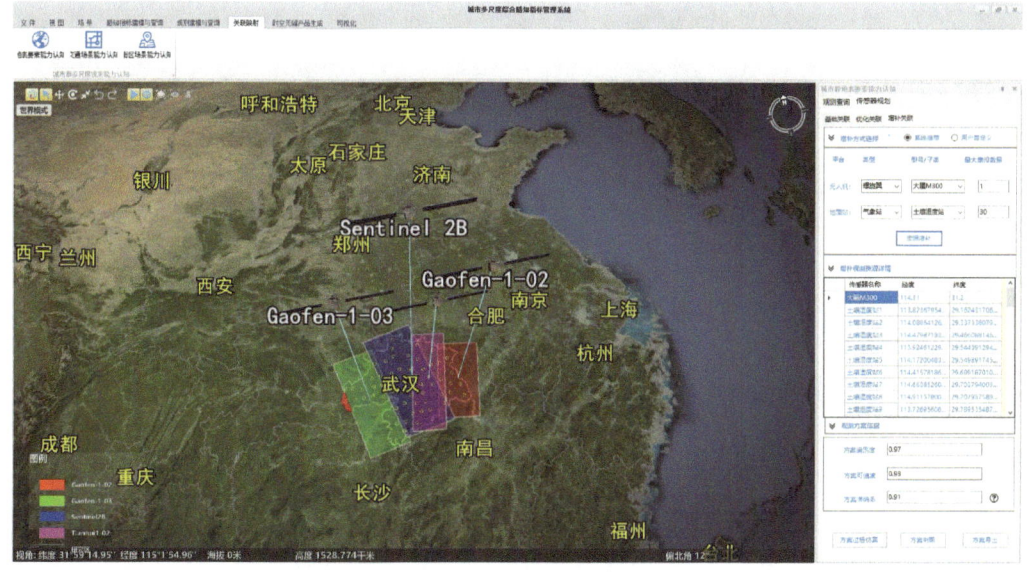

图 3-25　关联映射系统界面

6. 观测仿真与可视化

最终可以将通过关联映射形成的观测规划方案在三维球体中进行方案仿真，从而使用户更直观感受到关联映射结果，观测方案过程仿真如图 3-26 所示，然后将关联映射结果可视化（图 3-14）。

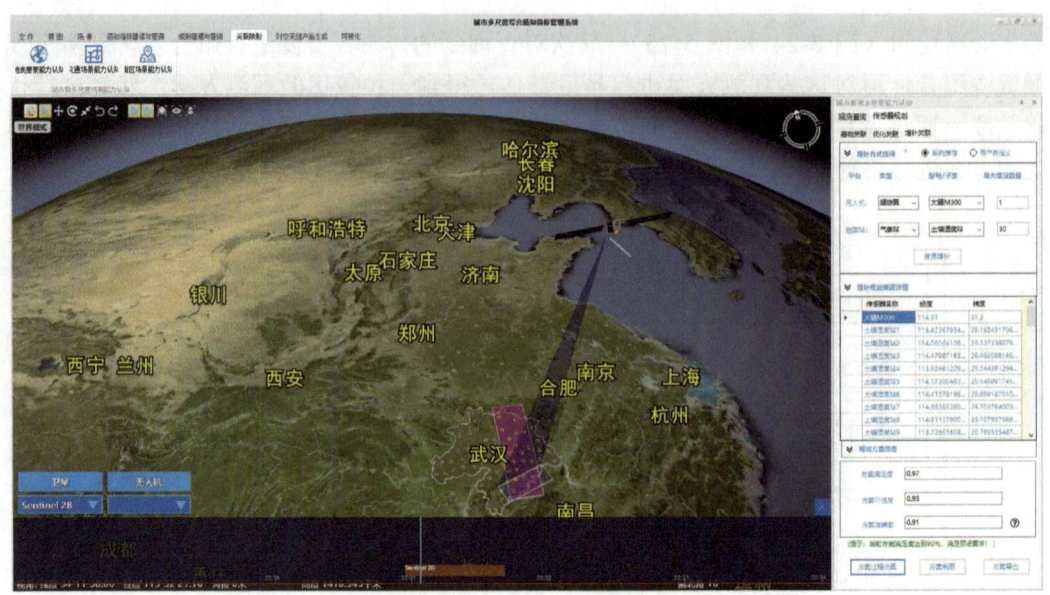

图 3-26 观测方案过程仿真展示

第 4 章

城市综合感知共性技术体系

4.1 概 述

城市多尺度综合感知技术包括"感"与"知"两部分,顾名思义,"感"即城市感知网对城市特定任务或对象信息的搜集获取,"知"即通过相应的技术对数据进行处理,共性技术体系框架如图 4-1 所示。简而言之,"感"相当于人的各类感觉器官,从外界环境获取信息,"知"就像人的大脑,对感觉器官获取的信息进行处理,从而做出相应的反应。对于城市多尺度综合感知而言,首先从城市事件出发,经过观测任务刻画,将

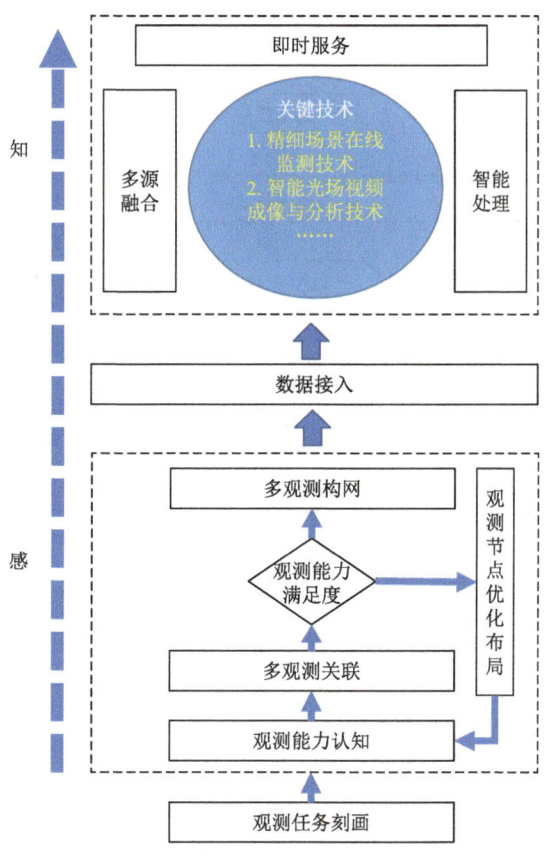

图 4-1 城市多尺度综合感知共性技术体系框架

文本化的观测任务描述转为数字化的参数需求,输入"感"中。"感"的技术的共性即是输出准确可靠的方案,从而高效获取满足任务需求的高质量数据。因此,"感"的共性技术从观测效益目标出发,经过观测能力认知、多观测关联、观测节点优化布局的迭代,最终输出满足观测效益目标的多观测构网方案。"知"的技术的共性是对输入的数据按照任务需求进行处理,其中包括不同应用场景或不同任务具有特殊性的关键技术,也包括共性的多源数据融合与智能处理,经过这些处理最终实现城市多尺度综合感知的即时服务。

4.2 能力认知

观测能力认知由观测任务目标驱动,观测任务目标回答了需要什么样的观测结果。根据所需要的观测结果对观测任务进行观测能力认知,因此在进行能力认知前首先需要对观测任务进行刻画。城市感知网观测能力时空认知流程(图 4-2)包括:①刻画具有特定观测效益目标的城市感知任务;②根据数据库的资源输入,经过基础认知、优化认知、增补认知三步认知过程,计算每步结果的观测能力满足度,直至求解出的协同观测方案观测能力满足度达到特定观测效益要求;③计算协同观测方案的可信度,当可信度数值低于特定观测效益目标值时,继续执行增补操作或调整观测方案。

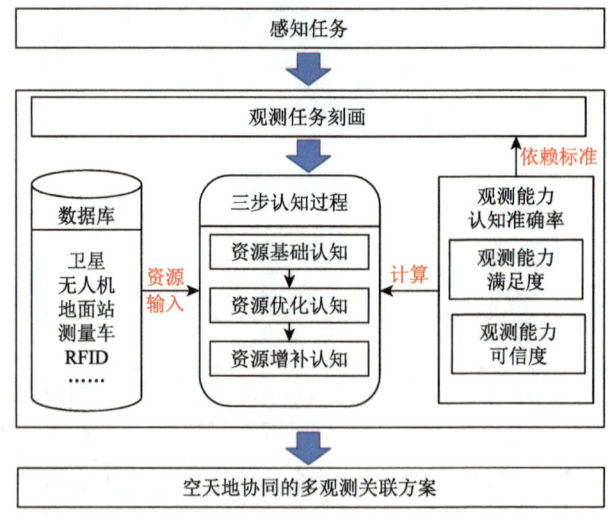

图 4-2 城市感知网观测能力时空认知流程

4.2.1 城市感知网观测任务刻画

城市感知网观测任务是当城市感知事件(如暴雨内涝、地震或交通事故)发生后用户及时响应并派发观测处理请求,从而关联多平台观测资源。因此,这是城市多尺度综合感知的入口,输入不同的观测任务会获得不同的观测关联结果,而不同的关联结果会影响观测平台以及传感器组合的选择,因此观测任务是选择合适的传感器组合进行城市感知观测的先决条件。用户在对各类事件进行响应后,将任务需求转化为观测参数,利用观测参数才能进行传感器资源的查找和筛选。当用户进行观测请求时,经过分析后的初级任务要素一般应该包含标识信息、任务类别、优先级或紧急程度、时间有效性、地理区域位置、观测约束以及联系信息等,通过对任务需求进行参数提取,形成城市感知网观测任务元数据(图 4-3)。

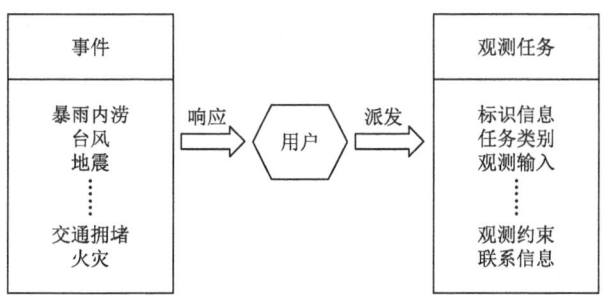

图 4-3 城市感知网观测任务生成流程

1. 感知任务分类

观测时间、空间和主题是观测任务的主要组成要素。几乎所有的观测场景都需要连续的监测时间段,在实际观测任务中我们只考虑基于观测空间和观测参数的分类。为了更好地进行城市综合感知,如表 4-1 所示,根据观测空间和观测参数划分了六种任务场景类型,分别为点区域单参数(SP)、点区域离散多参数(DP)、点区域耦合多参数(CP)、面区域单参数(SA)、面区域离散多参数(DA)、面区域耦合多参数(CA)。

表 4-1 观测任务分类

观测参数	点区域	面区域
单参数	SP	SA
离散多参数	DP	DA
耦合多参数	CP	CA

观测时间通过地理标记语言(geographic markup language,GML)中定义的两种不同时间数据模型来描述:gml:timeInstance 和 gml:timePeriod。对于观测空间,将点区域定义为单个卫星一次可覆盖的目标区域,面区域为需要多个卫星协同观测的目标区域。

根据实际的观测参数需求,将观测参数种类分为单参数、离散多参数、耦合多参数。单参数观测任务为观测单一参数;离散多参数观测任务为观测多个参数,多个参数之间没有耦合关系;耦合多参数观测任务是观测一个耦合主题,而这个主题包含多个必不可少的观测参数。例如,当需要同时观测离散的参数"水位"和"降水量"时,观测任务是多参数离散观测任务。当任务要求是一个模糊观测主题,如观测"水情"时,是一个多参数耦合观测任务,因为水情需要对水位、流量、蒸发和流速进行综合观测。

2. 感知任务描述

从观测事件自身特性与各类事件所关联的指标体系的需求出发,通过对城市感知网观测任务元数据的细化与归类,其元数据信息可以定义为一个八元组结构的描述框架,得到一个标准化的观测任务元数据模型(图4-4),表现为如下形式:

观测任务元数据模型 = {标识信息,任务类别,观测输入,观测约束,区域状况,联系信息,关联信息,方案信息}

其中,标识信息和任务类别是任务标识的细化,观测输入、观测约束、区域状况和联系信息是任务组成的细化,关联信息是任务关联的细化,方案信息是任务输出的细化。元数据模型与八元组描述结构的关系如图4-4所示。基于城市感知网观测任务元数据模型,用户可以针对特定的综合感知需求快速制定和派发观测任务,从而将感知需求落实为具体可量测的感知参数项。

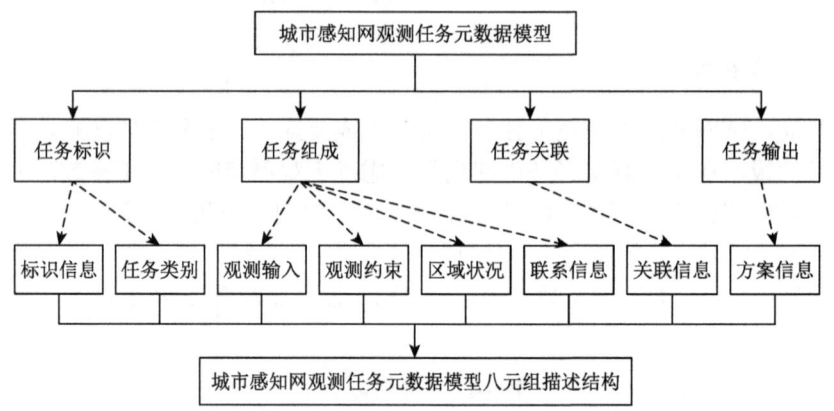

图 4-4 元数据模型与八元组描述结构的关系

(1)标识信息:包括观测任务名称、标识和描述。

(2)任务类别:包括所描述的观测任务(台风、洪水、地震、干旱)的灾害域和所涉及的观测对象(洪水、房屋损坏、交通破坏、农田受影响、道路破损)。

(3)观测输入:包括描述观测任务基本观测信息的时间、空间和主题维度上的基本观测需求。

(4)观测约束:包括观测周期和间隔、关键观测区域、指定平台、观测优先级、观测权重和任务完成标准等高级个性化观测约束。利用这些约束进一步描述观测任务的时间、空间和主题,从而形成具有动态观测约束的复杂观测任务。

(5)区域状况:包括派遣观测任务时的天气情况和地理环境破坏程度。

(6)联系信息:包括创建观测任务人员的姓名、电话和创建观测任务的时间。

(7)关联信息:包括顺序、互补、增强和合作等任务关联方式。顺序关联描述了按时间顺序观测的两个观测任务的观测参数；互补关联描述两个或两个以上的观测任务在时间或空间维度上相互补充，广泛反映另一个观测场景；增强关联描述同一观测区域中的两个或多个观测任务，可以将这些任务分组在一起，以创建具有时间密集观察的环境参数；合作关联描述了在相同的观测区域和相似的观测时间内进行任务制定。

（8）方案信息：包括在对观测任务进行观测规划后得到的观测方案，这些观测方案中包含与观测任务相对应的观测资源集合、观测时段、观测模式等信息。

城市感知网观测任务需求通常是自然语言描述，需要通过语义分析将任务属性提取出来，然后按照八元组描述框架建立城市感知网观测任务元数据，将任务需求转化为观测参数，利用观测参数才能进行传感器资源的查找和筛选。

以武汉市土壤水分米级无缝感知任务为例进行分析，得到任务需要的观测参数为：以武汉"1+8"城市群为研究区域，夏季汛期暴雨内涝监测为应用场景，传感器分辨率至少在30m以内，传感器的观测主题与土壤水分高度相关，观测任务能力认知准确率要求达到90%，观测资源所属平台包含卫星、无人机以及土壤湿度站等。根据场景需求提取出观测参数后，用户可以在城市多尺度综合感知指标管理系统的观测任务管理模块生成相应的城市感知网观测任务XML文档，形成观测任务文档进行管理（图4-5）。

```xml
<?xml version="1.0" encoding="UTF-8"?>
<theme:index xmlns:swe="http://www.opengis.net/swe/2.0"  xmlns:gml="http://www.opengis.net/gml" x

        <!--===========================================================
        <!--此处是Tag元素。主要表示该模型的基本信息-->
        <theme:Tag>
                <theme:Identification>
                        <theme:ModelID>20201029183300</theme:ModelID>
                        <theme:ModelName>暴雨内涝001</theme:ModelName>
                        <theme:IndexName>指标名称</theme:IndexName>
                </theme:Identification>
                <theme:Description>这是一个用于测试的暴雨洪涝主题的测试XML</theme:Description>
        </theme:Tag>


        <!--===========================================================
        <!--此处是Category元素。主要表示该模型的感知主题属于哪些领域或子领域-->
        <theme:Category>
                <theme:Field>领域</theme:Field>
                <theme:Theme>主题</theme:Theme>
        </theme:Category>
        <theme:Space-Time>
                <theme:Time>
                        <gml:TimePeriod>
                                <gml:beginPosition>2020-10-20T18:10:00</gml:beginPosition>
                                <gml:endPosition>2020-10-30T18:10:00</gml:endPosition>
                        </gml:TimePeriod>
                </theme:Time>
                <theme:Space>
                        <swe:field name="observedBBox">
                                <swe:Vector gml:id="lowerCorner">
                                        <swe:coordinate name="Lat">
                                                <swe:Quantity axisID="y">
```

图4-5 城市感知网观测任务XML描述文件

4.2.2 城市感知网观测能力认知

1. 观测能力认知概述

当前,城市感知手段多样,城市区域内部署了数万亿的移动和固定传感器用于环境、生态和水文研究。除这些地面传感器外,据美国忧思科学家联盟(Union of Concerned Scientists,UCS)卫星数据统计,还部署了 800 多个对地观测卫星传感器。据估计,到 2030 年,全球传感器总数将超过 100 万亿个。尽管有如此海量的传感器资源,但是面对暴雨内涝、交通事故、环境污染等复杂多样的城市感知任务时,观测资源的调动效率仍然很低,依旧存在:①感知不到,观测有盲区;②感知不快,规划效率低;③感知不准,决策不准确等问题。

观测规划是实现城市高效感知的必要前提,观测能力作为观测规划的重要依据,城市感知网中的观测能力指的是一定的时空条件下感知网内所有传感器在数据采集时所拥有的观测广度、深度、频度、质量与数据等多维度能力特征的集合,它是衡量城市感知网观测效能的重要指标。进行城市感知网观测能力认知,是为了求解空天地多观测关联协同方案,使传感器规划者能有效、高效地利用当前多源异构的传感器资源进行综合感知,满足观测效益目标。

2. 观测能力认知函数

观测能力认知函数是建立观测任务和多平台传感器资源集合之间的数学关系,而观测能力满足度则是由特定的观测效益出发,定量地体现传感器资源的观测能力在多大程度上满足任务的效益目标。观测能力满足度指标包含主题匹配能力、精度满足能力和时空覆盖能力,每一种能力都对应着一种量化指标。

观测能力满足度(OCSI)的计算公式如式(4-1)所示,主要由主题相关度 T_r(资源集合的主题吻合度)、空间覆盖率 C_v 以及分辨率满足能力 R_s 三个要素组成,f 表示能力满足度,由上述三个要素通过一定的数学运算得到:

$$\text{OCSI} = f(T_r, C_v, R_s) \tag{4-1}$$

以城市群地表要素为例,三个要素的计算方法如下。

(1)主题吻合度:世界气象组织(World Meteorological Organization,WMO)将传感器对于特定主题的相关程度分为六等,根据 WMO 的分级总结了如表 4-2 所示的主题相关度 T_i(单个传感器主题吻合度)的度量值与相关程度的对应关系,传感器资源组合的主题相关度 T_r 计算方式为式(4-2),依据方案中各传感器的主题相关度得分可得该方案的满足度得分。

表 4-2 传感器主题相关度量化值

相关程度	完全不相关	极弱相关	低度相关	中度相关	高度相关	完全相关
得分	0	0.2	0.4	0.6	0.8	1

$$T_r = \frac{\sum_1^n T_i}{n} \qquad (4\text{-}2)$$

（2）时空满足度：空间覆盖满足能力指的是最终求解得到的观测资源对观测区域的时空覆盖程度。其能力指标空间覆盖率 C_v 的计算方式为式（4-3），其中，C_i 为第 i 颗传感器在一定时间段内的覆盖区域，C 为研究区域的空间范围，其中，$\cup$ 和 $\cap$ 分别为空间并集和空间求交操作。

$$C_v = \frac{(\cup_1^n C_i) \cap C}{C} \qquad (4\text{-}3)$$

（3）精度适宜度：分辨率满足能力指标由分辨率评分组成，观测区域达到观测任务要求以内的分辨率（以 30m 为例）被认定为满足任务需求。式（4-4）是分辨率对应的评分计算公式，a 为任意分辨率。统计出有多少种分辨率，记为 n，分辨率的序号记为 $i \in n$，将不同分辨率所对应的网格数目计算出来，再通过加权计算的方式计算出总体评分 R_s，m_i 分辨率所对应的网格数目，网格总数目记为 M，式（4-5）给出了计算方法。

$$p(a) = \begin{cases} 1 & (0 < a \leqslant 30) \\ \dfrac{30}{a} & (a > 30) \end{cases} \qquad (4\text{-}4)$$

以上三种指标分别表达了观测能力满足度的三种组成部分，每一个指标函数的值域范围都被规范化至 0~1，刻画了 100%以内的观测能力，为了能够从总体上表达观测能力满足度 S，采用下式进行计算：

$$S = \frac{\sum_1^n p(a_i) \cdot m_i \cdot T_i}{M} \times 100\% \qquad (4\text{-}5)$$

3. 观测能力认知过程

观测能力时空认知过程是根据城市感知网具体任务的感知特点和需求，洞察所有感知手段，在对现有观测资源进行基础能力认知的基础上，对现有资源进行优化，按需增补其他资源，实现对已有观测能力的配置并增补新需观测能力。观测能力时空认知技术流程：依据任务需求、现有资源的观测能力对传感器资源进行观测能力时空认知，通过关联协同三步关联迭代对多平台观测资源进行合理规划，进行认知准确率评估。观测能力认知满足度的计算与提升流程分为三个步骤，通过对多平台传感器资源三步关联实现，流程如下。

（1）基础认知：是观测能力认知过程的第一阶段，对满足当前观测任务主题的资源进行初始的时空、精度的匹配，完成基础的资源组合的筛选与配置，并认知其基础的观测能力。

（2）优化认知：是观测能力认知过程的第二阶段，若有基础认知结果未能达到任务效益要求，则进行资源的优化配置，改善其观测效果后，再认知其观测能力。

（3）增补认知：是观测能力认知过程的第三阶段，当前感知网已经通过优化使得其观测能力达到最大化，如果此时未能达到任务效益的要求，就需要新增观测资源，增补后认知其观测能力，若未能达到任务效益目标，则继续增补或调整观测方案直至观测方案观测能力时空认知满足度达到任务效益目标。

4. 观测能力认知准确率

观测能力认知准确率是反映城市感知网观测能力与感知准确性的指标，衡量城市感知网各类传感器对观测任务需求的满足能力与观测的可信度。在观测能力时空认知过程中，实际情况下传感器观测性能条件、气象等环境因素以及计算方法准确性等因素的存在，会对观测能力认知结果的有效性和准确性造成影响。观测能力认知可信度是对观测能力认知在不确定因素影响下的有效性的预估值，在相同的观测能力满足度情况下，可信度越高，表示不确定因素对观测认知影响越小，认知准确率也越高。

构建观测能力认知准确率计算函数，如式（4-6）所示，通过观测能力满足度（OCSI）和可信度因子（C_r）合成运算，得到特定观测任务下的传感器和计算方法集合的认知准确率 F。以基础、优化和增补关联为协同观测核心步骤，通过空天地多平台多传感器协同，感知网观测能力时空认知准确率达到任务效益目标。

$$F = \text{OCSI} \times C_r \tag{4-6}$$

以城市群典型地表要素观测可信度计算为例，主要考虑地形、植被与云量对卫星传感器的影响。

1）微波传感器

对于搭载微波传感器的卫星而言，主要考虑植被覆盖度与地形因子。

（1）地形因子：微波传感器采用侧视斜距成像方式，受到较大的地形起伏影响，致使图像产生几何畸变，如图4-6所示。

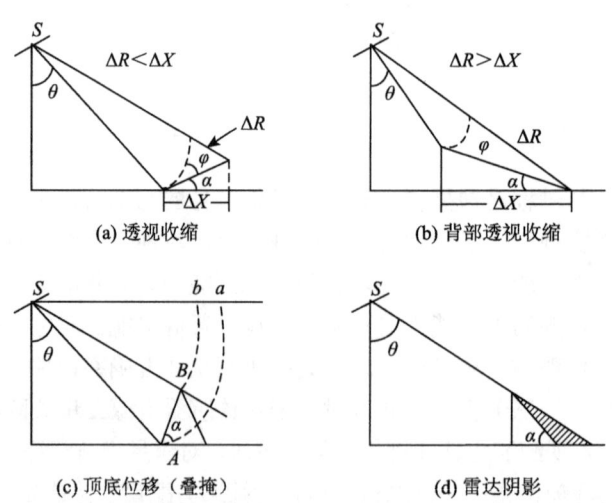

(a) 透视收缩　　(b) 背部透视收缩

(c) 顶底位移（叠掩）　　(d) 雷达阴影

图 4-6　雷达传感器受起伏地形影响产生的几何畸变示意图

因此，通过计算几何畸变程度作为地形因子 m：

$$m = \begin{cases} \sin\varphi \\ \cos\alpha \\ 1(\text{斜面为迎坡且}\theta \leqslant \alpha, \text{或}\theta+\alpha > 90°) \end{cases} \tag{4-7}$$

(2)植被覆盖度(normalized difference vegetation index,NDVI):受植被覆盖的限制,传感器对土壤湿度与不透水率不够敏感,造成观测效果较差,因此,需要考虑植被覆盖的影响。

$$F_c = (\text{NDVI} - \text{NDVI}_{\min}) / (\text{NDVI}_{\max} - \text{NDVI}_{\min}) \tag{4-8}$$

式中,F_c为植被覆盖度计算结果;$\text{NDVI}_{\min}$为目标区域的 NDVI 最小值;$\text{NDVI}_{\max}$为目标区域的 NDVI 最大值。

2)光学传感器

对于光学传感器而言:不仅需要考虑植被覆盖度与地形因子,还需要考虑总云量对观测过程的影响。

(1)总云量:光学传感器的物理特性,限制其穿透云层对目标进行成像,因而无法获得云层遮挡区域的信息,产生观测"盲区"。调用 OpenWeatherMap 的应用程序接口(application programming interface,API)可以获取指定区域的实时云量数据,其数值范围在 0%~100%,将其表示为C_{cloud}。

(2)地形因子:不同于微波传感器的几何畸变,山地起伏导致部分区域因为山体遮蔽而造成光线暗淡,影响光学传感器观测效果。光学传感器的地形因子 m = 实际起伏地形的山体阴影/水平地形的山体阴影,计算公式如下:

$$m = \text{hillshade} / 255 \cdot \sin h \tag{4-9}$$

式中,hillshade 为山体阴影栅格计算所得的平均值;h为特定观测时间下的太阳高度角。

(3)植被覆盖度:影响原因与计算方法同微波传感器。城市群典型地表要素观测可信度计算步骤如下:

a. 确定不确定影响因素集U和影响程度评语集V。在本方法中,因素集有影响传感器观测的不确定因素集合$U = \{u_1, u_2, \cdots, u_n\}$,对光学传感器来说,$U = \{$总云量,地形因子,植被覆盖度$\}$,对微波遥感传感器来说,$U = \{$地形因子,植被覆盖度$\}$,评语$V = \{v_1, v_2, \cdots, v_n\} = \{$低,较低,较高,高$\} = \{0, 0.2, 0.4, 0.7\}$;

b. 构建隶属度函数,得到单个传感器受n个影响因素影响所隶属于m个程度指标的模糊关系隶属度矩阵$\boldsymbol{R}_k$,如下:

$$\boldsymbol{R}_k = \begin{bmatrix} r_{11} & r_{12} & \cdots & r_{1m} \\ r_{21} & r_{22} & \cdots & r_{2m} \\ \vdots & \vdots & & \vdots \\ r_{n1} & r_{n2} & \cdots & r_{nm} \end{bmatrix}_{(n \times m)} \tag{4-10}$$

矩阵中的r_{ij}表示集合U中的第i个因素u_i于集合V中的第j个等级v_j的相对隶属度。隶属度的计算是模糊综合评价的关键,通过给定的隶属函数计算,此处的隶属函数采用改进的正态隶属函数,以第j个等级为例:

$$u_j(x) = \exp\left[-\left(\frac{x - a_j}{b_j}\right)^2\right], (j = 1, 2, \cdots, m) \tag{4-11}$$

式中,a_j、b_j为常数,$a_j = \dfrac{\text{rank}_j + \text{rank}_{j-1}}{2}$,$b_j = \dfrac{\text{rank}_j - \text{rank}_{j-1}}{1.665}$,$\text{rank}_j$和$\text{rank}_{j-1}$分别为

第 j 等级的上边界值和下边界值。特殊的是，对于首尾两个等级，需要通过分段函数来表示，即第一个评语等级的划分端点为 a_1，$x \leq a_1$ 时隶属度为 1，当 $x > a_1$ 时，隶属度为 $u_1(x)$；最后一个等级的划分端点为 a_m，当 $x \geq a_m$ 时，隶属度为 1，当 $x < a_m$ 时，隶属度为 $u_m(x)$。

c. 计算不同评估因素的熵权 $W = \{w_1, w_2, \cdots, w_n\}$。权重通过熵权法确定，$w_i$ 表示第 i 个因素的权重，且 $\sum_{i=1}^{n} w_i = 1$。

d. 模糊综合评价不确定性因素影响的综合程度，表示为 U_E。通过权向量 W 与隶属度矩阵 R_k 合成计算得到单个传感器的综合评估结果，即 $E_k = W \cdot R_k$，最后通过求和取平均值得到多传感器受不确定性因素影响的综合评价结果 U_E，即可信度：

$$C_r = 1 - U_E \tag{4-12}$$

4.3 关联协同

随着当前城市感知任务的复杂化与多样化，仅使用单个传感器无法实现对任务的全面、高效观测，亟须对多个传感器进行关联协同。然而，当前仍不清楚多传感器如何被关联协同，相应的多传感器关联观测能力无法被认知，导致无法有效规划多传感器进行协同观测。针对上述问题，传感器观测能力信息关联模型标准地定义了多传感器间的关联耦合模式，有效地求解了多传感器关联关系与相应的关联观测能力，为实现全面、高效的任务观测提供了多观测关联协同信息基础。

4.3.1 关联协同理论基础

多观测关联协同的理论基础为信息领域的 Team 理论。Team 理论最早由 Marschak 和 Radner 提出，目的是解决组织中合作团队或部门的行为协调问题。具有共同目标的两个或多个成员构成了团队，团队的每个成员都能独立地获取局部信息从而对目标做出相应的决策，特别地，团队成员之间能够交换信息来获得各自缺失的信息，从而使成员们协作、高效地完成团队目标。目前 Team 理论已被广泛应用于经济博弈问题、机器人控制、资源分配和军事等领域。

在 Team 理论中，第 i 个团队成员根据自身的动态状态 x_i、固有特征 p_i 和其他成员的决策信息 $\{\delta_1, \cdots, \delta_{i-1}, \delta_{i+1}, \cdots, \delta_n\}$，做出决策 δ_i，从而产生观测动作 z_i。这种关系由信息结构 η_i 表述为式（4-13）：

$$z_i = \eta_i(x_i, p_i, \{\delta_1, \cdots, \delta_{i-1}, \delta_{i+1}, \cdots, \delta_n\}) \tag{4-13}$$

通常在复杂任务监测中，能以不同角度完成观测任务的传感器有很多，且每个传感器只能完成观测任务的局部。因此，需要多个传感器协同观测来提供更全面的观测信息，以回答决策者：哪些传感器能协同地完成任务的监测？这些传感器是以什么方式协同观测的？这些传感器协同观测的效果如何？

由此可以看出，Team 理论的特征与多观测协同的应用需求具有一致性。因此，对于完成监测任务这一目标，传感器以不同的观测能力在一定程度上对任务进行监测，这些传感器被抽象为一个传感器团队，决策者期待传感器团队成员之间相互协作，从而全局地完成观测任务。图 4-7 为基于 Team 理论核心思想构建的多传感器协同观测系统的抽象模型，其中，多传感器系统团队中的每个传感器成员由三个模块组成。静态固有模型 S_i 描述了第 i 个传感器成员可用的先验信息，动态观测模型 D_i 阐述了随环境变化而变化的动态观测状态，观测关联模型 C_i 表示其与不同的传感器成员之间的关联关系。

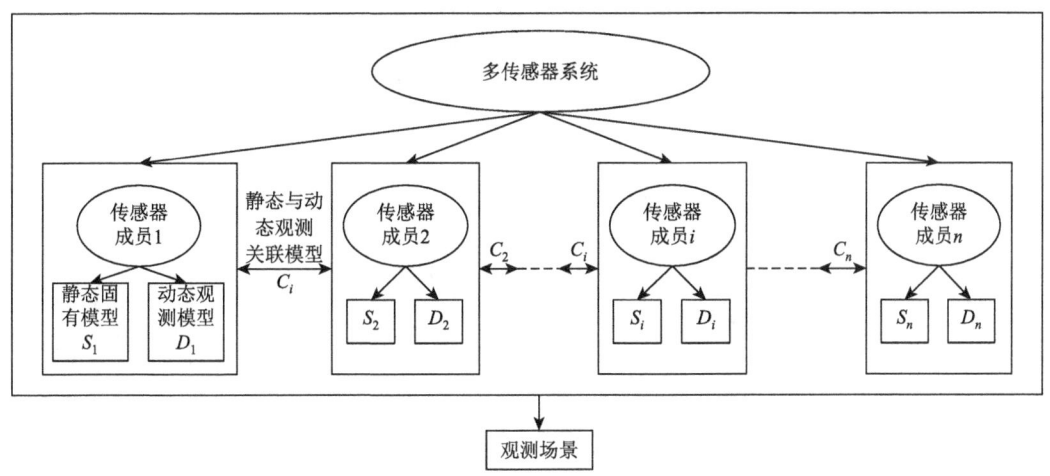

图 4-7 多传感器协同观测系统的抽象模型

4.3.2 关联协同模型框架

基于 4.3.1 节的分析，为了协同多传感器高效地满足任务需求，一种观测能力信息关联模型（observation capability information association model，OCIAM）被提出，并被表示为式（4-14）：

$$\text{OCLAM} = O(\text{ST}, S, D, C) \tag{4-14}$$

函数 O 阐述了 OCIAM 与传感器团队 ST、静态固有模型集合 S、动态观测模型集合 D 和观测关联模型集合 C 的关系，描述了传感器团队成员之间的观测能力信息的关联。图 4-8 展示了 OCIAM 的框架，可以看到，对于一个特定观测任务，满足任务观测需求的多个传感器构成了传感器团队 $\text{ST} = \{M_1, M_2, \cdots, M_i, \cdots, M_{n-1}, M_n\}$。每个传感器成员 M_i 都具有属性 S_i、D_i 和 C_i，传感器成员与其属性的关系用 g_i 表达，如式（4-15）所示：

$$M_i = g_i(S_i, D_i, C_i) \tag{4-15}$$

S_i 基于观测宽度、观测深度、观测质量、观测频率和观测数据五个观测能力特征维度描述了传感器的固有测量特性 IC_i；D_i 描述了动态观测能力属性 DF_i，主要包括观测时间范围、空间覆盖范围和时空动态关系；S_i 和 D_i 的内容是 C_i 的基础，它主要包含观测任务分类、关联模式、关联操作、关联规则这四个方面的内容。观测任务分类是 C_i 的入口，传感器 i 和其他传感器之间的观测关联模式是 C_i 的输出结果，主要由竞争、互补、增强和协作模式组成。此外，在一个特定的观测场景中，每个 M_i 具有由其观测决策 $\delta_i(A_i)$ 确定的

观测行为 A_i。A_i 与其他传感器成员的观测决策集合 $\{\delta_1(A_1),\cdots,\delta_{i-1}(A_{i-1}),\delta_{i+1}(A_{i+1}),\cdots,\delta_n(A_n)\}$ 极大地相关，并可通过式（4-16）中的函数 f_i 表示：

$$A_i = f_i(\text{IC}_i, \text{DF}_i, \{\delta_1(A_1),\cdots,\delta_{i-1}(A_{i-1}),\delta_{i+1}(A_{i+1}),\cdots,\delta_n(A_n)\}) \tag{4-16}$$

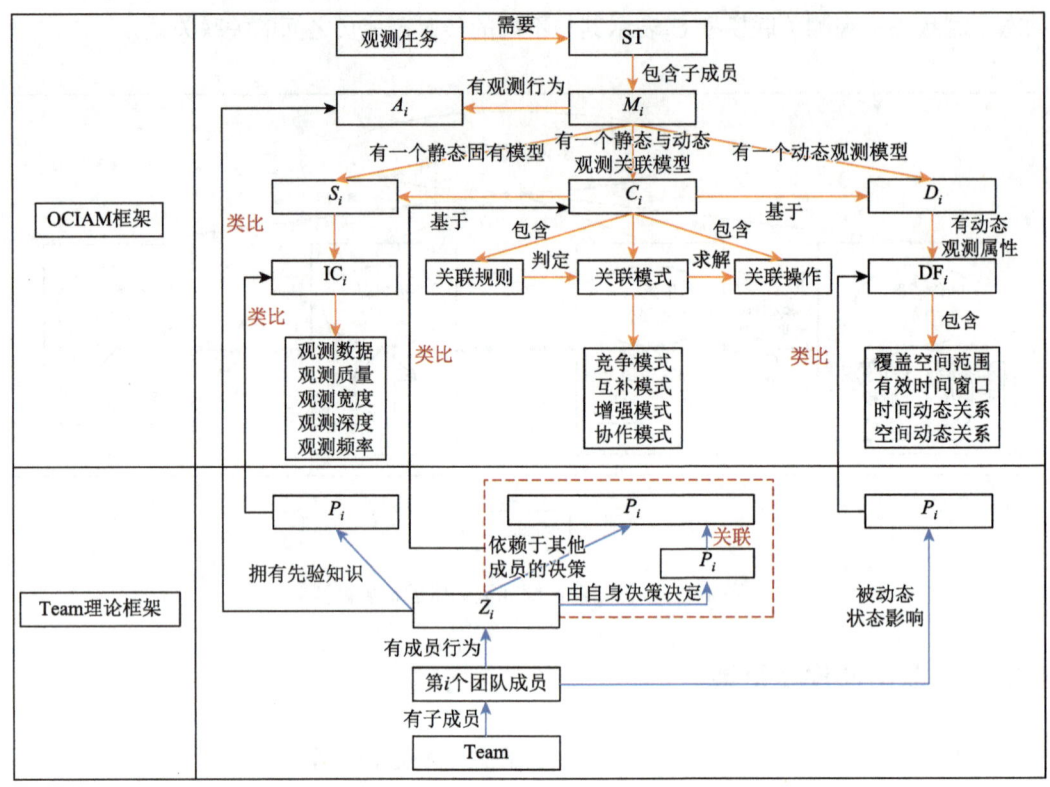

图 4-8　面向特定任务的 OCIAM 框架

4.3.3　关联耦合模式与判别规则

关联耦合模式描述了多传感器间如何关联与协同，是一种基于传感器观测能力在时间、空间、主题和平台维度上的差异性，对传感器组合的关联关系的定性表达。关联模式包含竞争、互补、增强与协作四种。

（1）竞争模式：如果每个传感器能对同一目标进行独立观测，且每个传感器所获取的信息是可以被相互替代的，则传感器之间形成竞争关系。在竞争模式下，可以通过选取任意一个传感器进行独立观测，以减少观测信息冗余，避免资源浪费。

（2）互补模式：如果多个传感器的观测相互独立，且协同多传感器观测使得监测任务信息更加完整，则传感器组合形成互补关系。在互补模式下，多传感器协同观测弥补了单传感器获取信息的局限性，保证了信息的完整性。

（3）增强模式：如果不同平台的传感器可以对同一目标提供多种不同质量（类型）的信息，多传感器协同观测增强了观测信息的可靠性，则传感器之间形成增强模式。在增强模式下,多平台传感器观测增强了观测信息的可靠性,这解决了信息的单一性和不确定性问题。

(4)协作模式:如果多个传感器的观测相互依赖,且对共同的目标进行协作观测,使观测信息更加完整,则传感器组合形成协作模式。这解决了单个传感器观测信息不完整、观测低效的问题。

多传感器之间因观测能力的不同形成不同的观测能力关系,从而具有不同的关联模式。如图4-9所示,传感器S1与S2观测能力关系为X时,两者形成竞争的关联模式;传感器S3与S4观测能力关系为Y时,两者为互补模式。同理可知,S5与S6观测能力关系为Z时,两者为增强模式;S7与S8观测能力关系为W时,两者为协作模式。X、Y、Z、W并不指单一维度的信息,它可以描述传感器时间、空间、主题和平台四个维度的观测能力信息。

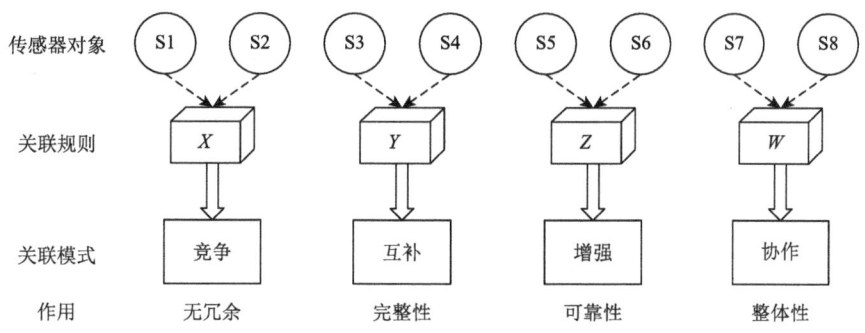

图4-9 多传感器的关联模式

为了实现精准的关联模式判别,表4-3被构建出来,以展示不同关联模式所对应的规则类型、任务类型以及关联规则表达式。其中,关联规则被构建成布尔逻辑表达式,因此,当且仅当该表达式的值为真时,多传感器才能被关联为相应的关联模式。以竞争关联模式为例,如果相同平台的两个传感器能在同一观测时间内以相同参数对同一目标区域进行观测,即这些传感器的观测参数、空间、时间和平台的关系为"PA_{same}""FOR_{same}""TW_{same}""PL_{same}",那么这两个传感器可以形成竞争模式。

表4-3 传感器观测能力信息关联规则

关联模式	规则类型	任务类型	关联规则
竞争	X	SP∨SA∨DP ∨DA∨CP∨CA	$PA_{same} \wedge FOR_{same}$ $\wedge TW_{same} \wedge PL_{same}$
互补	Y	SP∨SA∨DP∨DA	$PA_{differ} \vee FOR_{differ} \vee TW_{differ}$
增强	Z	SP∨SA∨DP ∨DA∨CP∨CA	$PA_{same} \wedge FOR_{same}$ $\wedge TW_{same} \wedge PL_{differ}$
协作	W	CP∨CA	$PA_{differ} \vee FOR_{differ} \vee TW_{differ}$

注:"∧"表达逻辑"与";"∨"表达逻辑"或"。

4.3.4 关联耦合模式求解

基于 4.3.3 节提出的四种多传感器观测能力信息关联模式与判别规则,一种"传感器-传感器"参数、时间、空间和平台维度的多层次关联匹配思路被确立,并构建出了多层次、多维度、多传感器观测能力信息关联(MM_IA)算法,从而对多传感器间的关联模型进行有效求解。图 4-10 展示了 MM_IA 算法的基本思路,MM_IA 算法依据关联模式的判别规则,以观测任务为入口,依次基于参数、空间、时间和平台四个维度寻求多个传感器之间的关联关系,从而判定传感器组合的关联关系。

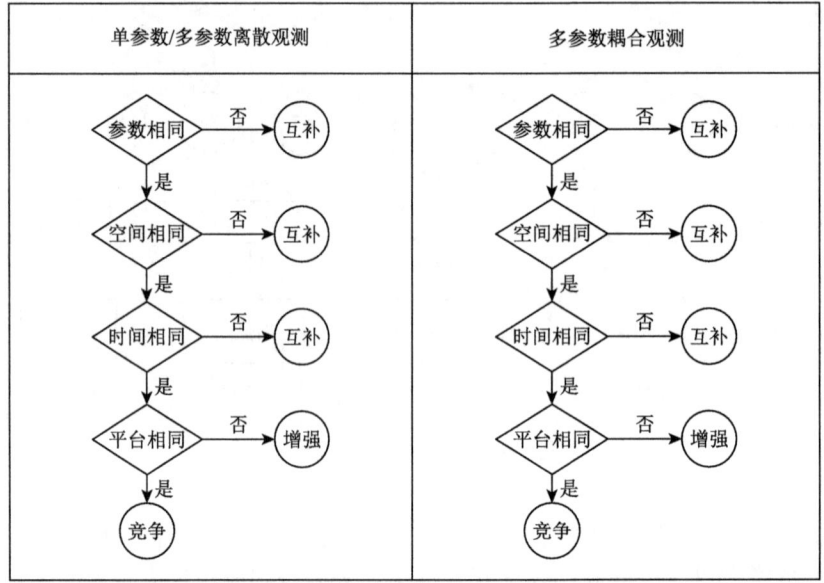

图 4-10 MM_IA 算法的基本思路

表 4-4 展示了 MM_IA 算法的伪代码,并对 MM_IA 的逻辑与实现过程进行了说明。其中,第 1~5 行旨在确定观测任务类型,第 6~16 行执行单/多参数离散观测任务类型的多传感器关联,第 7~25 行执行多参数耦合观测任务类型的多传感器关联;特别地,第 7~8 行和第 20~21 行用于判断参数是否相同,第 10、19 行判断空间是否相同,第 9、18 行判断时间是否相同,第 11~14 行和第 21~23 行用于判别平台是否相同。

表 4-4 MM_IA 算法伪代码描述(以任意两个传感器 S1、S2 为例)

输入:观测任务需求;S1、S2 的观测参数;
  S1、S2 的观测覆盖范围关联操作结果;
  S1、S2 的观测时间窗口关联操作结果;
  S1、S2 的观测平台;
输出:S1、S2 的观测关联模式;
使用:$parameter\_compute$(S1, S2)返回观测任务的观测参数个数;

续表

  theme_compute（*S1*，*S2*）返回观测任务的观测主题个数；
   parameter_match（*S1*，*S2*）匹配S1、S2的观测参数是否一致；
   platform_match（*S1*，*S2*）匹配S1、S2的观测平台是否一致；
声明：传感器对象S1，S2；观测任务类型S.type；
  观测参数需求S.PA；观测主题需求S.Th；
  传感器时间窗口关联操作结果S.TW；
  传感器观测覆盖范围关联操作结果S.FOR；
  竞争关联模式S.Com；互补关联模式S.C；
  增强关联模式S.En；协作关联模式S.Coo；
Begin：**Correlation**
  1. **If**（S1!==empty &&S2!==empty）do
  2. *parameter_compute*，*theme_compute*（*S1*，*S2*）
  3. **If**（S.Th==0 && S.PA>=1）
  4. {S.type=1}//观测任务类型离散参数观测
  5. **Else**{S.type=2}}//观测任务类型耦合参数观测
  6. **If**（S.type==1）do
  7. *parameter_match*（*S1*，*S2*）
  8. **If**（*parameter_match*（*S1*，*S2*）is true）
  9. {**If**（S.TW ="TW$_{intersect}$"）
  10. {**If**（S.FOR ="FOR$_{intersect}$"）do
  11. *platform_match*（*S1*，*S2*）
  12. {**If**（*platform_match*（*S1*，*S2*）is true）
  13. return S.Com；}
  14. **Else** return S.En；}
  15. **Else** return S.C；}
  16. **Else** return S.C；}}
  17. **Else If**（*parameter_match*（*S1*，*S2*）is true）
  18. {**If**（S.TW ="TW$_{intersect}$"）
  19. {**If**（S.FOR ="FOR$_{intersect}$"）do
  20. *platform_match*（*S1*，*S2*）
  21. {**If**（*platform_match*（*S1*，*S2*）is true）
  22. return S.Com；}
  23. **Else** return S.Coo；}
  24. **Else** return S.Coo；}
  25. **Else** return S.Coo；}}
26. **End Correlation**

4.4 优化构网

  随着对地观测、物联网等技术的不断发展，城市感知已进入多平台、多传感器、多角度观测的发展阶段，海量异构的星载、机载和地面传感器被广泛应用于环境监测、交通监视等城市感知领域。然而，单纯地增加感知节点数量而忽视异构传感器的耦合协同，会导致感知资源利用效率低下，难以有效满足城市观测综合性、多尺度等多样化需求。因此，进行多平台感知节点优化构网，合理、高效地协同规划异构传感器资源，提高感知效率，是城市多尺度综合感知中的重点内容与必要步骤。

  基于城市感知网点面观测能力动态认知结果与多观测关联协同模式，对空天地传感器进行动态布局与优化构网，旨在辅助空天地协同观测方案部署，支撑观测数据规划与调度。城市综合感知优化构网主要包括以下三方面内容：①点面观测时空构网，利用星载及地面传感器时空覆盖特性的优势互补，实现具有高时空连续性的目标观测；②移动观测规划控制，利用机载传感器移动的灵活性，填补基础观测中难以观测的时空空缺；③大规模传感器构网问题解算，使用智能算法求解复杂优化问题。本节将重点讨论上述优化构网的三个主要方面，并对优化构网结果，即多观测构网方案进行介绍与展示。

4.4.1 点面观测时空构网

点面观测时空构网提供了卫星-地面传感器之间的整体规划、联合调度和优化布局机制，旨在合理部署或调度传感器节点，实现星地传感器资源的优化组合。通常，地面传感器探测是一种基于单点的空间采样方式，能较为准确地获取高时间分辨率（时间连续）的点观测数据（空间不连续），而遥感手段获取的是一种低时间分辨率（时间不连续）的面观测数据（空间连续）。点面观测时空构网方法的核心在于利用这种星地传感器观测数据的时空连续性特征，进行时空覆盖优势互补。点面观测时空构网优化模型包括时间连续最大覆盖模型（time-continuous maximal covering location problem，TMCLP）、星地协同多要素覆盖模型（space-ground maximal coverage model with multiple parameters，SGMC-MP）。

1. 时间连续最大覆盖模型

时间连续最大覆盖模型（TMCLP）主要针对需要持续观测的自然要素观测任务。例如，土壤水分要素通常需要每周进行一次观测任务收集要素信息。虽然当前已有土壤水分监测主题的遥感卫星，以及土壤水分地面监测站点分别对土壤水分进行观测，但现有观测方式缺乏星地传感器协同规划布局机制，星地传感器孤立发挥作用，尚不能满足日常和应急观测任务对区域土壤水分时空连续覆盖的监测需求。针对这一问题，基于时间连续最大覆盖模型的地面感知节点构网方法顾及了卫星对地面监测站点布局的影响，利用星地时空覆盖优势互补特性，最大化星地传感器的时空连续覆盖能力。时间连续最大覆盖模型的数学模型表示如下：

$$\text{Maximize } z = \sum_{t \in T} \sum_{i \in I} w_i y_{it} \tag{4-17}$$

满足：

$$\sum_{j \in N_{it}} x_j + \sum_{k \in M_{it}} u_k \geq y_{it} \quad i \in I, t \in T \tag{4-18}$$

$$\sum_{j \in J} x_j = p \tag{4-19}$$

式中，z 为目标函数；I 为需求对象集合；T 为观测子时段集合；x_j 表示测站是否被布设于候选点位 j，取值范围为 0 或 1；u_k 表示卫星传感器 k 是否可用，取值范围为 0 或 1；y_{it} 表示需求对象 i 在时段 t 是否被覆盖，取值范围为 0 或 1；w_i 表示需求对象 i 的权重值；N_{it} 表示时段 t 能够覆盖需求对象 i 的所有候选点集合；M_{it} 表示时段 t 能够覆盖需求对象 i 的所有卫星传感器集合；p 表示待布设的雨量站总数量。模型中，目标函数式（4-17）表示最大化连续时段内被覆盖的观测需求总和；约束式（4-18）表示卫星与地面传感器的互补覆盖关系；约束式（4-19）限制了地面传感器布设数量为 p 个。

2. 星地协同多要素覆盖模型

星地协同多要素覆盖模型（SGMC-MP）主要针对多要素观测任务。多要素观测任务是指包含多个待观测要素的观测任务，其中任一要素不可或缺。针对多要素观测任务，通常使用单平台传感器分别获取每种要素的观测数据。但是这种传统方法可导致大面积监视区域中获取的各要素数据产生时空偏差。为了减小这种时空偏差，基于星地协同多要素覆盖模型的星地协同观测构网方法考虑了星地传感器的协作，利用星地传感器的时空覆盖优势互补，最大化多要素图层间覆盖范围的重叠。图 4-11 为星地协同多要素覆盖模型图示。

星地协同多要素覆盖模型的数学式表示如下：

$$\text{Maximize } z = \sum_{t \in T} \sum_{i \in I} w_i y_{it} \tag{4-20}$$

满足：

$$\sum_{j \in N_{it}} \sum_{r_k \in M_{it}} u_{tr_k} x_j \geqslant y_{it} \quad \forall i \in I, t \in T, r_k \in R, k \in K \tag{4-21}$$

$$\sum_{r_k \in R} u_{tr_k} \leqslant 1 \quad \forall t \in T, k \in K \tag{4-22}$$

$$\sum_{j \in J} x_j = P \tag{4-23}$$

式中，z 为目标函数；I 为需求对象集合；T 为观测子时段集合；K 为卫星传感器集合；R 为候选卫星观测带集合；x_j 表示测站是否被布设于候选点位 j，取值范围为 0 或 1；u_{tr_k} 表示卫星传感器 k 的观测带 r_k 是否可用，取值范围为 0 或 1；y_{it} 表示需求对象 i 在时段 t 是否被覆盖，取值范围为 0 或 1；w_i 为需求对象 i 的权重值；N_{it} 为时段 t 能够覆盖需求对象 i 的所有候选点集合；M_{it} 为时段 t 能够覆盖需求对象 i 的所有候选卫星观测带集合；P 为待布设的地面站总数量。模型中，目标函数式（4-20）表示最大化连续时段内被覆盖的观测需求总和；约束式（4-21）表示卫星与地面传感器的重叠覆盖关系，体现了卫星获取的要素数据与地面传感器获取的要素数据间的重叠；约束式（4-22）限制了卫星经过观测区域时图像获取数量小于等于 1；约束式（4-23）限制了地面传感器布设数量为 p 个。

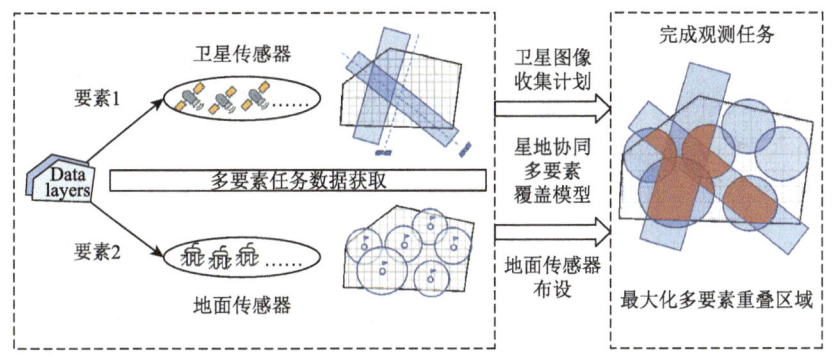

图 4-11 星地协同多要素覆盖模型图示

4.4.2 移动观测规划控制

移动观测规划控制提供了无人机路径规划机制,旨在合理规划机载传感器节点运动路径,实现机载传感器资源的高效利用。由于无人机机动的灵活性,它可适用于观测需求不断变化的观测场景。移动观测规划控制的核心在于利用机载传感器移动的灵活性,填补基础观测中难以观测的时空空缺。如图 4-12 所示,根据无人机观测对象的几何差异,可以将无人机路径规划分为无人机区域覆盖路径规划与无人机目标覆盖路径规划。

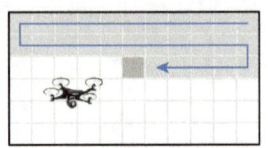
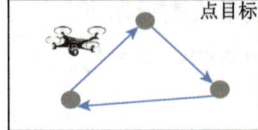
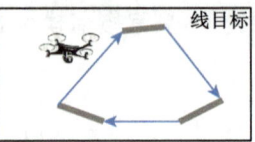

无人机区域覆盖路径规划　　　　无人机目标覆盖路径规划

图 4-12　移动观测规划控制类型

1. 无人机区域覆盖路径规划

无人机区域覆盖路径规划指在满足某种性能指标最优的前提下,避开威胁源和障碍物,规划出一条能够遍历探测区域的最优飞行路线。无人机区域覆盖路径规划技术通常应用于需要获取某一区域的全面有用信息,或者需要在特定区域搜索目标的场景。

关于无人机的覆盖路径规划问题已有较多的研究,但通常涉及较多无人机系统工程的理论,从无人机能耗、机动力以及环境等角度进行分析,适用于较为精细的观测任务,如 3D 建模摄影测量和监视侦察。为了适用于常规的观测任务,无人机可以简化为质点,略去复杂的物理参数耦合,只注重其空间路径的优化,这样不仅能够快速建模与求解,也能够使得多平台协同更加简便,构建轻量化的感知网络。

无人机的覆盖路径规划包括环境建模和路径搜索策略两个子问题。其中,环境建模的方法主要有栅格表示法、可视图法(几何表示法)和拓扑图法(自由空间法)。针对城市观测时空空缺填补,基于无人机的质点简化假设,可以使用栅格表示法下的梳状遍历方法进行覆盖路径规划。该方法一般步骤如下:对研究区域进行网格离散化处理,网格边长需要小于无人机的幅宽,当无人机位于网格中心点时,可以覆盖整个网格,此时该点作为无人机的驻留路径点,将连续空间覆盖问题转化为适用于图模型的离散空间问题;然后使用 Back-and-forth(BF)移动模式连接驻留路径点,最终规划出飞行成本最低的路线,并完整覆盖空间区域。

2. 无人机目标覆盖路径规划

无人机目标覆盖路径规划指针对点目标、线目标或混合点线目标等离散目标,规划出一条能够遍历所有目标或尽可能遍历所有目标的最优路径。无人机目标覆盖路径规划技术通常应用于路网监视、安全巡逻等需要获取特定目标信息的场景。

无人机目标覆盖路径规划问题主要基于经典点路径问题（node routing problem，NRP）和弧路径问题（arc routing problem，ARP）两类主要的路径规划问题进行问题建模与求解。点路径规划问题中的代表问题包括旅行商问题（travel salesman problem，TSP）和车辆路径问题（vehicle routing problem，VRP）。弧路径问题的代表问题包括中国邮递员问题（Chinese postman problem，CPP）和乡村邮递员问题（rural postman problem，RPP）。虽然这些代表问题发展成熟，但它们通常考虑遍历所有离散目标，忽略了无人机续航、任务时间的有限性可能导致无法遍历所有目标的情况，难以适用于无人机飞行时间受限的目标覆盖场景。

针对城市观测时空空缺填补，考虑无人机续航及任务时间的有限性，可以依据带有收益的路径规划问题进行无人机目标覆盖路径规划问题建模。该问题可将时间受限的条件加入问题中，无须遍历所有目标点。以城市观测中常见的高峰时段路网监视问题为例，由于监视需求的突变增强，需要使用无人机进行观测空缺填补，但高峰时段监测频率高，任务时间稀缺，传统弧路径问题不适用于该问题，此时即可依据带有收益的弧路径问题（arc routing problem with profits，ARPP）进行建模与求解。

4.4.3 大规模传感器构网问题解算

4.4.1 节和 4.4.2 节所提到的优化构网问题通常为 NP-hard 问题，其特征为随着问题规模的增大，难以在多项式时间内求得该问题最优解。对于这类问题，通常使用启发式方法在较短时间内求得次优解，其核心思想在于牺牲求解精度换取较快的求解时间。大规模传感器构网问题解算算法包括遗传算法、模拟退火算法、迭代局部搜索等。

1. 遗传算法

遗传算法是解决搜索问题的一种通用算法，适用于各种复杂优化问题。其基于达尔文进化论和自然选择理论，模拟了生物进化过程。该算法的一般步骤包括初始化种群、选择种群、染色体交叉及变异。算法的整个运算过程从任一初始的群体出发，通过随机选择、交叉和变异等遗传算子，使群体一代一代地进行到空间中最好的区域，直至达到最优点。这种独特的搜索方法，使遗传算法自然地避开了其他最优化算法常遇到的局部最小陷阱，具有良好的全局搜索能力。点面观测时空构网与移动观测规划控制中提到的优化模型均可使用遗传算法进行求解。

特别地，若待解大规模构网问题拥有多个相互制约的优化目标，则可使用非支配排序遗传算法（non-dominated sorting genetic algorithm，NSGA）进行求解。NSGA 是以遗传算法为基础，并基于 Pareto 最优概念的改进遗传算法。NSGA 与基本遗传算法的主要区别在于其在进行选择操作之前采用非支配分层方法对个体等级进行了排序分类，增加了优秀个体被保留的概率。其改进算法 NSGA-II 已被广泛应用于各种多目标优化问题。与 NSGA 相比，NSGA-II 算法使用快速非支配排序使计算复杂度更低；同时引入精英策略以扩大采样空间，将子代和父代进行结合共同竞争，防止最佳个体的损失，并确保算法的最佳性能。

2. 模拟退火算法

模拟退火算法是一种通用的优化算法，适用于各种复杂优化问题。其将热力学理论应用于统计学上，模仿了冶金学中金属加热—冷却的过程（陈建宏和杨彦柱，2013）。该算法的一般步骤包括初始化初始解、随机产生邻域解、计算当前解与新解目标函数之差、判断新解是否被接受。算法的运算过程为从某一较高初温出发，伴随温度参数的不断下降，结合概率突跳特性在解空间中随机寻找目标函数的全局最优解。理论上，模拟退火算法具有概率的全局优化性能。与遗传算法类似，点面观测时空构网与移动观测规划控制中提到的优化模型均可使用模拟退火算法进行求解。

3. 迭代局部搜索

局部搜索是解决最优化问题的一种启发式算法，它属于近似算法。该算法从爬山法改进而来，是一种简单的贪心搜索算法。算法的运算过程为每次从当前解的邻近解空间中选择一个最优解作为当前解，直到达到一个局部最优解。迭代局部搜索属于探索性局部搜索方法的一种。它在局部搜索的基础上，加入了扰动过程，使得搜索到达局部最优后有机会跳出，重新进行局部搜索。该算法适用于上述提到的无人机目标覆盖路径规划问题。当问题规模庞大时，如待覆盖目标个数较多时，迭代局部搜索可以在较短的可接受时间内求得较优的路径规划结果。

4.4.4 多观测构网方案

通过感知节点优化构网，生成满足感知效益目标的空天地协同的多传感器关联协同构网方案，为传感器的调度和布设提供指导，方案模板如表 4-5 所示。该方案模板以 90% 认知准确率为观测效益目标，提供了卫星资源具体的过境时间与侧摆角度，对无人机进行了路径规划并提供规划结果，对地面站进行了合理的优化布局并提供对应的布设坐标，为 5 月 9～11 日的土壤湿度无缝感知提供了可靠的调度与布设方案指导。

表 4-5 多观测构网方案模板（以土壤湿度感知为例）

观测时间	卫星观测计划				无人机观测计划			地面站布设状况	观测能力认知准确率		
	卫星名称	观测时间	分辨率/m	观测模式	总飞行里程/m	飞行次数/次	传感器分辨率/m	布设站点数目及坐标（Xian_1980_3_Degree_GK_CM_114E）	能力满足度	可信度	准确率
5月9～11日	CartoSat 2	2021-05-09 22:46	0.8	垂直观测（0）				27（持续观测）(483604.424, 3374599.936)			
	CartoSat 2B	2021-05-09 10:08	0.8	垂直观测（0）	2204845.396	102	10	……(487104.4192, 3364229.864)	0.991	0.943	0.935
	Tianhui 1-01	2021-05-11 19:26	5	垂直观测（0）				(586143.6097, 3414797.942)			

4.5 即时服务

针对城市多尺度综合感知的实时在线需求及不同感知任务特点，提出虚实融合的时空信息自适应服务框架，该技术基于耦合总线、接口服务和自适应理论，构建了基于"虚拟传感器服务网"的多平台多传感器柔性观测服务方法，通过观测资源统一建模注册、观测信息统一编码插入、时空多模式过滤等方式，实现了卫星遥感存档数据、智能原位传感器和无线传感器网络实时观测数据的即时在线共享和自适应服务。城市多尺度综合感知即时服务具体包括观测即服务、规划即服务、告警即服务三种类型。

4.5.1 观测即服务

该服务模式具体涉及传感器观测服务（sensor observation service，SOS），其主要流程包括：①将传感器信息通过传感器建模语言（sensor model language，SensorML）分别注册到目录服务和 SOS 服务连接的数据库；②将传感器观测的结果也发布到 SOS 服务的数据库，被注册发布的传感器与观测可以通过 SOS 服务获取到；③用户向目录服务接口发起数据查找请求，然后目录服务响应出一个能满足搜索需求的 SOS 服务列表；④用户绑定到从目录服务搜索到的 SOS 服务，并获取到基于观测与测量（observation & measurement，O&M）标准编码的传感器观测数据。

该模式主要用于现有传感器数据能满足用户需求的场景，通过 SOS 服务直接获得传感器观测数据，反馈给用户，具体流程如图 4-13 所示。

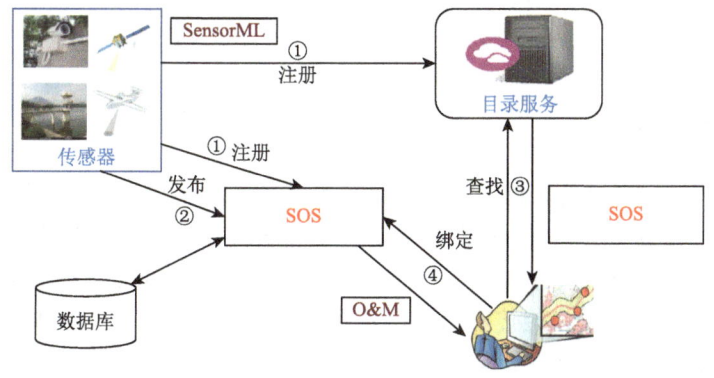

图 4-13 传感网观测模式流程图
①传感器注册；②观测结果发布；③传感器数据查找；④SOS 服务绑定

4.5.2 规划即服务

该服务模式具体涉及传感器规划-观测服务，主要流程包括：①用户向目录服务发起数据查找请求，根据实际情况获得满足搜索需求 SOS 服务列表反馈（有满足需求的观测数据）和传感器规划服务（sensor planning service，SPS）列表反馈（无满足需求的观测数据）；②通过 SPS 对要指派的传感器根据需求进行观测任务规划；③SPS 规划的传感器观测任务完成后，通过网络通知服务（web notification service，WNS）通知用户观测数据已经可以进行获取；④用户根据 WNS 的通知结果，通过 SOS 服务返回给用户 O&M 标准编码的观测数据。

该模式主要用于现有数据以及基于现有数据的处理结果均无法满足用户需求的场景，通过 SPS 获得满足任务需求的可用传感器并向传感器发送观测指令，规划合适的传感器进行动态观测，然后通过传感网观测服务 SOS 获取数据，反馈给用户，具体流程如图 4-14 所示。

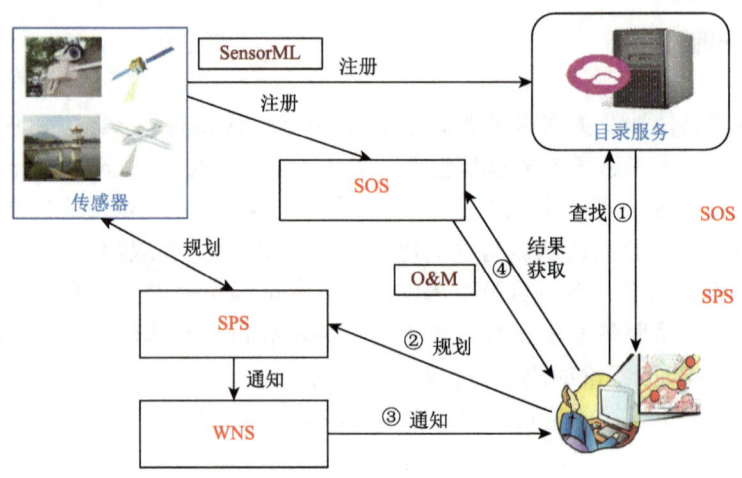

图 4-14　传感网规划观测模式流程图
①传感器查找；②观测任务规划；③观测结果通知；④观测结果获取

4.5.3　告警即服务

该服务模式具体涉及传感器规划-观测-告警服务（图 4-15），主要流程包括：①用户向目录服务发起数据查找请求，根据实际情况获得 SOS 反馈（有满足需求的观测数据）、SPS 反馈（无满足需求的观测数据）以及传感器告警服务（sensor alert service，SAS）反馈；②通过 SPS 满足条件的传感器进行观测任务定制，按需获取观测数据；③在 SPS 中规划的传感器不停地将观测结果注册和发布到 SAS 中；④用户通过绑定 SAS，根据阈值条件对观测数据进行过滤；⑤从 SPS 和 SAS 以预警的通知形式，通过 WNS 将观测结果传递给用户；⑥根据 WNS 的通知结果，通过 SOS 返回给用户以 O&M 标准编码的观测数据。

该模式主要用于现有观测数据以及传感网规划观测任务后，并不是所有的数据都是用户需要的情景。通过 SAS 可以动态地来对其进行过滤，将不需要的数据根据阈值条件进行过滤。当过滤后的数据符合用户的需求时，再以预警的形式通过 WNS 将结果传递给用户。然后用户可以从 SOS 获取需要的观测数据，具体流程如图 4-15 所示。

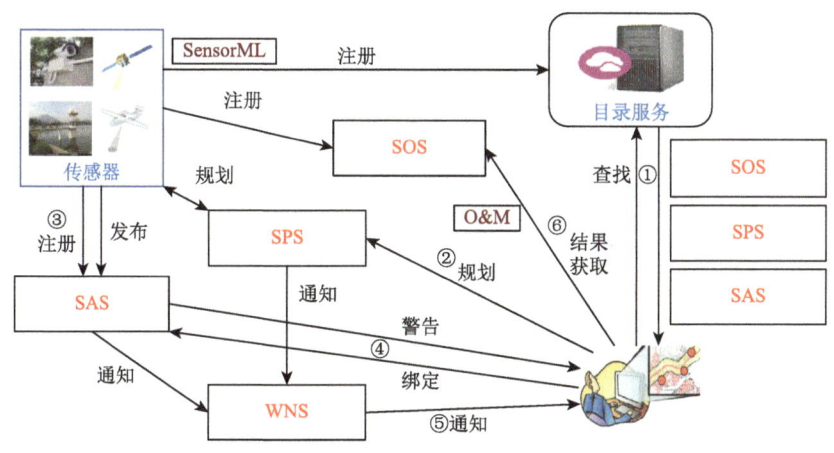

图 4-15 告警及服务示意图

①传感器查找；②观测任务规划；③传感器注册；④SAS 服务绑定和警告；⑤观测预警通知；⑥观测结果获取

4.6 典 型 案 例

近年来武汉市城市群强降雨频繁，"城市看海"问题日益凸显，全城及周边城市内涝造成经济和社会的巨大损失。2021 年 5 月 10 日下午，武汉突发特大暴雨，多路段因渍水交通管制，部分区域形成内涝，造成一定的经济损失。土壤湿度与内涝的产生息息相关，土壤湿度反映了土壤的含水量，降水前期土壤湿度越大，土壤对雨水的蓄渗能力越差，在暴雨时越容易引发内涝。因此，以该案例作为实验场景进行城市综合感知共性技术验证的典型案例。

4.6.1 城市群典型地表要素任务刻画

选取武汉市"1+8"城市群作为方案实验场景，对 5 月 9～11 日武汉市"1+8"城市群暴雨内涝相关的典型地表要素土壤湿度进行无缝感知，进行空天地传感器观测能力满足度和协同观测方案可信度计算，求解出观测能力时空认知准确率达到需求的多传感器协同规划方案，为内涝预警与监测提供科学的方案指导。制定的具体任务如表 4-6 和图 4-16 所示。

表 4-6 观测任务

观测指标要素	观测任务时间范围	观测任务空间范围
土壤湿度	2021 年 5 月 9～11 日	武汉"1+8"城市群

4.6.2 城市群典型地表要素基础观测能力认知

依据观测任务时间范围与空间范围，基于研发的城市多尺度综合感知指标管理系统地表要素能力认知模块（图 4-17），查找匹配可用观测卫星资源。

```xml
<?xml version="1.0" encoding="UTF-8"?>
<OT:index xmlns:swe="http://www.opengis.net/swe/2.0" xmlns:gml="http://www.opengis.net/gml" xmlns:xli
<!--================================================-->
<!--此处是Tag元素，主要表示该模型的基本信息-->

<!--任务标识-->
<OT:OTaskTag>
    <OT:Identification>
        <OT:ModelID>20201029183300</OT:ModelID>
        <OT:ModelName>暴雨内涝001</OT:ModelName>
        <OT:IndexName>土壤湿度观测任务</OT:IndexName>
    </OT:Identification>
    <OT:Classification>
        <OT:Field>暴雨内涝</OT:Field>
        <OT:Type>SA</OT:Type>
    </OT:Classification>
    <OT:Description>武汉市土壤湿度30米无缝感知任务</OT:Description>
</OT:OTaskTag>

<!--任务组成-->
<OT:OTaskComponents>
    <OT:BasicObservationInputs>
        <OT:Time>
            <gml:TimePeriod>
                <gml:beginPosition>2020-10-20T18:10:00</gml:beginPosition>
                <gml:endPosition>2020-10-30T18:10:00</gml:endPosition>
            </gml:TimePeriod>
        </OT:Time>
        <OT:Space>
            <swe:field name="observedBBox">
                <swe:Vector gml:id="lowerCorner">
                    <swe:coordinate name="Lat">
                        <swe:Quantity axisID="y">
                            <swe:uom code="deg" xlink:href="urn:ogc:def:uom:OGC:1.0:UCUM::deg"/>
                            <swe:value>114.2875</swe:value>
                        </swe:Quantity>
                    </swe:coordinate>
                    <swe:coordinate name="Lon">
                        <swe:Quantity axisID="x">
                            <swe:uom code="deg" xlink:href="urn:ogc:def:uom:OGC:1.0:UCUM::deg"/>
                            <swe:value>30.6163</swe:value>
                        </swe:Quantity>
                    </swe:coordinate>
                </swe:Vector>
                <swe:Vector gml:id="upperCorner">
                    <swe:coordinate name="Lat">
                        <swe:Quantity axisID="y">
                            <swe:uom code="deg" xlink:href="urn:ogc:def:uom:OGC:1.0:UCUM::deg"/>
                            <swe:value>114.4018</swe:value>
```

图 4-16 城市群典型地表要素观测任务 XML 文档

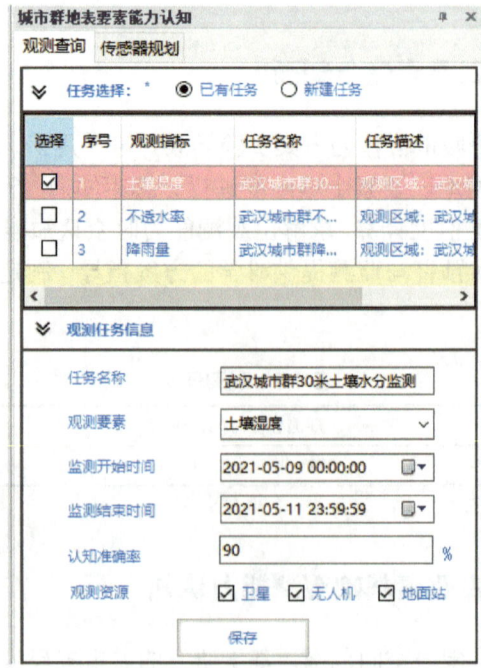

图 4-17 任务输入

计算查询到的卫星在目标时空范围内可用卫星传感器的覆盖条带（图4-18）。

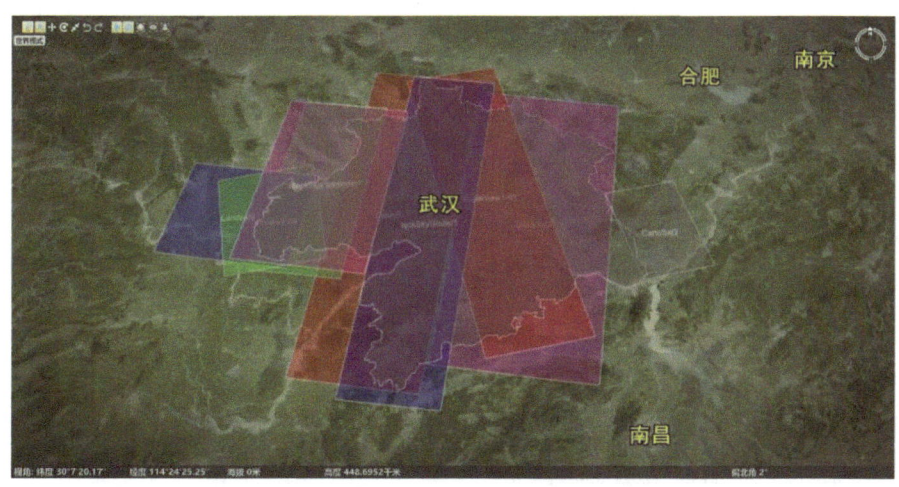

图4-18　卫星条带查询结果

选取最优的条带组合，通过以下的原则选取卫星条带（图4-19）：

（1）卫星数量尽可能少：从观测成本角度考虑，越少的卫星观测条带意味着调度的成本越小。由于卫星的归属权各异，大部分卫星都隶属于特定的管理机构。因此，从卫星影像数据获取成本、获取难度等方面考虑，通过减少卫星数量可以有效减少观测成本。

（2）组合中的卫星传感器空间覆盖重叠度最小：保证所选的组合方案实现对研究区域的有效覆盖，减少空间冗余。

（3）优先选择数据可得性高的卫星资源：如Landsat卫星、哨兵卫星均可免费获取，以及MODIS等提供免费数据接口的数据。

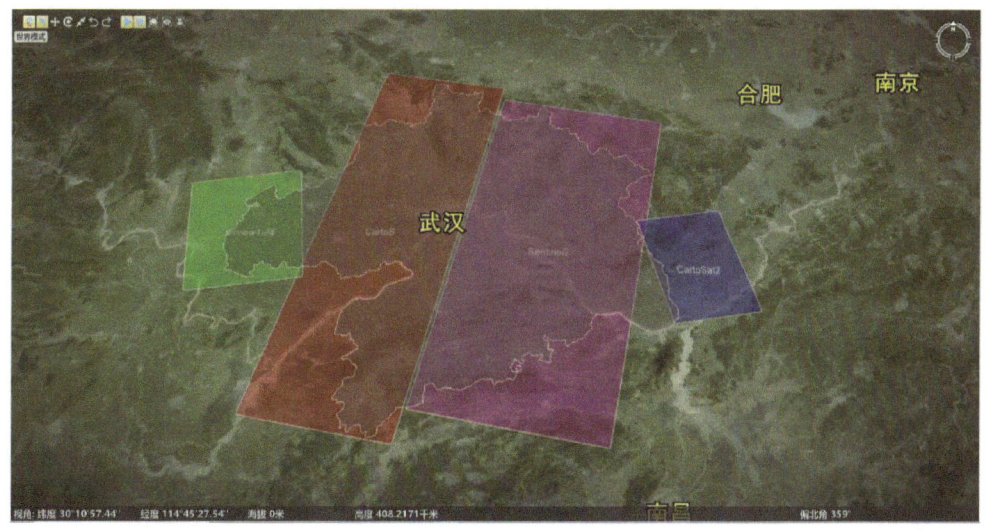

图4-19　卫星条带选取组合结果

卫星条带组合结果如表 4-7 所示。

表 4-7 土壤湿度卫星条带查询结果

时间	卫星名称	传感器	观测开始时间	覆盖结果
5月9日	CartoSat 2	PAN	2021-05-09 22:46	
	CartoSat 2B	PAN	2021-05-09 10:08	
	Superview 1-04	PMS-3	2021-05-09 23:01	
	Sentinel 2B	MSI	2021-05-09 11:09	
5月10日	Superview 1-02	PMS-3	2021-05-10 22:26	
	Landsat 7	ETM+	2021-05-10 10:04	
	Gaofen1-04	WFV	2021-05-10 11:30	
	Superview 1-04	PMS-3	2021-05-10 22:48	
5月11日	CartoSat 2	PAN	2021-05-11 11:36	
	Ziyuan 1-02C	HRCC-2	2021-05-11 10:04	
	Gaofen 1	WFV	2021-05-1222:29	
	Tianhui 1-01	PAN	2021-05-11 19:26	

根据观测能力满足度计算方法，计算任务时段内每日基础关联方案的主题相关度、空间覆盖率以及分辨率满足能力，之后经过合成运算得出土壤湿度基础关联方案的观测能力满足度（表 4-8）。

表 4-8　土壤湿度基础关联观测能力满足度

时间	卫星名称	分辨率/m	主题相关度	覆盖面积/万 m²	覆盖率	观测能力满足度
5月9日	CartoSat 2	0.8	3	0.025795622	0.942	0.754
	CartoSat 2B	0.8	2	2.21021535		
	Superview 1-04	0.5	2	2.543179359		
	Sentinel 2B	10	2	0.3480602		
5月10日	Superview 1-02	0.5	2	1.045847588	0.833	0.686
	Landsat 7	15	1	2.330319262		
	Gaofen1-04	16	2	2.132048152		
	Superview 1-04	0.5	2	0.539809888		
5月11日	CartoSat 2	0.8	2	1.05289391	0.91	0.728
	Ziyuan 1-02C	5	2	2.105928456		
	Gaofen 1	16	2	1.93097314		
	Tianhui 1-01	5	3	0.928986402		

根据查询到的卫星，利用 4.2.2 节中观测能力可信度计算方法，计算出观测方案的可信度，结果如表 4-9 所示。

表 4-9　土壤湿度观测能力可信度

时间	卫星名称	传感器	类型	观测开始时间	云量/%	环境不确定性	传感器自身不确定性	观测能力可信度	地形因子	植被覆盖度
5月9日	CartoSat 2	PAN	光学	2021-05-09 22:46	0	0.267	0.248	0.943		
	CartoSat 2B	PAN	光学	2021-05-09 10:08	0					
	Superview 1-04	PMS-3	光学	2021-05-09 23:01	0					
	Sentinel 2B	MSI	光学	2021-05-09 11:09	0					
5月10日	Superview 1-02	PMS-3	光学	2021-05-10 22:26	0	0.365	0.138	0.950	0.45	0.351
	Landsat 7	ETM+	光学	2021-05-10 10:04	58					
	Gaofen1-04	WFV	光学	2021-05-10 11:30	59					
	Superview 1-04	PMS-3	光学	2021-05-10 22:48	0					
5月11日	CartoSat 2	PAN	光学	2021-05-11 11:36	65	0.388	0.192	0.935		
	Ziyuan 1-02C	HRCC-2	光学	2021-05-11 10:04	82					
	Gaofen 1	WFV	光学	2021-05-12 22:29	0					
	Tianhui 1-01	PAN	光学	2021-05-11 19:26	0					

结合观测能力满足度与观测能力可信度，最终 5 月 9～11 日土壤湿度基础能力认知结果如表 4-10 所示。

表 4-10　5 月 9～11 日土壤湿度基础能力认知结果

时间	卫星名称	传感器	观测能力满足度	观测能力可信度	观测能力认知准确率
5 月 9 日	CartoSat 2	PAN	0.754	0.943	0.711
	CartoSat 2B	PAN			
	Superview 1-04	PMS-3			
	Sentinel 2B	MSI			
5 月 10 日	Superview 1-02	PMS-3	0.686	0.950	0.652
	Landsat 7	ETM +			
	Gaofen1-04	WFV			
	Superview 1-04	PMS-3			
5 月 11 日	CartoSat 2	PAN	0.728	0.935	0.681
	Ziyuan 1-02C	HRCC-2			
	Gaofen 1	WFV			
	Tianhui 1-01	PAN			

汇总每天的认知准确率计算结果，均未达到观测需求，为了达到 90%的认知准确率，还需继续进行空天地关联协同与优化构网。

4.6.3　城市群典型地表要素关联协同

对卫星传感器的侧摆角度进行调整，卫星传感器的配置不合理主要体现在不同覆盖条带组合的选择带来不同的观测效果，所以对覆盖条带进行侧摆优化就可以对条带覆盖效果进行优化（表 4-11）。

表 4-11　土壤湿度 5 月 9～11 日优化关联结果

时间	卫星名称	传感器	观测模式	条带面积/万 m^2	覆盖结果	认知准确率
5 月 9 日	CartoSat 2	PAN	垂直观测（0）	0.025795622	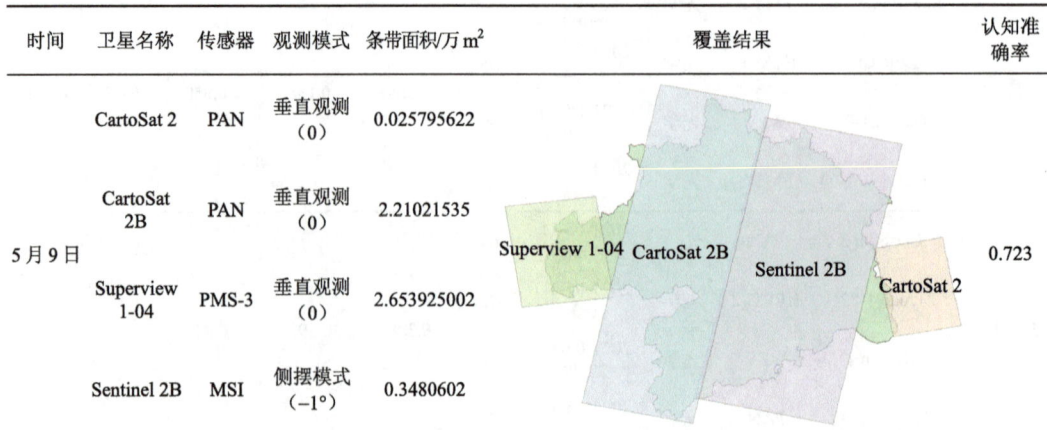	0.723
	CartoSat 2B	PAN	垂直观测（0）	2.21021535		
	Superview 1-04	PMS-3	垂直观测（0）	2.653925002		
	Sentinel 2B	MSI	侧摆模式（−1°）	0.3480602		

续表

时间	卫星名称	传感器	观测模式	条带面积/万 m²	覆盖结果	认知准确率
5月10日	Superview 1-02	PMS-3	侧摆模式（1°）	1.045847588		0.708
	Landsat 7	ETM+	垂直观测（0）	2.330319262		
	Gaofen1-04	WFV	垂直观测（0）	2.029105063		
	Superview 1-04	PMS-3	侧摆模式（-1°）	0.86198674		
5月11日	CartoSat 2	PAN	侧摆模式（-1°）	0.901077607		0.692
	Ziyuan 1-02C	HRCC-2	垂直观测（0）	2.105928456		
	Gaofen 1	WFV	垂直观测（0）	1.93097314		
	Tianhui 1-01	PAN	垂直观测（0）	0.928986402		

导入基础关联阶段生成的方案，对方案中具有侧摆模式的卫星传感器进行优化，生成不同侧摆角下的传感器观测条带，通过遗传算法得到最优条带组合，得到优化后的方案，并进行认知准确率评估，土壤湿度优化关联后的结果如表4-11所示。可以看到，对基础关联的结果进行优化后，认知准确率有一定的提升，但仍未达到90%的认知准确率要求，还需继续进行增补。

通过资源优化关联阶段的操作，当前感知网的观测能力已经达到了最大化，若此时仍未达到任务指标要求，存在观测能力缺失部分，则需要额外添加资源补充完善感知网观测能力。可以通过增补地面站和无人机与已有方案中的卫星进行协同关联得出满足观测效益目标的方案。先进行无人机资源增补，对无人机进行路径规划后（表4-12），通过携带传感器在路径上进行扫描就可实现空间区域的覆盖，采用无人机资源补充缺失观测能力事实上就是解决路径规划问题。完成无人机资源增补后，对增补关联阶段得到的观测方案进行认知准确率评估。

表4-12 无人机路径示例

路径编号	单次飞行里程/m	起点	终点	总里程/m
1	13938.64843	（114.091805，31.712217）	（114.092034，31.705859）	1487240.45004138
2	20333.72874	（114.092034，31.705859）	（114.096250，31.586633）	

续表

路径编号	单次飞行里程/m	起点	终点	总里程/m
3	19596.15172	（114.096250，31.586633）	（114.121073，31.546898）	
4	20075.34868	（114.121073，31.546898）	（114.113242，31.727064）	
5	19345.45452	（114.113242，31.727064）	（114.152098，31.836145）	1487240.45004138
6	20000	（114.152098，31.836145）	（114.157613，31.655924）	
⋮	⋮	⋮	⋮	
77	14580.28766	（114.645085，31.576196）	（114.649512，31.427117）	

通过无人机增补，使空间覆盖达到 90%以上，但由于土壤湿度要素的观测特性，需要地面站数据提供反演输入。对于土壤湿度米级感知的需求，同样需要增补适当的地面站来提高精度（表 4-13）。因此，需要进行地面站的协同。

表 4-13　地面站增设点位信息

地面站 ID	POINT_X	POINT_Y	备注
0	483604.424	3374599.936	
1	487104.4192	3364229.864	
2	497604.4191	3374729.864	参照水利设施布设规范：①一般条件下按照密度要求均匀布设，每个行政区域至少保证布设一个；②易旱地区、雨养农业区、水资源短缺和粮食主产区需要增加数目；③布设地点需要交通便利，易于管理和维护
3	497731.5512	3403011.234	
4	505933.1162	3348901.167	
5	508104.419	3353729.864	
6	519933.1161	3344428.644	
7	522104.419	3406099.947	
8	522104.4189	3420229.865	
9	522104.4189	3434099.947	
10	525053.1403	3456849.889	
11	525914.7257	3462877.048	监测要求：① 为提高监测精度，需要设置 10cm、20cm 和 40cm 的三点法监测深度；②当采集深度有两次或以上的采样时，采用算术平均方法计算
12	532604.4189	3437599.947	
13	533933.1161	3382928.644	
14	537433.1161	3403928.644	
15	540558.1743	3407914.906	
16	541739.7553	3333531.779	
17	541474.7681	3436999.223	
18	543918.3056	3337251.748	
19	547511.3552	3384033.278	
20	548658.6247	3361576.342	
21	549230.2768	3353649.738	空间参考信息：Projected Coordinate System：Xian_1980_3_Degree_GK_CM_114E Projection：Gauss_Kruger Linear Unit：Meter
22	552513.0024	3369351.192	
23	561160.1773	3391018.753	
24	572058.1742	3411414.906	
25	573392.0184	3396445.204	
26	586143.6097	3414797.942	

经过卫星侧摆优化、无人机及地面站资源增补,方案的认知准确率评估结果达到 90%,增补关联协同结果如表 4-14 所示。

表 4-14 土壤湿度 5 月 9~11 日增补关联协同结果

时间	卫星名称	传感器	无人机总飞行里程/m	飞行次数/次	传感器分辨率/m	地面站增补个数/个	覆盖结果
5月9日	CartoSat 2	PAN	2204845.396	102	10		
	CartoSat 2B	PAN					
	Superview 1-04	PMS-3					
	Sentinel 2B	MSI					
5月10日	Superview 1-02	PMS-3	2384370.8	110	10	27(持续观测)	
	Landsat 7	ETM +					
	Gaofen1-04	WFV					
	Superview 1-04	PMS-3					
5月11日	CartoSat 2	PAN	1548926.626	72	10		
	Ziyuan 1-02C	HRCC-2					
	Gaofen 1	WFV					
	Tianhui 1-01	PAN					

4.6.4 城市群典型地表要素优化构网

方案观测能力时空认知准确率达 90%,满足观测任务需求,最终输出的构网方案如表 4-15 所示。

表 4-15 土壤湿度 5 月 9～11 日构网方案

观测时间	卫星观测计划				无人机观测计划			观测能力认知准确率			地面站布设状况
	卫星名称	观测时间	分辨率/m	观测模式	总飞行里程/m	飞行次数	传感器分辨率/m	能力满足度	可信度	准确率	布设站点数目
5月9日	CartoSat 2	2021-05-09 22：46	0.8	垂直观测（0）	2204845.396	102	10	0.991	0.943	0.935	
	CartoSat 2B	2021-05-09 10：08	0.8	垂直观测（0）							
	Superview 1-04	2021-05-09 23：01	0.5	垂直观测（0）							
	Sentinel 2B	2021-05-09 11：09	10	侧摆模式（−1°）							
5月10日	Superview 1-02	2021-05-10 22：26	0.5	侧摆模式（1°）	2384370.8	110	10	0.987	0.950	0.938	27（持续观测）
	Landsat 7	2021-05-10 10：04	15	垂直观测（0）							
	Gaofen1-04	2021-05-10 11：30	16	垂直观测（0）							
	Superview 1-04	2021-05-10 22：48	0.5	侧摆模式（−1°）							
5月11日	CartoSat 2	2021-05-11 11：36	0.8	侧摆模式（−1°）	1548926.626	72	10	0.979	0.935	0.915	
	Ziyuan 1-02C	2021-05-11 10：04	5	垂直观测（0）							
	Gaofen 1	2021-05-12 22：29	16	垂直观测（0）							
	Tianhui 1-01	2021-05-11 19：26	5	垂直观测（0）							

第 5 章

城市群地表要素无缝感知

5.1 概 述

在城市和城市群发展过程中,对土地、水和其他生态资源开展有效监测,是保证城市和城市群健康运行和可持续发展的关键。目前,城市地表空间全要素的感知主要采用卫星遥感和无人机遥感的方式。无论是发达国家还是我国对地观测系统,虽然能够快速获取地球地表的感知数据,但是由于卫星轨道设计固定,即便具有敏捷性、可编程对地观测能力,也难免受到大气成分或者气象变化(如云、雾霾、烟、沙尘、水汽等)的影响,使得感知的数据被遮挡。同时,在发射以及在轨运行过程中,卫星及其载荷构件可能会出现意外情况,造成感知部件本身存在问题,从而影响感知结果。为此,必须针对遥感数据中存在的质量问题,研究能够去除遮挡或者修复影像瑕疵的技术,获得在空间上连续的地表感知数据,从而为这些遥感数据在地球表面感知应用或专题数据提取中扫除障碍。为此,本章将从城市群典型地表要素不透水面和土壤水分出发,介绍基于现有遥感卫星传感器的城市群地表要素无缝感知技术、无缝感知系统的设计以及典型地表要素的感知技术与产品。

5.2 多源数据融合感知技术

当前城市感知网每天都能产生海量的异构城市空间感知数据,这些数据中包含了丰富的城市感知信息。但是由于单一来源的感知数据在感知内容、范围、分辨率、精度等方面受到了很多限制,海量的感知数据并没有发挥出最大的价值。在此背景下,研究多源数据融合算法,发展多源数据深度融合技术,综合处理这些海量异构的城市感知网数据可能会改善单一数据源在表达城市专题信息方面的局限性,大大提升城市感知网的感知能力。本节主要从城市感知网多源数据分类、多源数据融合的必要性、多源数据融合层次、多源数据融合典型方法等方面介绍城市感知网多源数据融合的研究体系和进展。

5.2.1 城市感知网多源数据分类

城市感知网通过协同卫星、无人机、地面监测站等传统观测手段与 RFID、机器人、测量车、智能手机等新型观测手段,能够产生遥感影像数据、原位固定站点数据、地面移动观测数据等多源的海量异构数据。遥感影像数据主要由卫星传感器和无人机携带传感器所产生，分为光学遥感影像和雷达遥感影像。原位固定站点数据主要由城市内分布的固定监测站、视频传感器和 RFID 感知微网所产生，包括物理现象观测参数和视频影像等多模态数据。移动观测数据由城市内部的机器人、测量车和智能手机等移动传感器产生，主要包括物理现象观测参数、视频影像和人类观测记录等多模态数据。除此之外，城市感知网还集成了大量非观测数据，主要包括地图、统计和环境模型数据（如陆面、大气、水文动力学模型数据）等多类型数据。

5.2.2 城市感知网多源数据融合的必要性

随着传感器技术的发展，城市内部感知已经进入了多平台、多传感器、多角度观测的发展阶段。新型传感器以及城市感知网等新技术的发展，进一步提升了高时、空、主题分辨率感知数据的获取能力，为城市日常监管、环境监测、建设规划等应用提供了十分丰富的数据源。然而，受传感器感知能力、数据处理技术、应用机制等多方面的限制，单纯依靠单一监测手段来实现时空无缝的高精度城市感知仍然存在困难。这些困难主要表现在单传感器观测范围的局限性以及成像指标之间的相互制约，单传感器感知的城市空间信息往往并不全面。例如，卫星传感器的空间、时间和光谱分辨率，分别代表了对地球表面的细节表征能力、重访观测能力和光谱探测能力，它们都是十分重要的成像指标。但是，受光学衍射极限、调制传递函数、信噪比等因素的影响，同时获得时间、空间与光谱的高分辨率十分困难，从而限制了其在诸多领域的应用。

城市感知网多源数据融合通过将不同来源但具有互补效应的传感器感知数据进行综合处理、分析与决策，可以获得比单一数据源更加丰富的信息。例如，同一街区场景在不同角度下的感知数据之间的融合可以为用户提供更真实、更有价值的感知信息，从而更好地识别街区内发生的事件。多源数据融合能够突破单一传感器的性能桎梏，有效发挥城市内部多平台传感器互补观测的优势，实现更加精准、全面的城市陆表复杂要素监测。城市感知网多源数据融合的具体优势如下。

（1）单一来源的城市感知数据往往具有时空感知范围有限、无法兼顾多维度分辨率的局限性。同质感知数据融合可以扩展城市空间感知范围，缓解感知数据空间分辨率、时间分辨率、光谱分辨率之间的固有矛盾，获得更优的感知结果。

（2）遥感和地基感知手段（如原位监测站和地面移动传感器），是获得城市空间特征数据的两个重要手段，但各有优势与不足。遥感能够提供大范围面域观测，但由于其成像过程复杂，观测精度经常难以保证；而地基观测精度高，但观测站点比较稀疏，只能以"点"代"面"。因此，遥感与地基观测数据融合可以获得高精度、空间连续地表数据。在此基础上，实现空天地一体化协同观测与融合应用是当前城市感知的主要发展趋势。

（3）遥感数据还可以与一些非观测数据进行融合处理与协同应用。遥感数据与陆面、大气、水文动力学模型进行融合，一般被称为数据同化。遥感数据可以为模型提供更精确的初始场与边界条件，使得模型轨迹自动调整，以改善动态模型状态的估计精度，从而减小模拟误差。此外，遥感数据还可以与地图、统计数据等结合进行典型领域的综合应用。

5.2.3 城市感知网多源数据融合层次

城市感知网多源数据融合所处理的多传感器信息具有复杂的形式，这些信息可以被抽象为数据层、特征层和决策层。根据融合信息层次的不同，城市感知网多源数据融合相应也可被分为三个层级，分别为数据级融合、特征级融合和决策级融合。数据级融合主要是对传感器原始观测数据或经过预处理的数据进行融合，生成新数据，其主要目的是提升数据的质量，如分辨率、对比度、完整度等指标。例如，全色遥感影像数据与多光谱遥感影像数据融合可以获得同时具有高空间分辨率和高光谱分辨率的遥感影像。特征级融合首先对不同数据分别进行相关特征的提取，再对提取的特征进行融合处理，生成新的特征或特征矢量，以便于后续的地物解译。例如，光学和雷达数据等异质数据进行特征级融合的结果可以用于地物分类和参量反演。决策级融合首先利用不同传感器数据分别进行地物解译，获得地物类别或属性的初步确定，然后利用一定的决策规则加以融合，主要解决不同数据产生结果的不一致性，从而获取更可靠的决策知识。例如，遥感影像和地面站点数据融合可以提高地物识别的精度。

在具体应用中，需要根据应用的实际情况从数据层、特征层与决策层融合中选择最合适的融合层次。通常情况下，数据级融合所输入的数据必须是相称的，即数据需要是对同一物理现象观测所得的，否则只能进行特征级或决策级融合。即使数据是相称的，数据级融合也更适合于同质的遥感数据，如具有不同时间、空间、光谱尺度的光学数据，并且数据级融合所要处理的传感器数据量巨大，处理代价高，耗时长，实时性差。但是相应地，数据级融合结果往往能够提供其他两个层次所不能提供的详细信息，并且精度相对最高。异质数据融合，如光学数据与雷达数据的融合以及光学数据与地面气象站点数据的融合，由于成像机理差异太大，则更适合进行特征级、决策级的融合。其中，特征级融合实现了对原始数据的压缩，减少了大量干扰数据，易实现实时处理，并且相对决策级融合来说具有较高的精确度。而决策级融合需要的通信量小，传输带宽低，容错能力比较强，适用于绝大多数的异质传感器融合。但是决策级融合相对于其他两个层级融合来说，判决精度降低，误判决率升高，并且数据处理难度增加。值得注意的是，这三种融合策略并不是完全不兼容的，而是可以联合使用，多层联合的融合也是城市感知数据多源融合的一个前沿研究方向。

5.2.4 城市感知网多源数据融合典型方法

在城市地表要素感知中，地面站网点观测和卫星、无人机面观测存在各自局限，导致城市群大范围地表要素全局感知能力质量和效率低下。为此，需发展多源数据融合技术，通过空间无缝融合、时间连续融合、高精度主题融合等方法，解决多源感知数据面临的空间缝隙、时间不连续和空间分辨率不足等问题，为城市要素的高精度和高频次时空无缝感知提供技术支撑。下面介绍城市感知网多源数据融合的典型方法。

1. 高分辨率面域数据空间无缝融合

针对厚云覆盖等引起的卫星空间感知缝隙问题，可通过感知缝隙融合重建方法进行填补。然而，现有重建方法大多为中低空间分辨率感知数据设计，应用到高空间分辨感知数据时，结果可能存在光谱失真和空间细节丢失问题。鉴于此，此处采用一种基于逐步辐射调整与残差校正（stepwise radiometric adjustment and residual correction，SRARC）的多时相空间感知缝隙融合重建方法（Li et al.，2019），可通过多个时相感知数据的融合重建得到空间无缝的数据。

该方法的输入是有云覆盖的目标数据、覆盖区域与目标数据相同的邻近时相数据，即辅助数据，以及目标数据和辅助数据的感知缝隙标记掩膜。该方法包括三个主要步骤：首先，根据感知数据超像素分割的结果优化目标掩膜的边界，从而确保融合重建区域边界的空间连续性。然后，将辅助影像的互补区域逐像素进行线性变换，并用于填补目标数据中感知缝隙，其可以基于目标影像和辅助影像局部窗口中相同无云区域进行逐步局部辐射调整来实现。最后，对填补区域进行残差校正，以进一步消除融合重建区域和无云区域之间的辐射差异，生成目标影像的最终云去除结果，实现面域感知数据空间无缝融合。图 5-1 展示了利用邻近时相的 Sentinel2 卫星面域感知数据进行厚云融合重建的示例，从中可以看出 SRARC 方法的空间无缝融合重建结果具有良好的光谱一致性和空间细节。

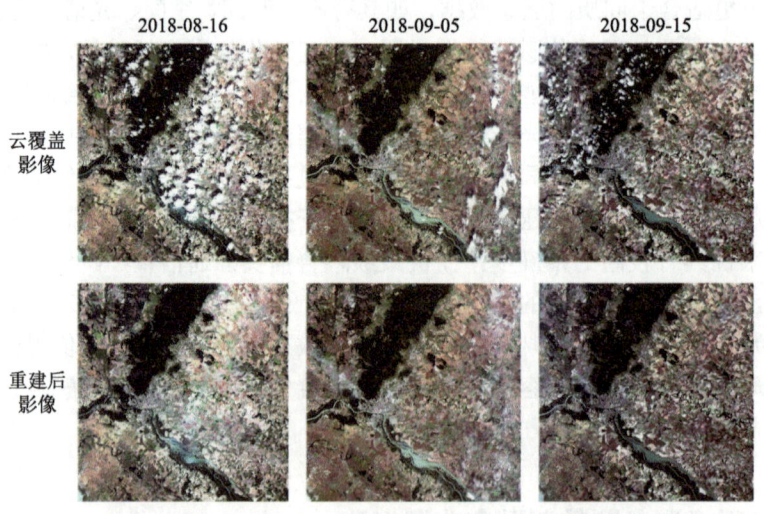

图 5-1　高分辨率卫星感知数据空间缝隙融合重建示例

2. 多源面域数据时间连续融合

单一卫星面域感知数据的时、空分辨率相互制约是普遍问题，通常存在较大的时间感知缝隙，兼具高时间和高空间分辨率的卫星感知数据难以获取，多源数据时空融合技术是解决该问题的重要手段。然而，现有时空融合方法对场景时空特征具有较强依赖，模型通用性和稳健性较低。鉴于此，此处采用一种基于非局部滤波的时空融合方法（spatial and temporal nonlocal filter based data fusion method，STNLFFM）（Cheng et al.，2017）实现不同场景下多源面域数据的高精度融合。

本方法的流程如图 5-2 所示，主要步骤包括：逐像元初步融合和误差补偿。该方法引入非局部相似性概念，针对已有模型进行了如下优化：①采用多参数的线性模型对地物时相变化进行建模，提升对变化信息的预测能力；②引入非局部滤波方法，深入挖掘面域感知序列的时空互补特征，提升对微小地物的预测能力；③改进权重计算方法，结合局部和全局权重对各个像元赋予权重，确保权重分配的准确性。相比广泛使用的时空融合方法——时空自适应反射率融合模型（spatial and temporal adaptive reflectance fusion model，STARFM）（Gao et al.，2006）和增强型时空自适应反射率融合模型（enhanced spatial and temporal adaptive reflectance fusion model，ESTARFM）（Zhu et al.，2010），STNLFFM 具有在不同场景下均可获得较高精度的优势。

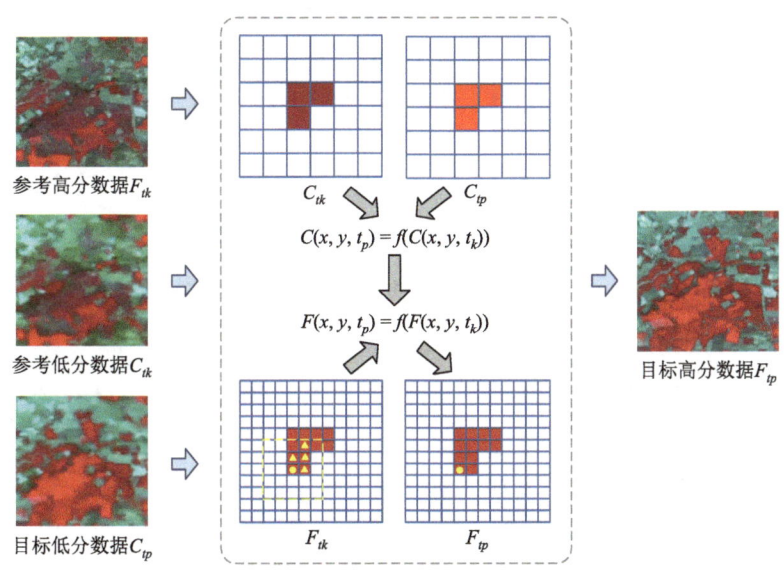

图 5-2　基于非局部滤波的时空融合方法流程图

3. 点面数据高精度主题融合

地面点位感知数据具有较高的时间连续性和观测精度，但由于点位分布的稀疏性及不均匀性，点位外的区域缺乏观测数据从而造成空间盲区；卫星面域感知技术具有广域连续观测的能力，但其对地表要素的感知精度较低，存在较大的不确定性。为此，此处采用一种基于点面关联地理智能学习模型的点面数据高精度主题融合方法（Li et al.，2017），该方法可充分挖掘点位感知与面域感知在监测准确性与空间覆盖度方面的互补优势，用于生成多种主题的高精度面域感知数据。

该方法通过引入深度学习技术，挖掘地面点位感知数据、卫星面域感知数据与其他地表影响因素之间的非线性关系。与此同时，考虑地表要素的时空地理特征，提取地表要素时空相关因子，从而发展点面协同关联地理智能学习模型，模型结构如图 5-3 所示。

为了充分挖掘地面点位感知数据、遥感面域感知数据与其他地表影响因素之间的非线性关系，引入深度置信网络（deep belief networks，DBN）模型。首先，对地表要素时空相关特征进行挖掘与提取，根据地理学第一定律，在模型中引入点位感知数据的时空自相关性。其次，对地理智能学习模型进行训练与预测，可具体分为以下三个步骤：①基于多源数据集对DBN模型中的限制性玻尔兹曼机（restricted Boltzmann machine，RBM）进行逐层非监督预训练。②通过模型预训练可获取地表感知要素初步预测结果，与地面点位感知数据相比获得估计误差，使用反向传播（back propagation，BP）算法对地理智能深度学习模型中权重系数进行微调，直至得到最小误差结果。③预测。在对模型进行训练后，对其预测能力进行精度评估，以评价地理智能深度学习模型的性能。利用该模型预测没有点位感知数据位置的地表感知要素数值，实现点面数据的高精度融合，得到空间连续的地表感知要素数据集。

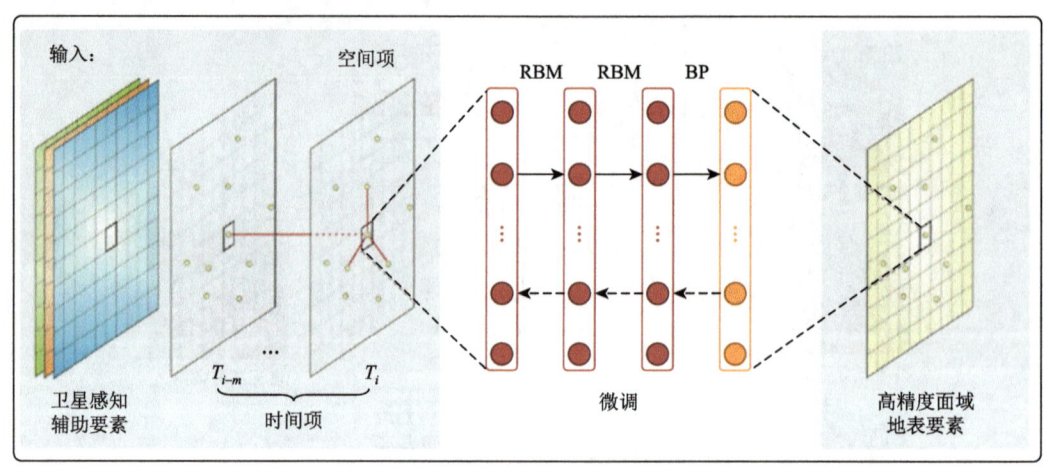

图 5-3　点面关联地理智能学习模型结构图

5.3　不透水面融合感知与无缝产品

5.3.1　不透水面融合感知方法

不透水面是城市宏观决策支持中重要的表征数据之一。不透水面感知研究经过近20年的发展已有了长足进步，多种针对不透水面信息反演的创新技术与方法被相继提出。不透水面反演算法可分为光谱混合分析法（spectral mixture analysis，SMA）、指数法、决策树模型法、回归模型法以及面向对象分类方法。但这些反演算法在应用中往往存在一些问题，首先这些方法大部分针对中低分辨率影像，高分辨率影像反演精度受到阴影限制；其次除了指数法、决策树模型法外，其余算法计算复杂，应用范围有限；最后由于下垫面材质问题，透水面与不透水面的光谱信息容易混淆。

针对不透水面信息反演中出现的问题，伴随着海量数据对提升不透水面感知能力的需求，学者们开始利用深度学习基于高分辨率影像进行优化。邵振峰等（2018）基于深度学习,对 2m 分辨率的多源遥感影像进行不透水面提取,实现了全国范围的不透水面制图;蔡博文等(2019)结合卷积神经网络与语义信息对"高分二号"卫星遥感影像进行不透水面提取,进一步实现了不透水面的精确提取;Huang 等(2019)在影像数据中补充 LiDAR 数据,拓宽数据的维度,在此基础上利用卷积神经网络提取不透水面。研究表明,训练得当的卷积神经网络能较好地进行特征提取与识别,提取不透水面。但需要注意的是,城市区域内广泛存在植被对不透水面的遮挡效应,导致产品中的不透水面没有包括植被遮挡下的真实的不透水面。因此在深度学习后,基于形态学特征对不透水面进行进一步的感知,用以去除植被的遮挡效应。

1. 基于深度学习的不透水面感知

城市不透水面感知本质上是将遥感影像中的每个像素赋予对应的类别信息,在计算机视觉称之为语义分割技术,如图 5-4 所示。针对现在基于多源数据和多时相数据的城市不透水面感知需求,传统机器学习方法不具有特征学习的能力,无法满足当前城市不透水面感知的需求。因此,城市不透水面感知已经由传统的机器学习方法转到深度学习方法上,通过构建语义分割网络模型来对高分辨率遥感影像进行语义分割,如图 5-5 所示。随着深度学习方法的研究深入以及广泛应用,面对地物信息丰富、目标结构复杂、背景多变的图像,深度卷积网络已经可以自适应地提取图像中浅层、深层特征。因此,针对城市不透水面的感知,采用语义分割技术,基于深度学习的神经网络,通过设计一种端到端的卷积神经网络模型,来提取图像中的不透水面。

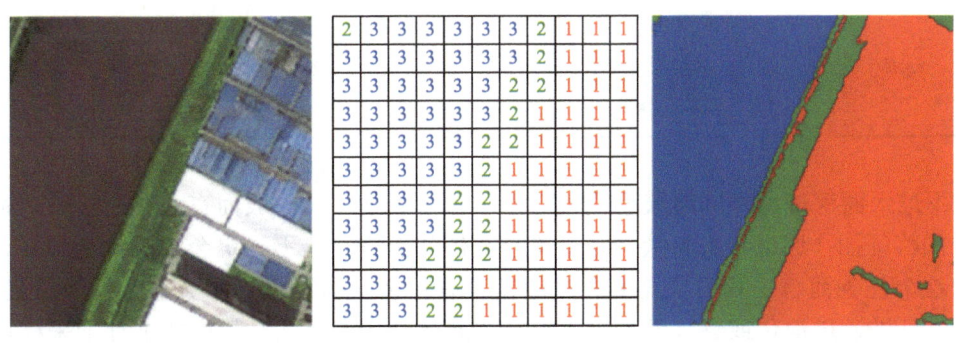

图 5-4 语义分割示意图

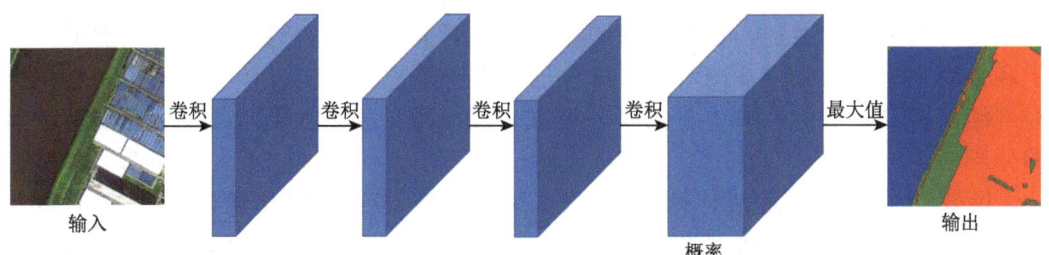

图 5-5 高分辨率语义分割网络示意图

样本集构建。深度学习属于监督学习类型,需要构建大量的样本集,结合现有文献资料,根据光谱与几何特征,将样本集定义为建筑物、道路、植被、裸土和水体这五种地物类别,其中建筑物和道路属于不透水面,植被和裸土属于透水面。样本描述如表 5-1 所示。

表 5-1 样本描述

类别名称	样例	光谱特征	几何特征	描述
建筑物		NDVI 小于 0(蓝色屋顶除外)	大多数呈现规则形状	建筑物覆盖区域,包括居民区、工业区、商业区等建筑物
道路		NDVI 小于 0	线状特征明显	沥青、混凝土道路与停车场和广场等
植被		NDVI 大于 0	无明显几何特征	植被覆盖区域
裸土		NDVI 小于 0	无明显几何特征	无地物覆盖的裸露土壤
水体		NDVI 小于 0 NDVI 大于 0	无明显几何特征	江、河、湖、海等水体覆盖区域

不透水面深度感知网络模型构建。为了保持表达性,一般而言,更深层的网络需要增加特征图(通道)的数量。对图像分类任务而言,这不一定会造成什么问题,因为对这个任务而言,我们只需要关注图像里有什么(而不是目标类别对象的位置)。因此,可以通过池化或逐步卷积(即压缩空间分辨率)定期对特征图进行下采样以缓和计算压力。常用的图像分割模型的方法遵循编码器/解码器结构,在这个结构中,我们对输入的空间分辨率下采样,产生分辨率更低的特征图,通过学习这些特征图可以更高效地分辨类别,还可以将这些特征表征上采样至完整分辨率的分割图。对于高分辨率遥感影像中不透水面,结合上述设计思想,我们设计了端到端的卷积神经网络来提取,结构如图 5-6 所示,可以在保持语义分割效果的同时尽量获得较高的分辨率。

模型训练、验证及精度计算。在研究区域选取某一范围内的影像数据,随机选取一定数目样本数据分别作为训练集、验证集,计算精度。精度计算有总体分类精度、Kappa 系数精度、用户精度、生产者精度四个常用精度值。

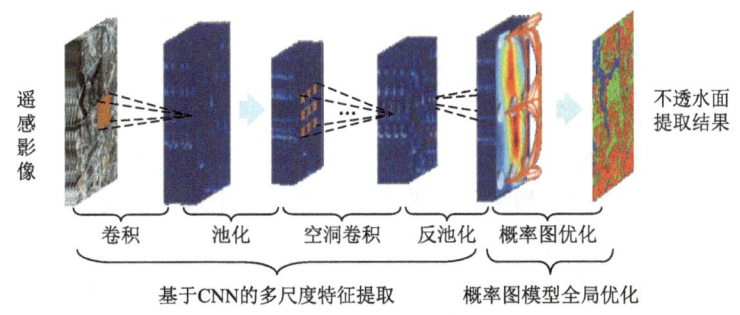

图 5-6　语义分割网络结构图

总体分类精度是一个有概率意义的统计量,指被正确分类的像元总和与像元总数之比。被正确分类的像元数目以对角线分布,总像元数为真实参考源像元之和。计算公式参见式（5-1）：

$$OA = \frac{\sum_{i}^{K} x_{ii}}{N} \tag{5-1}$$

式中，x_{ii} 为第 i 类被正确分类的像元数；N 为真实参考源像元之和；K 为类别总数。

Kappa 系数是评价模型分类结果与真实参考源之间吻合程度的指标。由于 Kappa 系数利用了整个误差矩阵的信息，因此它经常被认为可以更精确地反映整体的分类精度。但是需要说明的是，Kappa 系数适用于测评样本是从整幅影像中随机选取的情况。计算公式见式（5-2）。其中，$x_{i+} = \sum_{j=1}^{K} x_{ij}$ 和 $x_{+i} = \sum_{j=1}^{K} x_{ji}$ 第 i 列和第 j 行上像元之和。

$$Kappa = \frac{N\sum_{i=1}^{K} x_{ii} - \sum_{i=1}^{K}(x_{i+}x_{+i})}{N^2 - \sum_{i=1}^{K}(x_{i+}x_{+i})} \tag{5-2}$$

用户精度，表示在被分类为第 k 类的所有样本中，其实测类型也确实属于该类的样本所占的百分比。同样与之对应的错分误差等于 1 减用户精度。用户者精度计算公式见式（5-3）：

$$P_{UA,k} = \frac{x_{kk}}{\sum_{j=1}^{K} x_{jk}} \tag{5-3}$$

生产者精度表示在所有实测类型为第 k 类的样本中，被正确地分类为该类的样本所占的百分比。与之对应的漏分误差以 1 减生产者精度表示。生产者精度计算公式见式（5-4）：

$$P_{PA,k} = \frac{x_{kk}}{\sum_{j=1}^{K} x_{kj}} \tag{5-4}$$

2. 基于形态学特征的不透水面感知

由于城市的植被遮挡效应导致感知到的不透水面比实际要少。造成遮挡效应的大部分植被是栽种在道路旁的行道树，对于区域内冠幅密布的行道树，其在影像上的分布结构与其遮挡的道路网络结构具有很强的相关性。行道树网络结构的主要特点表现在线节点的连通数目较多，相交线之间的夹角近似 90°以上。在这一先验条件的支持下，基于植被与道路网的形态学结构对不透水面进行进一步的感知。感知方法分为植被检测、形态学特征提取、特征挖掘三个部分。

植被检测。在高分辨率图像上进行检测植被，是帮助我们快速识别出被掩藏在植被下的不透水面的基础。植被检测又分为图像分割与植被指数计算两个部分。图像分割将图像分成若干个特定的、具有独特性质的区域，现有的图像分割方法主要分为基于阈值的分割方法、基于区域的分割方法、基于边缘的分割方法以及基于特定理论的分割方法等。在分割结果的基础上，计算每个区域内的图像的植被指数，如 NDVI，检测并提取图像中的植被区域。

形态学特征提取。数学形态学是一种基于集合论的非线性理论，能定量地描述和分析影像的几何特征。它的基本思想是基于像素间的逻辑关系对数字图像进行分析处理。对检测得到的植被区域进行形态学处理，首先利用膨胀腐蚀等算子平滑植被区域的边界、填补区域内的孔洞、连接区域间的裂缝，然后利用细化算法提取植被区域的骨架线，前者是为了避免在细化时发生不必要的偏移、断裂，后者是在保留拓扑与几何属性的同时消除不规则轮廓的影响，以利于直观地研究形态学特征。

特征挖掘。特征挖掘分为特征一致性匹配与特征识别两种方法。特征一致性匹配通过与已有的或易获取的道路网数据进行形态学特征匹配，保留与道路网形态学几何特征一致的植被骨架线，并赋予植被以道路的属性。因此，又将一致性匹配分为位置一致性、方向一致性与属性一致性。特征识别分析骨架线的自身结构，保留具有行道树网络结构的骨架线。连接数通过统计节点在所有骨架线节点中出现的次数获取。

5.3.2 多尺度不透水面融合感知产品

不同尺度不透水面感知产品分为城市群、城市建成区与城市重点街区三个尺度。这些产品的生产表现为不同的范围和不同的分辨率，也代表了这些产品的应用方向。

1. 城市群尺度不透水面感知产品

以武汉市为例，城市群尺度不透水面感知产品空间分辨率达 2m，覆盖范围达 $10000km^2$。该不透水面产品采用的是具有自主产权的"高分一号"卫星获取的武汉市及其周边组成的城市群卫星遥感数据。"高分一号"卫星搭载了两台 2m 分辨率全色/8m 分辨率多光谱相机，四台 16m 分辨率多光谱相机。其中，全色波段的分辨率最高，可提供丰富的地物细节，但是缺少了颜色信息，因此通过全色影像与多光谱影像的融合，获取具有多光谱信息的高分辨率影像。但由于云覆盖等的影像，在某一时间段内可能不能达到空间无缝覆盖，因此需要结合其他来源的数据，如"高分六号"等，采用时空无缝融合技术形成时空无缝的遥感数据产品，再利用作者研究的不透水面感知技术提取不透水面。

城市群不透水面感知产品所采用的原始影像如图 5-7（a）所示，影像中并无空洞点和噪点，整个场景无缝连续。城市群不透水面感知产品如图 5-7（b）所示，红色区域为不透水面区域，绿色为透水面区域，蓝色为水体区域。

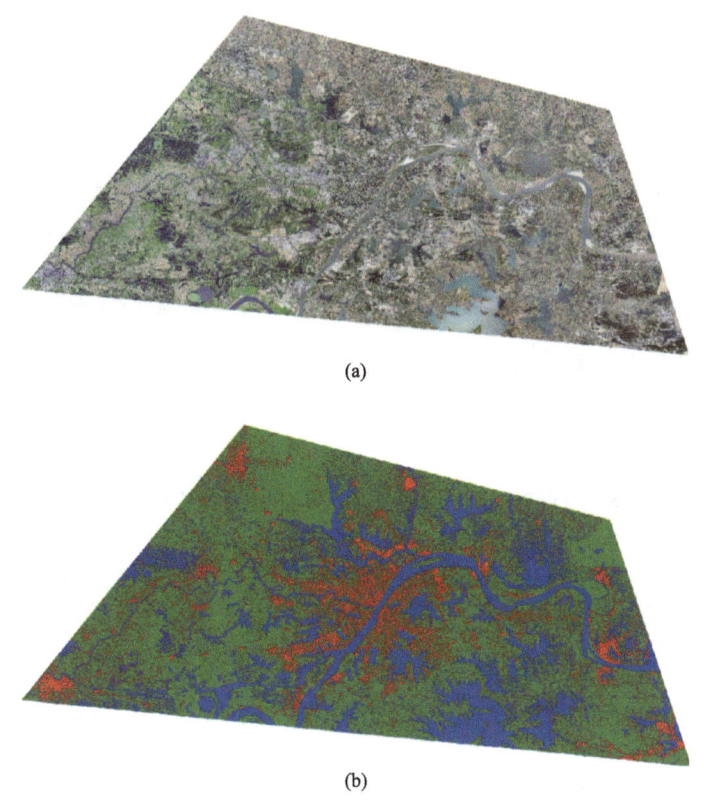

图 5-7 城市群原始影像（a）及不透水面感知产品（b）

2. 城市建成区尺度不透水面感知产品

城市建成区不透水面主要位于城市内部区域，它是城市文明建设的重要体现，也是影响城市气候环境的一个重要因素。对于城市建成区的不透水面数据的提取，通常采用较用于提取生产城市群不透水面数据的影像分辨率更高的影像数据，目的是提取更高精度、更准确的城市不透水面数据。

以武汉市建成区不透水面提取为例，采用"高分二号"卫星数据，影像分辨率为 1m，覆盖范围达 400km^2。"高分二号"卫星是我国自主研制的首颗空间分辨率优于 1m 的民用光学遥感卫星，搭载有两台高分辨率 1m 分辨率全色/4m 分辨率多光谱相机。融合全色影像与多光谱影像得到具有 1m 分辨率的多光谱影像。最终获得城市建成区的原始影像如图 5-8（a）所示，影像中并无空洞点。生成的城市建成区不透水面感知产品如图 5-8（b）所示，红色区域为不透水面区域，绿色为透水面区域，蓝色为水体区域。

3. 城市重点街区尺度不透水面感知产品

城市重点街区主要是指城市市政工程对不透水面重点关注的区域。城市市政工程一般要求不透水面的分辨率和精度应不低于 1∶2000 比例尺数字正射影像图，因此对于城市重点街区尺度不透水面一般基于分辨率优于 0.2m 的影像进行。

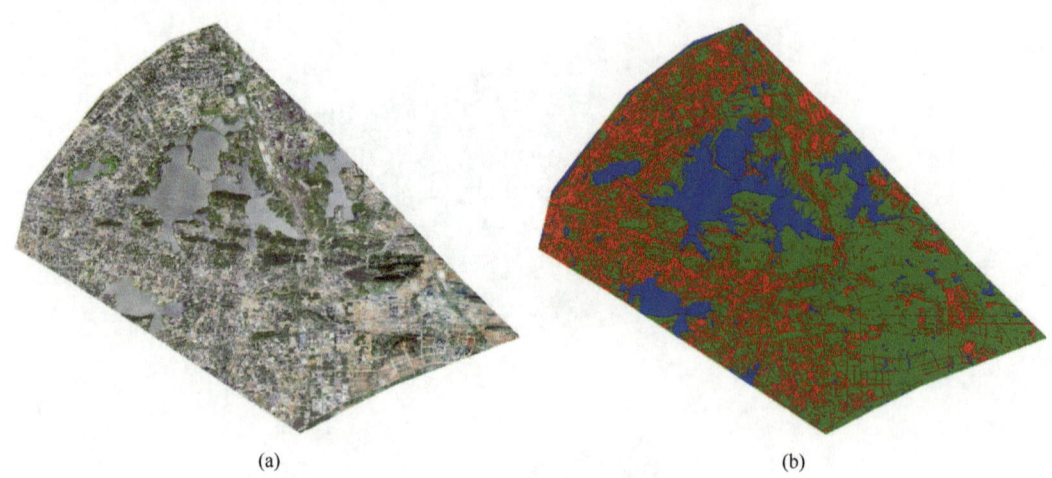

图 5-8 城市建成区原始影像（a）及不透水面感知产品（b）

以武汉市为例，城市重点街区影像分辨率不低于 0.2m，覆盖范围达 1km²。首先基于无人机获取城市重点街区影像数据，影像分辨率 0.1m，如图 5-9（a）所示，影像中无空洞点。然后利用机器学习方法生成重点街区不透水面感知产品，如图 5-9（b）所示，红色区域为不透水面区域，绿色为透水面区域，蓝色为水体区域。

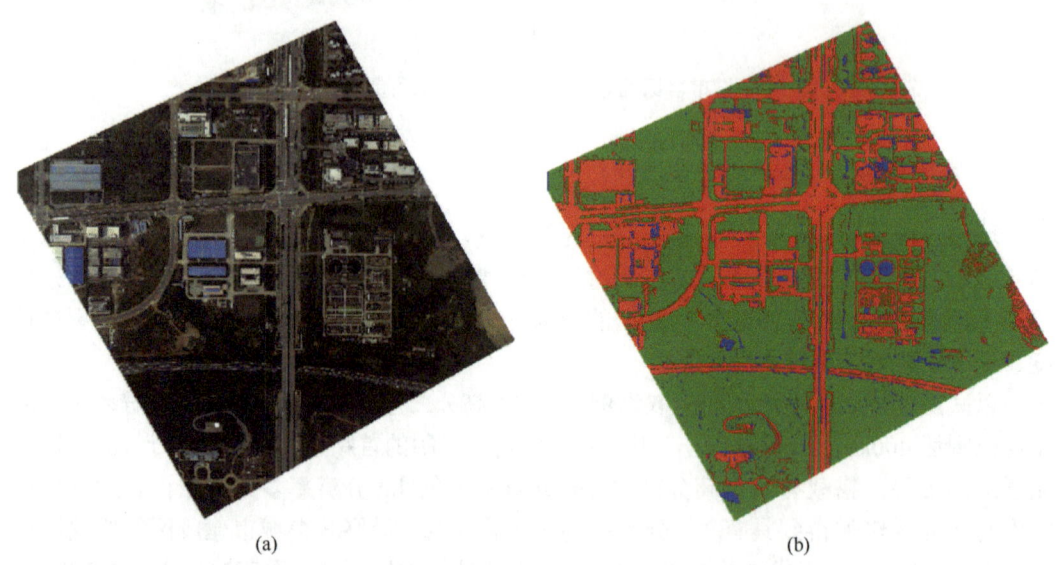

图 5-9 城市重点街区原始影像（a）和不透水面感知产品（b）

5.4 土壤水分融合感知与无缝产品

实现对城市群土壤水分的大范围高精度感知是了解城市生态环境，建设宜居城市的需求。国内外学者已经利用不同搭载平台上的感知设备开展了有关遥感技术监测土壤湿度的研究，包括地基、空基和星载平台。采用的遥感数据源包括微波遥感数据和光学遥感数据。由于在不同的尺度，包括城市群、城市郊区和街区尺度，对土壤水分感知的范围和分辨率都存在不同的要求，因此必须融合多种手段进行观测，在反演技术上也存在着不同的方法。

5.4.1 城市群土壤水分感知数据源分类

用来反演土壤湿度的遥感数据源特点各异，例如不同土壤湿度条件下，传感器不同波段接收到的土壤表面发射或反射的电磁辐射能呈现出显著差异，这是利用不同波段反演土壤湿度的遥感物理基础。目前依据遥感技术所用到的波段不同可以将数据来源主要分为两大类：微波遥感数据和光学遥感数据，它们各有特点。

以合成孔径雷达（synthetic aperture radar，SAR）为主要代表的微波遥感数据优缺点明显。优点是微波能够穿透云雾，具备多极化、全天候、全天时监测的能力，采用微波遥感监测土壤湿度已经开始成为众多学者所推崇的土壤水分遥感监测的未来发展方向，同时其最高分辨率可以达到10m左右，适合城市郊区尺度（几百平方千米）使用。但该数据源的主要缺点是空间分辨率无法达到几米的量级，因而无法在街区尺度发挥作用。

光学遥感与微波遥感最大的不同在于对地观测所用波段的差别。一般光学遥感使用可见光到近红外波段的电磁波观测地表，由于成像方式的特性，其具有更大的覆盖范围（几千到上万平方千米）的优点，能够很好地满足城市群尺度对土壤水分数据的需求。然而，光学遥感波段容易受到云层和光照的影响，特别是在我国南方地区，一年中有效数据可能低于50%，导致利用光学数据反演时空连续的土壤水分十分困难。因此需要通过数据融合达到空间无缝和时间连续。目前国内外土壤水分光学遥感技术研究中使用的遥感数据大部分为中低分辨率的 Landsat、MODIS、Sentinel2 以及国内的高分系列等卫星数据，这些数据只适用于城市群尺度和城市尺度的土壤水分感知。

航空机载设备获取的微波和光学数据则具有高分辨率和可以按需获取的特点。在观察城市街区时，往往需要分辨率为亚米级的尺度，这时遥感卫星的数据由于分辨率太低而不满足要求。随着无人机和多光谱相机技术的发展，设备成本越来越低，利用无人机搭载多光谱相机近年来越来越得到广泛的应用。多光谱相机可以按照波段定制，在120m高度飞行时分辨率可以达到20cm量级，这样为城市街区尺度的土壤水分产品生成提供了数据基础。

此外，原位土壤水分计可用于获得重要的地面实测参考数据。不管是理论模型算法还是机器学习算法，都依靠大量的地面实测数据来验证。一种典型设备是基于 NB-IOT 协议的土壤水分传感器，该设备具有很好的便携性和易移植性，其标配防水可以达到 IP68，采用低功耗的窄带物联网技术（终端节电模式），加以定期的充电维护和保养，无须考虑外置太阳能板和控制器等，从而极大地方便了地面传感网络的布设。该设备采集的原位土壤水分数据通过通用分组无线业务（general packet radio service，GPRS）上传到互联网，可以在服务器上实时接收并进入综合感知服务系统。图 5-10～图 5-12 是一些站点网络示例。

图 5-10　豹澥区域的 40 个站点规划以及已经布设的 9 个站点

图 5-11　豹澥区域的土壤水分计站点布设图

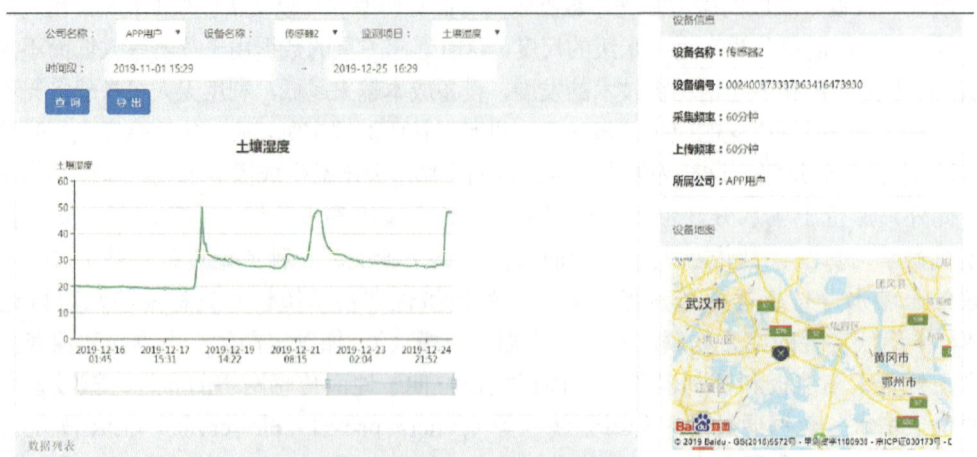

图 5-12　服务器上记录的原位传感器得到的土壤水分实测值

在上述数据的支持下，针对城市群不同尺度的土壤水分产品生成，可以以 Landsat 8、哨兵数据和高分系列卫星的微波遥感数据和光学数据为基础，对不同尺度的区域进行土壤水分估测，其中针对 1 万 km^2 城市群区域，采用多光谱遥感影像，利用改进型垂直干旱指数（modified perpendicular drought index，MPDI）等方法进行土壤水分计算；针对 $400km^2$ 城郊区域，以 SAR 微波图像进行反演计算；针对 $1km^2$ 重点街区，利用无人机搭载多光谱遥感影像估算土壤水分；地面传感网获得具体控制点的温度、湿度作为参考数据用于校正反演参数。

5.4.2 城市群尺度土壤水分融合感知产品

城市群尺度土壤水分的估计需要覆盖范围大的数据，目前采用光学影像作为数据源比较典型。以"高分一号"的多光谱数据为例，多光谱 PMS 和 WFV 传感器分别有 5 个和 4 个波段，其中每个波段的功能及主要用途如下：①全色波段为单色波段，拥有 2m 高空间分辨率，其含有丰富的空间信息和细节信息，能够与多光谱影像进行融合处理，得到既有全色影像的高分辨率，又有多光谱数据彩色信息和光谱信息的影像，利用融合后的图像可以进一步进行分类、目标识别等应用；②$0.45 \sim 0.52\mu m$ 为蓝波段，该波段处在水体衰减系数最小、散射程度最弱部位，由于其对水的穿透力较大，所以它能较好地获取更多水下区域的细节，可以用来判别水的深度、水体的浑浊度，适合进行水系和浅海区域的制图；③$0.52 \sim 0.59\mu m$ 为绿波段，该波段对水体具有一定的穿透能力，可以较好地反映水下地形特征、水体浑浊度状况、沿岸泥沙流、沙洲、沿岸沙地等信息，在研究水体污染特别是金属和化学污染时，绿波段也能够起到突出效果；④$0.63 \sim 0.69\mu m$ 为红光波段，该波段处在叶绿素的主要吸收带附近（吸收谷在 $0.67 \sim 0.69\mu m$），可根据其对于不同植物叶绿素的吸收情况来区分植物的类型、植被覆盖度，还可以判断植物的生长状况、健康状况等，所以它可用在土地退化以及草原沙化等生态环境变化和生态敏感/脆弱区域监测；⑤$0.77 \sim 0.89\mu m$ 为近红外波段，该波段主要处在植物的高反射区域，光谱特征受到植物细胞结构的影响，对植物信息比较敏感，其主要作为植物相关的监测波段。一般在计算干旱指数中主要用到的波段数据为红光波段和近红外波段。

具体的土壤水分反演方法是采用基于 MPDI 的土壤水分反演法，其基本思路为：首先，针对输入的多时相的 Sentinel 2 或"高分一号"数据，利用归一化水指数（normalized difference water index，NDWI）阈值法和监督分类法对预处理后的 GF1 影像中的水体部分进行掩膜剔除。其次，选取最佳土壤子集，即将散点中波段 3 反射率的最大值与最小值的差值作为组长，并分为 100 组，找到每组波段 3 中对应的最小波段 4 反射率值，组成初始土壤点集。然后，以波段 3 总区间范围的 0%～50%、0%～75%、0%～100%、25%～75%、25%～100%、50%～100% 作为区间子集，计算每个子集的决定系数，决定系数最大的子集作为最佳土壤点集。最后，利用最优区间的红光波段和近红外波段的反射率拟合出土壤线方程。计算研究区域的 MPDI 值；用原位土壤水分实测值与对应的干旱指数构建土壤水分反演模型，并进行定量评估。

反演方法中涉及到几个具体的计算：①土壤线计算。由于土壤在红光波段和近红外波段的二维光谱特征空间中近似呈现一种线性关系，根据这种线性关系拟合出来的一条与植被覆盖度相应的、与土壤有机质明显相关的直线被称为土壤线。目前，获取土壤线的方法通常有两种：常规方法和自适应区间选择法。其中，常规提取土壤线的方法是基于地表实测土壤光谱、影像解译等从光谱影像中识别出纯裸土像元，再进行土壤线参数的计算。该方法相对复杂，受外界因素影响较多，并且对于遥感影像来说，识别裸土的难度较大而难以实行。自适应区间选择法利用红-近红外二维特征空间的分布特征，获取分布在散点图下方的裸露土壤点集，而非整幅影像中所有裸土像元，利用自适应的区间选择提高算法性能。该方法在满足模型精度的前提下较容易实现，更适用于实际应用中。②垂直干旱指数（perpendicular drought index，PDI）计算。PDI 是一种基于地表光谱特征的地表湿度指数，该指数在反演土壤水分过程中具有便捷有效的特点。PDI 值的范围在 0~1，PDI 值越大，则对应的土壤水分越少，地表干旱情况越严重，反之越湿润。基于红-近红外二维光谱特征空间构建的土壤水分反演模型能反映地表覆盖类型、水和能量循环以及动态变化，具有较明确的物理、生物意义，且直接利用光谱特征代替了反照率（albedo）和地表温度（land surface temperature，LST）的反演，因此 PDI 是一种设计原理简单，较容易计算和有效的干旱遥感监测方法。在此基础上有几种变形，例如引入植被覆盖度因子去除 PDI 指数没有考虑到植被部分的影响，建立土壤水分快速监测模型——MPDI。③计算出成像时间内野外观测场各像元的 MPDI 值，通过线性拟合和随机森林方法，将观测站点的土壤水分实测值与相应的指数值建立土壤水分反演模型，其表达式为 $M_v = f(I)$。式中，M_v 为土壤水分反演值；I 为干旱指数。因此，在输入任何一种干旱指数后通过相应的函数均可得到对应的土壤水分估测值。

图 5-13 为 GF-1 WFV 卫星完整覆盖整个武汉城市群区域且图像无云层遮挡，经过统计和筛选，将 GF-1 WFV 观测数据经过绝对辐射定标、大气校正、几何校正等预处理后，计算得到的区域土壤水分感知结果（图 5-13）。

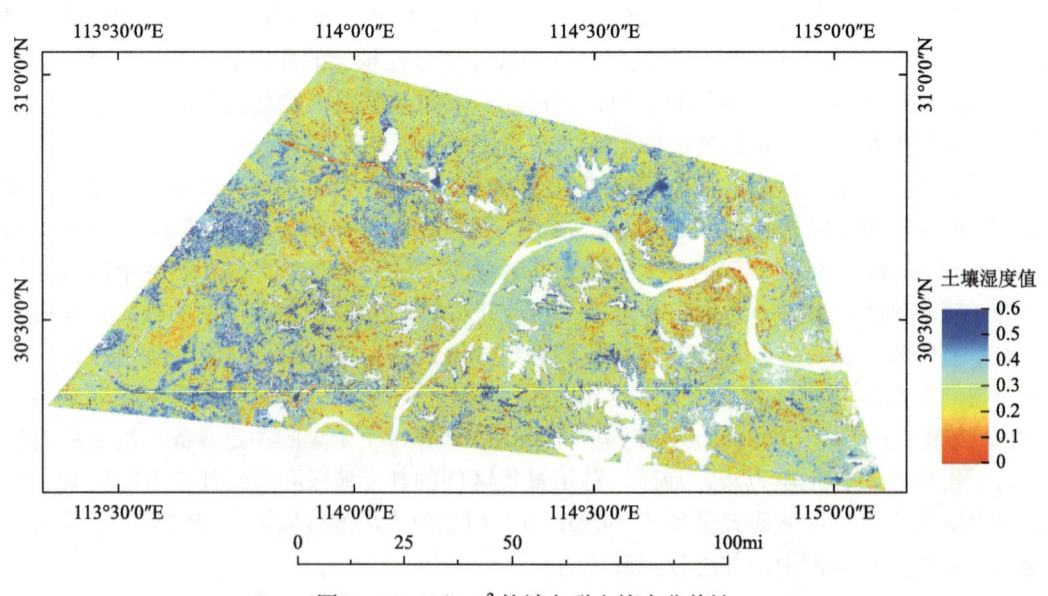

图 5-13　1 万 km² 的城市群土壤水分估计

1mi = 1.609km

5.4.3 城市郊区尺度土壤水分感知产品

城市郊区含有城市区域和农田分布，需要较为精细的土壤水分产品，如 8m 分辨率的土壤水分分布产品。从数据分辨率来看，较为合适的数据源是 SAR 图像数据源。星载 SAR 反演土壤水分的研究已有多年历史，星载 SAR 数据分辨率相比于地基 SAR 有所降低，但是成像范围更大、更广泛，能实现更大尺度的土壤水分反演研究，满足对武汉郊区 400km^2 的土壤水分反演需求。一般来说，星载 SAR 卫星如 Sentinel1 卫星分辨率可达到 5m×20m，对比被动微波遥感技术而言空间分辨率有了很大的提升。

目前，国外各研究工作者已经通过各种实践证明星载 SAR 垂直极化后向散射系数与土壤水分之间存在非常直接的相关性，并提出了各种估计模型。对于裸土下土壤水分反演模型反演算法，一般可分为经验方法、物理方法以及半经验方法，如积分方程法（integral equation method，IEM）、校正积分方程法（correction integral equation method，CIEM）、改进积分方程模型（advanced integral equation model，AIEM）以及早期 Oh 等提出的 Oh 模型和 Dubois 提出的 Dubois 模型，这些方法已经被证明在利用星载 SAR 反演土壤水分方面确有优良表现。然而，微波波段发射和散射特性均受到土壤介电常数影响，土壤水分与介电常数显著相关，也有很多成熟的经验模型阐述二者之间的关系。SAR 数据经预处理之后可以返回同向极化值、交叉极化值、入射角度、本地入射角等多种重要的返回参数。土壤参数主要由土壤粗糙度、介电常数等参数组成。SAR 数据的后向散射系数不仅受到介电常数的影响，也与地表几何结构密切相关。由于地物与雷达散射信号之间具有复杂的相互作用，基于 SAR 微波信号的土壤水分反演方法一直是研究的热点和难点。一些机器学习技术已经被广泛地应用于土壤水分测量方面，如神经网络和随机森林算法。神经网络一般需要使用大量的训练数据，而现有的神经网络训练数据大多来源于理论模拟，测试则是用的实际数据，因此在反演过程中，就存在理论模拟的数据与实测数据不符合的问题。解决该问题的方法是大量采集原位数据，积累样本，从而建立准确的反演模型。

植被影响也是一个需要考虑的因素。目前多数基于 SAR 反演土壤水分算法仅适用于裸土区域，没有将植被影响纳入考虑因素。在地表几何结构中，除了土壤表层会对 SAR 回波信号有一定影响外，植被的遮挡也会返回部分散射。因此，为反演纯粹土壤水分，可以在传统水云模型的基础上进行修正，加入光学数据得到植被覆盖度参数，消除植被层散射系数。光学遥感图像是一种很好的提供植被层信息的工具，其中就包括植被覆盖度，而大多研究采用 Landsat 8 作为原始光学数据源分析植被覆盖信息，与 Landsat 8 卫星数据相比，Sentinel 2 重访周期更短，仅为 5 天，且分辨率可达 10m 级。Sentinel 数据同时提供了进行土壤水分研究的 SAR 与光学数据基础，包括从 Sentinel 1 数据中提取垂直极化后向散射系数与入射角，从 Sentinel 2 数据中得到土壤植被覆盖信息，基于修正水云模型得到植被覆盖部分纯粹土壤表面散射系数，从而得到更为准确的土壤水分变化趋势。为减少反演步骤，还可以利用改进干湿边反演法，其主要利用土壤水分增量与星载 SAR 后向散射系数增量呈相关关系，且比例系数与植被覆盖程度有关。因此，根据同一像元内不同时段的影像散射系数增量可以比较土壤水分变化趋势，且同时假定时间序列内植被的影响一定，可以省略消除植被影响这一步骤。

考虑植被影响的 SAR 数据遥感获取土壤水分方法主要有下面两种：①半经验模型法。通过获取连续不断时间序列星载 SAR 影像，得到时间序列垂直极化后向散射系数影像，结合光学影像中植被参数，对植被层散射系数衰减量进行定量计算，得到植被覆盖下纯粹的土壤表面后向散射系数，再利用半经验模型，对时间序列去除植被前后的土壤水分进行反演，在重点观测区域设置原位站点，通过记录星载 SAR 相同时间线的土壤水分变化趋势，对反演结果进行时间和空间序列的分开验证。②改进的干湿边法。为减少植被影响，可采用时间序列散射系数增量与土壤水分增量两者的关系进行植被影响的抵消，利用"高分一号"光学数据计算 MPDI 反演最干旱和最湿润的土壤水分值，作为此方法的土壤水分参考值，再利用后向散射系数增量得到土壤水分增量，加上时间序列内土壤水分最小值，反演得到被观测区域土壤水分。对此方法进行改进，以原位站点的最干旱和最湿润的实测土壤水分作为基准值，同样可得到土壤水分反演结果。

根据上述方法，给出了一些示例。图 5-14 是基于 SAR 反演的武汉城市郊区（400km^2）土壤水分分布图，空间分辨率达到 8m。

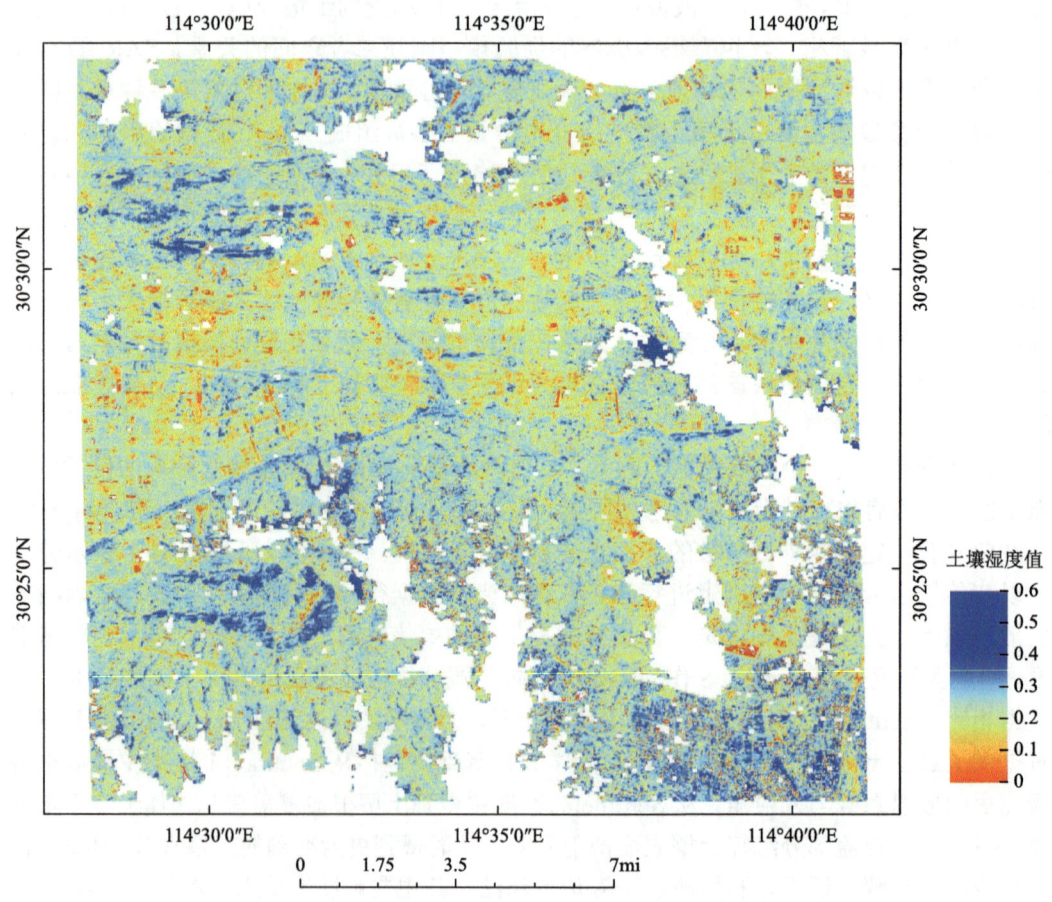

图 5-14　基于 SAR 反演的武汉城市郊区（400km^2）土壤水分分布图

5.4.4 重点街区尺度土壤水分感知产品

对于重点街区尺度，如设定范围为 1km^2，需要分辨率更高的影像，这时采用无人机搭载多光谱相机就是一个很好的选择。伴随着无人机技术的日趋成熟，无人机与遥感传感器结合形成无人机遥感监测手段，与传统的遥感监测相比，无人机遥感监测具有高时效、高机动性、高空间分辨率等优势，在农业和环境监测领域正在逐步推广与应用。MS600 Pro 无人机载多光谱相机是一款行业级光谱遥感设备。相机有六个光谱通道、"红双边"植被敏感波段、12bit 量化、环境光同步校正，可以精确获取目标的光谱反射率数据。多光谱相机技术参数如表 5-2 所示。

表 5-2　多光谱相机技术参数

MS600 Pro 无人机载多光谱相机	
传感器	CMOS，1/3″；有效像素，120 万像素；全局快门
视场角	HFOV：49.6°；VFOV：38°；焦距：5.2mm；光圈：f/2.2
典型幅宽	VFOV
地面空间分辨率	8.65cm@h = 120m
波段范围 （下划线为标配波段）	400～900nm[17 选 6：410nm、<u>450nm</u>、490nm、530nm、<u>555nm</u>、570nm、610nm、650nm、<u>660nm</u>、680nm、<u>720nm</u>（窄带/高通）、<u>750nm</u>、780nm、800nm、<u>840nm</u>、900nm]
图像存储格式	16bit TIFF

搭载平台为 M300 RTK 型无人机，无人机空机重量（含双电池）为 6.3kg，电池型号为 TB60，最长飞行时间为 55min，最大起飞重量为 9kg。飞行器最大上升速度为 6m/s，最大下降速度为 5m/s，最大水平飞行速度为 23m/s，最大可承受风速为 15m/s（7 级风）。RTK 位置精度在 RTK FIX 时水平精度为 1cm + 1ppm（ppm 表示 10^{-6}），垂直精度为 1.5cm + 1ppm。

其主要过程为：无人机挂载多光谱相机进行 120m 高空拍摄取得图像信息，以及在不同区域内进行土样信息采集，同时确定并记录取样点的位置信息；将获得的图像拼接校准，得到每块区域的整体遥感影像，并提取其中的反射率以及温度信息。同时在地面采集实际土壤水分数据，建立不同土壤水分与对应的遥感信息，如 MPDI 的关系，并筛选最优反演模型。

当无人机挂载同一款相机，不同的飞行高度获得的影像地面空间分辨率不同；当无人机在同一高度飞行时，如果挂载的相机不同，那么地面空间分辨率也不同。决定地面空间分辨率的主要因素是飞行高度、相机焦距、像元大小（相机传感器上每一个像素点的实际大小）。同时，由于土壤水分是根据 MPDI 计算得到的，而 MPDI 本质上是不同光谱组合得到的一个比例关系，要保证计算的土壤水分不失真，则必须保证拼接后各光谱间像素值的比例关系不变。在对多光谱图像进行拼接前，将红、绿、蓝三波段图转化成灰度图，之后的拼接过程都是对转换得到的灰度图进行处理，通过对灰度图进行图像配准得到图像间的变换矩阵，然后将其变换矩阵应用于多光谱各波段图像的拼接，从而达到对每个波段图像进行统一拼接的目的。在图像融合处理中，图像间分为非重叠区和重叠区，在非重叠区不改变其原始图像的像素值，在重叠区通过算法处理使得重叠区与非重叠区过渡流畅。待图像拼接好之后，即可依据多光谱数据反演土壤水分的一般方法来进行土壤水分反演。

图 5-15 为无人机图像经过拼接后基于 MPDI 得到的武汉市豹澥区（$1km^2$）土壤水分分布图，由于机载多光谱相机的高分辨率，该重点街区尺度的土壤水分空间分辨率达到 2m。

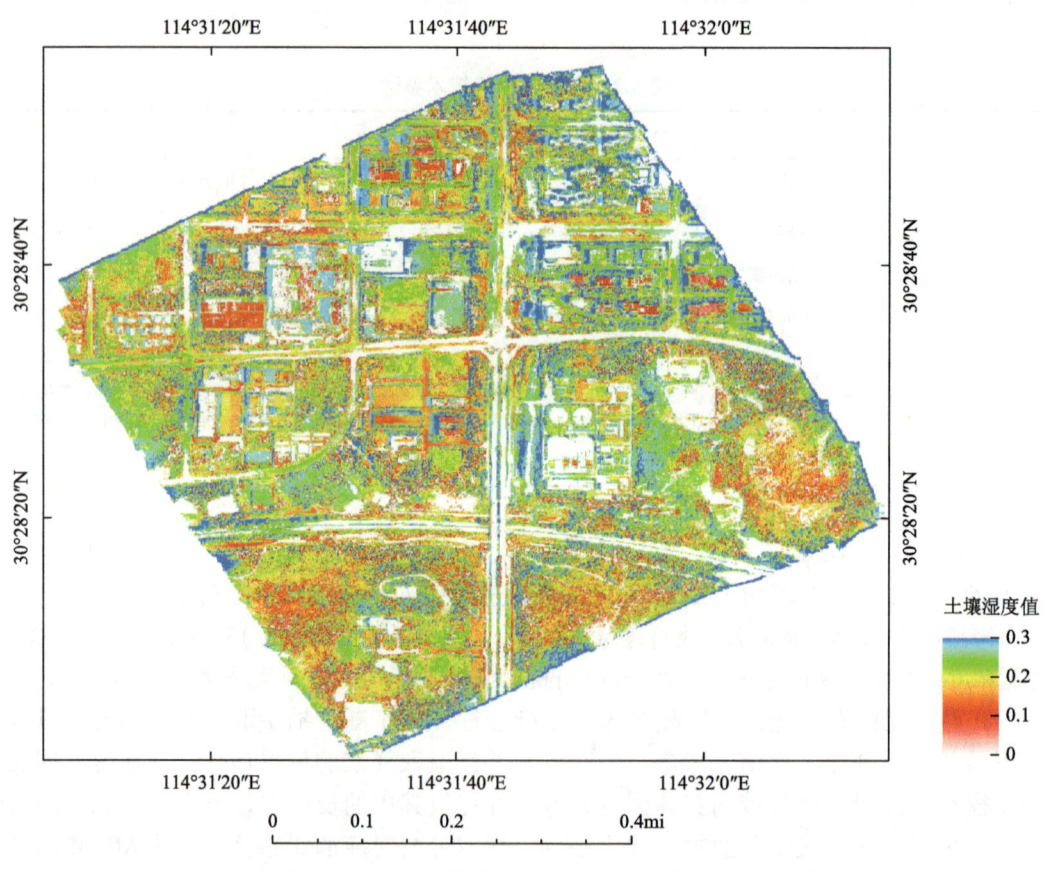

图 5-15　基于 MPDI 得到的武汉市豹澥区（$1km^2$）土壤水分分布图

5.5　城市群降水融合感知与无缝产品

随着城市化的快速发展，城市群气候效应已经成为区域气候变化中不可忽略的影响因子，降水即是城市群感知的重要产品。针对城市降水感知的特点与需求，提出了基于三重降水特征空间重构的星地融合强降水偏差校正方法（图 5-16），该方法顾及了空间属性、非空间属性值趋势变化和非空间属性值相似性三重特征，能够重构不同降水强度下的降水特征空间，显著降低了中强度降水事件（≥60th 百分位数）的降水估计偏差。

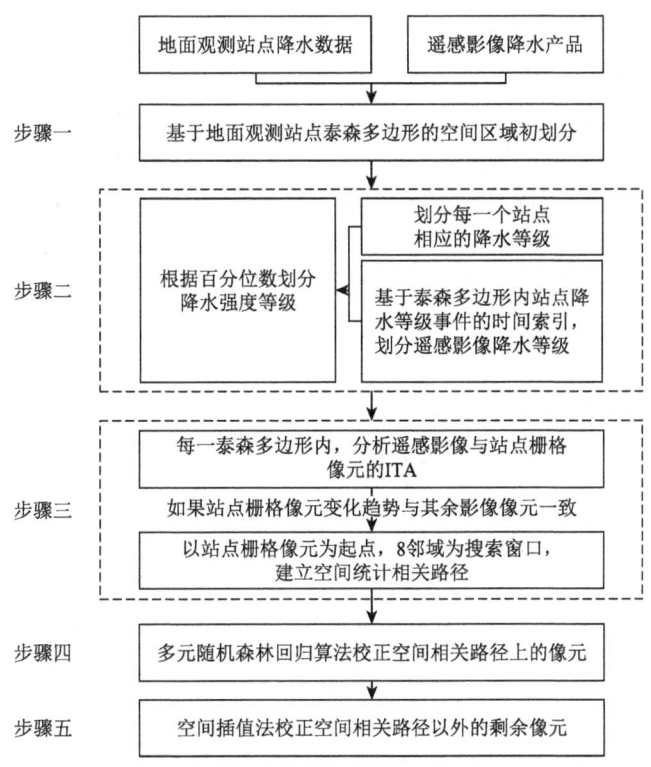

图 5-16 基于三重特征空间重构的星地融合城市群降水融合感知方法

ITA（innovative trend analysis）表示创新趋势分析

5.5.1 初始降水空间划分

根据地面观测站点空间分布和研究区域范围，采用泰森多边形（Thiessen polygons，TP）方法，实现顾及空间属性相似性的降水观测站点初始特征空间构建。泰森多边形最初由 Georgy 提出，用来判定空间邻近关系，后来由气象学家 Thiessen 引入气象观测站点空间分析研究中。假设区域内有 n 个空间分布离散点，用直线线段划分 n 个凸边形，每个多边形内只包含一个离散点。用直线线段将相邻离散点垂直平分成两块区域，该垂直平分线即泰森多边形的边，垂直平分线的交点即泰森多边形的顶点。每一泰森多边形内任意位置点与其对应离散点最接近，边缘上任意位置点到相邻离散点距离相等。

5.5.2 降水特征空间构建

模糊 C 均值空间聚类结果易存在离散像元，现基于像元与像元之间的统计相关性，构建像元空间相关路径，每一条路径上均存在起始节点、过程节点和终止节点。每一泰森多边形内、每一降水阈值下的空间相关路径构建过程具体如下。

首先，构建顾及非空间属性变化趋势相似性的日降水变化趋势一致空间。每一泰森多边形内，将地面观测站点对应的遥感影像栅格像元（以下简称站点像元）作为起始节点 C_0，采用 ITA 方法，分析不同降水阈值下站点像元与其余像元的变化趋势（上升、下降、无变化趋势）。筛选与站点像元 C_0 日降水变化趋势一致的影像像元。

其次，构建初始空间相关路径。在降水变化趋势一致的空间内，以 C_0 像元为起始节点，该像元 8 邻域空间范围内的像元作为初始终止节点 $C_{(1,i)}$。连接起始节点和终止节点，得到以站点像元为起点的初始路径。

最后，将初始终止节点 $C_{(1)}$ 作为新的起始节点，继续在 8 邻域范围内搜寻日降水统计相关的空间邻近点，该邻近点即为新的终止节点 $C_{(2)}$，新节点的判定需满足显著相关性检验条件。在候选像元中，采用皮尔逊相关系数（Pearson correlation coefficient，PCC）和显著性水平（P 值），来实现 8 邻域范围内显著相关相邻点的判定。

每个路径节点在 8 邻域范围内有 n 个显著相关的相邻像元，将 PCC 值最大的相邻像元添加到空间相关路径中，作为下一个起始节点 $C_{(2)}$。之后，继续寻找下一个相关系数最大的相邻像元 $C_{(3)}$。重复该步骤，直至空间相关路径上没有新节点加入，过程如图 5-17 所示。

以 C_0 像元为初始节点，相邻显著相关像元为路径节点，建立降水显著相关空间连通路径，进一步构建顾及非空间属性值相似性的降水统计相关空间。

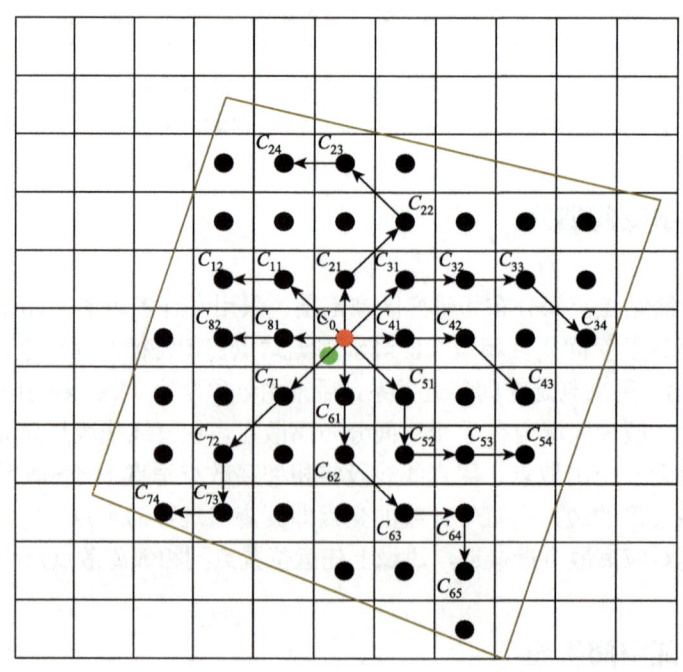

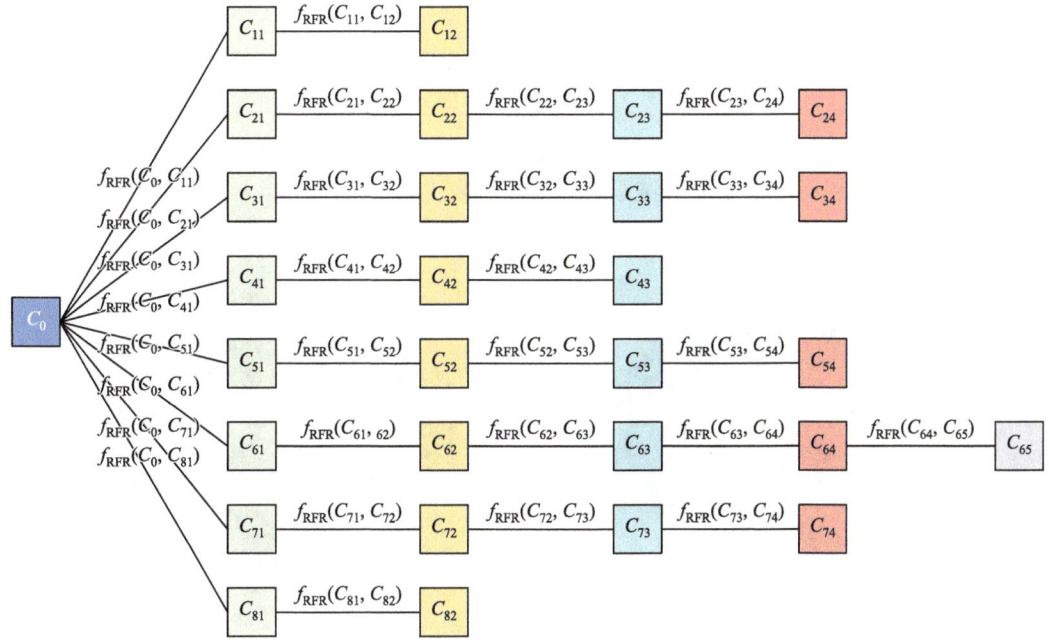

图 5-17　子泰森多边形内不同降水等级下栅格单位空间连通路径建立

5.5.3　星地融合偏差校正

基于三重特征空间重构的星地融合强降水偏差校正方法，在每一降水阈值及其对应降水特征空间内开展偏差校正实验，包括以下两个步骤。

1. 降水特征空间内的日降水偏差校正

由于降水与经纬度和高程显著相关，因此，对于特征空间内的降水偏差校正，按照空间相关路径上节点前后顺序，可采用多元随机森林回归算法（multivariate random forest regression，MRFR）依次建立数学关系：

$$\text{Tree}_i = f_{\text{MRFR}}(C_{(i)}, \Theta_{[C_{(i-1)}, G_{(i-1)}, G_{(i)}]}) \quad i=1,\cdots,n \tag{5-5}$$

$$\tilde{C}_{(i)} = \frac{1}{n}\sum_{i=1}^{n}\text{Tree}_i(\tilde{C}_{(i-1)}, G_{(i-1)}, G_{(i)}) \tag{5-6}$$

式中，Θ 表示 $C_{(i-1)}, G_{(i-1)}, G_{(i)}$ 的数据集合；f_{MRFR} 表示多元随机森林回归算法中决策树 Tree 的函数（function）；$C_{(i-1)}$ 和 $C_{(i)}$ 分别为空间相关路径上第 $i-1$ 个和第 i 个节点处偏差校正前的遥感影像像元历史值；$\tilde{C}_{(i-1)}$ 和 $\tilde{C}_{(i)}$ 分别为第 $i-1$ 个和第 i 个节点处的偏差校正结果值；$G_{(i-1)}$ 和 $G_{(i)}$ 分别为第 $i-1$ 个和第 i 个节点处的地形因子，包括经度、纬度和高程；Tree_i 为空间相关路径上当前节点与上一节点处偏差校正前遥感影像历史像元值之间建立的决策树；n 为决策树数量。

2. 降水特征空间外的日降水偏差校正

在降水特征空间外，采用反距离加权法（inverse distance weight，IDW）插值，基于特征空间内降水偏差校正后的像元值实现剩余像元的日降水偏差校正。

5.5.4 降水融合感知产品

基于上述方法，获得武汉"1+8"城市群降水融合无缝感知产品，降水偏差校正前后影像如图5-18所示，精度评价结果见表5-3和表5-4。

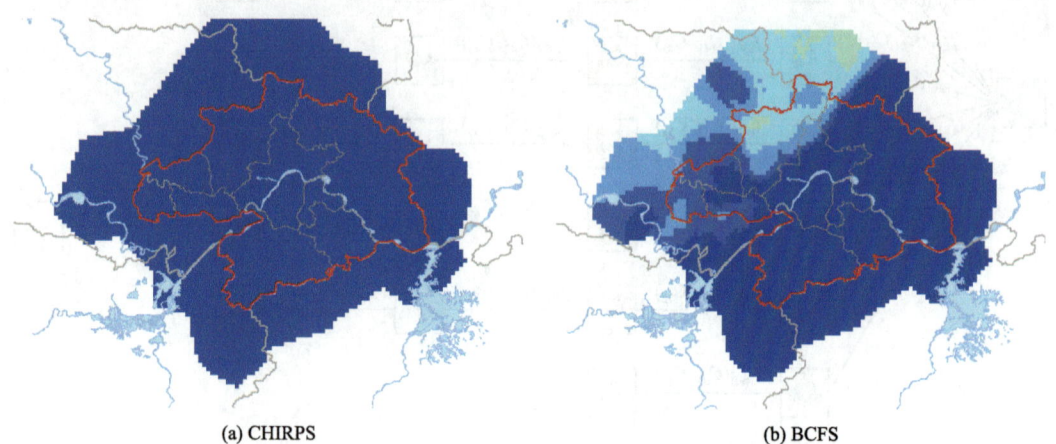

(a) CHIRPS　　　　　　　　　　　　(b) BCFS

图5-18　武汉"1+8"城市群降水偏差校正前（a）后（b）影像图

CHIRPS，气候危害组红外降水与站点数据；BCFS，基于三重降水特征空间重构的星地融合强降水偏差校正方法

表5-3　1998~2016年BCFS降水偏差校正总体精度评价

精度评价指标	BCFS	CHIRPS
PCC	0.6161	0.3319
RMSE	8.3039	11.2052
MAE	2.1289	3.8123
RB	−0.4580	0.0325
POD	0.7135	0.3016
FAR	0.3517	0.4261
CSI	0.5144	0.2464

注：PCC表示相关系数；RMSE表示均方根误差；MAE表示平均绝对误差；RB表示相对偏差；POD表示降水探测率；FAR表示降水误报率；CSI表示降水成功系数，下同。

表5-4　1998~2016年BCFS降水偏差校正强降水精度评价

精度评价指标	60~80th		80~100th	
	BCFS	CHIRPS	BCFS	CHIRPS
PCC	0.4183	0.0793	0.4496	0.3033
RMSE	1.3926	7.1233	18.4606	21.3807
MAE	0.6837	2.2339	9.0959	12.7350
RB	2.0181	7.9164	−0.5681	−0.4198
POD	0.5231	0.2146	0.8055	0.3437
FAR	0.0590	0.3208	0.0000	0.0000
CSI	0.5065	0.1949	0.8055	0.3437

5.6 城市群地表要素无缝感知系统

5.6.1 系统概述

城市群地表要素无缝感知系统,是城市群多尺度地表要素无缝感知技术的具体实现。其目的是基于空基、天基和地面传感器等多源监测数据,集成数据融合重建、多尺度不透水面提取和多尺度土壤水分反演算法,实现城市群地表要素的高分辨率空间无缝感知产品生成。城市群地表要素无缝感知系统通过统一的数据管理方式、标准化的功能和数据服务接口以及简单易用的用户界面(user interface,UI)来提供感知指标与资源建模、多观测关联协同、感知数据接入、感知数据融合重建、地表要素生产、产品精度评价、产品发布等功能。

系统的整体设计满足以下几点需求:①系统提供标准化的服务接口,实现系统内部模块与外部系统的调用。②在系统服务接口设计上,确保服务接口标准性、可读性和安全性。③系统界面应为清晰明确、易于理解和操作的可视化界面。④系统内部结构应层级分明、模块独立,功能应具有可移植性和可扩展性。⑤系统应提供自动化、半自动化程度较高的服务功能。

根据以上需求,采用工作流引擎对系统进行开发。利用前端开发语言开发系统操作界面,提供系统基本功能服务。采用开源框架进行系统服务接口的开发与发布,开源关系型数据库和非关系型数据库相结合,实现系统数据持久化。

5.6.2 系统架构

城市群地表要素无缝感知系统采用三层系统架构,具体为感知层、功能层和应用层,如图 5-19 所示。

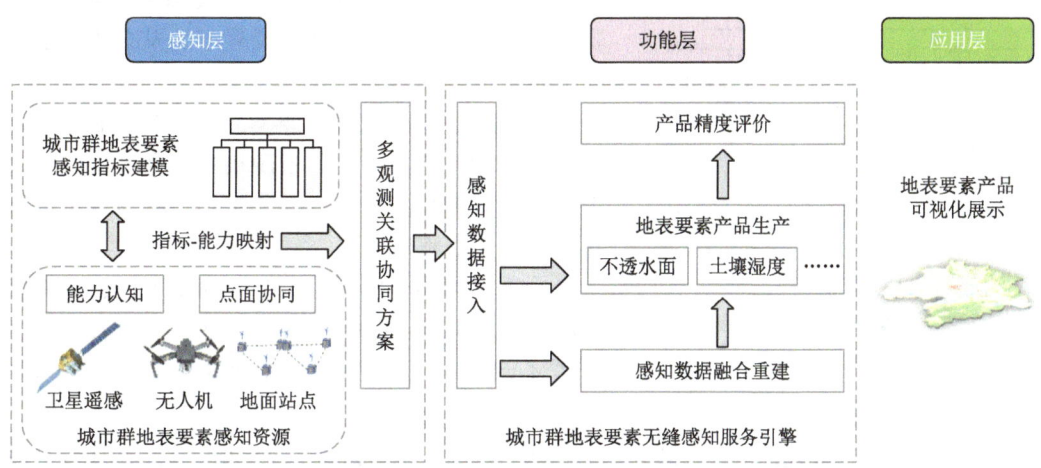

图 5-19 城市群地表要素无缝感知系统架构

（1）感知层：对卫星遥感、无人机和地面站点等空天地平台的城市群地表要素感知资源进行静态和动态观测能力建模，在此基础上对地表要素感知资源进行点面协同，对基础观测能力进行时空优化与按需增补，提升地表要素时空观测能力。同时，根据城市群地表要素感知指标体系对感知指标进行建模，从而建立感知指标与观测能力之间的映射关系。由此，可以根据感知任务的需求，生成面向城市群地表要素无缝感知的多观测关联协同方案，为功能层提供感知方案和感知数据。

（2）功能层：按照感知层给出的城市群地表要素无缝感知多观测关联协同方案，接入完成地表要素无缝感知任务所需的空天地平台感知资源。在原始感知数据的基础上，对有云覆盖和观测缝隙区域进行感知数据的融合与重建，通过多传感器时空定量信息融合实现时空分辨率同时优化、开展多源数据时空联合重建解决观测缝隙问题，从而保证城市群地表要素生产实现无缝感知。基于感知数据和融合重建后的无缝数据，研发不透水面和土壤水分等地表要素算法，生成城市群地表要素无缝感知产品。从地表要素感知数据质量、地表要素分类精度、地表要素定量反演精度对城市群地表要素产品的质量进行评估。此外，功能层中所有功能均基于工作量引擎进行研发，将感知数据接入、感知数据融合重建、地表要素生产和产品精度评价等主要功能进行模块构建、管理、组合，以保证地表要素无缝感知服务的松耦合和可扩展性。

（3）应用层：对城市群地表要素产品进行多种方式的可视化展示和产品发布。对城市群-城市-街区多尺度不透水面与土壤水分时空无缝感知产品进行动态渲染，基于时间轴展示城市群地表要素变化信息，包括不透水面季度尺度变化信息和土壤水分周尺度变化情况。对城市群地表要素产品数据进行分幅，并向外部系统和用户发布产品。应用层提供界面友好、操作合理的可视化界面，便于用户使用系统功能。

5.6.3 功能组成

城市群地表要素无缝感知系统主要包括感知指标与资源建模、多观测关联协同、感知数据接入、感知数据融合重建、地表要素生产、地表要素产品精度评价、地表要素产品发布等功能模块，如图5-20所示。

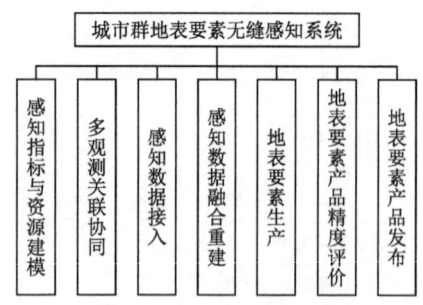

图5-20 城市群多尺度综合感知指标管理系统组成

（1）感知指标与资源建模。采用向导的方式，引导用户输入感知指标与资源相关数据，完成感知指标与资源模型的建立，并将感知指标与资源数据存储在系统数据库。

（2）多观测关联协同。基于遥感卫星、无人机与地面传感网等多源多尺度观测能力，进行感知指标任务的协同观测和感知资源的合理规划，形成地表要素无缝感知的多观测关联协调方案。

（3）感知数据接入。接入多源多平台的感知数据，包括遥感卫星影像、无人机影像、地面观测站点数据、感知指标模型数据，为城市群地表要素生产做好充分的原始数据准备。

(4)感知数据融合重建。通过流程化操作界面和向导操作方式，引导用户输入需要进行重建的感知数据及相应辅助数据，将通过缺失缝隙检测和联合时空信息对感知缝隙区域进行缺失信息重建，以与输入感知数据相同的格式，输出重建后空间无缝的感知数据，并存储在系统数据库。

(5)地表要素生产。系统提供流程化操作界面，根据用户选择的地表要素类型、所需生产的时间和空间范围，形成地表要素生产任务实例，接入感知数据和融合重建后的无缝数据，通过不透水面和土壤水分等地表要素算法，对输入的遥感图像、无人机图像和地面传感网原位观测数据进行融合，输出城市群、城市和重点变化街区米级不透水面及土壤水分为代表的地表要素无缝产品，并存储在系统数据库。

(6)地表要素产品精度评价。系统提供地表要素感知数据质量、分类精度、定量反演精度等，通过这些对城市群地表要素产品无缝感知的质量进行评估。在感知数据融合重建后进行感知数据质量评估；在地表要素生产完成后进行不透水面的分类精度和土壤水分的定量反演精度评估，评估结果存储在系统数据库。

(7)地表要素产品发布。系统提供向导式操作界面，对系统中获取和生产的城市群地表要素数据及产品以标准格式进行产品发布。同时，系统提供地表要素产品可视化展示界面，对地表要素产品进行多种方式的可视化展示，如地表要素产品动态渲染、基于时间轴的变化信息展示。

5.6.4 系统接口

城市群地表要素无缝感知系统实现感知指标与资源建模、多观测关联协同、感知数据接入、感知数据融合重建、地表要素生产、地表要素产品的展示和发布等功能，并以服务的形式供系统内部其他模块和外部使用者调用。城市群地表要素无缝感知系统服务接口如表 5-5 所示。

表 5-5 城市群地表要素无缝感知系统服务接口表

序号	接口标识	接口名称	接口类别
1	GetCapabilities	接口描述查询接口	访问类
2	GetSR	感知资源查询接口	访问类
3	UpdateSR	感知资源更新接口	数据类
4	DeleteSR	感知资源删除接口	访问类
5	InsertSR	感知资源插入接口	访问类
6	RelatedSI	感知指标关联查询接口	数据类
7	CooperativeSI	关联协同查询接口	数据类
8	GetSRImage	影像感知资源获取接口	访问类
9	GetSRInsitu	站点感知资源获取接口	访问类
10	ReconstructSI	感知数据重建接口	数据类
11	ST-FusionSI	面域感知数据融合接口	数据类
12	PS-FusionSI	点面数据融合接口	数据类

续表

序号	接口标识	接口名称	接口类别
13	ImpSurfExtraction	不透水面提取接口	数据类
14	GetImpSurf	获取不透水面产品接口	访问类
15	SoilMoistEstimation	土壤水分反演接口	数据类
16	GetSoilMoist	获取不透水面产品接口	访问类
17	GetLCAccuracy	地表分类精度计算接口	数据类
18	GetQRAccuracy	定量反演精度计算接口	数据类

5.6.5 功能实现

1. 系统主界面

图 5-21 为无缝感知系统主界面，包含菜单栏及主体部分的三维地球。

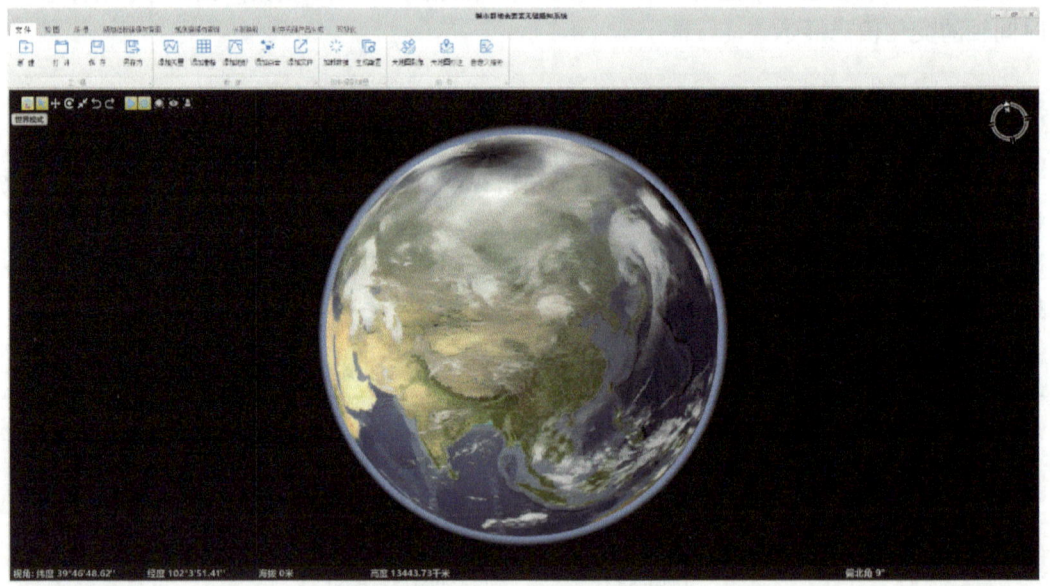

图 5-21 无缝感知系统主界面

2. 感知指标建模与查询

1）感知指标建模

以武汉城市群 30m 土壤湿度监测任务为例，进行指标实例化建模。指标实例化建模过程如下：选择指标类型，设置感知指标实例化名称、尺度、指标参数信息（时间范围、空间分辨率、观测区域、认知准确率目标），完成土壤湿度指标建模（图 5-22）。

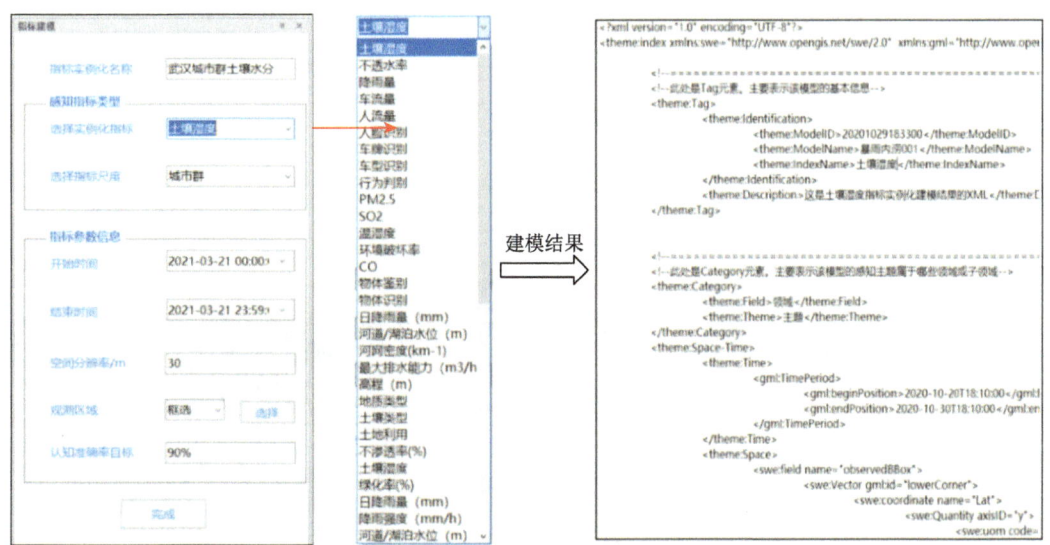

图 5-22 指标建模结果

2）感知指标查询

系统支持对暴雨内涝、江河湖生态与区域交通三类主题下的上百种指标项进行查询与管理，根据城市群地表要素无缝感知需求，可以进行指标预览、修改、删除与添加，图 5-23 为土壤湿度指标查询结果。

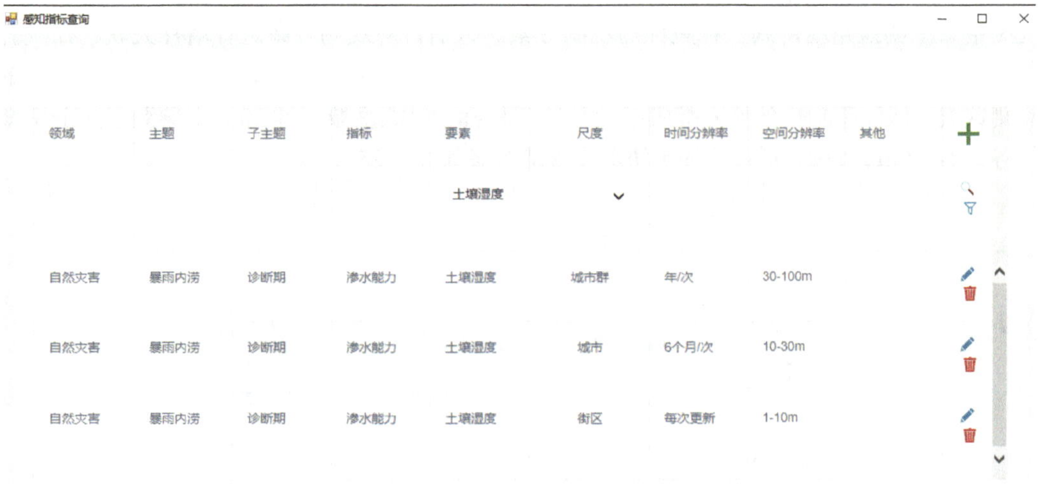

图 5-23 土壤湿度指标查询结果

3. 观测建模

通过统一的信息模型对城市群典型地表要素观测资源，包括卫星、地面站点、无人机等平台进行建模，形成观测能力库。以卫星平台为例，选择卫星平台后，输入相关参数完成平台创建（图 5-24）。

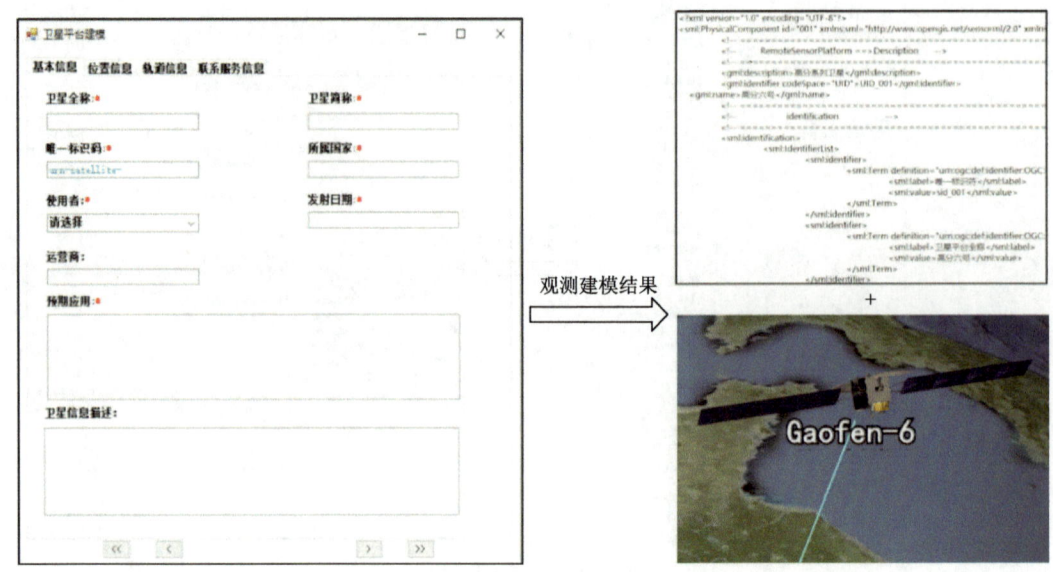

图 5-24　观测建模

4. "指标-观测"关联映射

用户选取的实例化后的指标，由系统进行"指标-观测"关联匹配。首先，从观测资源库中查询符合条件的传感器资源，对查询到的传感器资源进行组合，得到多个观测资源组合，再对这些观测方案进行精度评估，得到一种较优的观测方案。然后进行优化关联，通过调整卫星侧摆角度得到一种更优的观测方案。最后，对观测方案进行增补关联，在没有任何观测资源覆盖到的感知盲区，通过增补无人机、地面站等感知设备来获取感知盲区的监测数据，保证感知任务能力准确率达到预期目标。以武汉城市群 30m 土壤湿度无缝感知任务为例，经过关联映射得到的土壤湿度观测方案如图 5-25 所示。

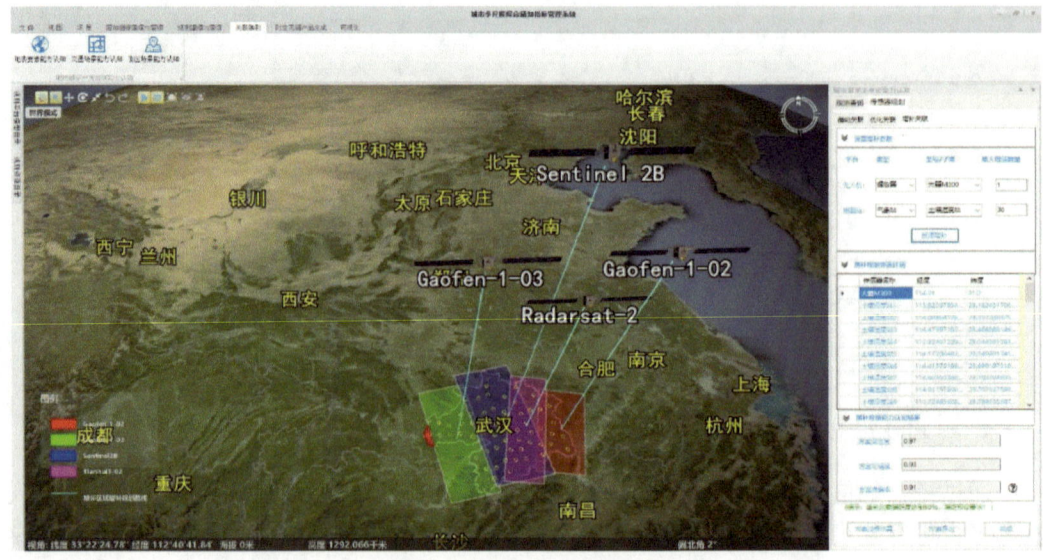

图 5-25　经过关联映射得到的土壤湿度观测方案

5. 感知数据接入

按照生成的城市群地表要素无缝感知多观测关联协同方案，接入完成地表要素无缝感知任务所需的空天地平台感知资源（图 5-26），包括遥感卫星影像、无人机影像、地面观测站点数据、感知指标模型数据，为城市群地表要素生产做好充分的原始数据准备。

图 5-26　数据接入

6. 感知数据融合重建

用户在无缝感知系统中输入需要进行重建的感知数据及相应辅助数据（图 5-27），通过缺失缝隙检测和联合时空信息对感知缝隙区域进行缺失信息重建，得到时空无缝的地表要素数据。

7. 地表要素生产

1) 土壤湿度产品生产

依据现有的数据输入，根据光学图像数据中红外和近红外波段植被及土壤水的反射系数不同的物理机理，基于修正的 MPDI，建立 MPDI 和土壤湿度的经验模型，进行土壤湿度的反演（图 5-28）。

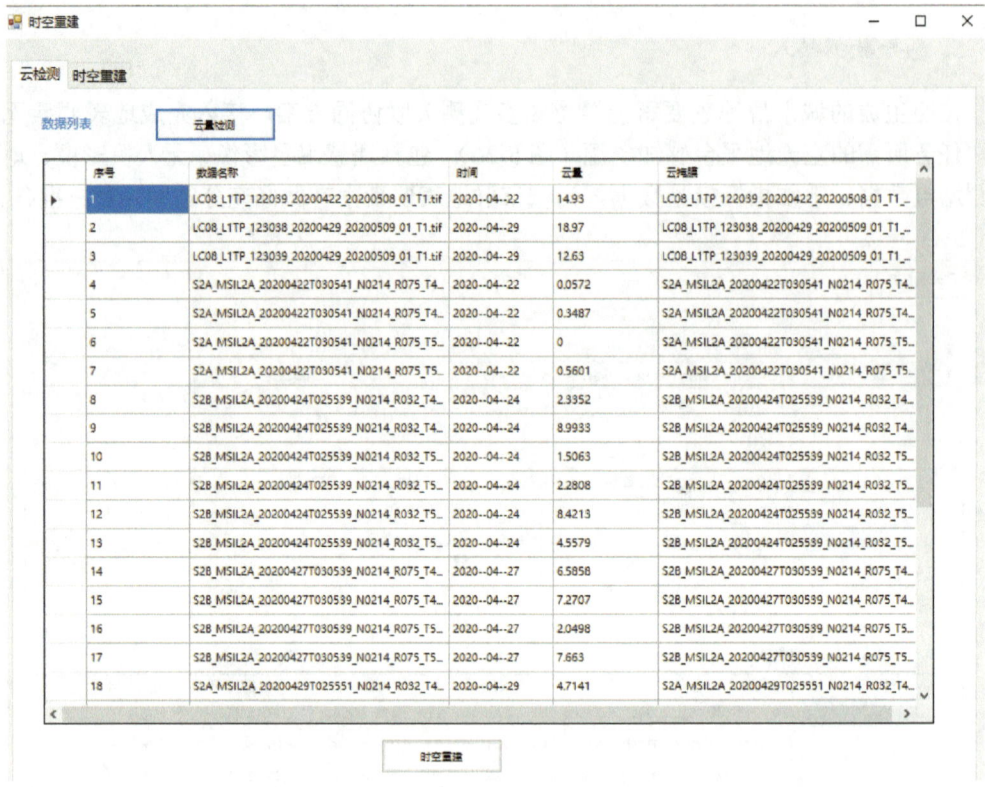

图 5-27 融合重建

图 5-28 土壤湿度产品生产

2）不透水面产品生产

结合天基感知数据和空基感知数据，利用点面关联协同时空无缝感知技术，自动生成城市群、城市建成区和城市重点街区的时空无缝空天基多光谱感知数据（图 5-29）。

8. 产品发布

对系统中获取和生产的城市群地表要素数据及产品以标准格式进行产品发布（图 5-30 和图 5-31），对地表要素产品进行多种方式的可视化展示。

图 5-29 不透水面产品生产

图 5-30 土壤湿度产品发布

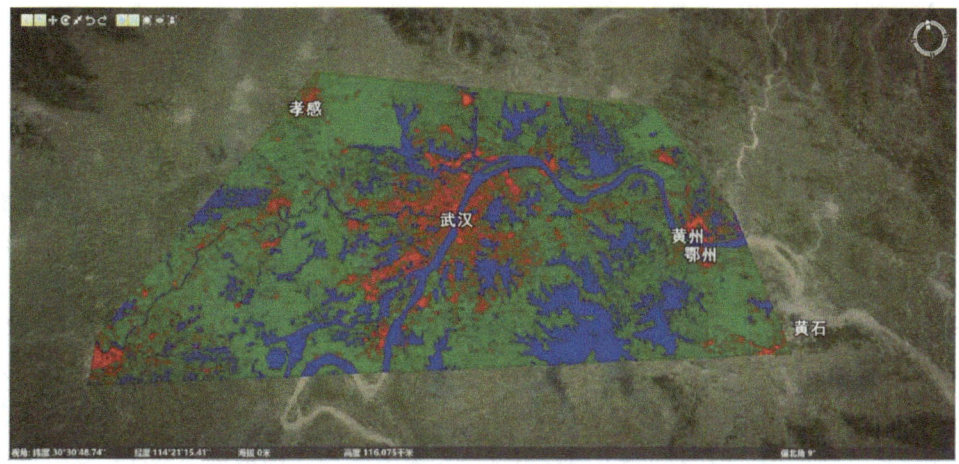

图 5-31 不透水面产品发布

第6章 城市关键节点人车物智能感知

6.1 概 述

城市关键节点人车物智能感知与分析技术主要涉及亿级像素光场成像质量、城市景物深度估计、城市人车物动态实时感知等方面。在光场计算成像质量方面，引入跨分辨率多尺度颜色校正与去雾算法，消除局部相机之间的色差并提高图像的通透性及色彩质量。针对低光黑暗、模糊浓雾的挑战性场景，基于注意力机制的深度学习融合方法加强光场计算融合在全天候情况下的稳定性。对于光场计算成像全局图像深度估计问题，利用"全局感知-局部优化"的全景深度估计策略，设计高效实时的全局图像初始单图像深度估计算法和融合局部相机的引导深度局部细节优化算法，实现高精度高分辨率的亿级像素光场深度估计，并达到12fps的深度更新帧率。针对城市景物深度估计挑战，采用两种不同的深度估计方法：一种是利用跨尺度超分辨率匹配的方式进行深度估计，另一种是利用射线极面图像以及基于多方向射线极面图像的光场深度估计网络。在城市人车物动态实时感知方面，搭建粗粒度到细粒度实时车辆检测以及城市人群去遮挡检测识别系统，该系统在人车物识别与检测方面取得了初步成果。

6.2 亿级像素光场计算成像技术与装置

6.2.1 亿级像素光场装置构建

随着深度学习理论与技术的发展，包括对象跟踪、行为检测、人脸识别、三维重建在内的计算机视觉算法在性能上取得了巨大的提升，人工智能的研究如火如荼。然而，计算机视觉技术依赖于输入的图像视频信息，算法性能本质上受视觉成像质量的束缚。高质量的视觉信息要求图像视频在空间、时间、角度及光谱等维度上具备高分辨率及高动态范围特性。近年来出现的"亿级像素"（gigapixel）图像采集，突破了人眼视觉信息捕获的极限，能在观看整个城市级别宏观信息的同时，拉近任意视点看清若干千米外的行人、车辆等，突破了管中窥豹、只见树木不见森林的局限。然而，现有亿级像素图像采集本质上是通过牺牲时间换取空间分辨率，无法实现亿级像素视频成像。亿级像素视频成像将可实现革命性的超高分辨率（比现有摄像机高两个数量级）动态信息捕获，宽空间捕获范围和高空间分辨率均将得到满足，从而从根源上赋予视觉计算更高质、更完备、更全面的源数据，推动计算机视觉及人工智能各领域的发展。在安防监控领域，通过亿级像素视频可对大范围广场进行全方位的动态监控，获取几十米至百米外的人脸细节，进行实时人脸检测识别等；在交通调度中，通过亿级像素视频能对若干千米外的动态车流进行长程跟踪、车牌识别等；在对地观测中，通过亿级像素视频能在万米外实时监控大面积海域实现预警；在军事应用中，通过亿级像素视频能全方位地看清千米外的动态敌情细节；在赛事直播中，通过亿级像素视频能捕获大范围球场及其每个细节，让观者能在观看全局赛事的同时，任意拉近观看每个球员的动态细节，提升用户的沉浸感体验。

然而，受限于光学镜头和图像传感器（简称像感器）的时间空间带宽积，亿级像素相机的研制发展缓慢。在实时帧率采集下，像感器空间分辨率难以突破亿级像素，宽视场范围和高细节分辨率之间存在难以调和的矛盾，视觉成像难以兼顾成像范围与成像分辨率。另外，即便像感器具有足够的空间带宽积，光学镜头仍有理论上难以克服的像差效应，且像差随着成像系统体积的增大而增长。因此，传统为了获得足够大的空间带宽积而增大光学系统尺寸的做法将会增加光学镜头的设计复杂度和加工制造难度，使得整个系统的成本剧烈增加。

面对亿级像素相机的理论与技术挑战，2012年美国杜克大学教授David Brady和哥伦比亚大学教授、美国科学院院士Shari Naya同时提出基于分级成像的十亿级像素相机原理与系统，即前端球透镜一次成像后，后端通过分视场相机阵列（约98个）进行采集。受益于球透镜的成像单一光心特性，该设计避免了分视场相机之间的视差，大大降低了图像拼接的难度。尽管通过像感器阵列的拼接可初步验证动态十亿级像素成像的可行性，但该系统要求极其严格繁复的相机阵列装调和标定，其大规模分视场像感器的引入对实际安装、标定和拼接带来极高的技术挑战。因此，基于分级成像原理的十亿级像素相机仍处于实验室研究阶段，难以在实际中大规模应用。由于亿级像素相机的研究涉及光学、电子器件、算法软件、系统构架等多个学科方向，且受限于大规模相机阵列所涉及的海量数据对搭建、标定、拼接、处理及硬件成本等的挑战，构建并采集亿级像素视频存在巨大的技术门槛，其相关研究初见端倪，围绕亿级像素视频的研究亟须迫切推进。

针对分级成像在大规模相机装调和标定方面的技术挑战，基于多尺度相机阵列成像理论的动态亿级像素计算成像机制及成像系统，发展相关的多尺度成像理论和关键技术，研制简易高性价比的亿级像素相机，探索相应的视觉应用技术。多尺度成像机制于2017年提出，其采用两种或多种不同焦距设置的像感器获得同一场景不同分辨率和范围的成像组合，即包括全局低分辨率相机和局部高分辨率相机，构成多尺度视频阵列，并通过成像算法建立跨尺度视频间的映射和融合，获得大规模场景下的宽视场高分辨率视频成像。整个成像系统本质上是将多个极低成本的相机，以多尺度方式灵活组合，利用先进的计算成像思想，将硬件成本转化为算法替代，打造实用且高性价比的亿级像素视频相机。基于该原理机制的相机系统通过分视场采集弥补了空间带宽积的缺陷，同时通过全局尺度相机的引入改善了分视场相机的像差与畸变，并通过跨尺度视频融合算法规避了复杂的相机系统装配和标定，同时，回避了紧密光学部件的设计和制造需求，极大降低了系统的成本。但是，目前该成像系统远未发挥多尺度成像带来的益处，包括多尺度成像原理和跨尺度映射与融合机制仍未揭示，系统设计（包括全局低分辨率相机和局部高分辨率相机各自的设计）的灵活性仍未充分挖掘，全局低分辨率相机与局部高分辨率相机的互补性未充分优化利用等。新型高效高性能的亿级像素视频的研究具有广阔的空间。

多尺度亿级像素计算成像装置基于混合式相机阵列，由 16 个 8K 分辨率相机组成，采用 Nvidia Tegra X1 模块进行同步控制，基于网络时间协议（network time protocol，NTP）实现多机并行采集，视频同步误差小于一帧。选用的短焦 16.0mm 镜头视频相机为全局相机，长焦 135mm 镜头视频相机为局部相机，该亿级像素视频成像装置由 1 个全局相机和 15 个局部相机组成，如图 6-1 所示，其中相机均为 8K（8192 像素×4320 像素，帧率不低于 30fps），由视频拼接算法融合得到 5 亿级像素视频（15×8192×4320 = 5.3 亿像素，由于局部相机有重叠区域，合成全景像素略小于理想拼接后的像素值）。

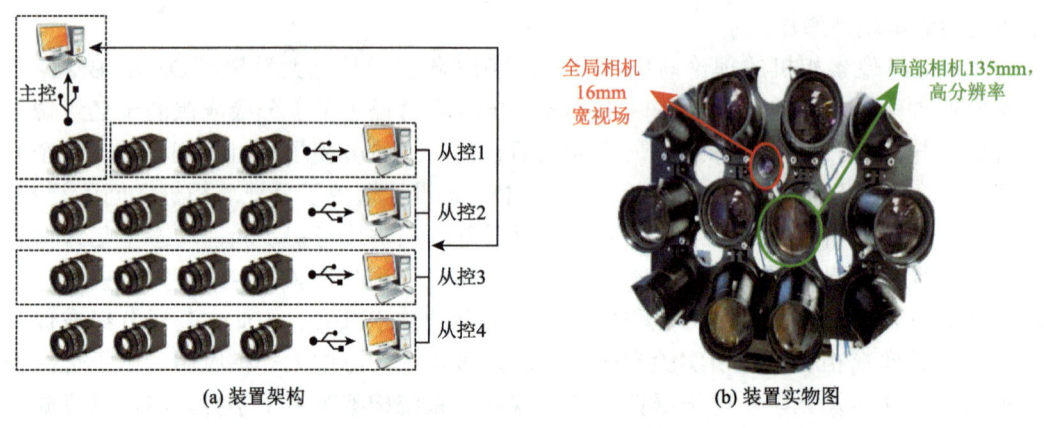

图 6-1　5 亿级像素视频成像装置

整个装置系统由三个主要硬件部分搭载：①阵列相机部分；②视频编解码与传输服务器；③多尺度融合光场计算服务器。其中，相机选择 Canon EOS 5D mark Ⅱ，镜头选择佳能 EF 100～400mm f/4.5～5.6L IS Ⅱ USM。视频编码器服务器搭载数据采集与同步模块，该服务器可采用多种编解码方式，同时获得主码流和子码流，并以指定的格式进行输出。获得的主码流是原始无损的数据，可直接用于后续的融合。子码流是经过压缩的高清数据，用于后续的多尺度融合参数计算。同步模块可记录视频每一帧的全局时间戳，用于将每个相机同步来获得视频融合流。在整个硬件系统方面，基于构建的光场相机阵列采集数据，并以多尺度融合专用服务器和人工智能专用服务器作为后端。完成不同模块之间的接口协作开发，如图 6-2 所示，实现整个多尺度 5 亿级光场计算成像系统城市人车物感知应用。

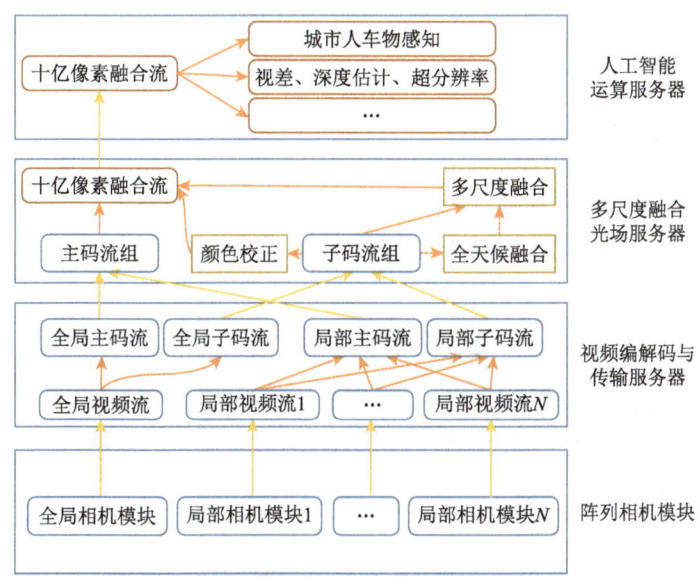

图 6-2 多尺度亿级像素光场计算成像系统设计

6.2.2 亿级像素光场计算成像技术

亿级像素视频成像采用参考视频拼接方案，基于 16 个 8K 相机组成的混合式相机阵列，如图 6-3 所示，由广角短焦镜头视频相机捕捉全景信息，结合多个长焦镜头视频相机捕捉局部区域动态信息，其中全景视频为低分辨率参考视频，通过视频拼接、对齐算法将局部高分辨率视频映射到全景参考视频，最终合成多尺度 5 亿级像素全景视频。

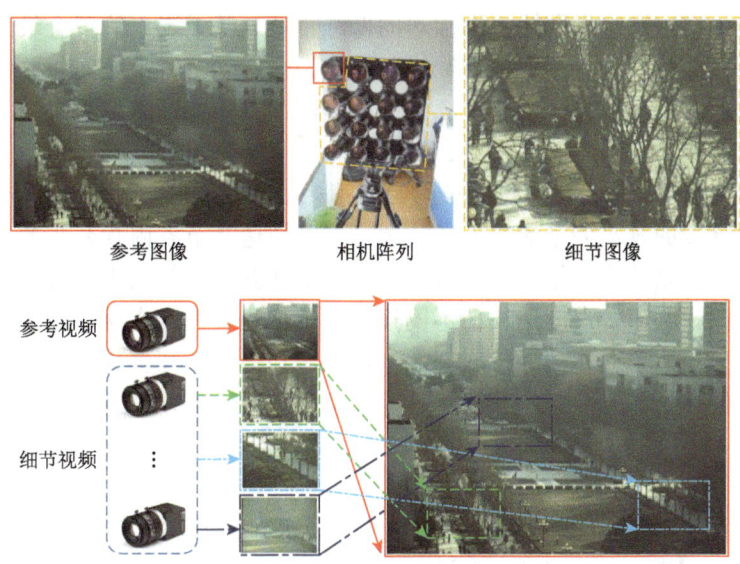

图 6-3 亿级像素视频成像装置工作示意图

多尺度亿级像素计算成像技术主要解决全局视频图像与局部视频图像对齐、拼接和修正等难题，因为全局视频图像与局部视频图像存在分辨率差异，图像对齐与拼接算法完成跨分辨率图像融合，修正算法实现跨分辨率颜色校正。

为了实现多尺度视频无缝拼接，利用深度学习单应性将局部图像细节信息变换到全局图像，基于深度学习单应性估计的全天候光场多尺度融合技术，完成全局图像从低分辨率到高分辨率提升，克服传统方法人为缺陷，如图 6-4 所示。

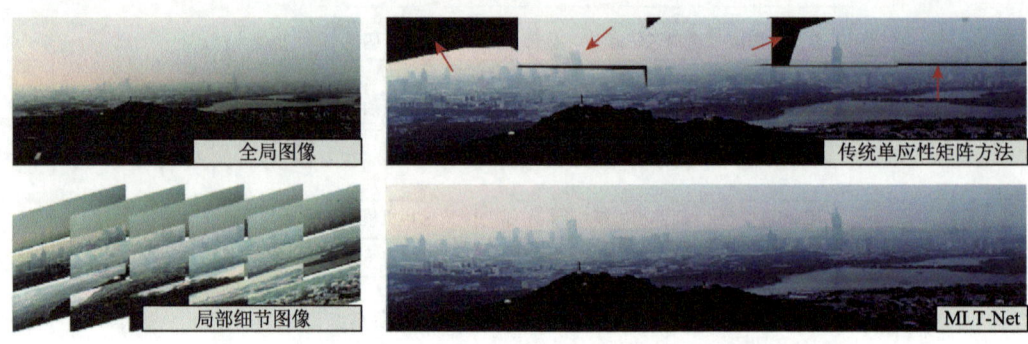

图 6-4　基于深度学习单应性与传统单应性方法视频拼接结果对比

考虑输入图像之间对应关系，基于多尺度局部注意力机制网络（multi-scale local transformer network，MLT-Net）学习不同分辨率、光照变化及模糊的局部图像单应性。采用局部注意力机制计算其特征空间相关性，基于多尺度策略实现从粗到精的单应性估计。

因为注意力机制已证明可有效获得不同领域信息的相关性，多尺度局部注意力机制网络如图 6-5 所示，利用注意力机制显式地获取输入图像之间对应关系用于单应性估计，尤其针对跨分辨率等具有挑战的情况。

首先，采用孪生网络提取输入图像对的低维特征，基于嵌入的多个最大池化层提取不同尺度的特征。然后，将提取的特征输入注意力模块学习特征之间相关性，并且生成注意力图描述对应关系信息。基于注意力图激励网络聚焦特征学习更有效和更鲁棒的单应性估计。

然而，当注意力模块处理高维特征时需要消耗较大的 GPU（graphics processing unit）内存和较高的计算成本。为了解决上述问题，实现快速且节省内存开销的单应性估计，采用局部注意力核来替换原始注意力机制操作，从而获取局部范围的对应关系。对于远距离的对应关系，利用多尺度结构在不同尺度层结合注意力，实现从粗到精的单应性估计。在每个尺度层，单应性估计模块基于注意力图和高维特征生成四个点拟合单应性矩阵。未对齐图像基于单应性矩阵进行变形后输入下一个尺度层。

1. 基于注意力机制的对应关系学习

如图 6-6 所示，注意力机制模块包括自注意力机制编码模块和转换解码模块。其中，自注意力机制编码模块学习将基于自注意力机制的深度孪生网络提取的低维特征开发为高维特征；转换解码模块基于高维特征通过注意力机制学习建立跨图像的对应关系。

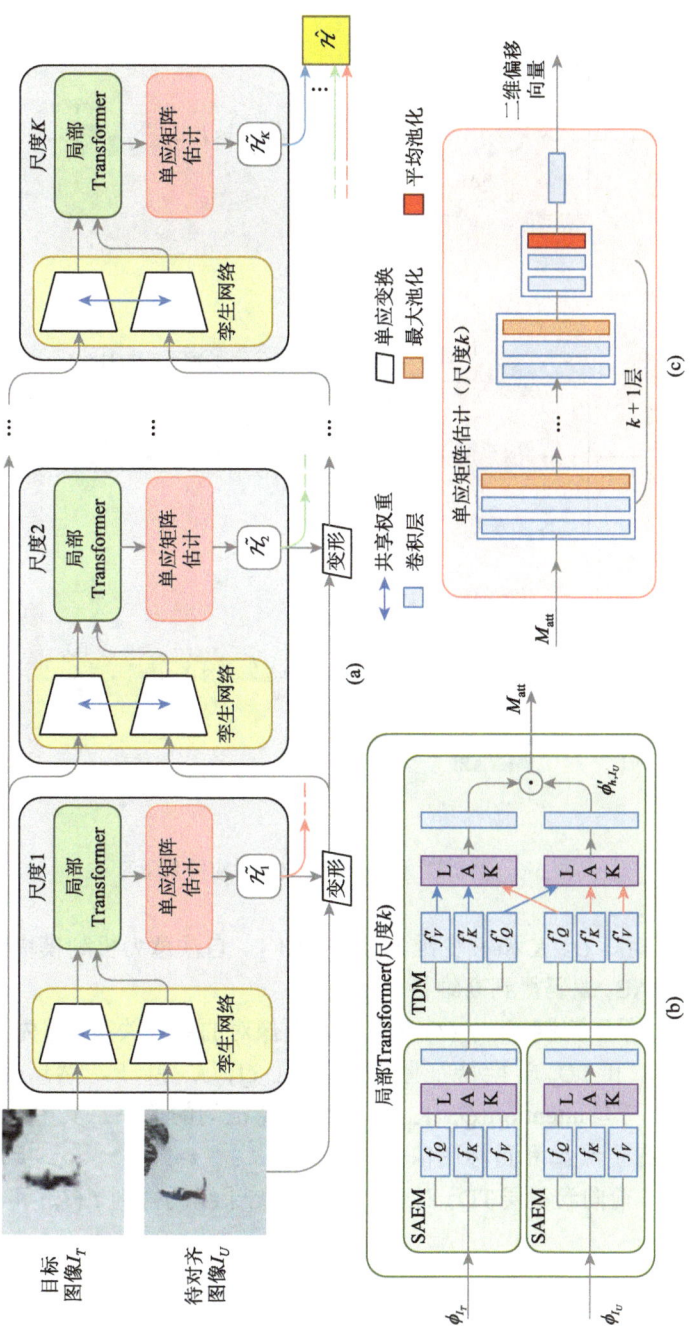

图 6-5 多尺度局部注意力机制网络
LAK：local attention kernel，局部注意力核

自注意力机制编码模块应用三维 1×1 卷积层 $\text{SAE}_Q(f(I))$、$\text{SAE}_K(f(I))$ 和 $\text{SAE}_V(f(I))$ 编码输入图像特征 $f(I)$ 首先得到 Q、K、V。

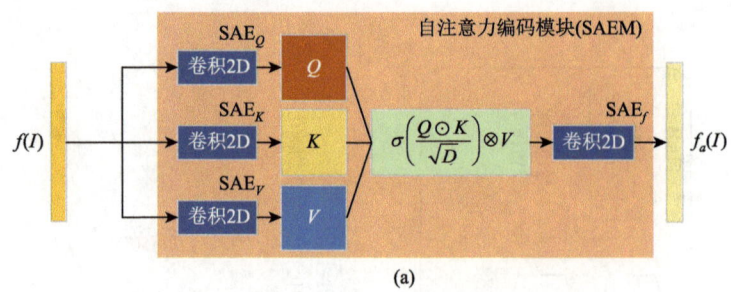

(a)

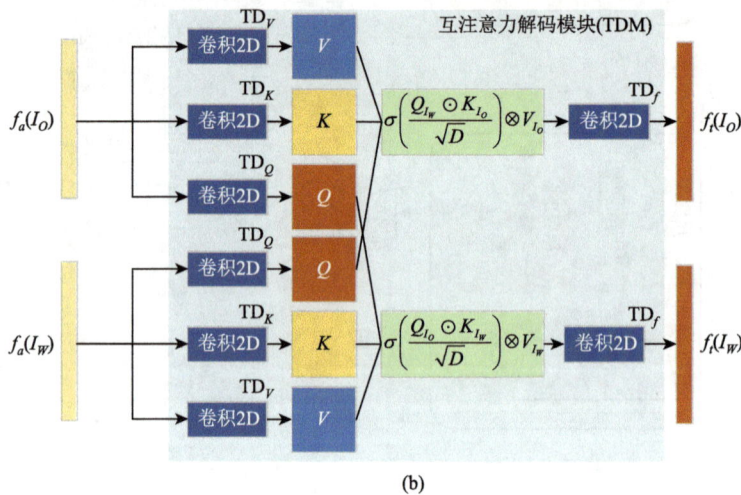

(b)

图 6-6 基于注意力机制模块的对应关系学习

然后，特征图矩阵 Q、K 和 V 变维为 $[D, H \times W]$。自注意力机制模块输出的结果通过 1×1 前向卷积层 SAE_f 编码得到高维特征 $f_a(I)$。

转换解码模块基于高维特征 $f_a(I)$ 获取输入图像对的对应关系。首先，采用三个 1×1 卷积层 TD_Q、TD_K 和 TD_V 转换特征图到相应的 Q、K 和 V，然后使用注意力机制 $\text{attention}(Q_{I_U}, K_{I_T}, V_{I_T})$ 与 $\text{attention}(Q_{I_T}, K_{I_U}, V_{I_U})$ 建立特征间的关系。其中，高维特征 Q_{I_U} 和 Q_{I_T} 分别来自未对齐图像 I_U 和目标图像 I_T。

之后采用 1×1 前向卷积层 TD_f 对两个注意力结果编码得到 $f_t(I_T)$ 和 $f_t(I_U)$，最后注意力图可表示为

$$\text{Corr}_{T,U} = \sigma\left(\frac{f_t(I_T) \odot f_t(I_U)}{\sqrt{d_k}}\right) \tag{6-1}$$

该注意力图用于估计单应性矩阵。为了实现快速且较小 GPU 内存开销，利用局部注意核获取局部范围的对应关系，如图 6-7 所示。

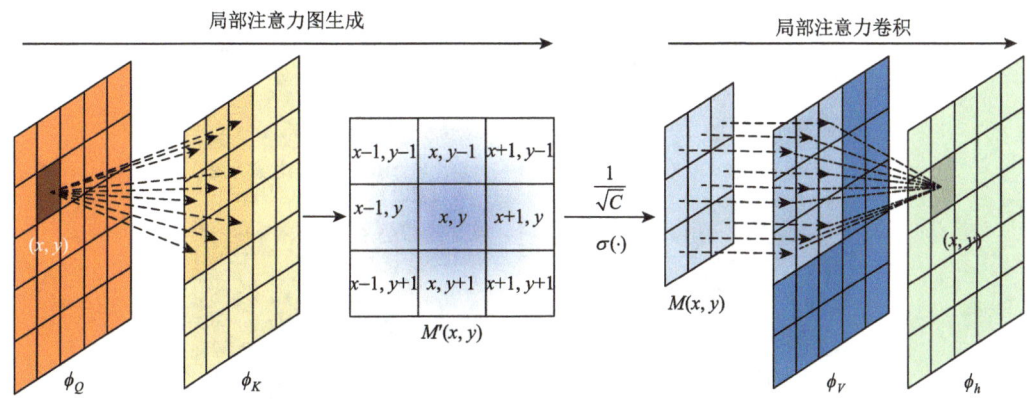

图 6-7 局部注意核

局部注意图描述局部范围 Q 和 K 的对应关系,分别表示为$[C_Q, n_Q, m_Q]$和$[C_K, n_K, m_K]$。假设局部注意核半径为 L,Q 矩阵中的每个元素的位置(x, y)首先搜索 K 矩阵局部区域 $[x-L, x+L, y-L, y+L]$。Q 和 K 的对应关系表示如下:

$$\text{Corr}(q, k) = f_c(Q(x, y), K(u, v)) \tag{6-2}$$

式中,$(u, v) \in [x-L, x+L, y-L, y+L]$;$f_c$ 为相似度函数。

相似地,计算局部关系图如下:

$$M_r(i, j) = f_c(Q(x, y), K(x+j-L/2, y+i-L/2)) \tag{6-3}$$

最后,局部注意图如下:

$$M_a = \sigma\left(\frac{M_r}{\sqrt{d_k}}\right) \tag{6-4}$$

假设 v 是高维特征 V' 的元素,基于局部注意卷积计算如下:

$$v = \sum_{0 \leq i, j < L} M_a(i, j) V(x+j-L/2, y+i-L/2) \tag{6-5}$$

为了实现大范围感知对应关系,采用多尺度策略由粗到精进行单应性估计。由于深度孪生网络提取多尺度低维特征,通过自注意编码模块和转换解码模块针对不同尺度进行局部变换。然后在每个尺度估计单应性,通过级联将不同尺度单应性关联起来,如下:

$$\hat{H} = H_3 \times H_2 \times H_1 \tag{6-6}$$

最终,采用四个尺度的深度孪生网络提取输入图像对的低维特征,通过多尺度局部转换得到注意图,如图 6-8 所示。

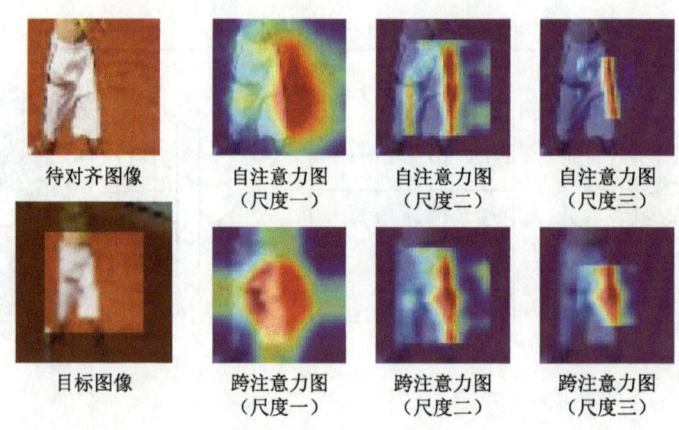

图 6-8 多尺度注意图

低光黑暗、浓雾模糊等场景因为缺少有效准确的图像特征点在图像融合领域一直是具有挑战性的难题。为实现全天候光场多尺度融合,针对这些挑战性场景采用以注意力机制为基础的深度学习方法。通过残差多层神经网络,能有效地从低光黑暗、浓雾模糊等图像数据中提取高维度特征,利用这些高维度特征结合注意力机制可以建立跨尺度的关联,进而实现全天候多尺度融合。

全天候融合技术利用深度学习模型首先从 CoCo、Kitti、FlyingThings 等多个数据集上进行自监督预训练,在预训练过程中对图像进行降采样、加噪声、模糊等多种加强,使得网络能处理真实数据中的各种挑战性场景。之后针对具体场景进行重新训练,在现实数据上也能取得理想的融合效果。

2. 基于深度学习的跨尺度超分辨率配准及深度估计

非结构化光场跨尺度信息映射融合和场景三维信息的提取是亿级像素光场成像的重要研究内容。传统的图像拼接方法由于缺少对场景三维信息的考虑,对于深度变化明显场景的拼接结果存在着不自然扭曲的问题,故采用基于深度学习的跨尺度超分辨配准及深度估计算法,在实现非结构化光场的跨尺度映射及多尺度融合的同时完成场景的深度信息估计,为进一步提高亿级像素光场成像的质量并为后续的场景理解工作提供更为丰富的信息。

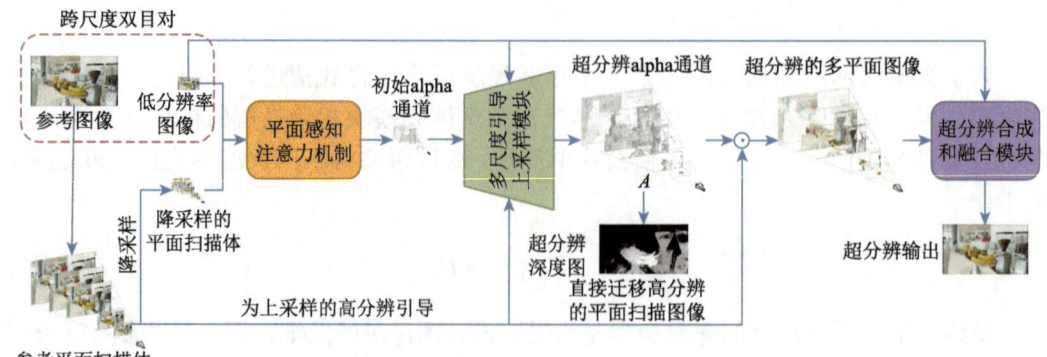

图 6-9 跨尺度超分辨配准及深度估计模块具体设计

⊙:哈达玛乘积

本算法建立跨尺度-多层图像模型，设计了一个端到端的跨尺度超分辨配准网络，如图 6-9 所示，包含多个创新点：平面感知注意力机制［图 6-10（a）］、多尺度导向上采样模块［图 6-10（b）］和超分辨融合模块。该算法充分挖掘了跨尺度全局和局部图像采集下隐藏的场景结构信息，在数字合成和真实光学变焦的跨尺度图像数据上比目前已有的基于参考的超分辨方法效果要好。

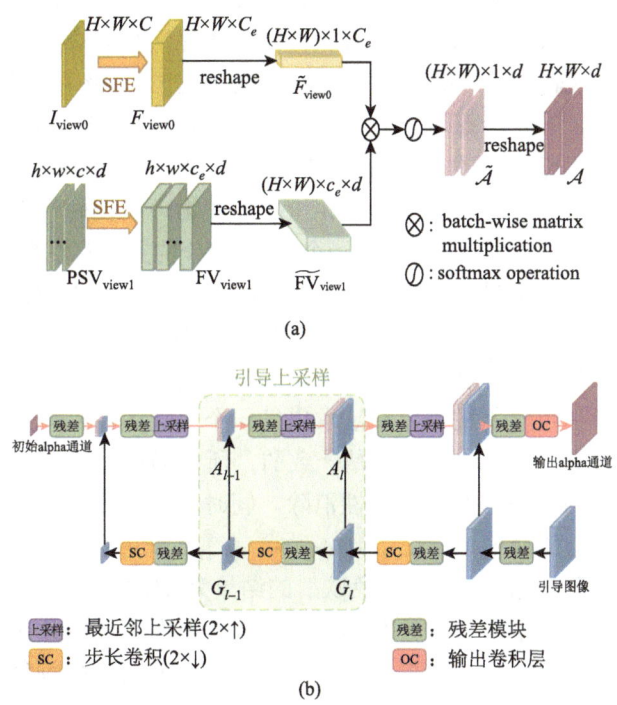

图 6-10　平面感知注意力机制（a）和多尺度导向上采样模块（b）

该深度学习模型利用大量的多视点数据数字合成以及自己采集的真实变焦的跨尺度图像对进行训练，对应的数据和跨尺度图像对结果如图 6-11 所示。利用对场景三维信息

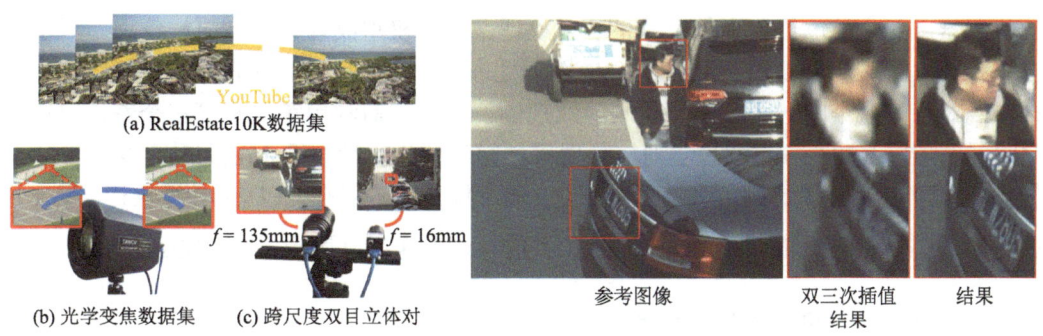

图 6-11　本算法利用数据及测试跨尺度图像对的测试结果

的估计使得 5 亿级像素光场成像超分辨融合配准结果在深度变化明显区域得到明显改进，较大程度提高 5 亿级像素视频生成的质量和观感，同时模型生成的局部相机在全局图像上对应区域的场景深度估计为进一步的场景理解提供了有效的三维信息。

3. 利用并行 GPU 加速的跨分辨率多尺度颜色校正

多相机颜色校正是亿级像素光场计算融合图像高质量与一致性的重要前提，光场相机阵列实时获取的图像因局部相机镜头进光量、去噪算法与摄像头感光元件白平衡等原因无法达成一致的图像特点，使得最后融合计算后的亿级分辨率图像往往产生局部色差，进而使得融合图像质量下降，影响三维场景感知与城市人车物识别的任务。

针对该问题利用并行 GPU 加速的跨分辨率多尺度颜色校正与去雾算法，通过设计跨分辨率颜色映射及去雾模型，解决了局部相机之间在物理以及硬件上的不一致问题，大大提高了光场融合图像的质量。通过研发一个基于 GPU 的并行算法来进行实时颜色校正，在实现图像一致性的基础上进而实现视频流的一致性。颜色校正与去雾算法使用非线性颜色映射函数 $M(c)$，将每一个颜色空间中的颜色 c 映射到一个新的颜色 c'。首先对于现有的全局光场图像，使用白平衡和去雾算法得到一个清晰通透的图像以及对应的颜色映射函数 $M_g(c)$，之后利用颜色重排序算法求出每一个局部图像到全局图像的颜色映射函数 $M_l(c)$，由于全局图像在整体画面上是一致的，所以通过将局部映射到全局的操作，可以将局部图像之间的色差以及不一致性消除。同时，为了保持局部图像颜色本身的分布特点，算法使用一个能量项 $E=(c-c'-(M_l(c)-M_l(c')))^2$ 来进行约束，求解出一个保持局部颜色信息的映射函数 $M_e(c)$，最后颜色映射的结果为 $M_g(M_e(c))$。

在相机实际应用场景中，通常存在同一相机成像平面上亮度分布不均匀的情况，具体表现为中间成像亮度高，周边成像亮度低，这使得仅使用一种颜色映射函数并不能完全达成颜色的一致性。为解决这一问题，算法在多尺度层面上进行优化。将图像划分为不同层级的网格，每个网格都对应一种颜色映射函数，网格之间则是颜色映射函数的线性融合，通过这种方式在细尺度划分下可以使得局部更好地映射对应位置的亮度与颜色特征，在粗尺度划分下又保持了局部与局部之间的平滑过渡与一致性。

为将基于颜色映射的颜色校正与去雾应用于实时 5 亿级像素视频融合流中，算法充分利用了 GPU 的 3D 图形处理单元，将颜色映射函数转换为了三个可在 GPU 上并行计算的着色器，三个着色器分别基于颜色映射纹理、融合权重纹理和映射采样纹理。对于融合视频流中的每个像素 c，可以通过 3D 图形处理单元的着色器首先在映射采样纹理中采样得到对应的多个映射函数在颜色映射纹理的位置，之后利用第二和第三个着色器在颜色映射纹理以及融合权重纹理上对应位置采样得到颜色映射结果 $M(c)$ 和融合权重 $W(c)$，最后结果即为 $\sum_c (M(c) \cdot W(c))$。整个过程中每个像素的映射在 GPU 上并行执行，配合开放图形库（open graphics library，OpenGL）的纹理加速可以达到实时 12fps 的效果。

4. 基于全局图像的初始单图像深度估计

全景深度估计是亿级像素光场成像场景理解的重要一环，能为如虚拟现实、增强现实和视点渲染等任务提供可靠信息。为了实现大场景高分辨率全景深度估计，充分结合亿级像素光场成像设备特点，采用"全局感知-局部优化"的全景深度估计策略，设计高效实时的全局图像初始单图像深度估计算法和融合局部相机的引导深度局部细节优化算法，实现高精度、高分辨率的 5 亿级像素光场深度估计，并达到 12fps 的深度更新帧率。下面主要描述全局图像初始单图像深度估计算法、训练策略以及运算时间。

本算法设计基于多尺度残差模块的全局图像初始单图像深度估计模型，完成快速高效的单图像深度信息估计。该网络基于多尺度的残差网络结构，可以基于彩色图像生成系列不同尺度的特征结果，通过充分逐级融合不同层级的特征学习图像中蕴藏的深度信息。

由于亿级像素光场成像采集内容有如环境、光照、尺度等诸多不确定因素，故传统的基于单数据集的训练模型往往因为泛化能力弱而并不适用于本系统来生成真实可信的深度结果。为了使得上述全局图像初始单图像深度估计能获得适应多变场景和多种深度范围及尺度条件，采用多样化数据集训练策略及能适应多种数据集深度特点的损失函数，构建具有高泛化性能的零样本学习的可跨数据集迁移的单图像深度估计模型。以下描述融合多样化数据集训练的损失函数设计：

$$\mathcal{L}_l = \frac{1}{N_l}\sum_{N_l}^{n=1} \mathcal{L}_{\text{ssi}}(\hat{d}^n,(\hat{d}^*)^n) + \alpha \mathcal{L}_{\text{reg}}(\hat{d}^n,(\hat{d}^*)^n) \qquad (6-7)$$

式中，第一项为尺度-移动不变的损失函数，通过引入校正的尺度缩放因子和偏移校正因子实现鲁棒的监督；第二项为梯度匹配损失函数，通过引入深度在梯度上实现更为真实一致的深度估计结果。

基于上述的单图像深度估计网络结构，结合尺度-移动不变损失函数和梯度匹配损失函数，利用多种涵盖了不同场景特征和深度范围及尺度的数据集充分训练，获得最终的全局单图像深度估计模型。结合后述局部图像的引导迁移高频细节算法，能够在 5 亿级成像分辨率下利用多卡协同运算实现 12fps 的深度更新帧率，全局图像初始深度估计结果及局部图像引导优化深度如图 6-12 所示。

对全局图像进行深度估计后得到的是一个粗略的深度图，为进一步提高深度图质量，采用亿级像素图像的高精度实时深度估计技术。该技术共由三部分构成：①全局图像与 5 亿级像素图像的精细光流估计；②利用光流优化和修正深度估计；③利用 5 亿级像素图像进一步细化深度估计。技术的各个部分通过深度神经网络耦合在一起，可以实现端到端的高精度实时深度估计。

（1）全局图像与 5 亿级像素图像的精细光流估计：传统的密集光流估计算法借助于多尺度多级的图像块比对，在求解图像密集光流时需要占用大量计算资源，一次计算耗时量较大，且对噪声抗干扰能力较差。所以结合深度学习在光流估计方面的优势，使用神经网络来求解全局图像与 5 亿级像素图像的光流，在 RTX2080 显卡上可以达到 12fps 的光流估计速度，同时能得到像素级别的精细光流结果。该网络也具有较强的鲁棒性，能够抵抗噪声，并在跨分辨率的情况下估计光流。

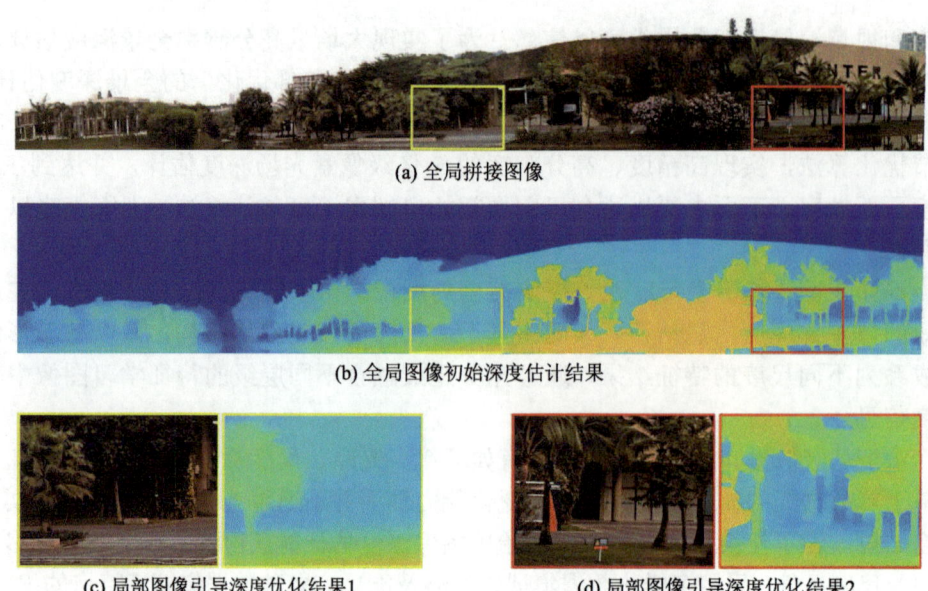

图 6-12 全局图像初始深度估计结果及局部图像引导优化深度

（2）利用光流优化和修正深度估计：由全局图像估计得到的全局深度通常是粗略模糊的，同时由于仅用单图像估计，存在一定的深度误差。结合精细光流和全局深度可实现进一步的深度修正。该修正模块使用卷积神经网络同时对光流图和深度图进行卷积计算，并利用通道注意力机制建立光流和深度之间的联系，对粗略的全局深度使用精细的光流优化。另外，该模块通过修改网络结构来降低卷积神经网络的感知野，强化网络的局部优化能力并加快网络推断速度，可达成实时修正。

（3）利用 5 亿级像素图像进一步细化深度估计：在前两步中，深度估计始终受限于全局图像的分辨率，为进一步提高深度估计精度，融合 5 亿级像素的 RGB 信息和修正后的深度信息，可实时生成 8K 高质量的深度图。该过程使用两个多尺度的深度神经网络，分别为卷积颜色空间和深度空间。同时使用多级融合策略，在每一个尺度都进行颜色空间和深度空间的特征融合，最后反卷积生成深度图。

6.3 城市密集人群行为在线视觉分析技术

密集人流存在的遮挡、人体交互等难题给算法的实时性计算需求带来极大的挑战。可疑人员检测与识别是公共安全防控的重点和难点，通过图像视频监控采集的信息，利用生物特征提取的方法能够在最低介入的条件下，识别人群中的危险犯罪分子。但在人流密集的复杂环境中，人与人之间的遮挡使得难以检测到有效的生物特征。因此提出融合实时深度检测系统，其基于四维光场相机系统对光线数据进行在线筛选，去除遮挡物的信息后进行光场孔径成像，如图 6-13 所示。针对人流密集场景即时响应需求，通过设计阵列式光场相机采集系统、数据存储及压缩系统、在线光场处理系统和平台化设备管理系统，实现动态对象的实时去遮挡和生物特征检测识别。

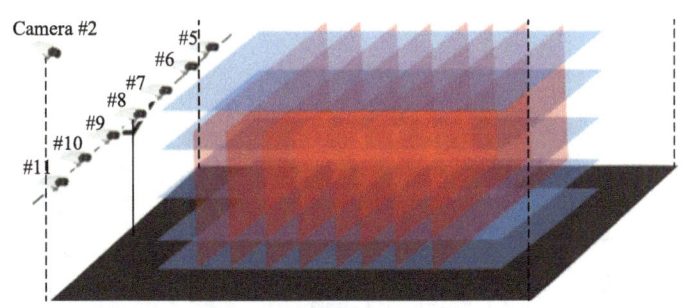

图 6-13 光场合成孔径渲染对焦平面

光场阵列相机子系统是系统与用户交互的主导部分。系统集成了光场采集、实时成像及生物特征分析子系统的人脸识别和结构化数据生成功能。同时,考虑交互友好性,系统能够展示安防区域的三维模型,允许用户对该模型进行放大缩小、平移和旋转等操作。实际来看,光场智能监控采集主要是以下形态:高密度人群场景下(如地铁通道、机场、火车站),利用光场阵列对人群进行数据采集,利用合成孔径光场成像技术去除遮挡,更快速地获得清晰的人脸数据,提供给人脸识别系统,如图 6-14 所示。

图 6-14 光场去遮挡实战效果

为实现高质量光场数据采集,以及稳定光场图像渲染、多重对焦平面稳定高频输出,光场阵列采集处理系统需达到:①去遮挡效果,人群间距 80cm 获得清晰遮挡人像。②光场去遮挡有效范围,2.5m×6m(可根据现场条件,灵活调整相机矩阵数量和基线,满足实战需求)。③光场采集及处理帧率,30fps。④光场对焦平面数量,4 组。⑤光场图像分辨率,不低于 1920 像素×1080 像素(单路)。⑥综合人脸质量(PSNR),≥28dB。⑦四路光场成像数据传输,不高于 40MB/s。

正视角度中,被遮挡物的遮蔽面积在 0%~100%,两物体间距不低于 80cm,通过光场渲染系统,输出清晰的被遮挡物体图像。测试方法如下:以 A4 尺寸大小的标定板作为被遮挡物,距离相机阵列 3.5m,离地高度 1.6m。遮挡物 A4 纸放置在相同尺寸的彩色标定板前,间距不低于 80cm,通过调整光场相机的虚拟对焦平面,得到去除遮挡的清晰彩色标定板图案。彩色标定板被白色 A4 遮挡测试图像参见图 6-15,利用去遮挡光场相机系统,得到去遮挡后的情况,参考图 6-16。

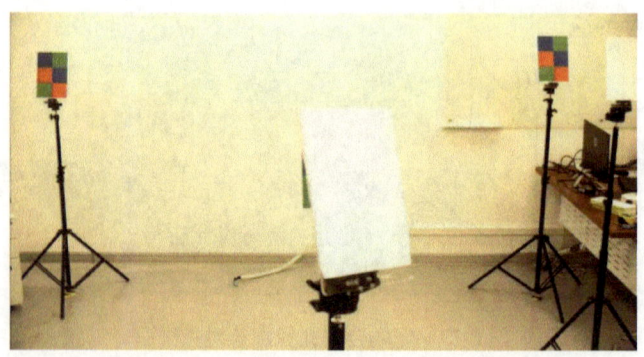

图 6-15 彩色标定板被白色 A4 遮挡测试图像

图 6-16 彩色标定板去遮挡后的情况

6.4 城市景物深度估计与场景语义分割技术

6.4.1 城市景物深度估计技术

为了充分利用光场图像所蕴含的丰富场景结构信息,为城市场景语义分割任务提供支撑,首先基于射线极面图像(ray-epipolar plane image,Ray-EPI)提出基于多方向射线极面图像的光场深度估计网络,解决在基于光场的深度估计中由城市场景常见的遮挡尤其是密集遮挡带来的成像不一致及颜色混淆造成的深度估计错误。

在一般遮挡的情况下(遮挡物仅出现在目标点的一侧),传统多方向极面图像(epipolar plane image,EPI)往往只有一个方向不受遮挡影响。如图 6-17 中点 A 所示(位于方盒后的纸袋表面,其在极面图像中的像由红色线段标出),仅有 90°方向的极面图像不受影响,其他方向极面图像均无法进行有效的深度提取。然而,在存在一般遮挡的极面图像中,仍然有至少一半视角是未受遮挡影响的,直接放弃整个极面图像会损失过多有效的深度提取线索。而在密集遮挡的情况下(目标点被遮挡物半包围或完全包围),传统的多方向极面图像往往在所有方向上均受遮挡影响。如图 6-18 中点 C 所示(位于网格后的书脊表面，其在极面图像中的像由白色线段标出），在任意方向的极面图像中，点 C 的像均被遮挡物截断，无法进行可靠的深度估计。

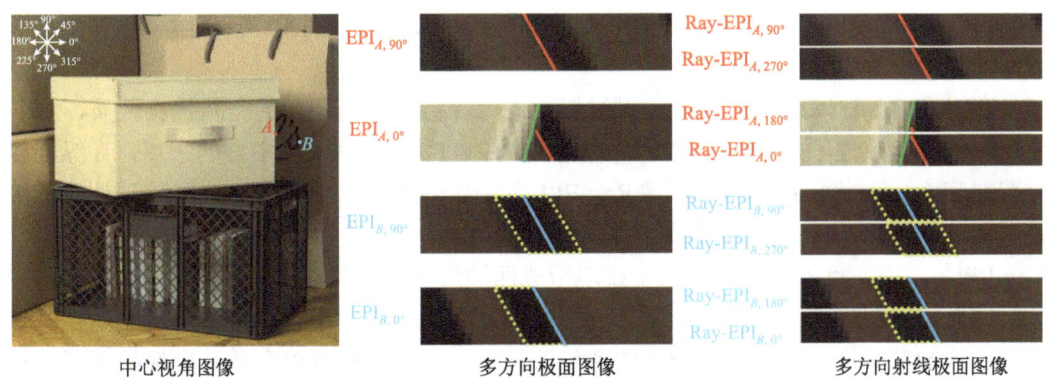

图 6-17　射线极面图像普通遮挡场景

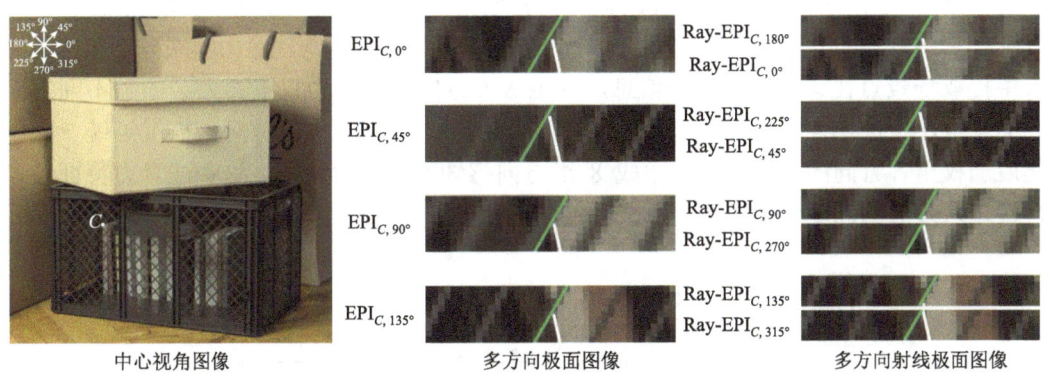

图 6-18　射线极面图像密集遮挡场景

为了解决上述问题，构建能够有效分离存在遮挡区域和不存在遮挡区域的射线极面图像，其提取方式如下：

$$\begin{aligned}\text{Ray-EPI}_{\alpha,x^*,y^*}(s,r_\alpha) &= L(x^* + s\cos\alpha, y^* + s\sin\alpha, r_\alpha\cos\alpha, r_\alpha\sin\alpha)\\ \text{Ray-EPI}_{\alpha+\pi,x^*,y^*}(s,r_{\alpha+\pi}) &= L(x^* + s\cos\alpha, y^* + s\sin\alpha, r_{\alpha+\pi}\cos\alpha, r_{\alpha+\pi}\sin\alpha)\end{aligned} \quad (6\text{-}8)$$

式中，$s \in \mathbf{R}$，为极面图像的横坐标；$r_\alpha \in \mathbf{R}_0^+$、$r_{\alpha+\pi} \in \mathbf{R}_0^-$ 为极面图像的纵坐标；$\alpha \in [0,\pi)$，为控制角域与空间域中的采样方向；(x^*, y^*) 为采样视角中采样直线上任意一点的坐标。

射线极面图像全面提高了传统极面图像在遮挡区域的表现。在一般遮挡的情况下，遮挡物对侧的射线极面图像通常不受遮挡影响。此时使用射线极面图像进行深度估计，提升了有效视角数量，增加了深度估计的准确性。如图 6-17 所示，将极面图像 $\text{EPI}_{A,0°}$ 分割为射线极面图像，遮挡的影响被控制在 $\text{Ray-EPI}_{A,180°}$ 中，而另一半不存在遮挡的视角在 $\text{Ray-EPI}_{A,0°}$ 中得到了保留。深度估计的准确性随着有效视角信息的提升而升高。而在密集遮挡的情况下，至少可以找到一个不受遮挡影响的射线极面图像，从而进行准确的深度估计。如图 6-18 所示，在传统极面图像中，任何方向的极面图像均受遮挡影响，无法从中提取可靠的深度信息，而射线极面图像 Ray-EPI$_{C,0°}$、Ray-EPI$_{C,45°}$、Ray-EPI$_{C,270°}$ 与 Ray-EPI$_{C,315°}$ 均避开了遮挡点，场景点 C 的像所成线段清晰且完整，其深度可以得到准确的估计。

在提升遮挡区域表现的同时，射线极面图像保持了极面图像的一些优良性质，如对纹理边缘的有效性。如图 6-17 所示，点 B 为纸袋上纵向纹理边缘中心的一点，在纵向极面图像 EPI$_{B,90°}$ 与纵向射线极面图像 Ray-EPI$_{B,90°}$、Ray-EPI$_{B,270°}$ 中，点 B 与纹理边缘其他区域混在一起无法识别。而在横向极面图像 EPI$_{B,0°}$ 与横向射线极面图像 Ray-EPI$_{B,0°}$、Ray-EPI$_{B,180°}$ 中，点 B 的像均构成了纹理所成四边形的边，其深度可准确计算。

综上，射线极面图像在保持了极面图像优良特性的前提下，可提升在一般遮挡区域深度估计的准确性。同时，在极端的密集遮挡情况下，依然可以有效分离遮挡区域，得到可靠的深度估计。

基于多方向射线极面图像，构建了一个遮挡鲁棒的光场深度提取卷积网络 Ray-EPI Net。如图 6-19 所示，Ray-EPI Net 的输入为光场在 0°、45°、90°、135°、180°、225°、270° 以及 315° 8 个方向的射线极面图像。8 个方向感知的特征提取与注意力模块分别从每组输入中提取场景点在该方向的深度信息，并生成该方向的注意力权重。为了鼓励不同方向间的竞争，以促进网络选择未被遮挡方向的深度信息，8 个方向的注意力权重经统一归一化后加权至各方向的深度信息，生成 8 组方向感知的注意力特征。这些注意力特征经过拼接进入最后的深度估计模块，形成最终的深度估计。

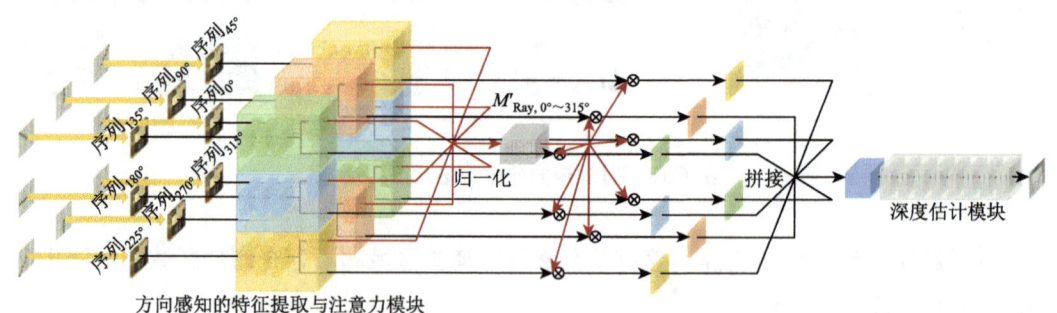

图 6-19 Ray-EPI Net 网络结构

射线极面图像减少了目标场景点在极面图像中被遮挡的可能性，而注意力机制让网络更加重视目标场景点未被遮挡的射线极面图像，从而大大提升了深度估计算法对遮挡，尤其是密集遮挡的鲁棒性。

针对实际拍摄场景中由噪声引起的成像不一致问题，构建了基于多方向聚焦序列的深度提取网络 Refocusing Net。聚焦序列由一系列聚焦到特定深度的重聚焦图像组成。得益于多对一整合策略，由光场图像产生的聚焦序列对噪声鲁棒性极强。而多方向聚焦序列的提出，进一步减少了其受遮挡的影响。方向为 α 的聚焦序列中的重聚焦图像计算方式如下：

$$I_\lambda^\alpha(x,y) = \int_{\Pi_\alpha} \int L(x-u\lambda, y-v\lambda, u, v) \mathrm{d}u \mathrm{d}v \qquad (6\text{-}9)$$

式中，(x,y) 为中心视角像素坐标；Π_α 定义了以方向 α 过中心视角的直线所经过的视角坐标。Refocusing Net 网络结构如图 6-20 所示，输入为根据 4 个方向的视角图像分别计算出的 4 组聚焦序列 $FS_{0°}$、$FS_{45°}$、$FS_{90°}$ 及 $FS_{135°}$。4 个聚焦序列特征提取模块分别提取不同方向的聚焦序列特征，并根据 Ray-EPI Net 中提取的遮挡关系融合 4 方向聚焦序列特征，以最大限度地避免遮挡的影响。最终，深度估计模块根据融合的聚焦序列特征提取噪声鲁棒的深度图。

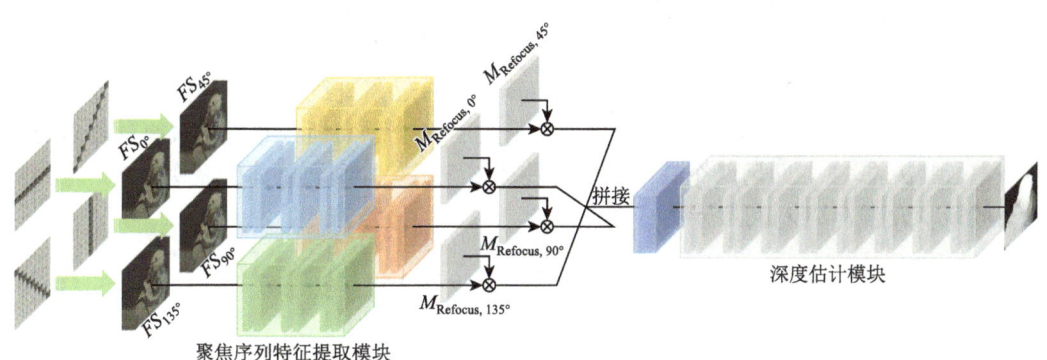

图 6-20　Refocusing Net 网络结构

结合 Ray-EPI Net 与 Refocusing Net，进一步构建 RRNet（ray-epi and refocusing network）网络，如图 6-21 所示，在一个统一的框架中处理遮挡与噪声问题。RRNet 网络通过注意力机制有机地融合来自 Ray-EPI Net 的一致性深度线索与来自 Refocusing Net 的重聚焦深度线索，分别选取两个子网的优势区域，实现遮挡与噪声鲁棒的深度估计。在通用的 4D Light Field Dataset 数据集上，该方法达到了世界领先水平。

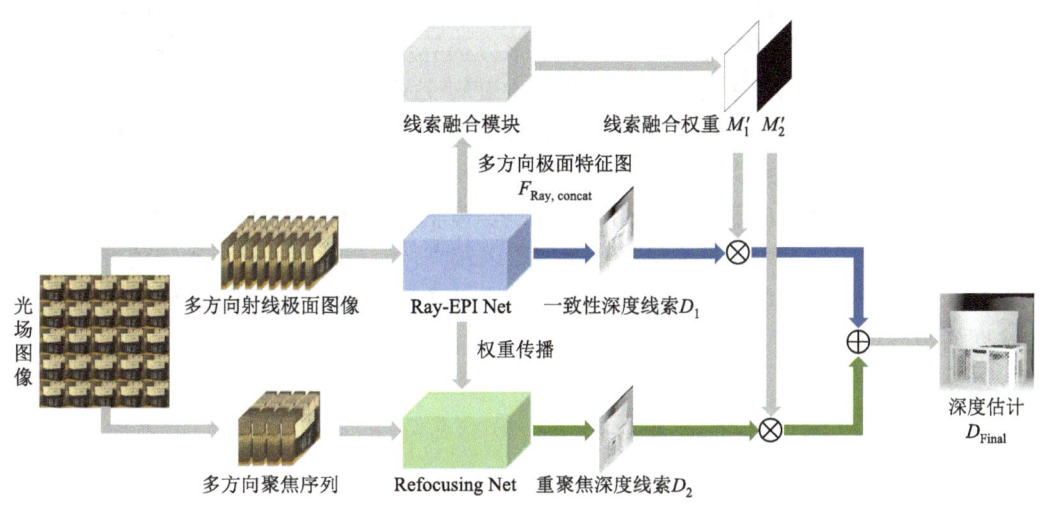

图 6-21　RRNet 网络结构

在城市场景中，除了普遍存在的遮挡、噪声外，还有大量的镜面反射和透明体。镜面反射和透射使得基于朗伯平面漫反射的成像一致性假设失效，导致深度估测结果的巨大误差。因此，有必要划分出场景中的镜面区域，并对其进行分层的深度估测。

在镜面区域检测阶段，首先构建旋转分割差异最大化算子 $w(i,j) = c \times d_\theta(i,j) \times e^{\frac{-d_\theta^2(i,j)}{2a^2}}$，其中，$w(i,j)$ 为坐标 (i,j) 位置上的算子权重；c 为平衡权重的常数项参数；θ 为算子中心线倾斜角度；d 为算子中心线距离坐标 (i,j) 位置像素点的直线距离；a 为高斯分布参数。

镜面区域在极面图像中表现为两条中心相交的直线所构成的 X 形结构。利用旋转分割差异最大化算子对极面图像进行卷积处理，旋转过程中得到的差异代价函数在两条直线附近得到最大值。具体表现为：随着算子旋转到直线附近，代价函数值逐渐增大，算子两侧的颜色差异逐渐趋于局部最大化；当算子旋转远离直线时，差异代价函数值逐渐减小，算子两侧颜色差异降低。根据以上特征，用 K 个子高斯分布模型来衡量总体的分布概率，默认 $K=2$，即用两个高斯模型的叠加来表示差异函数整体的概率分布。差异函数离散概率分布 $P(\theta|\lambda)$ 可表示为

$$P(\theta|\lambda) = \sum_{k=1}^{K} \alpha_k \varphi(\theta|\lambda_k) \tag{6-10}$$

式中，α_k 为差异函数属于第 k 个单高斯模型的概率，满足 $\alpha_k \geq 0$ 且 $\sum \alpha_k = 1$；$\varphi(\theta|\lambda_k)$ 为第 k 个子高斯分布密度函数；λ_k 为第 k 个子高斯分布模型的参数。利用基于极大似然估计的混合高斯分布模型对差异代价函数进行拟合，比较模型之间的峰值差异即可划分出镜面区域，从而实现镜面区域检测。

在获取镜面区域的检测结果后，光场图像被明确地分割为两个部分：朗伯区域和镜面区域。对于朗伯区域，利用交叉分离算子的第一个分支在极面图像上进行卷积操作，当交叉分离算子旋转到极面图像上的直线结构处时获得最高的响应值，旋转远离直线结构时响应值降低，依据此特点可以匹配到朗伯区域极面图像上的直线结构，利用直线斜率与景深的关系获得朗伯区域的深度估测结果。对于镜面区域，利用交叉分离算子的第一个分支在极面图像上进行卷积操作，当交叉分离算子第一个分支旋转到镜面物体对应的深度直线时，固定第一个分支的旋转角度并旋转交叉分离算子的第二个分支，当交叉分离算子第二个分支旋转到被反射或透射物体深度直线时，获得最高的响应值，最后利用直线斜率与深度的关系实现镜面区域的多层深度估测。

由于以上基于多方向射线极面图像的光场深度估计网络与基于旋转分割差异最大化原理的深度估计方法对所处理光场视角密度要求较高，为有效提升光场数据角域分辨率，探索了一种基于零样本学习的光场图像角域超分辨方法，以实现不依赖训练数据的可靠光场图像角域超分辨。

6.4.2 城市场景语义分割技术

光场图像蕴含丰富的场景结构信息，可极大促进语义分割效果的提升。由于目前尚

无相关数据集,首先构建面向城市场景的光场语义分割数据集 UrbanLF,其包含 824 个真实光场图像和 250 个合成光场图像。其中,真实光场数据使用 Lytro Illum 相机采集,合成光场数据由 Blender 软件创建。

考虑训练模型的通用性,图像内容充分覆盖街道、公园、建筑等典型城市场景,为在未来实际场景中的应用提供保障。对每个光场图像的中心视角进行精确语义标注,其标注类别为 14 类,包括 Road、Sidewalk、Person、Rider、Vehicle、Bike、Building、Fence、Bridge、Pole、Traffic Sign、Vegetation、Sky 及 Others,基本涵盖城市语义分割中全部需要类别。数据集按照 7∶1∶2 的比例随机划分为训练、验证与测试数据。在测试数据上,提出的基于光场鲁棒性特征的语义分割网络 LRFNet(light field robust feature network)像素准确率(pixel accuracy,PA)达到 92.03%,部分测试结果如图 6-22 所示。

(a) 光场图像26

(b) 图像26语义分割结果

(c) 光场图像145

(d) 图像145语义分割结果

图 6-22　LRFNet 语义分割结果

针对基于 RGB-D 的城市场景语义分割任务,首先探索了基于传统图像的语义分割方法,以车辆重识别任务为切入点,研究了一种车标扩散区域与其他重要局部区域分割算法。与传统图像不同,光场图像蕴含着丰富的场景结构信息,可用于提升语义分割模型边缘划分与分类的准确性。结合上述基于光场的景物深度估计方法,构建基于光场鲁棒性特征的语义分割网络 LRFNet。其中,光场鲁棒性特征由光场颜色特征与光场空间特征融合而成,分别代表了场景中的颜色信息与空间结构信息。为了提升算法在多类别多尺度物体下的分类准确性,进一步引入多尺度金字塔池化层及相邻关系矩阵。所提出的

LRFNet 网络结构如图 6-23 所示。其中，以中心视角为核心，将水平方向、垂直方向以及两个对角线方向上所有视角图像按序堆叠作为输入，提取光场颜色特征，以此四方向上视角生成的遮挡选择性极面图像为输入，提取光场空间特征；最终将两类特征尺度归一化后拼接形成光场鲁棒性特征，结合多尺度池化与相邻关系矩阵，得到最终的遮挡鲁棒的语义分割结果。

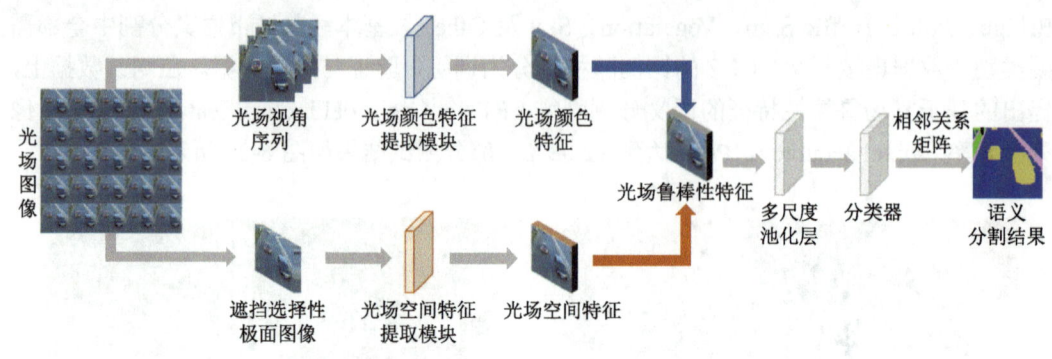

图 6-23 LRFNet 网络结构

6.5 城市车流动态跟踪分析技术

视频数据中移动目标的长距离跟踪是计算机视觉领域的重要研究问题。对城市车流的动态跟踪能有效感知道路车辆的行驶状况，对改善车辆行驶环境有重要意义。车流动态跟踪需要对目标车辆进行感知、检测、定位和动态关联。常见的目标感知传感器包括雷达、红外探测器、毫米波、声呐和视觉相机等，针对不同的应用场景使用相应的传感器进行检测，或组合使用多个传感器提高目标检测的可靠性。针对城市车流动态跟踪，使用亿级像素相机能有效获取高分辨率、大场景的车流信息，有效解决密集车流长距离跟踪的信息感知问题。实现目标跟踪首先需要从场景中检测出目标对象，如本节关注的跟踪对象——车辆。从传统的统计分类模型到深度学习技术都注重图像特征的提取，模型学习到的特征直接决定了检测的精度。基于统计分类的目标检测方法对外观特征的匹配要求较高，结合数据预处理实现高质量目标特征匹配，该技术对光照变化、物体旋转、视点位置和遮挡等都有较好的鲁棒性。一些经典的特征匹配算子包括：方向梯度直方图（histogram of oriented gradient，HOG）、尺度不变特征变化（scale-invariant feature transform，SIFT）、哈里斯-斯蒂芬角检测器等。基于深度学习技术的方法包括：RCNN（region-convolutional neural networks）、faster RCNN（faster region-convolutional neural networks）、SSD（single shot multiBox detector）、YOLO（you only look once）等。其中，YOLO 系列的相关工作被关注度较高，在学术研究中不断被优化，并被广泛应用于不同的工业场景，截至撰写本节内容时最新 YOLO 相关工作已更新到 YOLOv5 和 YOLOX。由于本书关注的是二维空间的目标检测，使用二维坐标系表示检测结果在图像中的位置，依靠像素坐标实现目标定位。如图 6-24 所示,对于二维检测框只需要获取左上角坐标以及锚框的宽和高即可。以上描述的是单张二维图像的情况,即视频数据的其中一帧。针对连续帧的视频数据需要检测出每一帧中的目标对象,并对相同的目标对象使用同样的颜色框和编号进行标注,实现目标的长距离跟踪。针对不同帧之间相同目标的关联,传统方法使用卡尔曼滤波算法作为线性运动模型估计运动目标的方向和速度,匈牙利算法根据目标外观和运动相似性把不同时刻检测到的目标进行一对一的关联,形成完整的目标运动轨迹。为了提高目标关联的准确率,也有研究使用卷积神经网络提取目标的表观特征辅助目标关联。为了实现强关联使用循环神经网络实现多帧同时输入获得更好的关联特征信息,如图 6-24 所示。

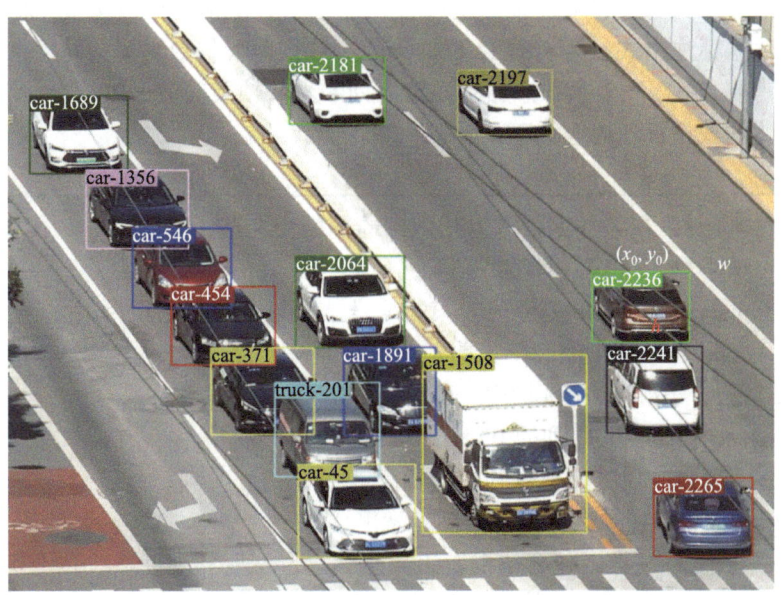

图 6-24　城市车流动态跟踪结果

6.5.1　车流动态跟踪的挑战

　　基于"先检测再跟踪"的目标跟踪框架是较为常见的方法。通过使用已有的目标检测模型或针对特定对象训练新模型,实现目标的实时检测,再结合目标关联算法实现目标跟踪。为了提高检测效率和实现特征共享,大量研究工作使用深度学习模型,同时训练目标检测和跟踪模型实现特征共享。研究人员认为目标检测和目标关联都使用目标的表观特征,同时训练不仅可以减少模型的参数规模,而且将原来先检测后跟踪的两阶段方法缩短为一阶段模型,有利于提高跟踪模型的实时性。然而,无论是先检测再跟踪还是联合训练检测和跟踪模型,针对大场景下密集车流的跟踪分析依然充满困难和挑战。第一,大场景下可用目标特征较少,远距离目标的尺度较小、包含的特征较少,目标间遮挡和不同目标之间外观相似度较高都会导致模型无法学习到有效的特征;第二,锚框定位难度大，交并比（intersection-over-union，IoU）是评价目标检测精度的重要指标，然而锚框的略微移动都会导致 IoU 的差异较大；第三，缺少大场景中带标注的小目标数据集，亿级像素相机能拍摄远距离、大视场角的视频数据，其中包含不同尺度的车辆信息，已有的公开标注数据缺乏类似的小目标，导致模型训练难度大。

6.5.2 车辆目标检测方法

正确地检测出图像中的目标为很多视觉应用问题提供了重要的支撑。由于亿级像素相机采集的视频数据分辨率较高，使用深度学习方法能较好地提取不同尺度的特征。为了提高模型对城市大尺度密集车流的鲁棒性，标记了大量使用亿级像素相机采集的城市车流数据，数据标注格式参考 COCO 数据集的标注规范确保数据集的易用性。综合考虑目标跟踪的需要，在标注信息中添加了视频序列中当前帧及其前后帧的 ID 信息及其他关键信息，具体的数据标注内容如下。

---

1. image_name：视频数据裁剪为图像后的图像命名
2. image_id：全部图像进行 ID 编号
3. pre_frame_id：视频序列中前一帧的编号，如果不存在则设为–1
4. curr_frame_id：视频序列中当前帧的编号
5. next_frame_id：视频序列中下一帧的编号
6. video_seq_id：视频序列的 ID 编号
7. image_height：视频裁剪得到的图像高度
8. image_width：视频裁剪得到的图像宽度
9. bbox：目标标注框，包含锚框左上角坐标以及宽度和高度
10. area：锚框高度和宽度的乘积即锚框面积
11. category_id：目标类别 ID，通过 ID 可以查找类别名称
12. track_id：被跟踪目标 ID
13. confidence：目标检测器检测到实例的置信度
14. iscrowd：表示目标是否被遮挡以及遮挡程度，参考 VisDrone 标注方式

使用基于 YOLOv3 改进得到的 YOLOX 训练目标检测模型，如图 6-25 所示，DarkNet53 作为模型特征提取网络。已有 YOLO 系列检测模型使用耦合的检测头会降低检测性能，将预测分支解耦不仅能提高模型的收敛速度，而且能提高预测结果的准确率。合并后的检测头输出结果包含 Cls.、Reg.和 Obj.，分别表示目标框类别的预测分数、目标框坐标信息 (x_0, y_0, w, h) 的预测和判断目标框属于前景还是背景。解耦后分类和回归变成两个平行的任务，避免了模型训练过程中多任务带来的冲突，并在回归任务分支增加 IoU 分支参与训练。

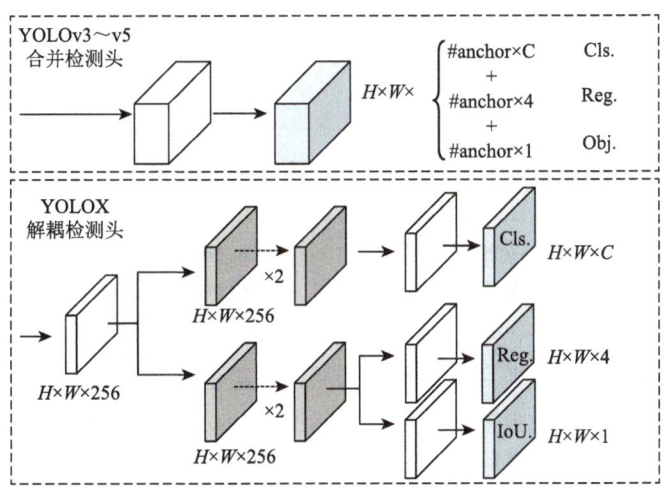

图 6-25 YOLOX 和 YOLOv3～v5 检测头差异图

另一个重要的改进是使用无锚框（anchor-free）代替基于锚框（anchor-based）的方法，极大地减少了预测结果的参数数量。以 YOLOv3 为例，模型每次输出 3 个不同大小的特征图，分别对应 32 倍、16 倍和 8 倍下采样，假如输入的图片为 640 像素×640 像素，则输出特征图大小为 20 像素×20 像素、40 像素×40 像素和 80 像素×80 像素。如果使用包含 80 个类别的 COCO 数据集，则每个锚框包含$(x_0, y_0, w, h, obj, class)$，其中，obj 为前景背景；class 为 80 个类别，共包含 85 个参数。计算模型预测输出 $3×(20×20 + 40×40 + 80×80)×85 = 2142000$ 个结果。而 YOLOX 输出的特征向量维度为 $8400×85 = 714000$ 个预测结果，只有 YOLOv3 的 1/3。此外，为了实现数据增强在输入端对数据进行 Mosaic 和 Mixup 处理，对数据进行随机缩放、裁剪、排列和叠加，提升模型对小目标的检测能力，检测结果如图 6-26 所示。

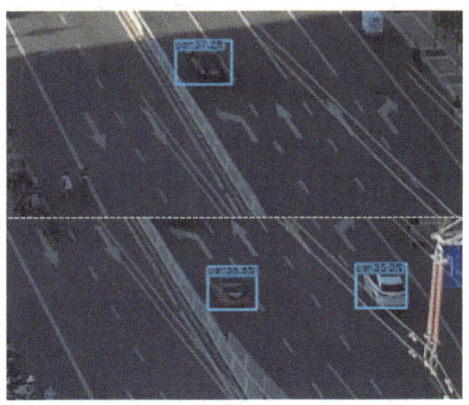

图 6-26 基于 YOLOX 网络检测结果

6.5.3 车辆目标跟踪方法

根据多目标跟踪的数据关联方式可以分为在线多目标跟踪方法、离线多目标跟踪方法以及半在线多目标跟踪方法。按照使用的摄像头个数可以分为单摄像头多目标跟踪和多摄像头多目标跟踪。亿级像素相机虽然由多个相机拼接组成，但是最后的输出结果使用图像拼接算法合成单张亿级像素图片，所以单个亿级像素相机属于单摄像头多目标跟踪。多摄像头跟踪是指从多个视角拍摄目标，目标从一个摄像头消失进入另一个摄像头，实现跨镜头的目标重识别。当目标被检测到后，跟踪过程是一个统计学的估计问题，在数学形式上更像是一个似然函数。其中，卡尔曼滤波是常用的跟踪滤波器，根据已知目标状态估计未来的状态。在实际车辆状态估计中，车辆的运动受到驾驶人员的影响以及周围其他车辆和行人的干扰等，造成大量的随机误差导致估计结果和车辆的实际位置产生严重偏差。为了解决随机误差和系统误差导致的运动估计偏差，我们使用卡尔曼滤波提高估计准确率。

6.5.4 联合训练检测和跟踪模型

同时训练检测和跟踪模型受到广泛关注，通过结合检测任务和跟踪任务，将两个模型合并到同一个框架进行训练，把目标跟踪转换为一个多任务学习的问题。针对目标跟踪的多任务模型输出结果通常包含：分类任务、回归任务和外观表征任务，对于每一个任务都设计相应的损失函数用于训练模型，分别用 L_c、L_r、L_m 表示，则模型的总损失函数为三个任务的和：

$$L_{\text{total}} = \sum_{j=c,r,m} L_j \tag{6-11}$$

然而，简单地对损失值的相加会带来一个多任务学习中的常见问题，不同任务之间训练过程中会产生冲突导致模型无法收敛。针对该问题的一种解决方式是引入贝叶斯建模中的偶然不确定性，动态调整损失值的权重。贝叶斯建模中存在两种不确定性，分别为：认知不确定性（epistemic uncertainty）和偶然不确定性（aleatoric uncertainty），偶然不确定性又分为数据相关的不确定和任务相关的不确定。多任务学习属于任务相关的不确定性问题，引入可学习的损失参数后多任务的总损失函数改写为

$$L_{\text{total}} = \sum_{j=c,r,m} \frac{1}{2}\left(\frac{1}{e^{s_j}} L_j + s_j\right) \tag{6-12}$$

式中，L_{total} 为最终计算得到的损失之和；e 为自然常数；s_j 为每个损失函数的任务相关不确定性，在训练模型过程中作为参数进行学习。引入贝叶斯不确定性可以改善损失函数不平衡的问题，但是多任务问题的冲突依然存在，一种更直接的方式是使多任务的目标保持一致。如图 6-27 所示，目标检测任务的预测结果通常是一个锚框，而跟踪任务可以将目标视为一个移动的点。为了保持任务的一致性，将目标检测过程预测锚框改为预测目标关键点，关键点的位置为锚框的中心点。

图 6-27 联合训练检测和跟踪模型结果

6.6 典 型 应 用

由于十亿级像素光场相机具有超视距、超高清、大广角和目标全覆盖的感知能力优势，十亿级像素光场视频智能感知典型应用在大场景环境，包括智慧城市、城市安防、对地观测、军事侦察等。针对城市环境，基于十亿级像素多尺度智能光场成像与分析技术的城市人车物要素感知是城市多尺度综合感知的典型应用。本节以城市人车物多尺度分析平台为应用案例，如图 6-28 所示，此处介绍基于十亿级像素视频的行人检测和人脸识别，车辆跟踪、计数与车牌识别，车辆违规检测与异常事件报警等解决方案。

6.6.1 行人检测和人脸识别

在城市场景中，行人常常以人群方式出现，如广场、交通路口等地点的人群。这些地点具有空间区域面积较大、背景复杂且人流方向多变等特点。实现这些区域整体感知人群的动态情况，需要大广角、超高清和目标全覆盖的感知能力。基于十亿级像素光场相机的视频智能感知通过金字塔数据处理机制，从宏观、介观和微观多尺度成像和目标处理，完成人群、行人、人脸在视频中的检测和识别。

6.6.2 车辆跟踪、计数与车牌识别

城市交通是智慧城市的重点研究内容，基于监控相机的视觉方法一直是车流感知的研究热点。随着城市交通规模增加，车辆运行情况处理变得复杂，需要长距离无缝跟踪监控进行车流感知。基于十亿级像素光场相机的超视距、大广角和宽视场的感知能力优势，进行城市车流长距离无缝跟踪分析，实现实时车辆计数，并且识别车辆牌照信息。根据车辆跟踪和计数结果得到城市交通动态流量热力图，从而为城市应急管理提供参考依据。车牌识别提供车辆牌照信息，为后续车辆违规检测和异常事件报警提供车辆身份识别支持。

6.6.3 车辆违规检测与异常事件报警

随着城市区域交通功能划分越来越精细，如公交专用车道、禁停区以及单行道等，

城市交通感知具有车辆违规检测和异常事件报警功能（赵卓峰等，2016）。车辆违规行为和异常事件发生均具有时空属性，即时间和空间上触发条件。车辆长时无缝跟踪保证时间维度检测需求，光场相机宽视场、大广角成像保证空间目标全覆盖要求。基于十亿级像素光场相机可无缝全覆盖城市交通重点监控区域，通过设置车辆违规和异常事件的时空条件可自动完成检测和报警（图6-28）。

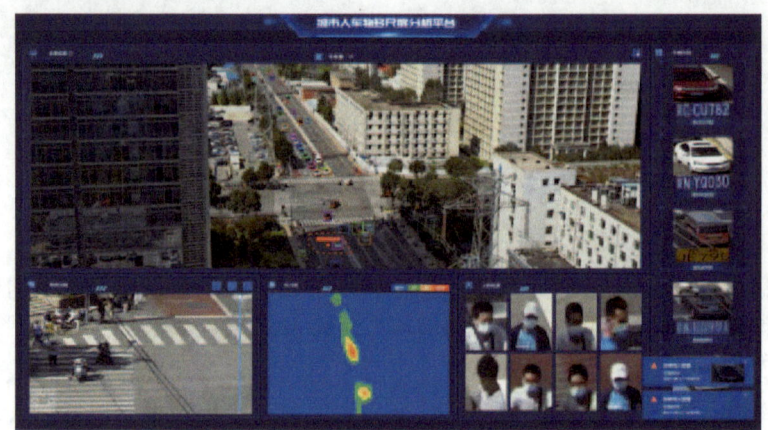

(a) 基于十亿级像素光场相机的人车物检测和识别

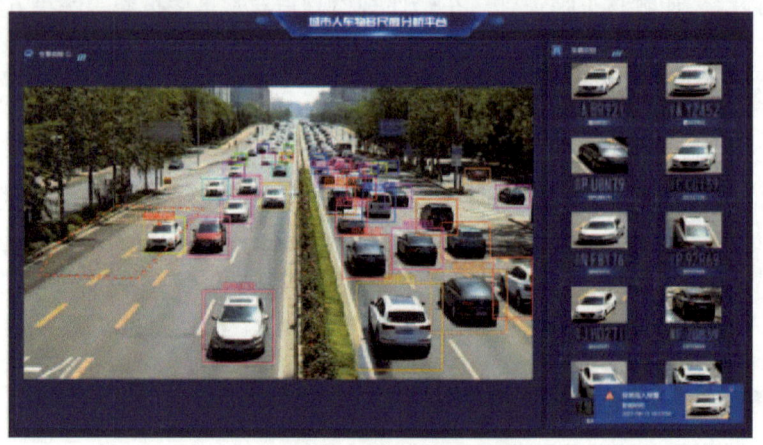

(b) 车辆违规检测和异常事件报警

图6-28 城市人车物多尺度分析平台

第 7 章

城市街区精细场景自主感知

7.1 概 述

街区是人口普查的最小颗粒度，是城市结构的基本组成单位，通常是以四条街道为边围成的区域。针对室内地下复杂场景时空感知精度不足和街区应急场景在线立体监测需求，研制室内地下机器人三维测图设备，突破环境自主感知和多传感器融合技术，实现移动测图精度达到厘米级；研制低功耗远距离 RFID 智能传感器，研究基于 RFID 传感器的城市微网定位与控制技术，实现环境参数定位精度达到厘米级；研制室内高精度众包感知成像终端，研究众包建模与成像技术，实现三维图像可量测精度达到厘米级；研究异构感知设备自适应组网技术和多源数据场景动态构建方法，构建街区突发事件立体感知网，建立覆盖 $1km^2$ 的街区立体感知分系统。

7.2 总 体 框 架

为支撑街区精细场景自主感知，研制的机器人测图设备、RFID 传感器微网和众包成像终端三种城市精细感知设备以及自适应组网技术能应用于街区暴雨内涝、街区范围的人车物和交通状态等方面（王子涵等，2021）。其中，机器人三维测图设备，既能对住宅小区、公园和街道等地面场景进行三维高精度测量，也能对地铁站、停车场等室内地下环境进行高精度三维测量。RFID 智能传感器微网能对街区的气象和空气质量要素进行网格化感知，由于感知信息的空间定位精度高，其也能为暴雨内涝提供降水和渍水高精度测量信息。众包成像终端能对应急情况中的街区人车物进行高精度感知。针对街区内重点区域或者突发事件，可以通过相关人员手动调配无人机或者移动测量车到现场进行实时观测，并将图片文件与视频文件以及相关的地理位置信息进行回传，在系统中提供相应实时数据的显示。针对室内场景或地下场景的感知，该系统以移动测图机器人拍摄的室内三维场景地图作为底图，通过手机众包成像终端进行实时的场景更新，并在三维地图上提供室内或者地下场景的实时显示服务，达到室内地下场景的在线感知。上述传感器通过自适应网关组网进行数据在线传输，实现数据融合，从而建立街区立体高精度在线感知网，如图 7-1 所示。

图 7-1　系统组件图

7.3　室内地下自主感知技术与测图设备

7.3.1　街区室内地下自主时空信息感知技术

机器人自主感知技术主要包含基于多线激光的机器人即时定位定姿技术、基于局部地图和动态环境感知的路径规划、基于多传感器组合的时空数据融合技术和三维重建技术。

1. 基于多线激光的机器人即时定位定姿技术

基于多线激光的机器人即时定位定姿技术的路线实现主要分为三个阶段：传感器数据采集、位姿实时计算、先验地图修正。定位技术路线如图 7-2 所示。

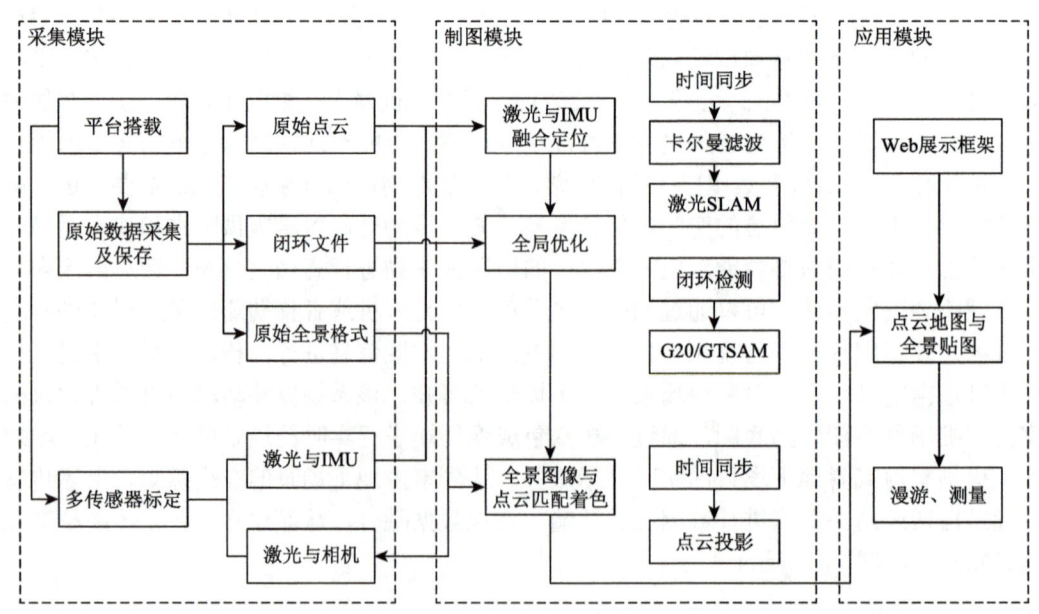

图 7-2　定位技术路线框图

1）传感器数据采集

首先对传感器数据进行时间同步。使用单片微型计算机（microcontroller unit，MCU）对传感器数据进行授时。传感器首先与工控机进行时间同步，之后通过模拟 GPS 数据对激光进行授时，对惯性导航系统（简称惯导）以及轮式里程计数据，读入后打上时标，整个过程如图 7-3 所示。

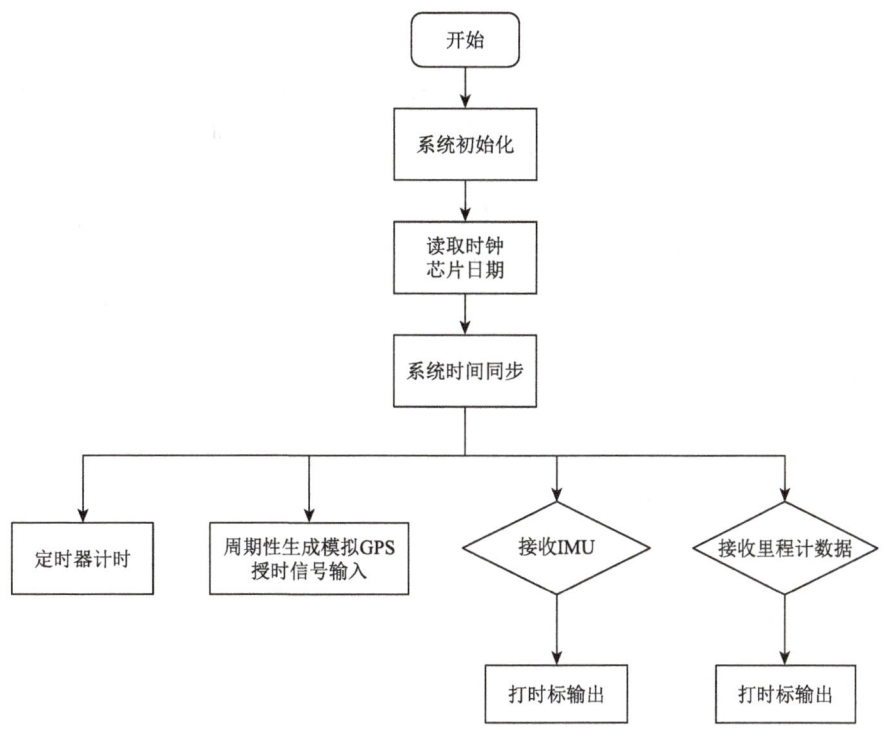

图 7-3　传感器数据采集流程图

2）位姿实时计算

位姿实时计算主要分为三步，首先预测惯性测量单元（inertial measurement unit，IMU）、里程计的融合位姿，对 IMU 建立模型，IMU 获得加速器和陀螺仪的原始数据，IMU 当前时刻的姿态矩阵，IMU 与里程计分别建立模型推测出位姿，再通过卡尔曼滤波得出融合位姿。然后通过算法进行去除运动失真，去除运动失真的模型如图 7-4 所示。

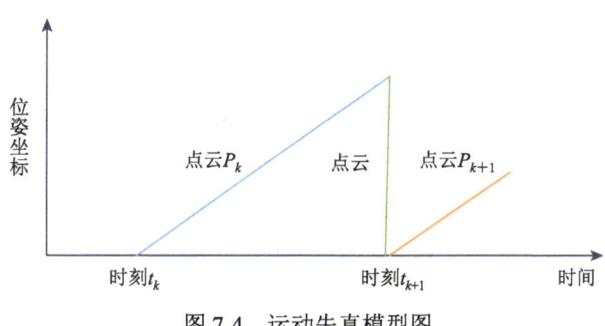

图 7-4　运动失真模型图

图 7-4 中蓝色的线为一帧点云 P_k，开始时刻为 t_k，随着时间推移点云中点的数量逐渐变多，实际中激光会不停地运动，因此 P_k 必然存在运动失真，$t_k \sim t_{k+1}$ 时刻激光的位姿通过轮式里程计与惯导融合滤波的方式得到。再根据激光测距模型可以将这一帧点云中所有特征点变换到 t_k 时刻，得到新的点云，如图 7-4 中绿色的线，即为不失真点云。

最后进行特征提取与配准。主要方法是根据上一步得到的不失真点云，依据其激光点与周围点的平滑度，提取出边缘和平面特征，根据多帧扫描的密集点，计算精确的对应关系，需要事先建立局部点云地图。我们可以从轮式里程计与 IMU 融合滤波实时预测的位姿中得到每个时刻的预测位姿，之后转换到世界坐标系下。将平面特征点附近的点拟合成一个平面，之后通过点到平面公式建立优化方程，最终优化求得位姿数据。

3）先验地图修正

将局部地图中每个关键帧与先验地图进行配准，得到每个激光帧的全局位姿。两个激光帧之间有轮式里程计预测的位姿、IMU 预测的位姿。将这个局部窗口内的位姿优化可求得 IMU、轮式里程计的误差。再将这个误差代入上面 IMU、里程计融合位姿预测部分可得到更精准的位姿估计。同时优化出 IMU 与里程计的累计误差，位姿修正与误差优化如图 7-5 所示。

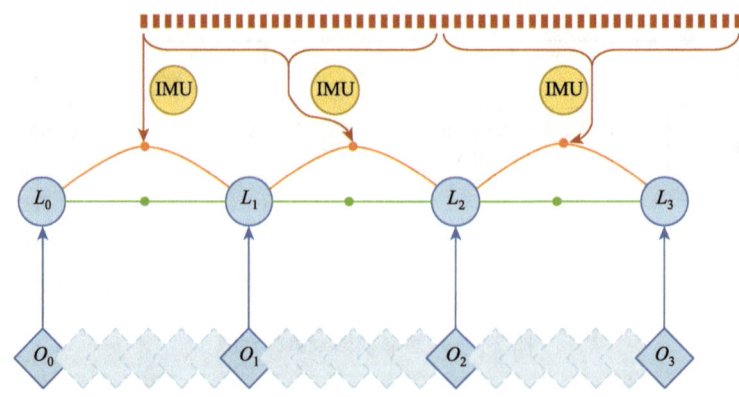

图 7-5　位姿修正与误差优化

2. 基于局部地图和动态环境感知的路径规划

为了避免在未知区域进行大量的搜索运算，使用带有概率的方法进行局部路径规划。由传感器数据提供机器人周围环境中的障碍物信息，通过构建概率模型的方法对轨迹进行评判和选择。

1）概率模型

如图 7-6 所示，机器人从 A 行驶到 B，传感器范围 S 内的障碍物被确定认为是已知的，因为从感知传感器获取了信息。如果现有地图可用，则 S 以外的障碍物被认为是概率已知的。否则，该情况等同于没有先验障碍。

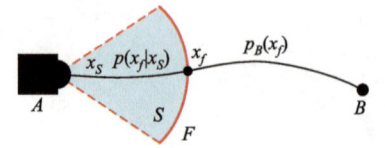

图 7-6　机器人运动示意图

图 7-6 将 S 表示为灰色区域。给定初始状态 x_S，A 点和 B 点连接的路径为黑色曲线。对于所有可能的路径，它们必定与 F 相交。在这种情况下，由于问题的性质，必须根据车辆的运动学模型来扩展 S，以使车辆不会横穿由 S 覆盖的区域。定义车辆通过 F 时的状态为 x_f。

2）分组路径

给定了初始状态 x_S，车辆可以沿着不同的路径到达传感器边界 F。将路径组命名为共享相同 x_S 的一组路径，考虑 x_S 的离散模型。图 7-7 为路径分组示意图。在 7 个路径组中，x_S 在向左或向右弯曲的路径的开始处。中间的路径组对应于直线向前运动，所有的路径止于 F，均由三次样条曲线来生成。

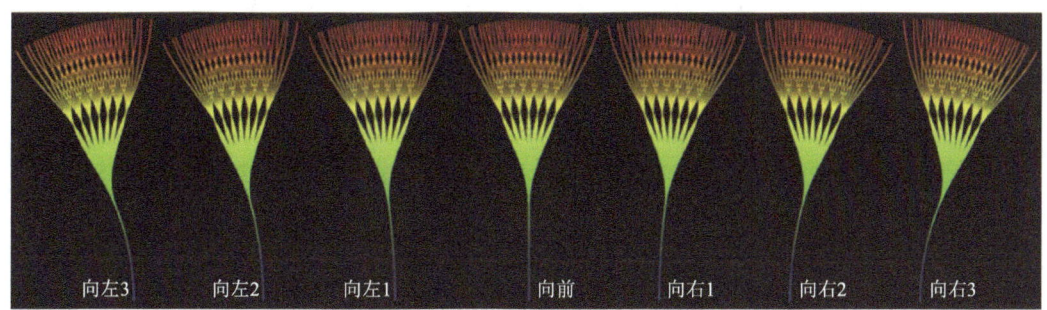

图 7-7 路径分组示意图

3）避障策略

每一组中的路径可视为从 x_S 到 F 的可行路径。在导航过程中，障碍物会被感知传感器遮挡某些路径。图 7-8 为路线避障示意图。

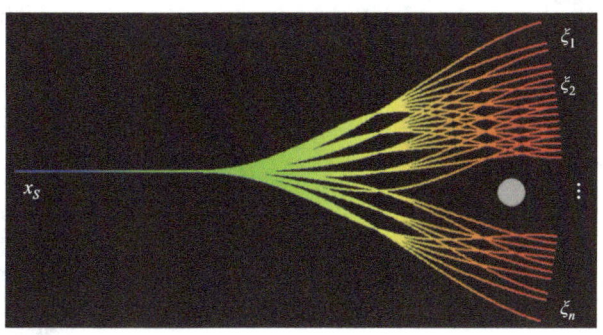

图 7-8 路线避障示意图

将计算方法应用于所有的路径组，并选择最高的路径作为行驶轨迹进行车辆控制。图 7-9 为在探索导航实验中生成的局部轨迹。

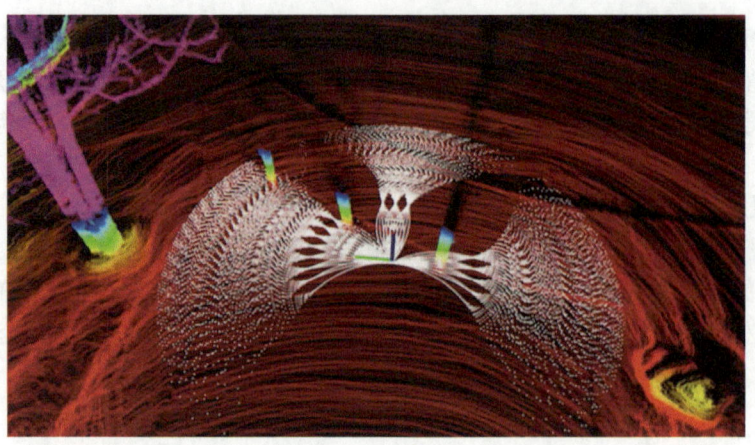

图 7-9　在探索导航实验中生成的局部轨迹

3. 基于多传感器组合的时空数据融合和三维重建技术

如果仅使用激光即时定位与建图（simultaneous localization and mapping，SLAM）算法，没有融合多种传感器，也没有计算多个传感器之间的外参关系，随着数据的叠加，会产生较大的累计误差。为此，通过多传感器的融合、严格的外参标定、闭环检测和全局优化等算法，实现测图精度由分米级到厘米级的突破。具体基于多传感器组合的时空数据融合和三维重建过程如图 7-10 所示。

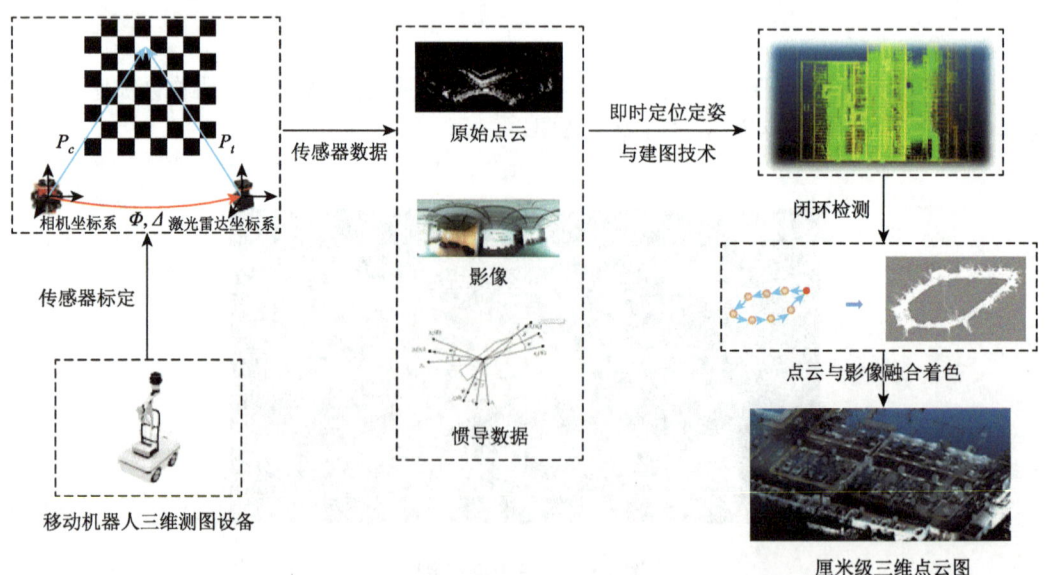

图 7-10　基于多传感器组合的时空数据融合和三维重建过程图

1）多传感器标定技术

全景相机与多线三维激光的标定：全景相机与多线三维激光的标定由棋盘格标定板

在相机坐标系中的平面和在激光坐标系中的平面，利用两者的平面距离差为 0 的约束方程进行最优化求解。全景相机与多线激光联合标定方案如图 7-11 所示。

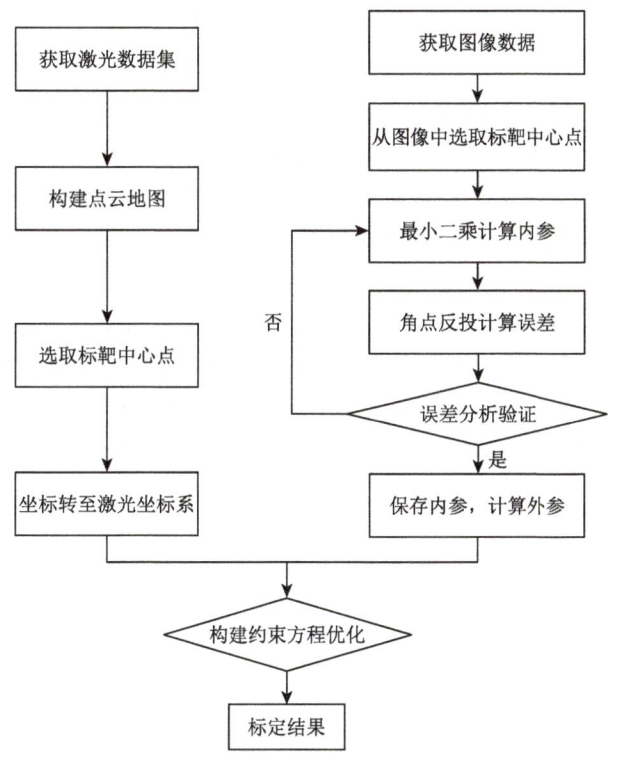

图 7-11　全景相机与多线激光联合标定方案

多线三维激光与多线三维激光的标定：直接采集多个激光同一时刻的点云数据，通过单点交互标记出平面标定板在每个激光点云中的位置就可以计算出标定板在每个激光坐标系中的平面位置，从而构建两个平面距离为 0 的约束方程，最后进行最优化求解即可。

多线三维激光与惯导的标定：激光与惯导的标定是获得连续多个激光帧，获得每两个激光帧之间的旋转。同时惯导也可以通过两个激光帧之间时间戳的差异，计算出一个旋转，这两个旋转是一样的，从而构建出残差方程，利用最优化求解即可。

2）SLAM 建图技术

采用多线激光雷达、全景相机、IMU 等多种传感器，利用 3D SLAM 技术，在室内地面凹凸不平的环境下实时建立三维点云地图。算法主要分为 IMU 姿态解算、姿态更新、激光帧组合、SLAM 融合、闭环检测五个部分。IMU 姿态解算是指提取出陀螺仪输出角速度，通过角速度积分获得系统姿态。姿态更新部分采用卡尔曼滤波对系统姿态进行估计。姿态更新过程如图 7-12 所示。

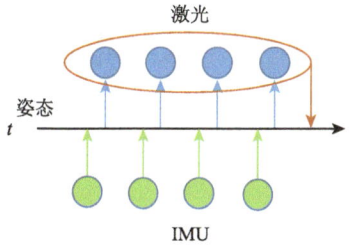

图 7-12　姿态更新过程图

激光帧组合是一圈的激光数据，时间为 0.05～0.1s。这一时间段内，通过卡尔曼滤波能有效估计出每一时刻的系统姿态，进而可以准确地组合出一圈激光数据，以完成后续激光匹配。SLAM 融合是针对 IMU 与激光 SLAM 的融合，其匹配加入了激光匹配误差、姿态估计误差、前后帧距离误差三种约束关系，约束关系如图 7-13 所示。

图 7-13 约束关系图

激光匹配误差是指激光匹配采用了概率分数来描述匹配的程度。目标地图与当前帧激光数据重叠分数越高，匹配误差越小，匹配结果越好。降低姿态估计误差，则要求 SLAM 融合姿态角度与卡尔曼滤波估计姿态角度要小。前后帧距离误差是指上一帧匹配位置与当前匹配位置之间的误差，前后匹配位置越邻近则前后帧距离误差越小。最后一步闭环检测具有重要的作用，由于 SLAM 算法是通过点云的逐帧匹配来获得运动轨迹的，误差会随着帧数的增加而增大。而消除或减小误差的最有效的办法是检测闭环，并根据闭环对所有结果进行优化，进而提高整个 SLAM 结果的精度。为了使检测到的闭环更加准确，闭环检测中增加了闭环检测结果校验检查，去掉了错误的闭环匹配对。根据轨迹闭环检测流程如图 7-14 所示，生成的三维点云实际效果图如图 7-15 所示。

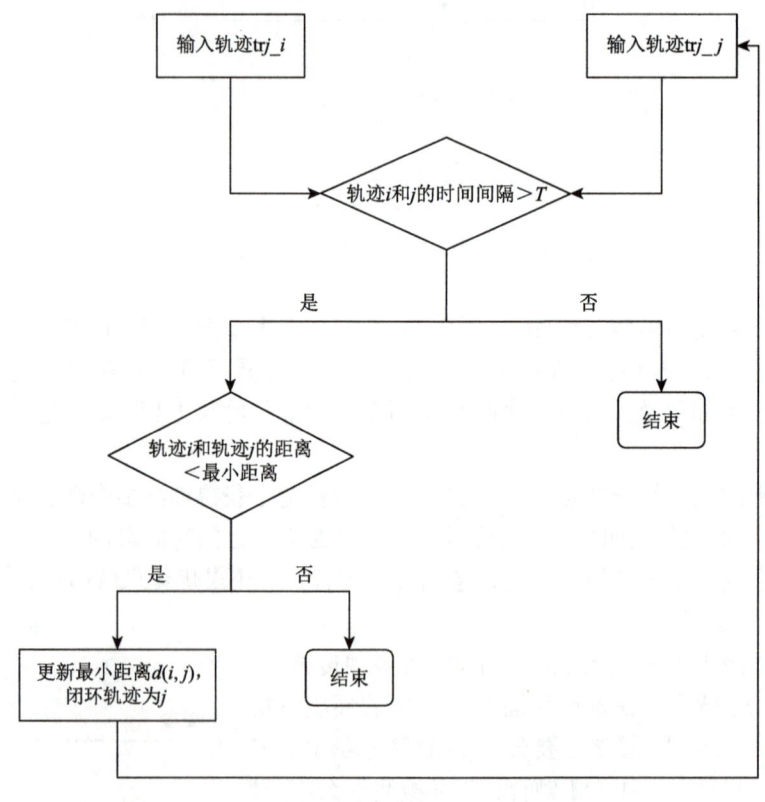

图 7-14 根据轨迹闭环检测流程图

图 7-15　生成的三维点云实际效果图

7.3.2　机器人三维测图设备

1. 设备设计

1）系统组成

如图 7-16 所示，测图机器人设备的系统组成主要分为三部分：移动测量分系统、机器人定位导航分系统、线控承载平台分系统。

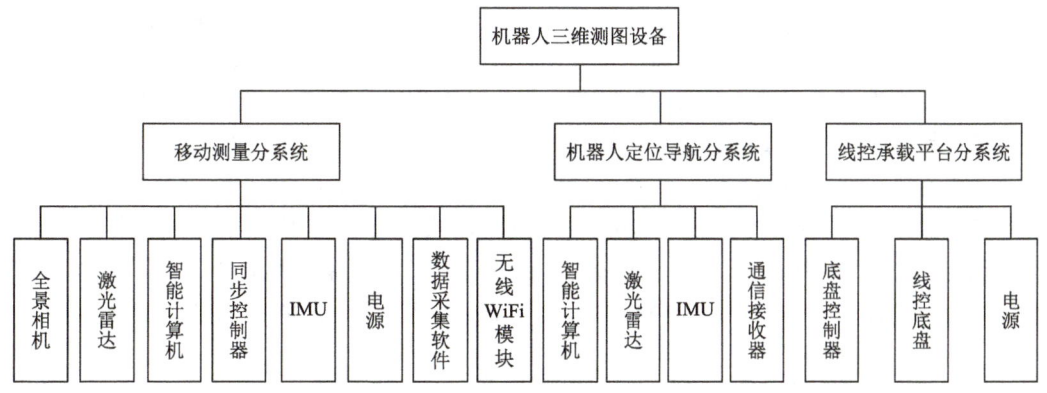

图 7-16　测图机器人系统组成图

2）移动测量分系统

移动测量分系统含核心传感器、全景相机、多线激光雷达、工控机、同步控制器组成集中控制分系统，主要是为系统提供统一的时频基准、传感器设备采集控制和各种数据的保存；电源是为系统提供符合传感器使用要求的稳压电源。移动测量系统中的数据采集软件（图 7-17）具备：一键打开传感器采集，一键同步相机、激光和惯导、工程数据管理设备连接状态检查、影像数据显示、激光点云数据实时显示、惯导数据显示，支持手机、平板终端远程监控采集，影像拍照支持手动和自动两种模式，影像质量（曝光、增益等）支持手动和自动调节、界面模块化，且具有简单易操作的功能和特点。

图 7-17　采集监控软件示意图

3）机器人定位导航分系统

机器人定位导航分系统主要由定位导航系统（position navigation system，PNS）、IMU、多线激光雷达和 MCU 组成，主要用于采集激光点云数据及 IMU 数据，与底盘通信输出导航指令，实现定位导航、路径规划、地图切换和智能车信息上报等功能，MCU 主要实现底盘控制和测图机器人状态指示等功能，进而实现底盘的安全行驶。

4）线控承载平台分系统

线控承载平台分系统主要由线控底盘、底盘控制器、电源组成。线控底盘主要实现驱动控制、转向控制和制动控制功能，通过控制驱动电机转速进行前进、后退；决策层发送的转角、转矩指令，通过驱动器控制转向电机作业实现转向功能；通过对电机产生反扭矩阻力进行制动，决策层发送速度 0 来控制电机"刹车"功能。底盘控制器主要用于接收输入部件传感器发送的相关信号，逻辑处理后输出控制信号控制输出部件，同时，也接收定位导航系统发送的导航指令，并传递至机器人 MCU 执行相关驱动指令。电源主要包含蓄电池、电池管理系统（battery management system，BMS）、电源转换模块，其中蓄电池用于系统供电，BMS 用于电池系统监控和管理，电源转换模块用于为系统提供匹配的稳压电源。

图 7-18　机器人三维测图设备

2. 实物成果

机器人三维测图设备将机器人移动测量分系统、机器人定位导航分系统、线控承载平台分系统进行融合集成设计，同时开发数据采集软件、PNS 软件，最终实现研制一款能自主定位导航移动建图的机器人设备，移动建图的精度达厘米级。设备的外观如图 7-18 所示。

3. 精度验证

1）检测目的

对机器人三维测图设备的建图进行精度验证，验证其是否满足测量要求：系统的平面中误差必须小于等于 0.05m，高程中误差必须小于 0.05m。

2）检测环境

外方位参数工程在新厂房（室内控制场，图 7-19）；室内控制场示意图如图 7-19（a）和（b）所示，室内控制场环境图如图 7-19（c）所示。

(a) 室内控制场（西北角）示意图

(b) 室内控制场（东南角）示意图

(c) 室内控制场环境图

图 7-19　室内控制场

3）检测过程

2021 年 3 月 18 日将机器人三维测图设备的系统进行室内检校，生成外方位参数，并检验系统精度。具体操作过程主要分为坐标系转换和检验控制点精度两个步骤。第一步：将精度检验工程的点云数据转换至 WGS84 坐标系。图 7-20 和图 7-21 是数据处理软件的坐标系转换界面和选取控制点界面。

第二步：检验控制点精度。图 7-22 是数据处理软件中选取控制点测量值的操作界面。

4）验证相对测量参数验证

采集工程为 2021-3-18-10-53-52（2021 年 3 月 18 日 10 时 53 分 52 秒），设备建图的相对测量数据记录如表 7-1 所示。

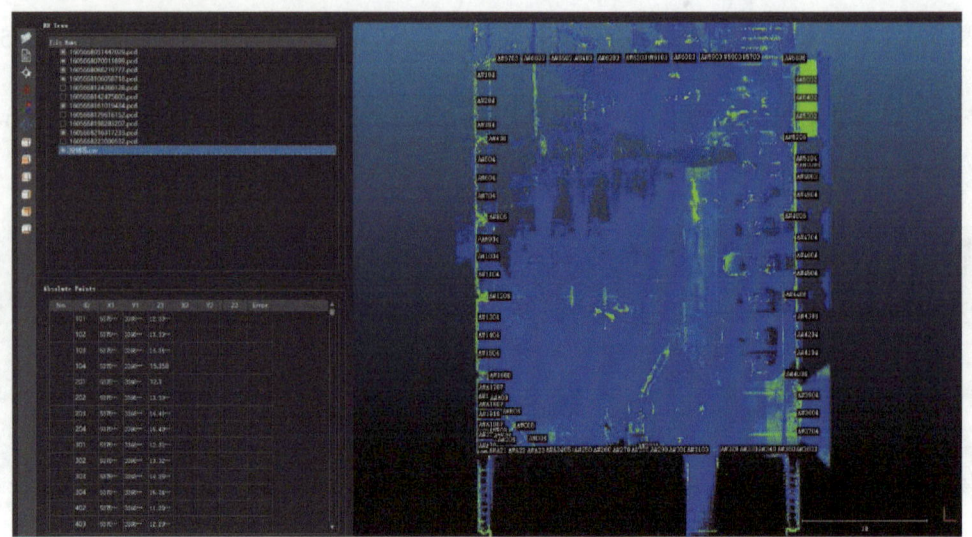

图 7-20 坐标系转换界面

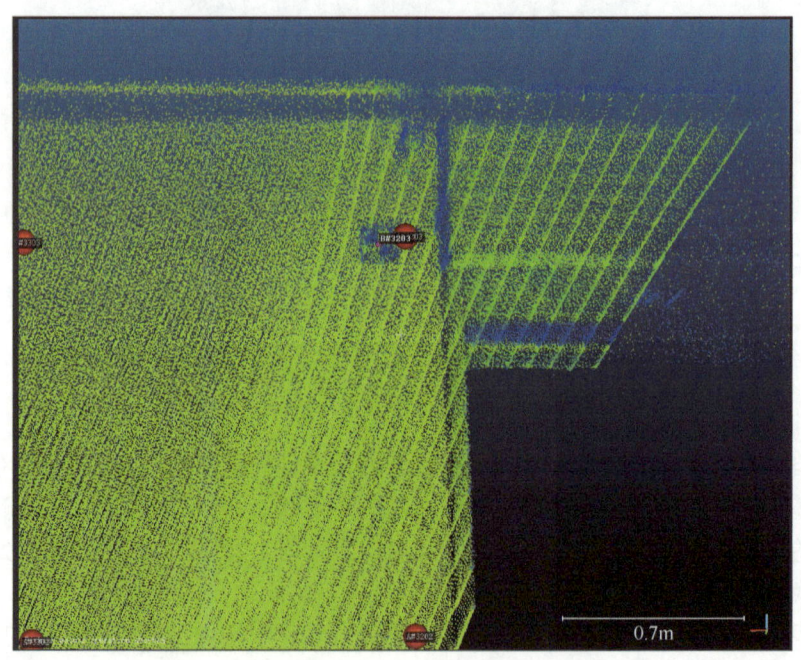

图 7-21 选取控制点界面

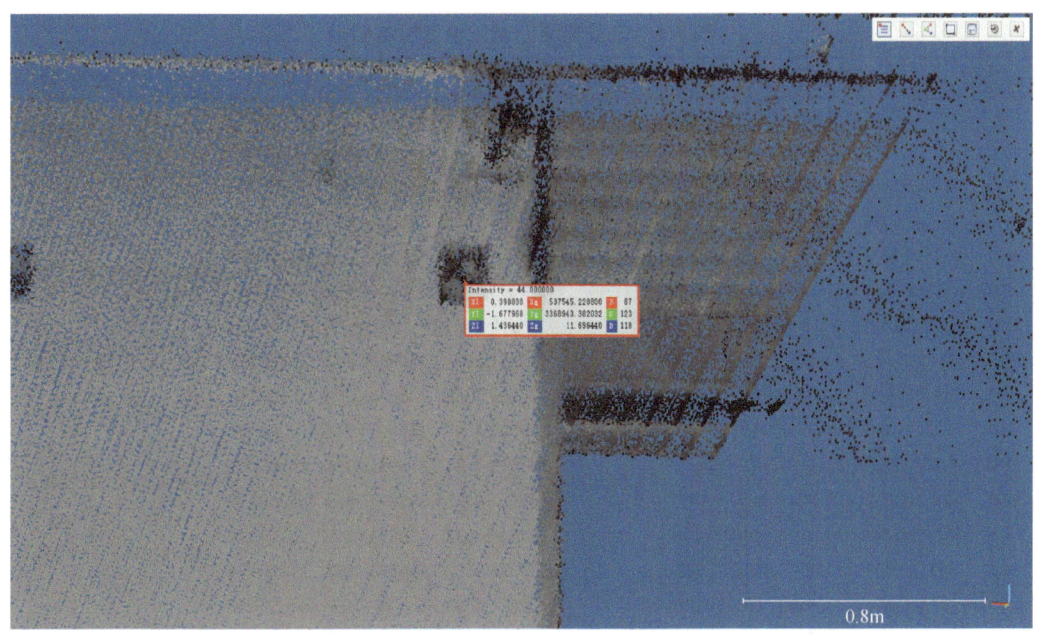

图 7-22 选取控制点测量值的操作界面

表 7-1 设备建图的相对测量数据记录

点号	第一组（两个点之间的距离）	第二组（两个点之间的距离）	平均误差
3301/3203	3.362863293	3.367952791	0.005089497
3303/3403	1.506931478	1.50796618	0.001034702
3503/3501	3.006232108	3.010105314	0.003873205
2305/2302	2.278921591	2.282035933	0.003114342
2202/2203	0.703802955	0.713081356	0.0092784

注：机器人三维测图设备建图相对测量误差应小于 0.05m。

5) 绝对测量参数验证

采集工程为 2021-3-18-10-53-52（2021 年 3 月 18 日 10 时 53 分 52 秒），设备建图的绝对测量数据记录如表 7-2 所示。

表 7-2 绝对测量数据记录

相机号	检测点数/个	平面中误差/m	高程中误差/m	是否通过
全景激光	25	0.022108253	0.018638	是

注：依据检校规程中的检校通过标准，即平面中误差小于等于 0.05m，高程中误差小于等于 0.05m，单组测试点数大于等于 25 个。

6) 检验结论

测试结果满足设备系统建图的平面中误差必须小于等于 0.05m，高程中误差必须小于等于 0.05m 的要求。机器人三维测图设备的精度检测通过，可以发布。设备建图的相对精度检测结果如表 7-3 所示。

表 7-3 设备建图的相对精度检测结果

点号	控制点			距离/m	测量点			距离/m	距离误差/m
3301	537546.6687	3368943.797	8.7395	3.362863	537546.6682	3368943.798	8.704238	3.367953	0.005090
3203	537545.252	3368943.402	11.7637		537545.2372	3368943.402	11.727238		
3303	537546.6909	3348943.813	11.7452	1.506931	537546.6732	3368943.812	11.734238	1.507966	0.001035
3403	537548.1407	3368944.224	11.7464		537548.1252	3368944.219	11.737238		
3503	537549.5937	3368944.637	11.7444	3.006232	537549.5962	3368944.615	11.742238	3.010105	0.003873
3501	537549.558	3368944.626	8.7384		537549.5712	3368944.612	8.732238		
2305	537531.2151	3368939.37	11.7316	2.278921	537531.1952	3368939.35	11.750238	2.282036	0.003115
2302	53753.1223	3368939.364	9.4527		537531.2052	3368939.342	9.468238		
2202	537529.7843	3368938.944	9.4554	0.703803	537529.7842	3368938.934	9.472238	0.713081	0.009278
2203	537529.7839	3368938.946	10.1592		537529.7802	3368938.944	10.185238		
2204	537529.7829	3368938.952	10.9489	6.382830	537529.7632	3368938.936	10.974238	6.406832	0.024002
160C	537526.0575	3368943.847	9.2457		537526.0582	3368943.869	9.246238		
160B	537526.0548	3368943.849	9.746	1.566616	537526.0632	3368943.869	9.764238	1.572141	0.005525
1602	537526.049	3368943.853	11.3126		537526.0542	3368943.888	11.336238		
A1707	537525.4729	3368942.709	11.7201	21.431977	537525.4892	3368942.73	11.739238	21.421994	0.009983
3301	537546.6687	3368943.797	8.7395		537546.6682	3368943.798	8.704238		
3203	537545.252	3368943.402	11.7637	19.781879	537545.2372	3368943.402	11.727238	19.735453	−0.046426
1703	537525.6122	3368942.212	9.718		537525.6372	3368942.229	9.739238		
A2302	537530.5048	3368939.154	9.4548	0.708108	537530.4922	3368939.125	9.462238	0.734181	0.026073
A2303	537530.5035	3368939.157	10.1629		537530.4892	3368939.141	10.196238		
A2305	537530.5014	3368939.162	11.7424	36.117712	537530.4862	3368939.144	11.779238	36.127996	0.010284
5601	537542.036	3368973.328	9.711		537542.0192	3368973.32	9.724238		
5603	537542.0135	3368973.421	11.6639	3.866747	537542.0092	3368973.409	11.686238	3.861646	0.005101
5702	537538.4674	3368972.498	12.8988		537538.4624	3368972.489	12.905238		
3301	537546.6687	3368943.797	8.7395	30.138157	537546.6682	3368943.798	8.704238	30.135650	−0.002507
5702	537538.4674	3368972.498	12.8988		537538.4624	3368972.489	12.905238		
				平均值					0.011715

设备建图的绝对精度检测结果如表 7-4 所示，设备建图的绝对精度检测计算结果如表 7-5 所示。

表 7-4 设备建图的绝对精度检测结果

厂房控制场碎步测量成果对比分析									
测量日期：2021-03-18 测量人员：刘永灿（坐标系统：WGS84 坐标系）									
测量项	数值	测量项	数值	测量项	数值	测量项	数值	测量项	数值
平面中误差	0.022	平面最大误差	0.041	平面最小误差	0.001	平均误差	0.021601571	测量数量	25
高程中误差	0.019	高程最大误差	0.037	高程最小误差	0.001	平均误差	0.01867576		
X方向中误差	0.013	X方向最大误差	0.035	X方向最小误差	0.001	平均误差	0.021601571		
Y方向中误差	0.015	Y方向最大误差	0.041	Y方向最小误差	0.0005	平均误差	0.01867576		

表 7-5 设备建图的绝对精度检测计算结果

点号	X/m	Y/m	Z/m	测量 X/m	测量 Y/m	测量 Z/m	ΔX/m	ΔY/m	平面误差/m	高程误差/m
3301	537546.6687	3368943.797	8.7395	537546.6682	3368943.798	8.704238	0.000458	0.001433	0.001504	0.035262
3203	537545.252	3368943.402	11.7637	537545.2372	3368943.402	11.7272380	0.014758	0.000433	0.014764	0.036462
3303	537546.6909	3368943.813	11.7452	537546.6732	3368943.812	11.7342380	0.017658	0.000567	0.017667	0.010962
3403	537548.1407	3368944.224	11.7464	537548.1252	3368944.219	11.7372380	0.015458	0.004567	0.016119	0.009162
3503	537549.5937	3368944.637	11.7444	537549.5962	3368944.615	11.7422380	0.002542	0.021567	0.021716	0.002162
3501	537549.558	3368944.626	8.7384	537549.5712	3368944.512	8.732238	0.013242	0.013567	0.018958	0.006162
2305	537531.2151	3368939.37	11.7316	537531.1952	3368939.35	11.750238	0.019858	0.019567	0.027878	0.018638
2302	537531.223	3368939.364	9.4527	537531.2052	3368939.342	9.468238	0.017758	0.021567	0.027937	0.015538
2202	537529.7843	3368938.944	9.4554	537529.7842	3368938.934	9.472238	0.000058	0.009567	0.009567	0.016838
2203	537529.7839	3368938.946	10.1592	537529.7802	3368938.944	10.185238	0.003658	0.001566	0.003979	0.026038
2204	537529.7829	3368938.952	10.9489	537529.7632	3368938.936	10.974238	0.019658	0.015567	0.025075	0.025338
160C	537526.0575	3368943.847	9.2457	537526.0582	3368943.869	9.246238	0.000743	0.022433	0.022445	0.000538
160B	537526.0548	3368943.849	9.746	537526.0632	3368943.869	9.764238	0.008442	0.020433	0.022108	0.018238
1602	537526.049	3368943.853	11.3126	537526.0542	3368943.888	11.336238	0.005241	0.035433	0.035819	0.023638
A1707	537525.4729	3368942.709	11.7201	537525.4892	3358947.73	11.739238	0.016343	0.021433	0.026953	0.019138
1707	537525.6115	3368942.212	11.7145	537525.6392	3368942.742	11.740238	0.027742	0.030433	0.041180	0.025738
1702	537525.6173	3368942.214	9.2155	537525.6342	3368942.234	9.242238	0.016943	0.020433	0.026544	0.026738
1703	537525.6122	3368942.212	9.718	537525.6372	3368942.229	9.739238	0.025041	0.017433	0.030512	0.021238
A2302	537530.5048	3368939.154	9.4548	537530.4922	3368939.125	9.462238	0.012558	0.028567	0.031205	0.007438
A2303	537530.5035	3368939.157	10.1629	537530.4892	3368939.141	10.196238	0.014257	0.015566	0.021108	0.033338
A2305	537530.5014	3368939.162	11.7424	537530.4862	3368939.144	11.779238	0.015158	0.017567	0.023203	0.036838
5601	537542.036	3368973.328	9.711	537542.0192	3368973.32	9.724238	0.016758	0.007567	0.018387	0.013238
5603	537542.0135	3368973.421	11.6639	537542.0092	3368973.409	11.686238	0.004258	0.011567	0.012326	0.022338
5702	537538.4674	3368972.498	12.8988	537538.4624	3368972.489	12.905238	0.00498	0.008567	0.009909	0.006438
6201	537529.8981	3368970	11.5018	537529.9292	3368970.011	11.511238	0.031142	0.011432	0.033174	0.009438
平均值							0.01298848	0.01515328	0.021601	0.01867576
中误差							0.014758	0.015567	0.022108	0.018638
最大值							0.031142	0.035433	0.041180	0.036838
最小值							0.000058	0.000433	0.001504	0.000538

7.4 街区环境 RFID 智能感知技术与微网设备

7.4.1 低功耗远距离 RFID 智能传感器技术

1. 总体技术框架

图 7-23 是低功耗远距离 RFID 传感器技术框架图。在低功耗远距离 RFID 智能传感

器技术上，基于研究无线通信技术，以及传感器的低功耗处理技术，研制出基于 LoRa、NB-IoT 两种传输制式的 $PM_{2.5}$ 传感器、水位传感器、温湿度传感器、井盖传感器，待机功耗优于 $20\mu A$，在空旷区域测试单点通信半径优于 1000m，功耗和通信距离上优于同类产品。在各类传感器的研制中，基于 RFID 传感器的城市部件感知方法以及任务自适应感知方法，根据传感器类型设定了按需调整监测模式，引入边缘算法，改变原有的数据中心结算模式，在缓解通信通道拥堵的同时进一步提高智能化水平。针对应用于城市要素感知的低功耗远距离 RFID 智能传感器技术的研究，主要包括 RFID 传感器的体积、类型、防护水平、组网方式、供电方式、工作机制、智能化能耗管理等内容。因而 RFID 传感器主要需解决这几个问题：①减小传感器体积，使之尽可能兼容于各类应用场景；②增加传感器复合感知类别，实现对城市环境要素的多元感知；③先进射频设计，提高信息传输性能，降低通信能耗；④优化结构设计，提高防护等级，达到户外恶劣环境的工作标准，延长工作寿命；⑤采用远距离无线组网方式，有效规避传统有线组网的弊端，降低安装和运维成本；⑥降低功耗，实现电池长寿命工作要求，使之大范围应用更为简易；⑦实现智能化，智能判断各类异常情况，启动告警应急机制，减少后台的综合运维工作量和成本。

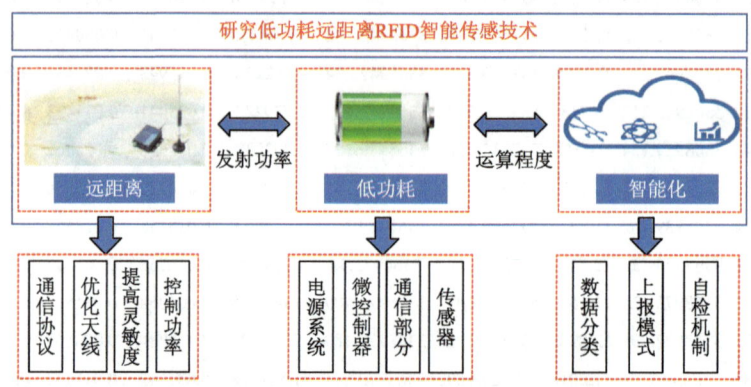

图 7-23 低功耗远距离 RFID 传感器技术框架图

2. 低功耗技术方案

无线传感器的功耗主要由电源部分的转化效率、微处理器功耗、通信部分的收发功耗以及传感器功耗组成；低功耗设计是一个复杂的课题，优化功耗与微处理器优化、通信距离、工作模式等因素息息相关，牵一发而动全身，需要综合考虑。

首先，电源设计选型：①需结合传感器使用场景、寿命需求与结构设计，设计合理的供电电池；②根据传感器种类不同合理配置供电电压，减少电压转化单元；③选用高效率低功耗电压转化稳压器，提高能量使用效率。

其次，微处理器工作模式：①减少非必要功能模块的工作时间；②微处理器的性能与低功耗模式，采用高性能与低功耗双微处理器电路架构，高性能用于智能化处理，低功耗用于日常保持；③设定低功耗模式。

然后，通信部分的收发机制：①采用适合远距离的通信方式；②合理配置发射功率；③根据数据量，尽量降低通信速率；④采用适宜的接收模式。

最后，传感器选用高精度低功耗传感器，以及适宜的工作电压。

3. 远距离无线通信技术方案

研究远距离无线通信技术，主要包括通信制式、功率、灵敏度、天线以及射频电路架构等几个方面。首先，通信制式的选择：2G、4G、5G、WiFi 的功耗较高，适用于可供电区域或者是非长寿命要求项目；BLE/ZigBee 通信距离较短，网络节点多；采用公私网结合、窄带物联网 NB-IoT 与 LoRa 组合，作为通信主体架构，有效减少网络节点，优化组网结构，适用于小微型体积传感器。其次，控制发射功率：分析应用环境和通信距离，控制发射功率，可以减少射频干扰，优化无线环境，此外也降低了功耗。然后，合理分配 LoRa 等自有传输协议：根据传输数据量，选择合适的速率，优化灵敏度。最后，依据结构和主板环境，设计合理射频电路架构，减少射频传输插损，设计专用天线，优化射频性能指标，从而提高传输距离。

4. 传感器任务自适应感知方法

研究 RFID 传感器任务自适应感知方法，按需调整监测模式，实现城市环境要素的智能感知。对数据进行智能化处理，通过数据分类、上报模式和自检机制三个方面实现对任务的自适应感知；引入边缘算法，利用传感器的算力，去除冗余传感器数据，并根据不同传感器、不同应用需求，设立适合城市场景的数据处理模型，实现环境要素多样、感知方法个性化、数据及时地在线感知。图 7-24 为传感器自适应感知方法。

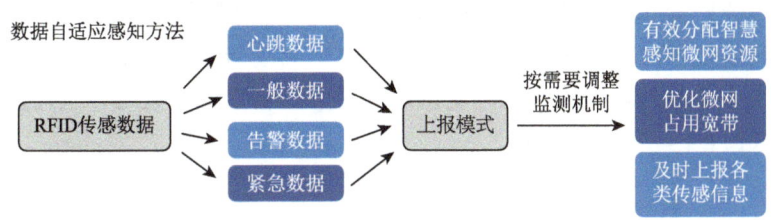

图 7-24　传感器自适应感知方法

首先，对数据分类。获取到传感数据后，对数据进行分类，分为心跳数据、一般数据、告警数据及紧急数据。

其次，设立上报模式。根据分类的传感数据，自适应调整上报周期，按需调整监测模式，启动告警和应急机制；有效分配智慧感知微网资源，优化微网占用带宽。

最后，自检机制。分析设备电池、无线模块、传感器等部件状态，及时上报异常模组信息，图 7-25 是故障自动检测流程图。

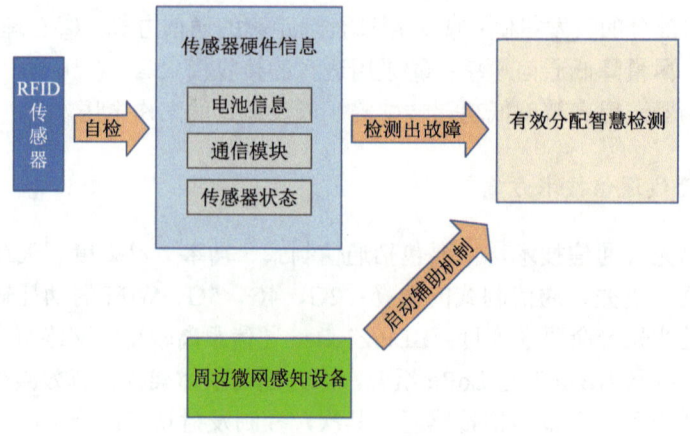

图 7-25　故障自动检测流程图

传统巡检模式处理效率低下、时效差且不全面，而普通的监测传感器实时抛送数据不仅占用通信通道，且对数据中心造成极大的计算压力，久而久之数据堆砌必然出现网络拥堵、数据中心崩盘的局面。

具体的城市部件自适应感知方法的应用，需要搭建多类型传感器模型，兼容多源、多用户的需求。将传感器数据分为心跳数据、一般数据、告警数据及紧急数据等类型，传感器将数据进行一级过滤；进一步，改变上报模式，根据数据的优先级发送到微网基站汇聚分析。

以城市井盖为例，数以千万计的井盖，传统的人力排查完全无法实现对井盖的管理，因而采用井盖传感器自适应方法，建立井盖传感器数据分析模型，设立数据分析方式，计算井盖在单位时间的角度变化量、位移变化量等。①当井盖处于正常状态时，定时发送心跳数据，而微网基站通过心跳数据获取井盖正常工作信息，不上报后台数据中心，减少数据中心计算量；②当井盖传感器自检故障时，将改变通信模式快速发送紧急数据；③当井盖翻转或位移时，通过数据分析模型，立即启动告警紧急上报，微网基站也快速响应，数据中心即时处理，监管部分便快速地对井盖告警信息处理，进而以最小算力对海量井盖在线监管。

7.4.2　RFID 城市环境感知微网

1. 设备设计

RFID 传感器立体感知微网设计：RFID 立体感知微网由数据中心、微网基站以及传感器组成；立体感知微网是以 NB-IoT 和 LoRa 为主体的无线通信网络架构，融合高精度环境要素以及时空信息环境感知传感器，组成末端感知点，辅以精确定位，以各类观测角度、时空维度、多传感器数据演化等方式组成立体感知网络。立体感知微网结构如图 7-26 所示，多种传感器经微网基站以多种传输方式汇聚于数据中心。

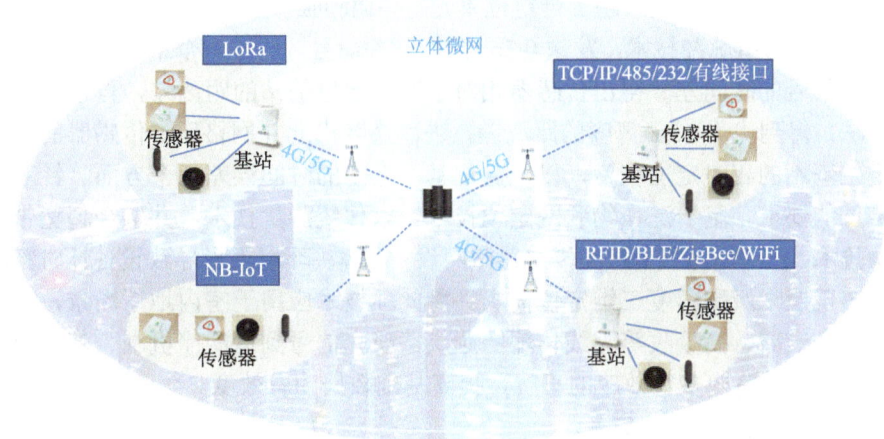

图 7-26 立体感知微网结构

微网基站是自主研制多功能微网基站 GT-S01，用于收集各类传感器信息，包含 2.4G、LoRa、NB-IoT、4G、ZigBee、以太网等主流通信协议，兼容多种的传感器通信制式，并经过内部 CPU 分析处理，将数据根据重要程度，通过 WiFi、4G、5G/光纤等高速率通信方式实时与数据中心交互。首先，基站采用双电源模式，日常由市电 220VAC 供电，功耗优于 5W，当突发状况停电时，启动内部备电系统，调整发射制式，进入应急模式，续航时间优于 24h。其次，基站启用双 CPU 模式，主 CPU 用于日常设备控制、数据运算，副 CPU 用于监控主 CPU 工作，主 CPU 异常时，副 CPU 临时接替主 CPU 工作，并唤醒主 CPU，如唤醒失败，将发送设备故障信息。最后，基站适用于户外，除了外壳保护外，还需要搭载温湿度、加速度、磁场等多种传感器，用以实时监测设备状态

根据感知网的需求，无线传感器对空气质量、温湿度、烟雾、路灯、井盖、水位等多种环境要素进行监测。立足于城市环境的应用，通过研究低功耗远距离 RFID 智能传感器技术，实现小体积、低功耗、远距离、长寿命的传感器性能特性。将低功耗远距离 RFID 智能传感器技术融入传感器的产品研发，成功研制由小型锂电池供电、单节点通信距离优于 1000m、寿命优于 3 年、包含 LoRa 和 NB-IoT 两种通信制式的传感器，如温湿度传感器、空气质量传感器、水位传感器、井盖传感器等各类环境要素感知传感器。

2. RFID 微网在精细场景高精度定位中的应用

在精细场景中，只有对传感器位置进行高精度定位，才能够精准感知环境要素信息，为人类提供最为直观、准确的服务。对于厘米级高精度定位的要求，基于泛在物联网定位技术辅以传统测量技术，并融合超宽带到达时间差定位技术，研制高精度 RFID 传感器微网设备。通过利用超宽带窄脉冲技术，极大提高时间分辨率，从而降低定位误差；通过多源数据融合技术，降低环境无线噪声干扰；通过时间系列信号处理技术，排除多径效应干扰，提取出首达路径信号，进而实现厘米级高精度三维定位需求。高精度定位 RFID 感知微网需要由不少于四组定位基站以及多类环境要素传感器组成，根据应用实际环境，部署定位基站，最大化信号覆盖范围。在定位基站的部署中，利用激光测距、导线测量等传统技术，得到基站的优于厘米级的相对距离精度；进一步，通过控制点设定，将基站在应用场景的点云上标定。

在无线传感器设备上嵌入超宽带定位单元，并调制唯一的 RFID；对静态物体的空间测量，基于超宽带窄脉冲技术，发送 0.2ns 高斯脉冲信号，通过两个不同定位基站之间接收到的调试信号的时间差，得出传感器相对于四组定位基站的距离差，再通过静态多数据修正算法，得到优于 5cm 精度的距离差，进而换算出北斗网格码。传感器的定位精度取决于定位基站的相对定位精度，以及定位基站之间的时间误差两个方面。针对厘米级高精度定位的要求，基于泛在物联网定位技术辅以传统测量技术，并融合超宽带到达时间差定位技术，研制高精度 RFID 传感器微网设备，解决环境因素导致设备计时精准度下降问题，实现厘米级高精度三维定位需求。将此项技术应用于室内地下场景，致力于克服多反射、高衰减、高吸收等无线传输的顽疾，研究信号到达次序机制、基站双天线角度测量技术，降低室内多径效应的干扰，提高基础数据的有效度。

1）信号到达次序机制研究

图 7-27 是传感器信号到达基站示意图，通过研究信号到达次序机制，对传感器信号到达基站进行排序，提取首个到达传感器信号的时间，摒除原先基站自主选择高强度的多径信号。如果接收节点不能分离出接收信号中的直射路径，则接收节点定位的依据是直射路径信号和反射信号路径相加的结果，从而影响时间信息的获取，对定位精度造成影响。因此为了提高定位的精准度，定位系统需要提取出首达路径信号。

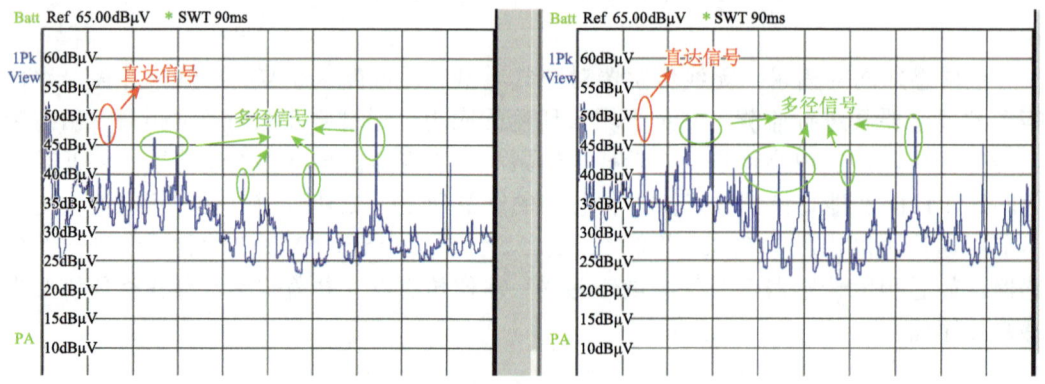

图 7-27　传感器信号到达基站示意图

2）基站双天线角度定位辅助分析技术

基站双天线角度定位辅助分析技术通过获取被测点传感器到两个基站的信号到达角度进行定位，需要基站配合固定角度天线，且角度误差对定位精度的影响远比测距误差大。基站采用 120°双天线，可以做角度定位测量，而本技术研究则用于辅助定位，一方面改善天线覆盖方向，减少室内地下场景因为环境信号吸收和信号阻挡，使直达信号严重衰减而接收不到的问题；另一方面初步确定传感器的位置，再结合静态多次数据与信号到达时间差技术的结果比对，优化室内地下场景的定位精度。

综上，通过基站双天线角度定位辅助分析技术信号和到达次序机制研究，在厦门市软件园三期 B21 栋地下停车场内部署测试，未改造前不准确定位数据占比为 24.2%，改造后不准确定位数据占比为 3.01%。由此，达到了在室内地下场景 5cm 定位精度的要求。

3. 实物成果

RFID 立体感知微网搭建于厦门市海沧区福泉路 2km 路段城市街区场景，用于微网数据接入、稳定性，基站性能、传感器功能等验证。通过现场的部署安装测试，传感器单点通信距离优于 1000m，微网通信稳定，可 24h 保持在线监测，图 7-28 是微网部署示意图。

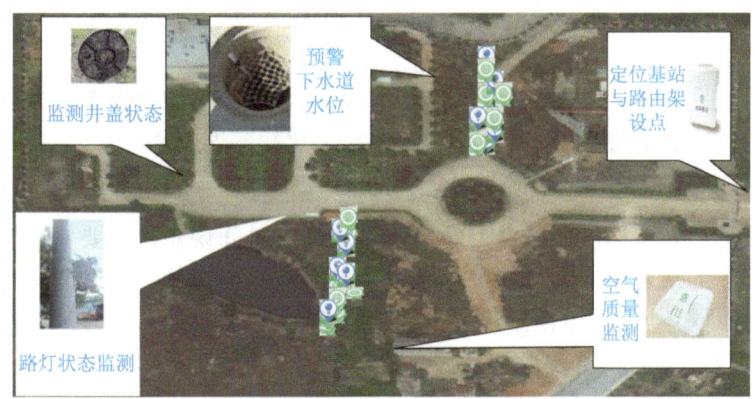

图 7-28　微网部署示意图

其中，微网基站如图 7-29 所示，以户外高防护等级设计理念，配合电路结构，在保证性能指标不受影响的情况下，做天线隐藏处理，在实现高防水防尘坚固的同时美化产品外观，其更适用于城市场景的部署。

传感器示意图如图 7-30 所示。秉承城市街区场景的美观、多用、高兼容需求，设计适用于多种类型传感器的产品形态，利用课题内低功耗远距离智能传感器技术的研究，实现实体产品化，进而推动产业化。

图 7-29　微网基站

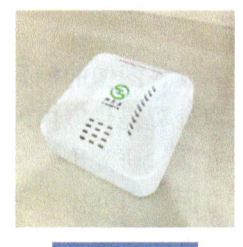   

图 7-30　传感器

4. 精度验证

立体感知微网的定位精度验证采用室内地下场景实地验证的方法。实地测试选取厦门室内地下实验场，实验区域长和宽分别为 20m 和 12m。在实验区中选取 10 点作为传感器安装点，本次取一个安装点作为实际分析。分别安装四个定位基站 A1、A2、A3、A4，用激光测距法测量并调整基站位置，部署于室内地下场景（20×12）m^2 的矩形的四个角，以 A1 作为坐标(0, 0, 0)点，明确 A2、A3、A4 的坐标。在区域内随意选取一个点安装嵌有 UWB 标签的传感器 S1，启动传感器，开始空间位置测量。在定位基站算力相对低的情况下，采用每秒定位一次，通过传感器多次发送脉冲信号，获取 10 组定位信息。

主定位基站 A1 通过融合最小二乘法和三边定位算法、坐标转换，获取理论计算坐标(12.37, 8.25, 2.81)。

通过激光测距法与导线测量法，多次测量获取传感器 S1 的安装点相对坐标为(12.356, 8.275, 2.831)，与基站测量的坐标(12.37, 8.25, 2.81)比较，误差：

$$\Delta d = \sqrt{(12.37-12.356)^2 + (8.25-8.275)^2 + (2.81-2.831)^2} = 3.6 cm \tag{7-1}$$

以厘米级定位为目标，在硬件方面，基站之间的时间误差，需要实时校准基准晶振源在不同环境下的误差。由上可知，基站之间的距离是固定的，基站间采用无线同频段校准方式，在不同环境下，固定的距离，实时校准，获取基站共同时间。在基站设计方面，采用宽温度超低温漂压控温补晶振，在−40～80℃基准频率漂移<1ppm（parts per million）。

在软件数据分析方面，通过优化定位基站算力，增加采样数据次数至 100 组。另外，优化拓扑结构和定位基站结算算法，进而提升定位精度。在实际应用中，须优化多源数据融合技术，降低环境无线噪声干扰。根据实际应用场景合理部署定位基站，避免传感器与多基站间的物理阻挡，并适当多安排定位基站，增加定位信息的来源；在排除无线多径效应方面，高频载波反射后衰减增大，通过信号强度以及时间系列信号处理技术，提取出首达路径信号，可以有效排除多径效应。

7.5 突发场景手机众包成像技术与终端设备

7.5.1 室内地下场景的众包建模与感知技术

室内地下场景的众包建模与感知技术研究主要是研究众包模式下多设备图像的场景提取方法，研究基于众包图像的三维建模与成像技术，为突发事件应急处置提供室内地下厘米级可量测场景信息。在众包模式下多设备图像的场景提取方法方面，研究出一种基于多设备图像的场景提取方法；在众包图像的三维建模与成像技术方面，研究出一种基于众包图像的三维点云生成方法。其中，在众包三维场景数据的优化方面实现了众包点云数据的异常点噪声去除算法；在为街区立体在线感知网提供室内地下厘米级可量测场景信息方面，研究出一种基于高精点云的三维点云配准方法、一种基于手机众包成像终端的室内地下应急场景的三维建模方法和赋予三维点云位置信息的三维点云处理方法。具体内容如下。

1. 众包模式下多设备图像的场景提取

众包模式下多设备图像的场景提取是一种基于多设备图像的场景提取方法。在使用多个手机设备拍照时，先在场景内布设合适的控制点，以便于后续的点云处理工作和精度检验工作。然后严格按照以下要求进行照片提取工作：①选择场地时，尽量选择纹理丰富的环境进行数据采集，避免玻璃、瓷砖等强反光材料环境，且尽量选择光照明亮，光照条件变化不剧烈的环境。②打开手机相机，进入相机调整模式，光圈设置为小光圈，曝光度调大（主要是为了调高照片亮度），点击拍照时，镜头一定是聚焦模式，在采集过程中注意控制快门速度，避免照片模糊，影响后续的三维建模工作。③调好相机后，进行场景图像提取工作，为保证三维建模效果，手机拍摄图像时一定要保证相片与相片之间的重叠度达到80%以上，图像重叠要求如图7-31所示。④拍摄时还要注意相邻图像视角差异控制在5°~15°，这个要求主要也是保证图像的重叠度，同时对于较为细节的物体，最好多个角度进行拍摄，以免模型空洞。⑤最后得到的且要上传至三维建模系统的图像格式是.jpg格式，并且要保证上传的是原图格式，保证三维建模系统使用的是高像素图像。⑥手机设备最好有增强现实（augmented reality，AR）测距功能，便于提取控制点之间的距离信息，为后续建模提供尺度信息。

图7-31 图像重叠要求示意图

2. 众包图像的三维建模与成像技术

本节提出一种基于众包图像的三维点云生成方法，并在众包三维场景数据的优化方面实现众包点云数据的异常点噪声去除，同时开发了一个三维数据的可视化和数据转换工具。具体内容如下。

1）一种基于众包图像的三维点云生成方法

该三维点云生成方法主要是使用开源算法colmap实现的，该算法使用运动结构恢复

(structure from motion,SFM) 和多视图立体视觉（multiple view stereo,MVS）相结合的方法，首先通过 SFM 计算出视角、位姿、内参、稀疏点云和共视关系等信息，然后 MVS 利用这些信息及彩色图像来估计深度图和最后的融合、点云过滤等一些操作，生成最后的稠密点云，colmap 算法主要流程如图 7-32 所示。其建模步骤主要包括特征点提取、稀疏图特征点匹配、稠密图图像去畸变、稠密图特征点再匹配、稠密图建图、建网格添纹理等。

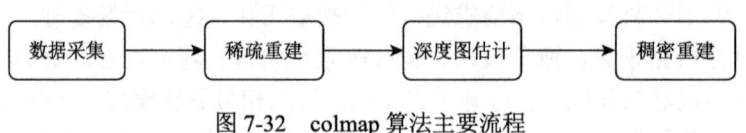

图 7-32　colmap 算法主要流程

方法具体内容如下：首先利用尺度不变特征变换（scale-invariant feature transform，SIFT）特征提取算法进行三维点云场景图像的特征点提取。然后使用 kd 树（k-dimensional-tree）算法对场景图像中位置相邻的两张图片的 SIFT 特征点进行匹配，取其中一幅图像中的一个 SIFT 特征点，并找出其与另一幅图像中欧氏距离最近的前两个关键特征点，令最近邻匹配点的距离为 d_1，第二近的匹配对点之间的距离为 d_2，如果 d_1 和 d_2 之比小于一个阈值 0.5，则判定接受这一对匹配点，从而找到特征点匹配个数达到要求的图像对，匹配关系建立后，需要生成 track 列表，指同名点的图像集合。

对于每一个图像匹配对，由于图像初选对有时并不可靠，而且不是所有的特征点都符合物理规律，需要先计算对极几何，估计基础矩阵并通过随机抽样一致算法（random sample consensus，RANSAC）优化改善匹配对，如果有特征点可以在这样的匹配对中链式地传递下去，一直被检测到，就可以形成点云轨迹。

稀疏点云重建是用上面选择好的图像对去初始化整个光束法平差（bundle adjust，BA）过程，首先对初始化选择的两幅图片进行第一次 BA，然后循环添加新的图片进行新的 BA，最后直到没有可以继续添加的合适的图片，BA 结束，得到相机估计参数和场景几何信息，即稀疏的三维点云。BA 算法用的是稀疏光束平差法 sba 软件包，这是一种非线性最小二乘的优化目标函数算法。它是在初始化匹配对的相对定向后，根据 RANSC 八点法计算本征矩阵，通过对本征矩阵进行奇异值分解（singular value decomposition，SVD）得到第二个图像的 R、T（旋转、平移矩阵），在这一步需要进行畸变校正，然后根据 R、T 和校正后的像点坐标三角计算出三维点，这里用到的方法是直接线性变换（direct linear transformation，DLT）。最终需要将图片中的像素坐标信息联系起来，并包含相机内参信息。

最后的稠密点云重建是利用稀疏点云生成过程算出的视角、位姿、内参、稀疏点云、共视关系计算每个像素点对应的三维点。它首先为每一幅图像选择邻域图像构成立体图像对，计算每一幅图像的深度图。然后进行深度图融合，进而建立稠密三维点云。

2）众包点云数据的异常点噪声去除算法

该算法是根据空间点半径范围邻近点数量来滤波，对应的类名是 Radius Outliner Removal，它的滤波思想非常直接，就是在点云数据中，设定每个点一定半径范围内周围至少有足够多的近邻，不满足就会被删除。基于上述算法继续设计开发了一个三维数据的可视化和数据转换工具，其可以实现多种三维数据格式的相互转换和浏览，格式包括 obj、ply、stl、xyz 等，方便与其他系统对接。

3. 厘米级可量测三维图像生成

关于生成厘米级可量测三维图像，方法主要有两种：一种是基于高精点云的三维点云配准，它主要是基于高精雷达三维点云对手机众包三维点云进行配准，从而赋予手机众包三维点云尺度信息；另一种是利用手机设备的测距功能测得信息，并将信息赋予手机众包三维点云。

1）基于高精点云的三维点云配准

基于高精点云的三维点云配准方法是先使用 ScaleRatioICP 算法使手机众包图像生成的点云获得已有的高精点云一致尺度信息，再使用 Super4PCS 算法对手机众包图像生成的点云进行配准，该方法具体流程如图 7-33 所示。

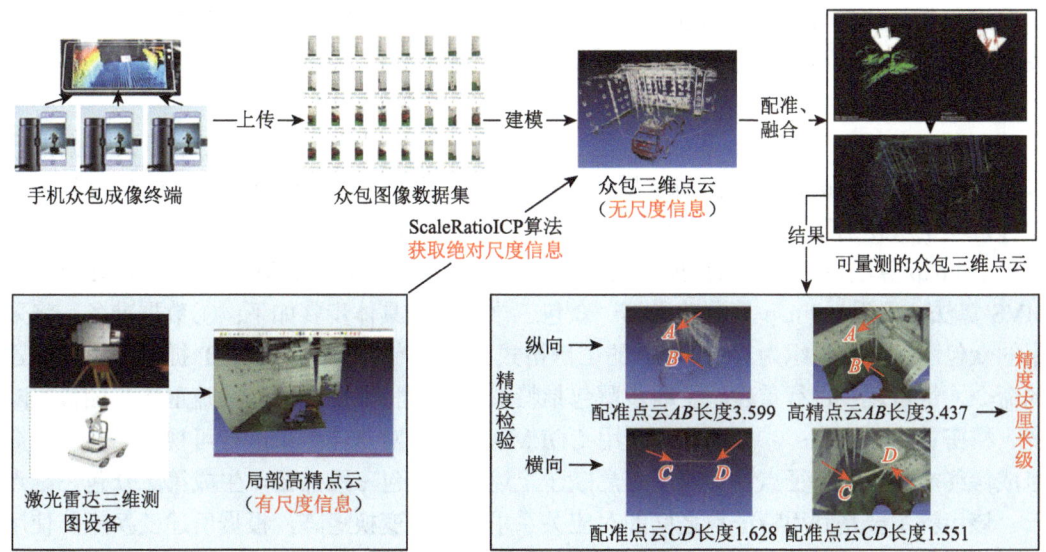

图 7-33 高精点云配准方法流程图

算法具体内容如下：首先，通过对一系列的自旋图像进行主成分分析操作，得到 m^2 个特征向量和对应的特征值。通过特征值的维度和自旋图像大小定义该点云的关键尺度 k。

然后，通过最小二乘迭代优化函数找到两点云的尺度比例 t。相当于将三维点云的配准问题转换成一维的累计贡献率的曲线的配准问题，使用两点云累计贡献率曲线相同的部分进行尺度比例 t 的估算。最后将 S4 中计算的尺度比例 s 作为缩放因子加入初始转换矩阵 T 中进行初始变换，使初始点云获得尺度信息。

Super4PCS 点云配准是利用共面四点的仿射不变性进行点云配准，计算出尺度比例 t 后，对点集中的所有点两两按照这个比例去计算，得到每对点的相交点，若相交点重合，可以认为与基础对有了配对关系，计算得出一个变换矩阵，用这个变换矩阵去变换点云，评估变换后的点云与原始点云的重合度。对于一组基，有可能会在目标点云中找到多个配对关系，取重合度最高的变换对作为这个基的变换矩阵。对于多个基，重复以上步骤，为每一个基找到一个变换矩阵，最后采用所有变换矩阵中重合度最高的一个作为最终的变换矩阵。

此方法涉及图像三维重建领域、点云配准领域，能快速准确地对三维点云场景进行更新，降低了建模成本，实现了可量测精度达厘米级的三维点云场景的获取，可为突发事件应急处置提供室内地下厘米级可量测场景信息。

2）设备的测距功能赋予三维点云尺度和位置信息

针对设备的测距功能赋予三维点云尺度和位置信息方面，作者提出一种基于手机众包成像终端的室内地下应急场景三维建模方法，它主要是基于作者开发的手机众包成像终端，采集室内地下场景的众包图像数据和特征点真实尺度信息，并将所述众包图像数据和所述特征点真实尺度信息上传至数据处理服务器端的一种方法。

其中，手机众包成像终端具体操作如下：①打开手机众包成像终端的众包图像数据采集软件，选择拍照按钮，对场景的状况进行拍摄，图像自动存入手机内；②选择上传按钮进入图片选择界面，选择上一步拍摄的所有图片，选择完成后，点击上传，将众包图像数据上传至数据处理服务器端；③选择 AR 测距按钮，选择场景内合适的 2~3 对特征点进行测距，将测得的结果填入输入框，上传至数据处理服务器端。

在所述数据处理服务器端搭建一个三维点云数据处理操作平台，三维点云数据处理操作平台是在 Ubuntu 18.04 系统上搭建的，在系统中先后安装 COLMAP、Meshlab 等开源软件，基于所述三维点云数据处理操作平台将所述众包图像数据生成第一众包三维点云。采用 colmap 算法将众包图像数据生成第一众包三维点云，colmap 算法包括：SFM 算法和 MVS 算法，采用 colmap 算法获取第一众包三维点云的具体步骤如下：①数据准备，将采集的众包图像数据组织为 COLMAP 的工程格式；②开始重建，COLMAP 提供了自动重建的命令，也可逐步进行重建，主要步骤包括特征提取、特征点匹配、稀疏重建、图像去畸变、稠密重建、融合；③可视化，使用 COLMAP GUI 对重建结果进行可视化。将手机众包成像终端采集的特征点真实尺度信息赋予上述第一众包三维点云，生成第二众包三维点云。该步骤主要是利用特征点之间的对应关系求取得到变换矩阵，根据所述变换矩阵使用 PCL 库中的 transform PointCloud 完成点云尺度转换工作，获得所述第一众包三维点云的真实尺度，从而生成第二众包三维点云。最后，将第二众包三维点云在所述数据处理服务器端进行展示、量测和应用，为室内地下场景中的突发应急事件提供基本数据信息。

至此，手机众包三维点云数据获得了尺度信息，但还没有位置信息，除了使用高精点云对其进行配准使其达到精度要求外，还可使用传统测量技术赋予三维点云位置信息，利用多点绝对坐标与相对坐标求转换矩阵，使三维点云获得绝对坐标信息。具体流程如下：首先在拍摄场景中测量五个左右的控制点，使用传统测量方法测量这些控制点的绝对坐标（坐标系统与数据展示平台一致）。获得控制点坐标后，通过控制点坐标信息计算得到控制点之间相对距离从而获得众包三维点云数据的绝对尺度信息。另外，该三维点云的绝对坐标是利用多个控制点绝对坐标与控制点对应三维点云中的相对坐标求转换矩阵求得的，方法是通过构建优化问题求解旋转矩阵 T 中的旋转矩阵 R 和平移向量 t，得到最优的转换矩阵 T，之后众包三维点云便可进行转换从而获得绝对坐标。

7.5.2 手机众包成像终端

当今智能手机具有高像素摄像头和强大的计算处理性能优势,可利用其来采集众包影像和相关数据。本手机众包成像终端利用智能手机的以上优势,以华为、iPhone 等手机为载体,研究针对室内地下场景图像采集和上传任务的终端。

1. 设备设计

手机众包成像终端通过调用智能手机的不同传感器和摄像头,同时根据采集要求进行数据获取,并将数据按指定格式上传至服务器。手机众包成像终端服务架构设计如图 7-34 所示。

图 7-34 手机众包成像终端服务架构设计

手机众包成像终端采集软件具有图像数据采集、AR 测距、特征点标记、数据上传和下载等功能。图像数据采集功能主要是调用手机的拍照功能采集场景众包图像数据。在图像数据采集时提示用户一些注意事项,包括设置相机模式(光圈、曝光度、镜头聚焦等)、相邻图像的重叠度要达到 80% 以上、控制快门速度、避免照片模糊等。AR 测距功能主要是调用手机的 AR 功能采集特征点信息。注意:用户在手机端选择场景内两点进行量测;可在手机端选择一对、多对特征点进行量测,尽量选择角点(如门框、壁纸夹角)、光线好的位置。特征点标记功能是在手机端图像上进行特征点标记。数据上传功能主要是将手机端的图片数据和距离数据上传至数据处理服务器端。用户可在采集完场景图像数据后,选择所拍摄的场景图像数据进行.jpg 格式的图像数据上传,在量测完场景特征点尺度信息后,输入特征点尺度信息进行.txt 格式的文件上传。数据下载功能主要是下载数据处理服务器端的数据至手机供用户查看和使用。

2. 实物成果

作者设计的手机众包成像终端各个功能界面如下。

1)初始界面及首页功能界面

点击软件后,进入软件初始界面,2s 后进入"温馨提示",点击"确定"进入初始界面[图 7-35(a)];点击"确定"进入功能界面首页[图 7-35(b)],功能界面首页主要有图像数据采集功能和上传图像功能,刚进入界面时会有操作提示,首先点击"+"开始拍照,进行场景图像提取工作,然后点击"选择图片"按钮,选择需上传的图像,确认后点击该界面的"上传图片"按钮将图片上传至服务器,点击"清空文件夹"按钮后可重新选择图片。

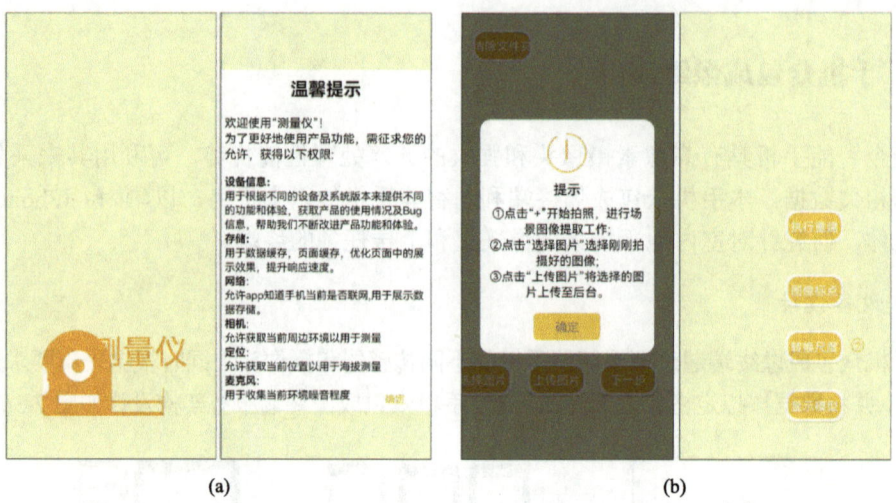

图 7-35 软件初始界面和功能界面首页

2）测距功能界面及第三功能界面

在首页界面点击下一步之后进入测距功能界面［图 7-36（a）］，在该界面点击"开始测距"后直接进入测距界面，测量完成后可将测得结果直接上传至服务器；在测距界面点击"下一步"后进入第三功能界面［图 7-36（b）］，该界面有四个按钮，"执行重建"按钮可将服务器端指定文件夹内的图片数据进行处理，生成.ply 格式的三维点云；"图像

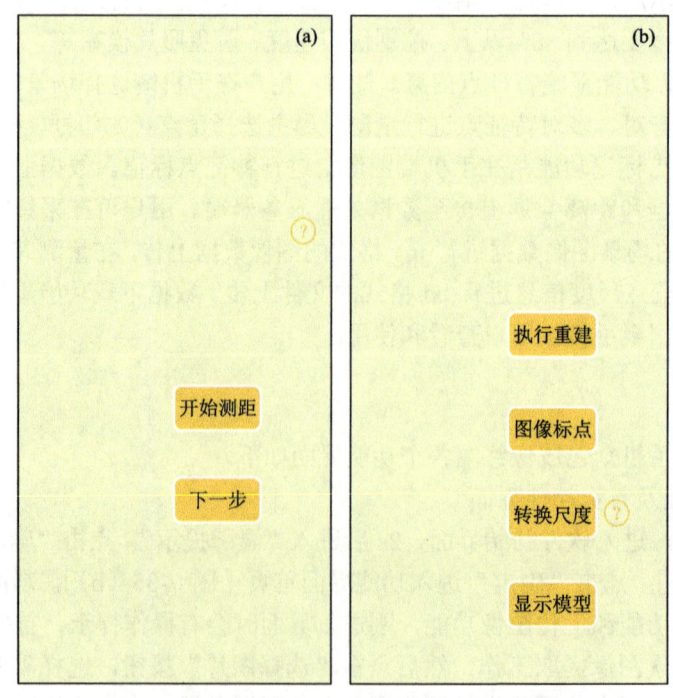

图 7-36 测距功能界面及第三功能界面

标点"按钮可对手机端的图片进行特征点标记,记录测距功能测得的特征点;"转换尺度"按钮可对三维点云尺度进行一键转换;"显示模型"按钮可将生成模型显示在客户端,但本功能暂时还在优化。

目前,开发手机众包成像终端版本的各个界面基本如上,后续还需对其进行完善,包括软件的稳定性、适用性、流畅性等方面。

3. 精度验证

在上述技术进展和设备研制的基础上,2020 年 12 月 14 日在武汉大学诗琳通地球空间信息科学国际研究中心进行了如下实验验证:首先在实验场地选取大厅和会议厅的位置进行实验,并在该区域内选取 7 个合适的控制点。然后使用全站仪对该 7 个控制点进行测量,计算 7 个控制点的相对坐标,结果如表 7-6 所示,其中 1 点为坐标原点。

表 7-6 控制点相对坐标信息

控制点编号	X/m	Y/m	Z/m
1	0	0	0
2	7.821	0	0.018
3	18.308	0	0.005
A_1	9.173	−5.732	1.457
A_2	12.808	−5.713	1.363
A_3	12.677	−1.036	1.387
A_4	14.01	1.217	1.353
A_5	19.877	1.006	1.433
C_1	19.674	8.12	1.488
C_2	19.87	2.918	1.489

测完坐标后,使用多部手机对选区的场景进行拍摄(重叠度 70%),将拍摄的众包数据使用现有算法生成场景对应的初始点云数据,采集的众包图像数据和场景对应的初始点云如图 7-37 和图 7-38 所示,生成的点云可在 Meshlab 软件中查看并量测距离信息。

对生成的点云数据进行处理,处理方法包括两种:①若已获得场景内的部分高精三维点云,可使用该高精三维点云对上述生成的点云进行配准,使点云精度达到厘米级。②若未获得场景高精点云,可根据测量数据对上述三维点云进行转换和处理,使其获得真实尺度和绝对坐标,并将其展示到平台。由于此次实验无高精点云数据,使用的是第二种方法,得到最终点云后对控制点间的距离进行测量,测量过程如图 7-39 所示,测量结果如表 7-7 所示。

图 7-37 众包图像数据

图 7-38 场景对应的初始点云

①A_1-A_2距离

②A_2-A_3距离

③A_3-A_4距离

④A_4-A_5距离

⑤C_1-C_2距离

图 7-39 控制点距离测量过程

表 7-7 控制点距离测量结果

测距所选控制点	控制点距离/m
A_1-A_2	3.5988
A_2-A_3	4.6378
A_3-A_4	2.5963
A_4-A_5	5.8083
C_1-C_2	5.2334

控制点间真实距离计算：根据全站仪所测的坐标数据计算控制点之间的距离，计算结果如表 7-8 所示。

表 7-8 全站仪测试距离

计算所选控制点	控制点距离/m
A_1-A_2	3.6363
A_2-A_3	4.6789
A_3-A_4	2.6180
A_4-A_5	5.8713
C_1-C_2	5.2057

精度检验：将手机众包图像数据生成的三维点云数据中测量的控制点间距离与控制点间真实距离进行比较，结果如表 7-9 所示。

表 7-9 手机终端观测误差

所选控制点	误差/m
A_1-A_2	0.0375
A_2-A_3	0.0411
A_3-A_4	0.0217
A_4-A_5	0.0630
C_1-C_2	0.0277

上传数据至展示平台：根据展示平台所使用的坐标系统以及上述所测的控制点的相对坐标求出该点云的转换矩阵，将计算出的转换矩阵及点云数据上传到平台进行展示。

根据以上实验结果，手机众包成像终端生成的三维点云可量测精度达厘米级，可为突发事件应急处置提供室内地下厘米级可量测场景信息。

7.6 街区精细场景立体在线感知网原型

7.6.1 街区突发事件立体感知网

街区立体感知网是指部署在待监测街区内，由大量的固定传感器节点和多种空天地移动观测设备组成的通过无线通信的方式形成的一个自组织网络系统。其目的是通过多种设备的协同观测来满足街区的日常感知需求以及应对突发事件时的实时感知。针对天气、空气质量等街区环境要素的观测需求，可选取的感知设备有 RFID 城市环境感知微网、地表气象监测终端、搭载环境传感器的无人机等；针对街区内交通环境的观测需求，可选取的感知资源有搭载光学相机的无人机；针对街区的日常环境、室内或者地下环境的三维观测，由于其内部环境和网络条件的限制，其观测手段有机器人三维测图设备、手机众包成像终端等；针对街区内人群较多地方的突发事件的观测，其观测手段有手机应急数据采集终端等。

1. 街区立体感知网设计方案

由于设备的观测能力、观测范围等与设备的属性息息相关，因此每一类单一设备的观测能力都存在局限性，而多种设备的协同观测既能相互补充实现街区范围内的时空无缝覆盖，又能从空天地等多个维度来描述整个街区的状况，以达到街区多源数据融合认知。图 7-40 为街区立体感知网构建图，图 7-41 为街区立体感知网数据汇聚与融合示意图。

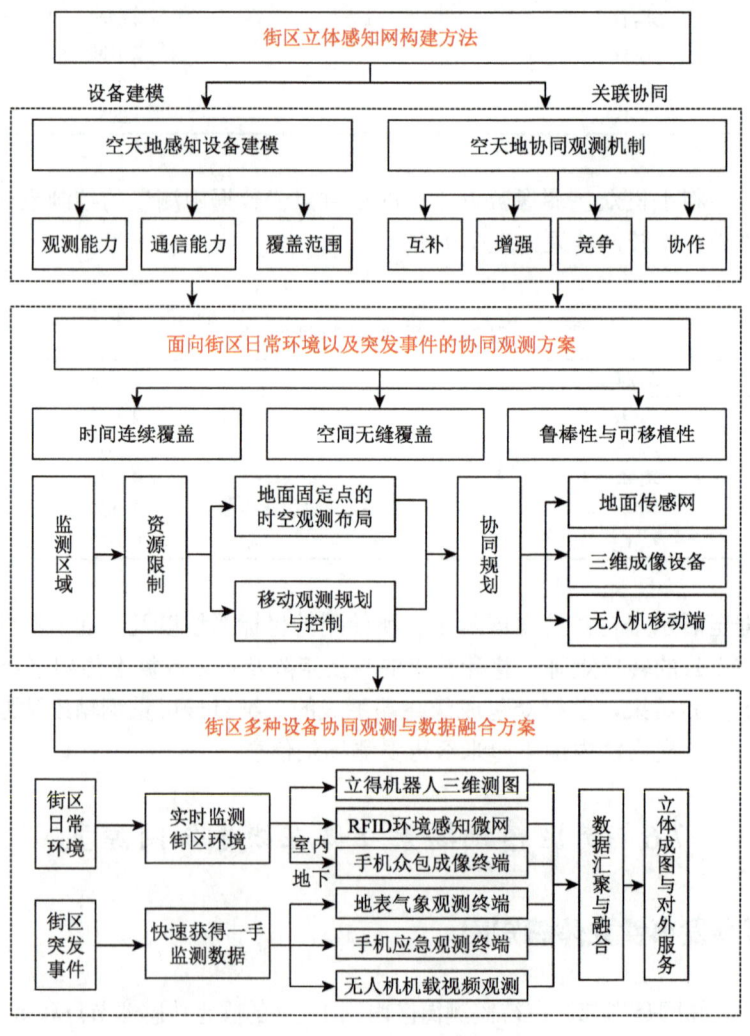

图 7-40 街区立体感知网构建图

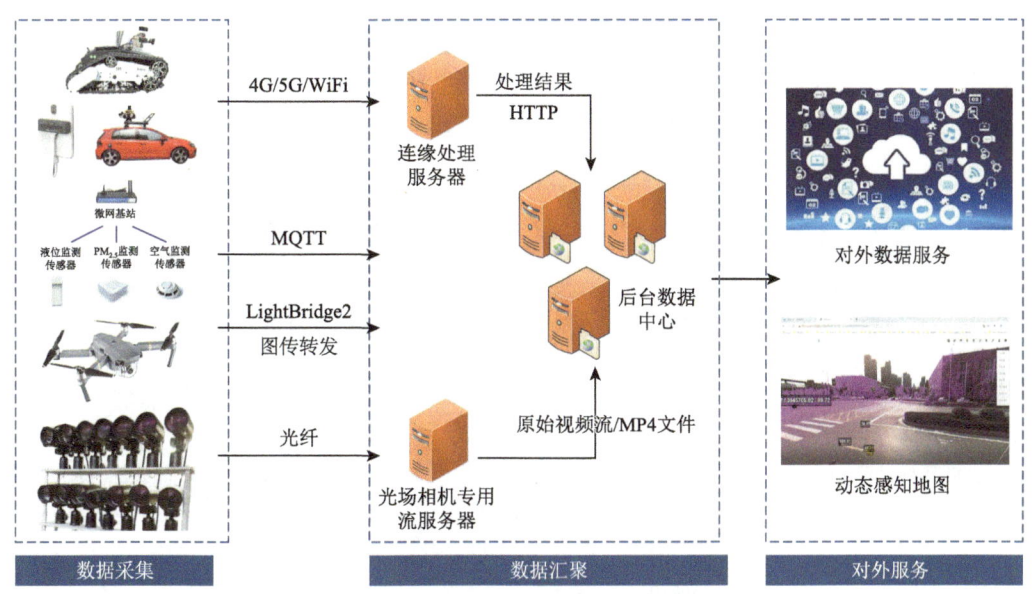

图 7-41 街区立体感知网数据汇聚与融合示意图

为了验证街区立体感知网的构建方案，以豹澥试验区为例，针对街区日常环境监测，设计了地面环境监测节点的部署方案以及多无人机全覆盖扫描的路径规划方案，相应的方案以及采集结果如图 7-42 所示，该结果验证了空地协同监测方案的可行性与优越性。

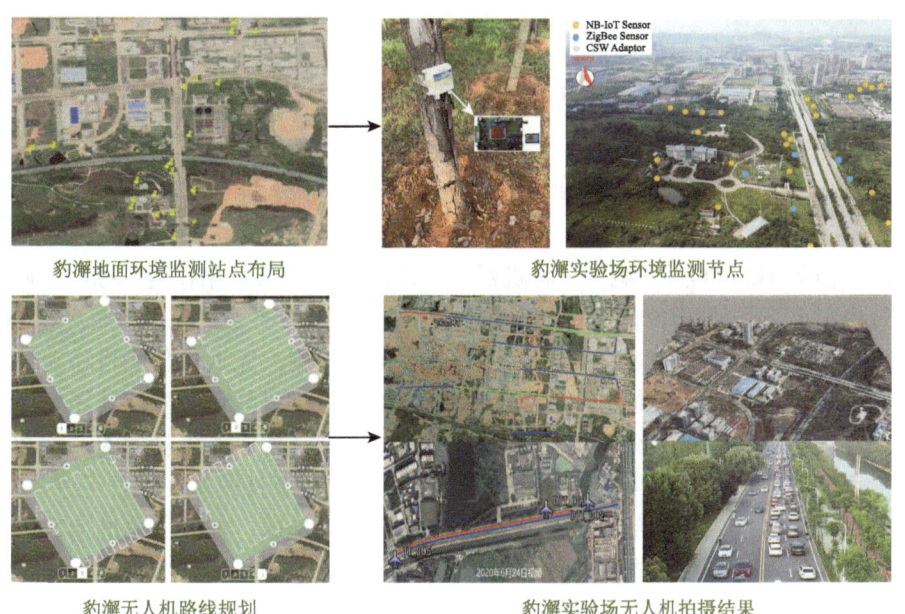

图 7-42 豹澥街区空地协同感知网实地部署

如图 7-43 所示，为了达到街区感知网覆盖范围 1km² 的指标要求，以武汉大学诗琳通地球空间信息科学国际研究中心及其周边街区为实验场地，开展基于传感器网络技术的气象和空气质量观测、基于无人机视频的街区空间影像遥感和基于手机 APP 的应急事件感知等街区在线感知实验，采集 1km² 街区内的气象环境信息、街区景象和突发事件现场图像，验证街区立体感知网自适应组网方案，检验 1km² 在线感知和三维构图能力。

图 7-43 豹澥街区感知网在线感知示意图

在上述覆盖 1km² 的感知网中，将机器人三维测图的点云数据作为底图，手机众包终端作为室内和地下环境里细节区域的补充，利用 RFID 微网实现对街区地表环境要素（包括温湿度、空气质量、井盖、路灯、水位等）的实时监测。无人机作为可移动终端，其观测能力较为灵活，可操控性强，实时性较高，因此除了日常场景外，其还可作为应急场景下的观测手段。除此之外，对于街区中的突发事件，为了拿到精确的一手数据，需要去调度可移动的街区观测终端采集实时数据；如果突发事件发生在人群可进入的地方，可以调度手机街区应急观测终端，通过众人自发采集、推送，在零成本的情况下，拿到最多现场真实的图片视频数据，满足实时监测的需求。

2. 立体感知网通信资源配置技术

针对应急场景下街区观测设备多、数据结构类型多等特点，调研了高精度三维街景测量设备机器人（三维测图设备和移动测量车）、街区场景监测设备（光场相机、无人机监控视频和手机众包成像)、环境监测设备（RFID 传感器微网），分析每种设备的单位时间产生的数据量、在线通信容量的需求，形成街区立体感知网通信需求分析表（表 7-10）。

表 7-10 传感器数据传输需求

设备	数据量	通信资源需求
立得测量机器人/测量车	原始数据的采集速率约为 4.5Mbps，处理速率约为 2.4Mbps 整个示范区原始数据大小约为 260G，采集时间约为 16h 其处理产生的.las 点云地图大小约为 312G，处理时间约为 38h	200Mbps 以上的传输速率
RFID 传感器微网（按 100 个固定节点计算）	原始数据的采集速率为 500Kbps~10Mbps	10Mbps 以上的传输速率
众包成像终端	单个手机终端每秒钟产生 10~20Mbps 的数据，按照 20 个终端计算	在线传输速率达 300Mbps 以上
无人机影像	全景影像数据 100Mbps	在线传输需要 100Mbps 的速率
1 部光场相机	光场相机阵列由 3 行 5 列共 15 个传感器组成。每个相机模组产生 10~20Mbps 的数据，共产生 150~300Mbps 的数据量	在线传输需要 300Mbps 以上
合计	街区传感器网络在线数据通信资源需求	1Gbps 以上

针对街区应急场景观测需求，基于 5G、WiFi、光纤、微波宽带和激光卫星通信等现代通信技术，分析每种传感器的数据结构和对应的传输协议，建立"传感器观测数据-通信协议-通信技术"之间的关联，采用如图 7-44 所示的"云＋边缘＋终端"组网模式，以传感器数据结构和数据量为依据，配置终端设备通信接口。以终端设备在线实时传输数据为目标，配置边缘节点及其通信接口和协议配置模型，通过优化计算，得到适应街区日常和应急观测需求的街区立体感知网通信资源配置方案。

作者采用本体模型，描述街区场景、传感器观测设备、通信组网设备（接口和网络协议）三个大类组

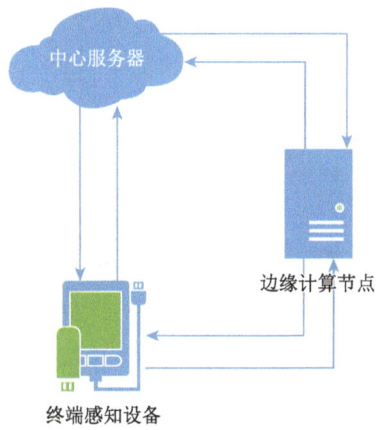

图 7-44 街区观测设备组网模式

件。其中，街区场景类为需求输入，传感器观测设备与通信组网设备为物联网信息资源，建立三个大类组件之间的语义关联，以街区在线监测为目标，配置传感器观测设备、通信接口与协议，依据传感器的空间分布，配置边缘计算节点数量和空间位置，形成终端观测设备、边缘计算节点和服务器三级模式的网络规划方案，如图 7-45 所示，通过仿真和物理实验，验证规划网络的性能。

先建立传感器观测设备、通信组网设备、网络结构信息模型，再建立不同类信息模型之间的匹配规则，按照规则为终端观测设备匹配通信组网设备（包括接口与协议），同时从在线观测出发，配置靠近传感器观测设备的边缘计算节点，形成"云＋边缘＋终端"的街区感知网。街区立体感知网络规划信息模型如图 7-46 所示，其中，匹配规则举例：①（是否存在终端感知设备？）&&（是否具有移动性？）&&（数据量属性是否大于 200？）→输出：该设备匹配光纤传输方式。②（是否存在终端感知设备？）&&（数据量属性是否

大于200？)&&(数据是否需要实时处理？)→输出：该设备配置边缘计算节点。

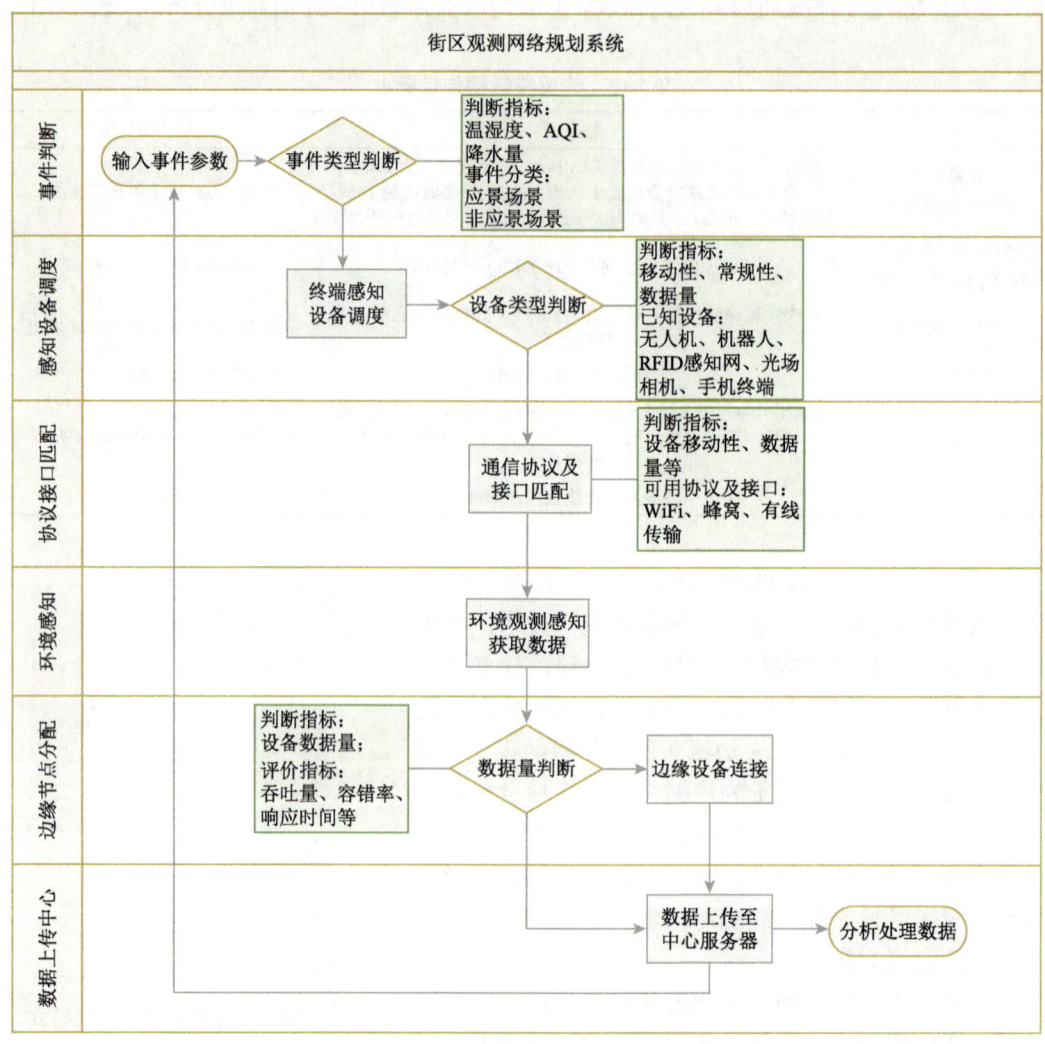

图 7-45　街区立体感知网络规划信息模型

针对 RFID 传感器微网、移动终端、机器人测图设备、无人机观测系统和光场相机等街区立体观测设备，按照本书建立的匹配规则，设计的街区立体感知网规划方案如下：

第一，RFID 传感器微网属于常规性监测设备，传输需求较小且主基站固定不可移动，匹配 WiFi 传输。

第二，手机终端可移动，通信资源占用较多，匹配 4G/5G 进行数据传输。

第三，机器人、测量车及无人机不属于常规性监测设备，具有移动性，且数据具有实时性，设置边缘计算节点，匹配 WiFi 传输。

第四，光场相机传输需求较大，不具备移动性，同时距离中心服务器较远，因此设置边缘计算节点，采用光纤传输的方式入网。

第 7 章 城市街区精细场景自主感知

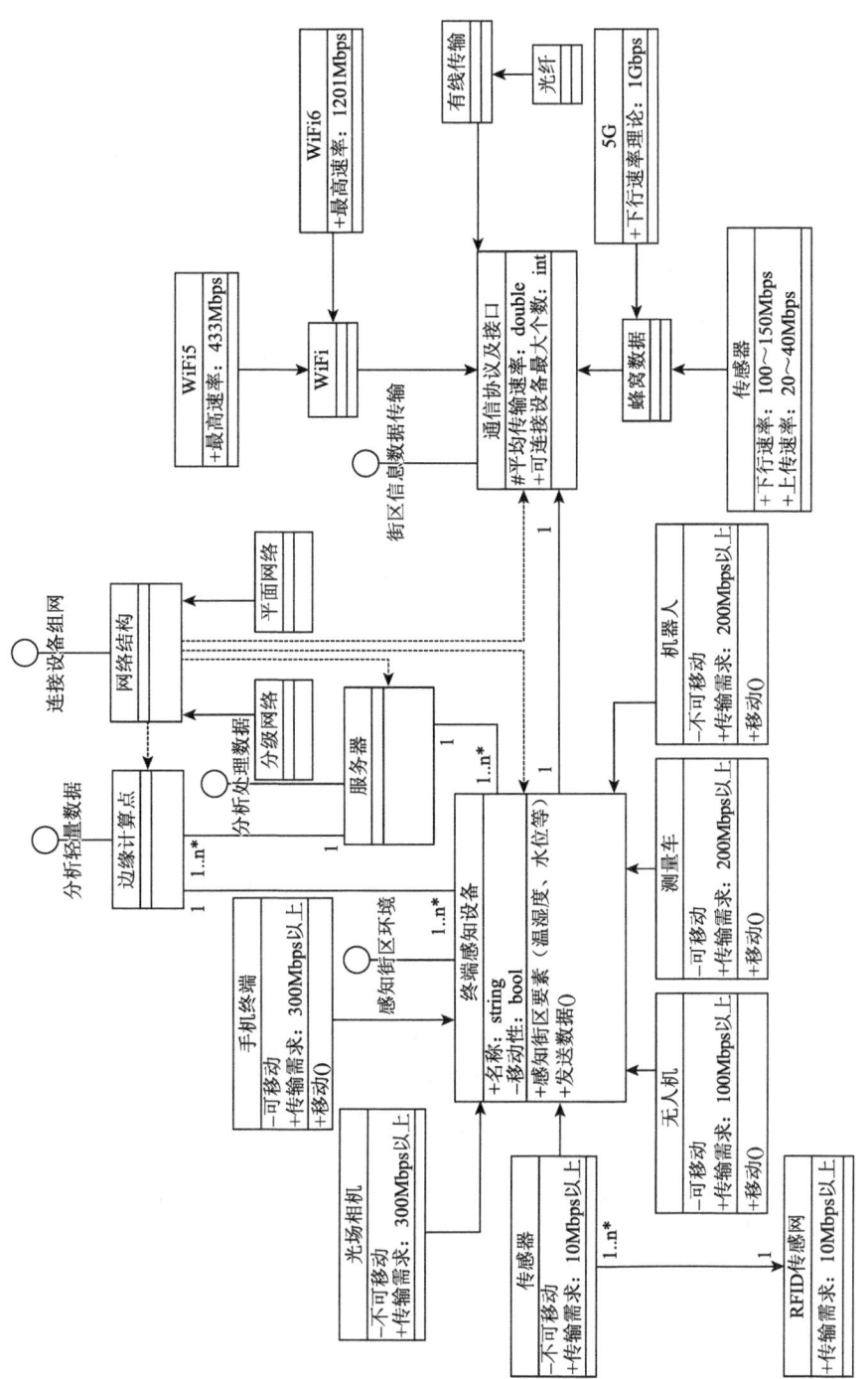

图 7-46 街区立体感知网络规划信息模型

3. 多源数据融合和三维构图技术

1）城市街区场景多源点云数据融合

仅利用单一平台的激光扫描系统难以获取城市街区场景地上下和室内外的完整点云数据，综合利用多平台点云数据（机载点云、移动测量点云、机器人测图系统点云、手机众包测图点云）才能实现城市街区场景的无死角全覆盖。同时为克服多平台点云之间的点密度、观测视角、数据质量等差异，利用平面特征作为配准基元，实现城市街区范围内的机载点云、移动测量点云、机器人测图系统点云、手机众包测图点云融合，获得城市街区场景的无死角全覆盖的高质量三维空间数据。

首先，在机载点云、移动测量点云、机器人测图系统点云、手机众包测图点云中分别提取平面特征，再通过构建平面特征间距离，寻找多个同名平面特征对。最后将点云间转换关系的求解分为两步，根据同名特征对的平面方程参数，分别求解旋转矩阵 R 和平移向量 T。城市街区场景多源点云数据融合整体流程如图 7-47 所示，融合结果如图 7-48 所示，不同颜色表示不同平台的点云数据。

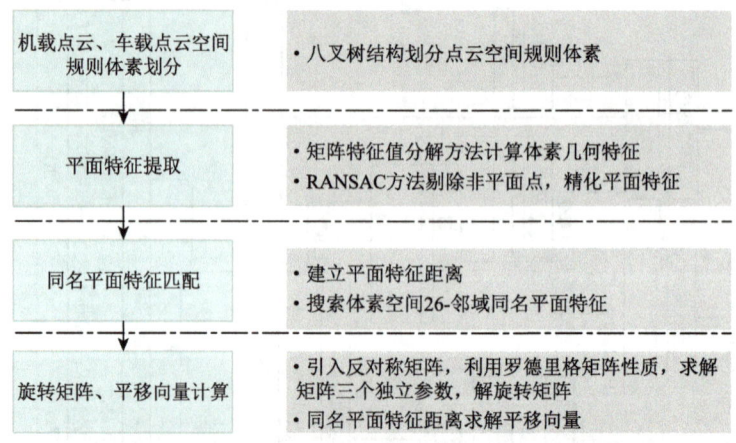

图 7-47 城市街区场景多源点云数据融合整体流程

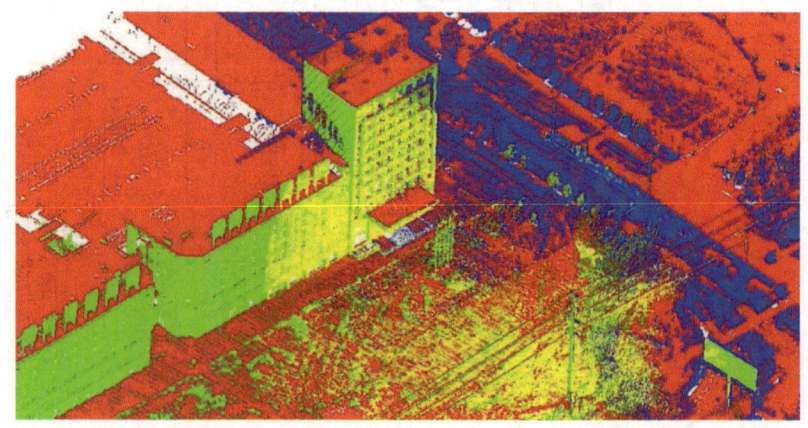

图 7-48 城市街区场景多源点云数据融合结果

2）城市街区场景多源点云与影像数据融合

三维点云缺少纹理和光谱数据，高精度配准点云和影像生成具有纹理属性的彩色点云，是两者优势互补的重要手段，也是辅助提高城市街区场景感知能力的有效途径，进而提高点云的应用价值。由于点云与影像的维度、采样粒度均存在不同，而且两者之间的映射关系复杂，难以建立点云与影像之间的精确对应，为此，设计了一种三维点云与影像两步法自动配准模型。该技术方案可以分成五个部分：由粗配准到精配准的模型设计、配准基元特征提取、基于图匹配的共轭配准基元对生成、粗配准模型参数解算、3D-3D精配准模型参数稳健估计等，具体配准模型如图 7-49 所示。首先针对初始配准误差较大，存在计算量大及难以正确收敛，不能实现数据稳健配准的问题，本技术方案提出距离成像与可见光成像数据两步法配准模型，该模型使用由粗配准到精配准的模型定义。两步配准法可实现初始配准误差较大条件下的数据稳健配准。

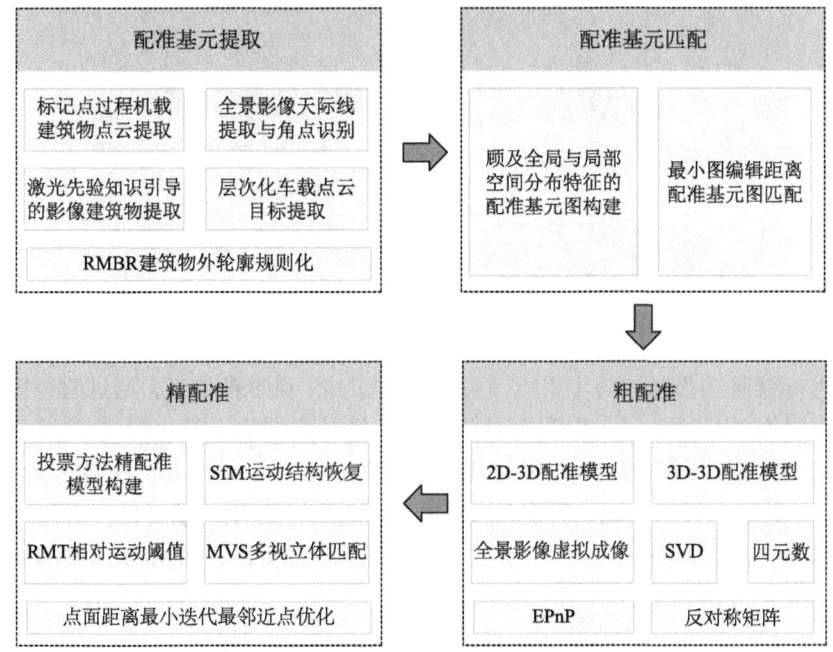

图 7-49　点云与可见光成像数据两步法配准模型

RMBR（recursive minimum bounding rectangle）表示迭代最小外包矩形；SfM（structure from motion）表示运动结构恢复；RMT（relative motion threshold）表示相对运动阈值；MVS（multi-view stereo）表示多视立体匹配；SVD（singular value decomposition）表示奇异值分解；EPnP（efficient perspective-n-points）表示高效 PnP

利用此方法可实现多平台点云和影像的配准并生成彩色点云。机载点云和影像融合与彩色点云结果如图 7-50 所示，点云、地形、正射影像数据联合加载如图 7-51 所示。

7.6.2　街区立体感知网测试实验

1. 无人机观测测试实验

在大疆无人机 M100 平台上，开发机载红外与光学联合观测系统，如图 7-52 所示。

图 7-50 机载点云和影像融合与彩色点云结果

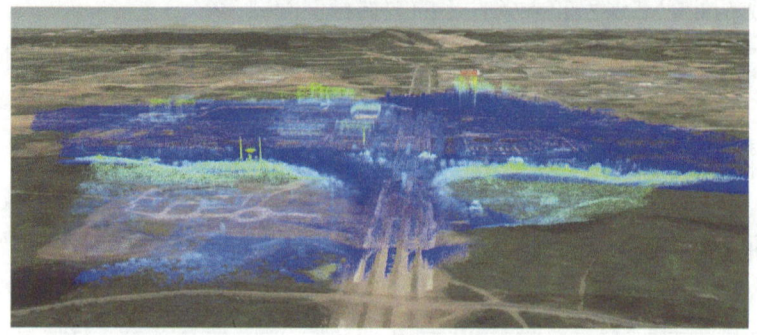

图 7-51 点云、地形、正射影像数据联合加载

该系统在进行视频拍摄时,同步采集惯导数据、GNSS 和时钟信息,通过时空匹配,建立机载视频与时空信息的关联,以利用对监测目标的时空定位。图 7-53 是根据采集的 GPS 数据画出的无人机观测路线。为了验证无人机观测的效果,对无人机观测的区域也进行车载移动观测,通过分析和对比,验证无人机视频观测时空范围的准确性。图 7-53 中,红色表示无人机下视摄影,面积约 504269m²;黄色表示车载摄影,面积约 190000m²;合计约 694269m²,合约 0.694km²。

图 7-52 无人机机载视频观测系统

图 7-53 无人机观测路线

2. 街区地表气象观测

采用国产传感器和开发板，研制车载气象和大气环境监测设备，图 7-54 为研制的移动车载气象观测系统，该设备将采集的传感器信息，通过 4G 网络发送到服务器，服务器能对异常数据进行检测与报警，实现即时观测、即时发现。图 7-55 为车载气象观测实验，图 7-56 为车载大气观测实验范围。

图 7-54　移动车载气象观测系统

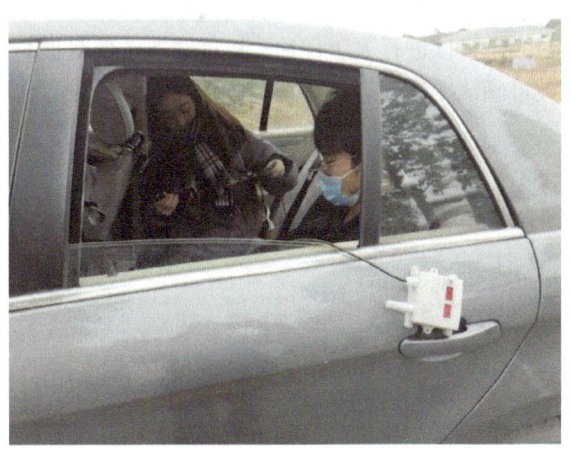

图 7-55　车载气象观测实验

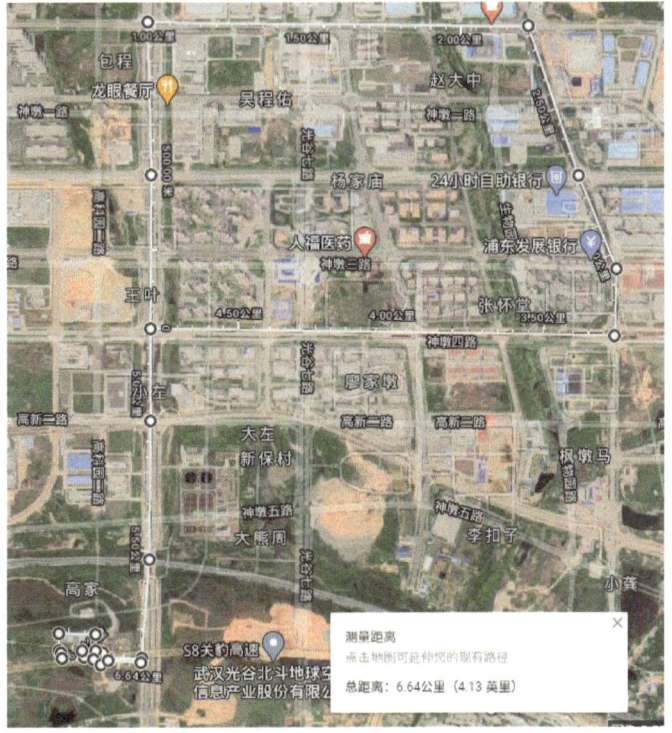

图 7-56　车载大气观测实验范围

3. 手机街区应急观测实验

手机应急事件现场感知 APP（accelerated parallel processing，加速并行处理），供使用者在需要核查的应急事件现场进行拍照和视频录制。同时，该 APP 通过百度地图 SDK（software development kit，软件开发工具包）功能模块获取准确的位置信息，通过和风天气 API（application programming interface，应用程序接口）提取当地天气信息，通过 Android 内核系统采集时间信息，通过手机内置多种传感器采集手机内置传感器观测数据，同时让使用者对应急事件进行人工评估，将这些非图像数据与图片和视频文件发送回后台数据服务器，为灾害确认提供证据。图 7-57 为图片对应的时空信息。

nodeid	topic	description	longitude	latitude	city	district	street	savepath	originaltime	xdegree
180802	审计	测试APP可用性	114.455483	30.493914	武汉市	江夏区	高新大道	/180802/photo/20201214102314.jpg	2020-12-14 10:23:28	-14.57261
180802	审计	试验区大楼	114.540596	30.467325	武汉市	江夏区	高新四路	/180802/photo/20201214104550.jpg	2020-12-14 10:46:15	-14.57261
180802	审计	野草	114.546435	30.467815	武汉市	江夏区	高新四路	/180802/photo/20201214112024.jpg	2020-12-14 11:20:38	-31.308235
180802	审计	车窗外环境	114.53222	30.475295	武汉市	江夏区	S8(武黄高速)	/180802/photo/20201214112349.jpg	2020-12-14 11:23:59	-26.409445
180802	审计	无线发射塔	114.532412	30.474948	武汉市	江夏区	S8(武黄高速)	/180802/photo/20201214112401.jpg	2020-12-14 11:24:43	-34.64033
180802	审计	无线发射塔-视频	114.532412	30.474948	武汉市	江夏区	S8(武黄高速)	/180802/video/20201214112445.mp4	2020-12-14 11:25:06	-42.667213
180802	审计	发射塔周边环境	114.532412	30.474948	武汉市	江夏区	S8(武黄高速)	/180802/photo/20201214112509.jpg	2020-12-14 11:25:18	-55.377197

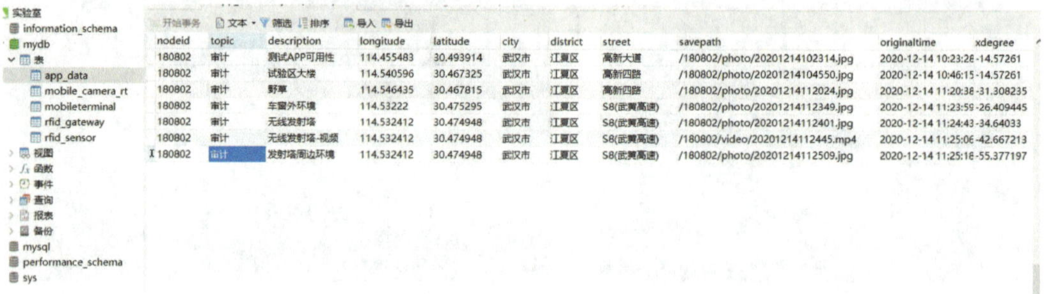

图 7-57 图片对应的时空信息

4. 街区立体感知图

开发的立体图层管理满足了用户管理、显示、操作大量不同类型数据，包括点云数据、正射影像数据、地形数据、轨迹数据、RFID 数据等的需求，能够记录用户对数据的组织、修改。从街区立体三维构图需求出发，通过需求分析，将立体构图划分为场景浏览、地形图层、模型匹配、飞行模拟、常用功能五个模块，如图 7-58 所示。其中，正射影像加载如图 7-59 所示。

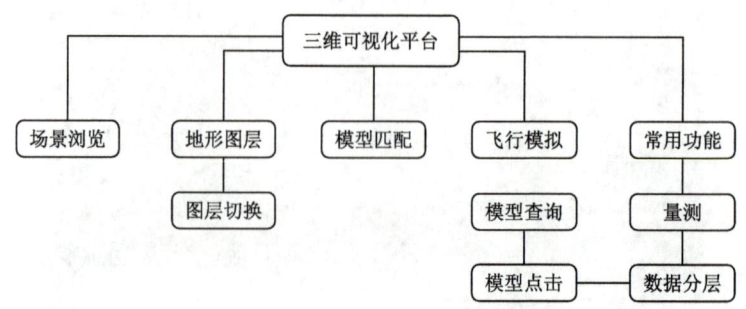

图 7-58 三维浏览可视化平台架构

图 7-59 正射影像加载

7.6.3 街区立体感知网的部署和运行

1. 豹澥感知网部署

移动三维测图设备主要在豹澥和厦门实验场进行数据采集,数据成果如图 7-60 所示。

图 7-60 豹澥数据成果

(a)(b)三维点云地图;(c)可测量的影像数据;(d)(e)室外带观测位置和坐标信息的三维点云地图;(f)室内带观测位置和坐标信息的三维点云地图

2 豹澥 RFID 传感器微网

为了验证 RFID 传感器微网，选取豹澥试验区，安装微网基站、水位传感器、井盖传感器、温湿度传感器和 $PM_{2.5}/PM_{10}$ 传感器，通过 LoRa 和 NB-IoT 等制式，搭建小型感知网络，验证在线监测环境感知能力和任务自适应模式等。图 7-61 和图 7-62 为组网示意和现场安装组图。

图 7-61　豹澥组网示意图

图 7-62　现场安装组图

通过几个月的传感数据监测，获取到多种环境要素实时数据。经过数据分析，优化任务自适应机制，进一步提升微网的包容数量。平台实时监测各类传感器数据，通过传感器任务自适应模式,有效减少信息冗余数据,图 7-63～图 7-65 是监测数据的分析界面。

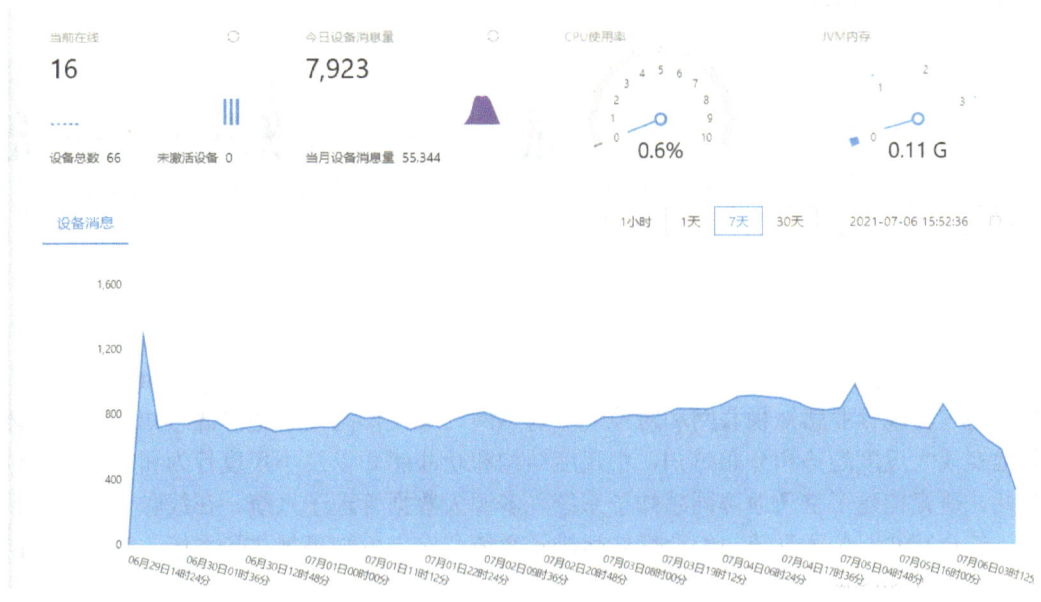

图 7-63　监测数据分析

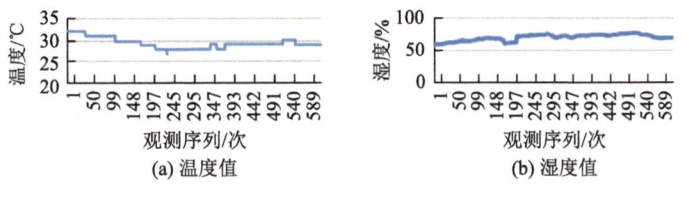

图 7-64　温湿度数据分析

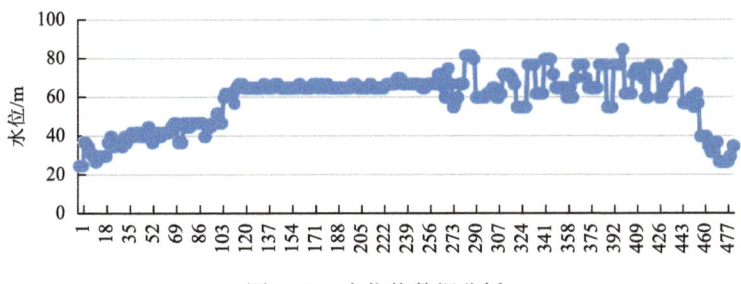

图 7-65　水位值数据分析

第8章

城市综合感知服务系统

8.1 概 述

城市综合感知服务系统(city integrated, instant, and intelligent sensing, CityI^{3}Sensing) 旨在通过集成行业感知物联网和对地观测遥感网,关联协同空天地多源感知手段,一体化地实现大尺度趋势和分布感知、中尺度结构和功能感知以及小尺度行为和特征感知。为此,研究构建了空天地协同感知子系统、多源大数据管理子系统、在线融合分析子系统、综合感知服务子系统、综合感知运维子系统和综合感知可视化子系统。空天地协同感知子系统对城市多尺度观测平台(如卫星、无人机、测量车、行业网、机器人、智能手机)数据进行实时接入;多源大数据管理子系统对多尺度感知范围(如城市群、城市、街区)、多尺度感知精度(如米、分米、厘米)的感知数据进行分布式存储;在线融合分析子系统对感知数据提供实时计算、智能化分析挖掘及预警;综合感知服务子系统提供多尺度感知范围的即时服务;综合感知运维子系统保障系统正常运维及监控;综合感知可视化子系统提供可视化感知数据展示。最终本系统为交通、环境和灾害等主题提供从感知数据、计算到即时服务综合化的能力。

8.2 需求分析和总体设计

8.2.1 系统需求

1. 空天地协同感知子系统需求

空天地协同感知子系统是 CityI^{3}Sensing 的传感器和数据接入系统。该系统需满足城市综合感知理念的卫星、无人机、视频和地面物联网等多种传感器数据和观测数据的接入、清洗、转换与融合的多方面要求。具体需求如下:元信息的创建,传感器的注册,感知数据的接入、清洗、转换和管理,预警规则的管理,感知信息的列表展示和检索。

2. 多源大数据管理子系统需求

多源大数据管理子系统用于管理接入后的各类数据。该子系统与传统的数据库不同,数据库是未经整理的数据集合,而多源大数据管理子系统则是从数据库中抽取出来,经过整理、规划、构建而形成的。多源大数据管理子系统需要基于元数据的数据仓库管理形式对分布式海量感知数据资源进行统一管理。它支持分布式海量异构数据注册、集中编目管理，形成基础地理数据、暴雨内涝、江河湖生态和区域交通等专题数据，实现对传感器实时观测数据、历史观测数据、基础地理信息数据和其他业务数据的浏览、全文检索及统计。

3. 在线融合分析子系统需求

在线融合分析子系统是 CityI^{3}Sensing 系统分析处理的关键系统。该系统采用分布式计算框架，提供可视化的模型设计器，预置丰富的算子库，用于分布式大规模数据计算，如统计分析计算、空间分析计算、自然语言处理和机器学习等。用户可通过强大的算子库来自定义组装计算模型，并以计算任务的形式提交给在线融合分析子系统运行。还可依靠系统强大的大数据计算能力，二次开发扩展算子功能。该子系统基于分布式计算框架构建多尺度数据即时挖掘与认知模型，实现对海量传感器观测数据的处理和分析，深度挖掘感知信息价值。

4. 综合感知服务子系统需求

综合感知服务子系统通过一系列标准规范描述要执行的操作和交互的数据，使得应用之间的交互范围更为广泛。综合感知服务子系统是对外提供数据共享和服务功能的支持系统，需满足服务的发布、注册、管理、监控、授权等业务需求。当现有服务能力不能满足需求时，可提供自定义服务的开发规范让二次开发用户自行定制服务，并可将用户开发的且满足规范的服务集成到综合感知服务子系统来进行统一管理。利用服务进行交互的应用只需遵从相应的服务接口，而不需考虑各自的内部实现，从而极大地降低了交互应用之间的耦合度，增加了应用的灵活性。它主要负责将各类数据资源发布成服务，从而实现数据共享。综合感知服务子系统主要支持以下几类服务：GIS 服务、计算模型服务、多维分析服务、关键绩效指标（key performance indicator，KPI）服务和实时数据服务。

5. 综合感知运维子系统需求

综合感知运维子系统提供监控虚拟机、数据库、服务以及 Spark 节点的状态等功能，并且依据监控状态对相应资源进行调整，保障相关应用的稳定运行。运维子系统可以监控 Windows 和 Linux 类型的主机，支持 MySQL、Oracle、Tomcat、FTP、ownCloud（网盘）等系统资源。

6. 综合感知可视化子系统需求

综合感知可视化子系统作为大屏展示使用，能将各种数据产品以图形图表的方式在用户视图上呈现。它提供传感器和观测数据的实时监控和分析功能，集成暴雨内涝、区域交通和江河湖生态三类示范结果数据，体现城市多类感知平台和物联观测接口协议传感器的统一接入、集成管理和即时服务等核心能力。

7. 性能需求

CityI^{3}Sensing 系统实时数据服务性能需求：需满足城市万级传感器，每秒返回坐标及信息的应用场景，每秒接入的观测数据可达 10000 条以上。为此，CityI^{3}Sensing 硬件环境要求如表 8-1 所示。

表 8-1　CityI^{3}Sensing 硬件环境要求

编号	硬件环境	数量	配置
1	数据库服务器	1	中央处理器：16 核内存：32GB 硬盘：4TB
2	缓存服务器	1	中央处理器：16 核内存：32GB 硬盘：1TB
3	应用服务器	1	中央处理器：16 核内存：32GB 硬盘：1TB
4	网络环境	1	千兆网络

8. 适应性需求

CityI^{3}Sensing 在接入、存储、分析计算和展示方面需支持海量感知数据，主要服务于企业、政府和市民，为城市多尺度综合感知提供服务平台和应用示范支撑。既要作为平台提供全面的功能，又要满足不同角色的特殊应用。因此，CityI^{3}Sensing 就有了更高的要求，主要表现在两个方面：①既要能无缝集成解决平台级应用，又要能支持单个模块独立使用或几个模块搭配使用；②既要能支撑云端部署，也要能支持简化部署（非云端）。

9. 安全性需求

CityI^{3}Sensing 系统的安全体系建设，应参考 IT 领域的物理安全、网络安全、主机安全、数据安全以及应用安全五个方面。在网络安全方面，应考虑网络隔离、加固、传输加密等；在主机安全方面，应考虑漏洞防护、故障恢复、安全审计等；在数据安全方面，应考虑数据加密、数据完整性以及数据可用性等；在应用安全方面，应考虑身份管理、身份认证、权限控制、安全审计、重要配置信息加密等。CityI^{3}Sensing 系统属于软件产品，目前不涉及物理安全方面。

8.2.2　设计原则

1. 统一性原则

CityI^{3}Sensing 作为城市综合感知的表现成果和多种示范应用的技术支撑，系统的研发应遵循统筹规划、统一设计和分步实施的总体思路。

2. 先进性原则

CityI^{3}Sensing 系统为城市多尺度综合感知提供服务平台和应用示范支撑，应保持一定的技术先进性。它的研发要坚持实用性原则，在确保实用可靠的前提下，尽量采用先进技术和体系架构。但在产品未来技术的预研工作方面应符合市场趋势，进行高起点的技术研究工作，以保证产品研发中技术的可持续发展，延长整个系统的生命周期。

3. 扩展性原则

通过采用灵活的构架，CityI³Sensing 系统功能应可扩展，满足不断变化的用户需求。扩展性体现在应用功能的可扩展、部署方式的可扩展、数据模型的可扩展和服务的可扩展上，保证扩展过程平滑升级，避免重复投资。

8.2.3 用户分析

CityI³Sensing 是一个以感知城市综合数据获取、存储、管理、分析、挖掘、分享以及可视化应用为主体的系统。其作为平台将为暴雨内涝、区域交通、江河湖生态三类示范应用提供基础能力，从而满足政府、企业和公众等不同类型用户的感知需求。从专业用户角度看 CityI³Sensing 系统的用户应涵盖数据处理工程师、数据管理工程师、数据分析工程师以及应用开发工程师四大角色（图 8-1）。

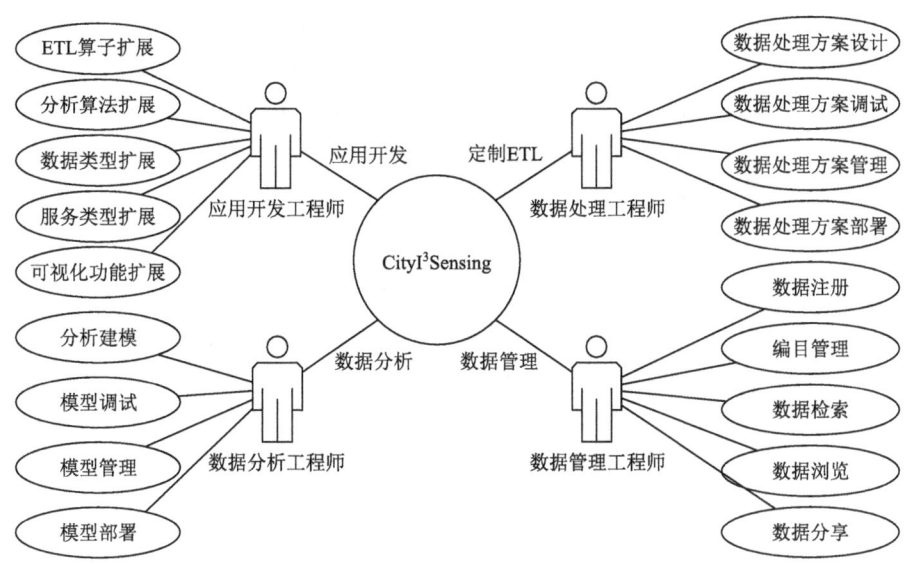

图 8-1　CityI³Sensing 用户分类图

1. 数据处理工程师

数据处理工程师的职责是根据多源大数据管理子系统的建设需求，使用 ETL 工具开展多源大数据管理子系统的数据建设工作，重点建设操作型数据存储（operational data store，ODS）、数据仓库和数据集市。数据处理工程师通常会使用数据处理工具来定制、调试、管理和部署方案，确保数据工程的建设进度、质量以及数据常态更新。

2. 数据管理工程师

数据管理工程师的核心职责是数据管理，包括多源异构海量数据的注册、编目管理、数据检索、数据浏览以及按需分享数据。

3. 数据分析工程师

数据分析工程师的核心职责是分析数据仓库中海量数据之间隐含的关联关系，建立数据分析模型并挖掘数据潜在的价值。其工作包括：数据预处理、数学建模、模型调试、模型管理以及模型的部署发布。

4. 应用开发工程师

应用开发工程师的职责是应用系统开发，基于 CityI^{3}Sensing 系统已有的功能，根据具体业务和需求进行二次开发，如扩展数据类型、扩展 ETL 插件、扩展分析算子、扩展新服务以及扩展数据可视化功能等。

8.2.4 总体设计

CityI^{3}Sensing 是一个复杂异构的系统，开发语言以 Java 为主，同时，支持 C++、R、Python、Scala 等语言的混合架构。C++、R、Python 等语言开发的可执行程序、动态库和函数包，原则上要能支持跨平台运行，并以可执行程序、JNI、JRI 或 Python 等方式与 Java 程序集成（图 8-2）。而 Scala 语言主要应用在基于 Spark 的大数据计算方面，Scala 语言与 Java 语言兼容，可直接编译成 jar 文件被 Java 语言调用。

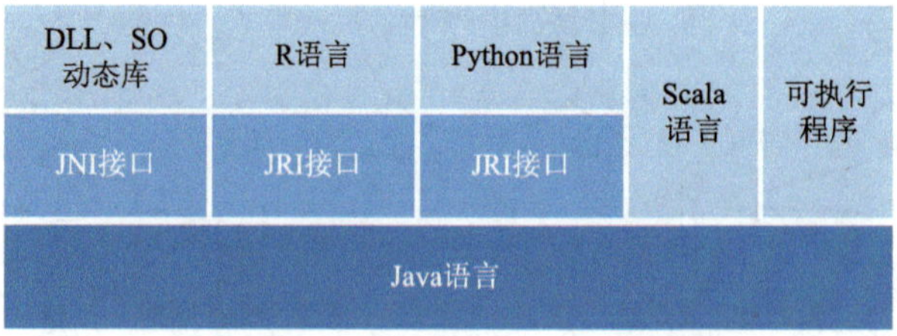

DLL、SO 动态库	R语言	Python语言	Scala 语言	可执行程序
JNI接口	JRI接口	JRI接口		
Java语言				

图 8-2　开发语言选型图

8.2.5 系统架构

1. 总体架构

CityI^{3}Sensing 基于云或非云环境，通过各类数据存储引擎实现高效地感知数据存储，继而对各类物联网感知数据进行接入与同步；通过数据开发套件对多源异构数据进行抽取、清洗、转换等处理，将处理完的数据加载至目的数据源；通过数据计算平台提供的强大的分布式计算能力对各类数据按照业务规则进行计算，计算得到的结果通过数据服务平台以服务的形式进行发布与管理；前端的平台运营管理系统可实现对大数据的综合管理与分析，从而实现大数据价值的最大化。CityI³Sensing 总体和功能架构如图 8-3 和图 8-4 所示。

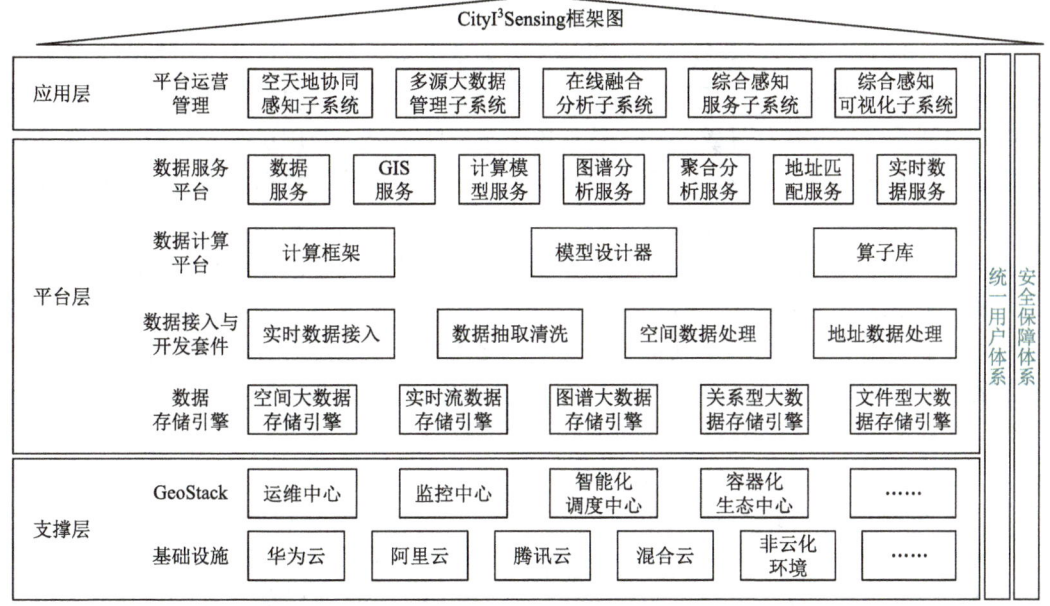

图 8-3　CityI³Sensing 总体架构图

图 8-4　CityI³Sensing 功能架构图

CityI³Sensing 以数据中台思维构建而成，主要分为三层：支撑层、平台层、应用层。支撑层主要为 CityI³Sensing 的高效运行提供底层支撑。自主研发的云管理平台实现对各类云环境或非云环境中的存储、计算及网络资源进行统一管理，并为整个系统提供基础设施支撑服务。该层可支持通过物理机、各类公有/私有/混合云平台以及其他平台等方式部署和运行 CityI³Sensing，从而保障 CityI³Sensing 在 IT 基础层上的可伸缩性。平台层实现了 CityI³Sensing 的核心数据能力。其主要是对大数据进行存储、接入、处理、计算以及服务发布，从而为上层应用提供强大的数据能力支撑。它主要包括数据存储引擎、数据接入与开发套件、数据计算平台、数据服务平台四部分。应用层基于平台运营管理系统提供完整的数据资源存储与管理、大规模数据分析与计算、数据成果发布与共享等功能以及全方位可视化的大数据运营平台，主要由空天地协同感知子系统、多源大数据管理子系统、在线融合分析子系统、综合感知服务子系统、综合感知运维子系统、综合感知可视化子系统六部分组成。基于应用层可快速构建暴雨内涝、区域交通和江河湖生态环境服务示范系统，也可针对其他主题的个性化需求，通过定制开发形成感知大数据解决方案。

2. 技术架构

CityI³Sensing 平台技术架构可以分为基础设施层、存储层、计算层、服务层、可视化层、垂直切面六个层次，如图 8-5 所示。基础设施层采用 GeoStack 产品与基础设施云平台对接，隔离基础设施云平台之间的差异，使 CityI³Sensing 系统能与基础设施云平台之间实现良好的兼容关系。存储层支持 Oracle、MySQL、达梦、MongoDB、FTP、Hadoop、Hive、Elasticsearch 等数据源，同时选用 SolrCloud 开源项目实现数据仓库中全文索引的创建、更新与检索。计算层选用 Kettle 开源项目和 Spark 开源项目来实现分布式并行计算

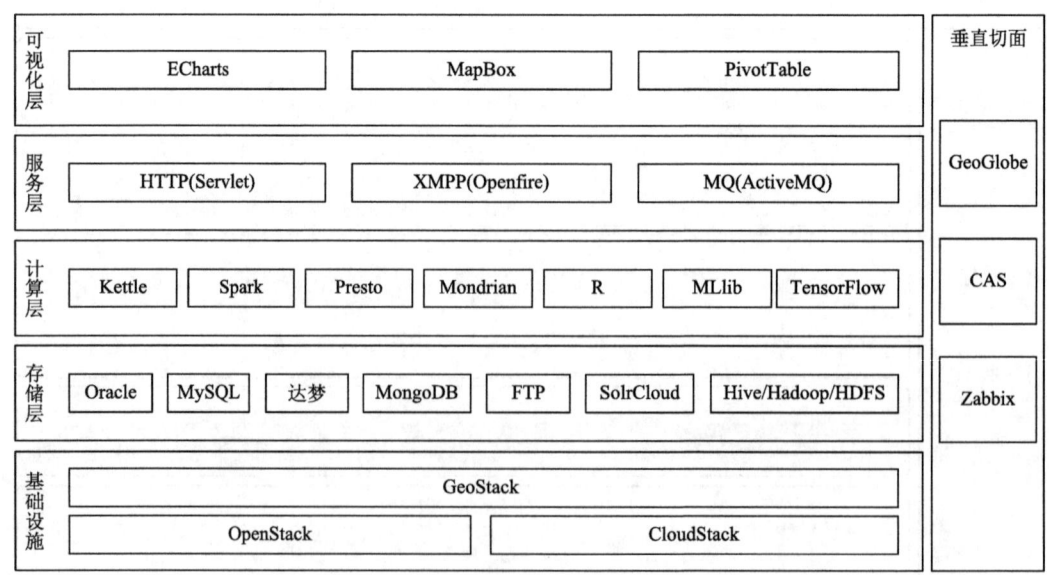

图 8-5　CityI³Sensing 平台技术架构图

能力；OLAP 引擎选用 Pentaho 社区的 Mondrian 开源项目，同时选用 Presto 分布式大数据 SQL 查询引擎作为基础支撑；在机器学习方面，根据不同的算法特点选用不同的技术，如 R 语言、MLlib 及 TensorFlow 等。服务层提供同步和异步两种服务接口，同步服务接口采用 HTTP 协议，异步服务接口采用 Openfire 的 XMPP 协议和 ActiveMQ 的二进制协议。可视化层选用 ECharts 作为统计数据的可视化支撑，选用 MapBox 作为地图的数据可视化支撑。垂直切面中，单点登录选用 CAS 开源项目，运行监控选用 prometheus 进行二次开发。

3. 核心流程

1）数据接入

通过空天地协同感知子系统 ETL 套件进行数据的抽取、清洗、转换和加载，再利用接入服务接入传感器数据和观测数据，构建多源大数据管理子系统面向主题的数据仓库体系。

2）数据分析

面向多源大数据管理子系统进行数据挖掘分析，发现数据内部隐含的关联性，形成数据产品和数据的衍生产品。

3）数据共享

在综合感知服务子系统将多源大数据管理子系统中的数据产品进行发布共享，为用户和应用提供数据服务。

4）可视化应用

基于综合感知服务子系统的服务接口协议，构建面向应用的数据可视化系统。

4. 接口关系

各子系统之间的接口关系，如图 8-6 和表 8-2 所示。

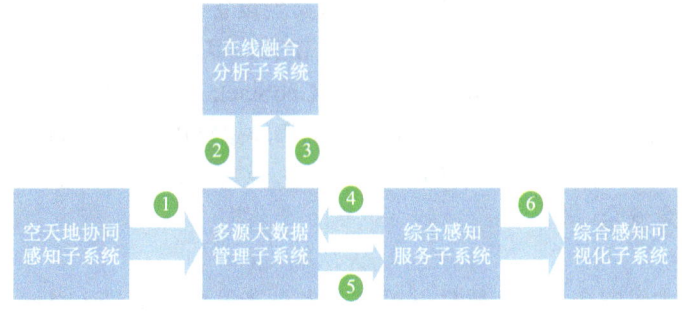

图 8-6　平台接口关系图

表 8-2　各子系统接口关系

编号	接口	接口说明	用途	接口形式
1	接口1：空天地协同感知子系统与多源大数据管理子系统之间的接口	多源大数据管理子系统获取空天地协同感知子系统元数据	选择数据集	数据接口（数据库路径）
2		多源大数据管理子系统获取观测数据	获取主题数据	数据接口（数据集名称，分页参数）

续表

编号	接口	接口说明	用途	接口形式
3	接口2：在线融合分析子系统与多源大数据管理子系统之间的接口	在线融合分析子系统调用多源大数据管理子系统的接口，读取数据元数据和目录信息	选择数据集	HTTP 服务
4		在线融合分析子系统读取或写入多源大数据管理子系统的数据资源	数据计算	数据接口（文件路径、数据库路径）
5	接口3：多源大数据管理子系统与在线融合分析子系统的接口	多源大数据管理子系统调用在线融合分析子系统的接口，生产矢量数据集和地图定义文件的矢量瓦片缓存	矢量数据浏览	HTTP 服务
6	接口4：多源大数据管理子系统与综合感知服务子系统之间的接口	多源大数据管理子系统调用综合感知服务子系统的接口，发布服务	发布服务	JSP 页面
7	接口5：综合感知服务子系统与多源大数据管理子系统之间的接口	综合感知服务子系统调用多源大数据管理子系统的接口，读取数据元数据和目录信息	选择数据集	HTTP 服务
8	接口6：综合感知可视化子系统与综合感知服务子系统之间的接口	综合感知可视化子系统调用服务接口，读取数据元数据和目录信息	选择数据集	HTTP 服务
9		综合感知可视化子系统调用服务接口，获取目标数据	数据可视化	HTTP 服务

5. 安全架构

通常 IT 安全架构一般包括物理安全、网络安全、主机安全、数据安全及应用安全。由于 CityI^{3}Sensing 设计只涉及软件部分，因此，安全架构主要以网络安全、主机安全、数据安全及应用安全为主，暂时不涉及物理安全。

1）网络安全

在这个层次，传统环境和云环境有较大区别。在传统环境中，CityI^{3}Sensing 系统的网络安全主要依赖网络基础设施可靠性。网络安全设备仍承载主要的安全管理职能，如防火墙、互联网协议群（internet protocol suite，IPS）、审计、日志、行为管理等，一个都不能少。在云环境中，CityI^{3}Sensing 系统借助 GeoStack 的能力来加固网络安全体系，云中虚拟机的内、外部通信是通过云中虚拟交换机和虚拟路由器来完成的，基于软件定义网络（software defined network，SDN）的安全组策略，结合云租户隔离的管理机制，有效保证网络层面的信息安全。

2）主机安全

传统的物理主机安全与应用软件并没有太多直接关系，而 CityI^{3}Sensing 与 GeoStack 集成以后，借助基础设施云平台的能力加固虚拟主机的安全性。云环境下，虚拟主机具备热迁移的能力，在虚拟主机状态异常甚至无响应的情况下，会触发云平台自身的高可用（high available，HA）机制，将该异常主机迁移后重启虚拟主机。同时，云中的虚拟主机同样可以受到云外主机安全域中各类安全机制，如系统加固、漏洞扫描、审计、防毒等的保护。

3）数据安全

为了保证 CityI^{3}Sensing 多源大数据管理子系统数据的机密性、完整性和可用性，采取相应的安全措施。数据安全的防护要点主要分为：①数据机密性保护。采用数据加密方式保证数据的机密性,地图数据加密包括数据在网络的加密传输、本地缓存数据的加密存储。②数据完整性保护。CityI³Sensing 与外部系统交换数据时,可以对数据进行完整性保护,即采用数字签名技术保证数据完整性。③数据可用性保护。可使用数据自身机制或使用 ETL 工具,定期对数据进行备份,数据备份的周期在项目实施中确定。

4)应用安全

CityI³Sensing 系统的应用安全性主要从身份管理、身份认证、访问控制等方面考虑。应用防护要点分为:①身份管理。CityI³Sensing 系统中的各子系统,采用统一的用户身份管理系统来统一存储、维护用户信息和认证信息。各子系统不直接修改用户信息,用户口令不得以明文方式出现在程序及配置文件中。②身份认证。CityI³Sensing 系统登录、重要资源的访问与操作,要求进行身份认证。身份认证技术采用业界流行的条件访问系统(conditional access system,CAS)技术实现。③访问控制。CityI³Sensing 系统采用基于角色的权限控制,用户可以绑定角色并可以直接分配具体权限,提供角色委托等动态权限,以满足精细化、实用化的权限控制需求。系统权限包括功能权限、数据权限、授权权限三种类型,分别对用户的可使用功能、可访问数据和具有的授权范围进行约束。CityI³Sensing 系统根据当前登录用户的权限对用户使用的功能和访问的数据进行严格控制和分配。

8.2.6 关键技术点

1. 智慧城市综合感知基站

智慧城市综合感知基站(或多协议感知资源集成网关适配器)是一个允许多种无线电(多种物联网通信协议)与不同的数据传输协议同时接入并混合组网,在设备中运行一套嵌入式的软件系统以帮助感知基站实现数据的解析与封装的硬件设备(图 8-7)。智

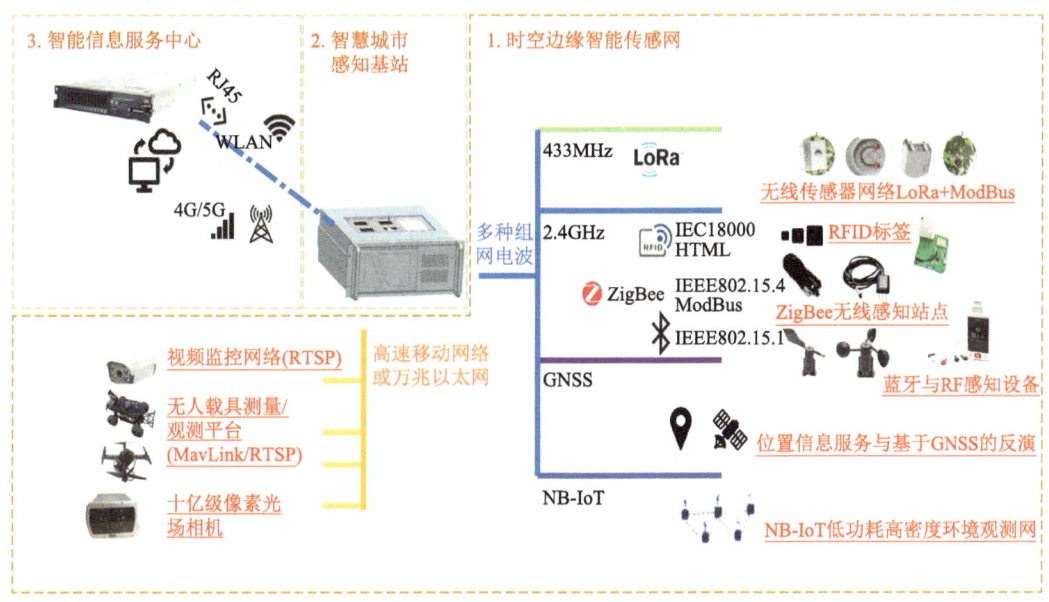

图 8-7　智慧城市感知基站在城市综合感知网络中"承上启下"的定位

慧城市感知基站将实现在其覆盖区域内物联网传感器即插即用的接入，并提供感知数据处理的服务（图 8-8），这与蜂窝数据基站可以为该覆盖区域内的移动电话和蜂窝数据终端提供通信服务类似。

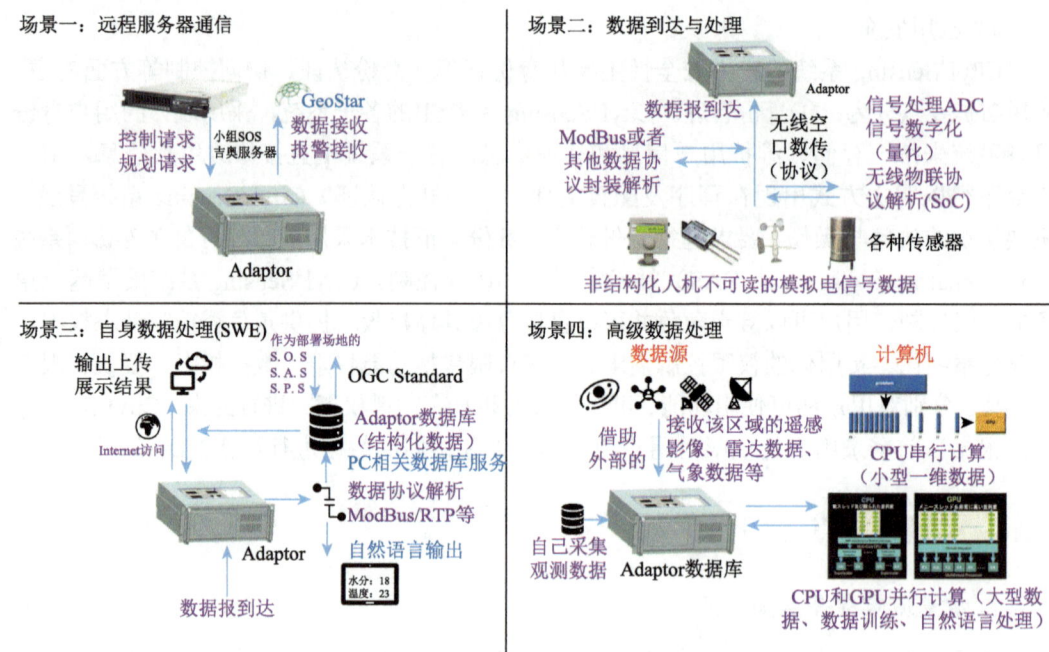

图 8-8 智慧城市感知基站提供的主要服务与支持

智慧城市感知基站的硬件系统包括六大核心模块，分别是电源模块、计算服务模块、储存模块、无线电收发模块、网络模块与人机交互模块。电源模块为城市感知基站提供持续电源供应；计算服务模块用于实现采集数据的协议解析、数据处理、服务建立与感知可视；在该基站服务范围内的最近感知数据与结果由基站中的储存模块进行临时储存。对于智慧城市感知基站而言，最重要的模块是无线电收发模块、网络模块与人机交互模块。

（1）无线电收发模块：无线电收发模块由一块包含测量采集信号接收、射频与基带及电源三大部分组成的电路构成。在智慧城市感知基站的原型机中，本书采用晶宏科技的 LQFP44 封装的 STC15 系列单片机，并在该单片机上进行二次开发实现数据采集、Modbus 协议封装与解析以及数据寄存等功能。在射频与通信上，智慧城市感知基站为了实现异构感知协议的接入，在无线电收发模块上嵌入了 ZigBee 的 TI-CC2530F256 模块、BLE 的 RTL8762AG 模块、LoRa 的 AI-Think Ra-02 模块及 Nordic nRF51822 模块。

（2）网络模块：网络模块可实现城市感知基站与城市感知服务中心的通信，同时也为 NB-IoT 站点或采用 5G 通信的无人载具提供网络连接。在智慧城市感知基站的原型机中，本书采用 10GbE 的万兆有线网络、第六代无线局域网以及 5G 通信模块实现城市感知基站的网络通信功能。

（3）人机交互模块：感知基站的原型机提供了丰富的用户交互方式，包括三大部分：第一部分是基于物理硬件的控制，通过原型机前面板的控制开关直接对无线电收发机实现启停操作，不同协议的设备连接状态以及运转状态通过前面板的 LED 仪表盘和指示灯进行提示；第二部分是基于软件的控制，通过触控面板实现感知设备的接入、管理、数据分析等功能；第三部分是数据输出和可视化，通过城市感知基站的显示信号输出或者是客户端访问进行对所需观测数据的订阅。

（4）电源模块：为了保证感知数据的正常收发，智慧城市感知基站通常使用交流电源提供能源供应。若电网故障导致设备掉电时，系统提供两套电源支持系统以保证正常运行；在短时间断电的情况下，通过备用不间断电源系统保证感知基站与辅助计算单元维持运行 1h；若出现长时间断电，备用低压电源将支撑感知基站中的无线电收发机的正常工作，并将无线电收发机获取的数据暂存在非易失性储存器中，设备恢复供电后，采集的数据将由感知基站继续处理。这种冗余的电源模块能最大可能地保证感知基站数据收集的完整性与连续性，使得感知数据具备较高的时间分辨率。

（5）计算机与储存模块：计算机模块是位于城市感知基站原型机中的 x64 架构计算机，该计算机中运行智慧城市感知基站的 Web 管理平台。采集和处理后的各项数据将保存在位于智慧城市感知基站的储存阵列中，用户和服务端可订阅需获得的数据，或者是要求城市感知基站实现数据的推送。

目前，研发的城市综合感知基站完成了对八类平台以及 12 种物联观测接口协议的接入。具体的，平台包括 LoWPAN 原位传感器平台、LpWAN 原位传感器平台、RFID 微网感知平台、生物信息传感器平台、手持式视频感知平台、固定式视频感知平台、移动测量车感知平台和无人机航空感知平台等。这些平台涉及的物联接口协议包括 ZigBee、LoRa、NB-IoT、RFID、RTP/RTSP/RTCP、BLE、Mavlink、Modbus、MQTT、RTMP、DJI SDK 和 4G/5G 等。基站具体的平台和协议接入能力见表 8-3。

表 8-3 城市综合感知基站的接入能力说明

平台类型	物理层协议	数据层协议	协议特性说明	感知平台的适用性
LoWPAN 原位传感器平台	ZigBee LoRa	Modbus 1-Wire Modbus	ZigBee：基于 IEEE 802.15.4 标准，适配器可提供不小于 500 米范围且速度保证 50Kbps 的通信，允许 7 个信道的即时接入 LoRa：适配器提供不小于 1000 米的范围，且保证速度不低于 32Kbps。允许 24 个频点*4 扩频因子的接入保证 Modbus：通用仪器测量类的总线协议 NB-IoT：建立在公共移动通信网络（4G 或者 5G）基站下的占用少量带宽的低功耗广域通信协议	声：噪音 光：光强、光感、日照时间、紫外线强度等 气：温度、湿度、空气质量、危险气体等 液：降雨、酸碱、水体营养化等指数
LpWAN 原位传感器平台	NB-IoT			
RFID 微网感知平台	ISO 18000	HTTP	ISO 18000：RFID 的标准化名称，通过非接触的方法构建感知设备的元数据标签信息的传递 HTTP：超文本传输协议，一个请求-响应协议	用于给 LoWPAN 和 LpWAN 平台提供电子标签、定位等功能
生物信息传感器平台	BLE	串口透传	BLE：基于 IEEE 802.15.1 标准，提供不小于 100 米的通信范围，速度保证在 768Kbps。可为高采样率的感知设备提供数据传输能力，允许 40 个信道的即时接入	生物传感器网络如脑电信号、皮肤电活动、肌肉电信号、心率与呼吸、视网膜电流等高采样传感器

续表

平台类型	物理层协议	数据层协议	协议特性说明	感知平台的适用性
手持式视频感知平台		RTMP	Sub-6：一般是指基于 IEEE 802.11 标准，采用 5.8GHz 频率，形成 4*4MIMO 天线机制的高速宽带通信方法。无遮挡条件下在 1000m 的距离可以保证 100Mbps 的带宽 4G 和 5G：依赖于公共移动通信网络的第四代和第五代移动通信技术。速率取决于设备、基站和用户订阅的套餐 RTMP：是 Adobe Systems 公司为 Flash 播放器和服务器之间音频、视频和数据传输开发的开放协议。广泛用于直播平台	具备 Android、Apple iOS 和 Microsoft Windows 8.1 以上具备摄像头的手持式设备 如智慧型手机、手持式直播相机（Vlog）以及具备 RTMP 协议的录像机
固定式视频感知平台	基站直连：Sub-6GHz 广域网连接：4G 和 5G	RTP 系列	RTP：实时传输协议（RTP）为多媒体数据提供了具有实时特征的端对端传送服务。广泛用于各类视频监控网络，具有极高稳定性	视频监控系统 闭路电视系统 光场阵列相机
移动测量车感知平台				
无人机航空感知平台		RTP 系列 MavLink 协议 FTP/SMB 协议	MavLink：（Micro Air Vehicle Link）是一种用于小型无人平台的通信协议，广泛用于开源的无人机、无人车与无人船等平台中 FTP (File Transfer Protocol)/SMB (Server Messages Block)：两种支持跨操作系统传输文件的文件传输协议，对采集的遥感数据等进行实时回传	无人平台的视频流传输 MavLink 控制模块的信令传输 同时对无人设备上的遥感装置或者数据采集装置采集的数据以文件的形式进行回传
	基站直连 Sub-6GHz	DJI SDK	DJI SDK：是面向于商品级无人机（或其他设备）的开放性接口协议，本适配器中以 DJI SDK 为实例进行演示	针对特定商用的无人平台，提供接口开放能力

  对于这些异构协议的接入，主要采用两种不同的技术路线：对于地面感知网络下的 ZigBee、LoRa、RFID 和 BLE 通信协议，其传输方式为物理空口传输；对于 NB-IoT 和 RFID 微网系统，以及配备了 4G/5G 通信模块的无人车、无人机平台，采用物理空口传输和通信运营商网络服务的混合组网传输模式。对于采用纯物理空口传输的通信协议的接入，设计并开发一个"无线电接入与控制系统"。无线电接入与控制系统是该感知基站的核心模块，包括软硬件两部分。所有低功耗无线个人区域网络（low power wireless personal area network，LoWPAN）地面感知站点采集的数据都通过 RACS 传输到感知基站中。感知基站是作为任何街区（如社区、学院、住宅区）的传感接入中心，因此其覆盖范围包括室内、街区和住宅区，其在不同场景下，会根据实际应用需求，匹配不同的无线通信协议。在硬件上，设计了一个可靠的电路模块，主控模块是采用 LQFP44 封装的 STC15W4K56S4 单片机，通过这个单片机，我们完成了 Modbus 协议的封装、总线地址的定义和数据协议的封装与解析。该单片机上的 UART（universal asynchronous receiver/transmitter，通用异步收发传输器）口，实现了与外置基带（ZigBee、LoRa、BLE）的数据交互，它将通过空口接收到的观测信息进行处理，并以 Modbus 封装后，通过 RS485 总线与感知基站进行数据交互，统一接入 LoWPAN 地面感知平台的技术方法如图 8-9 所示。

  对于 RFID 通信协议，感知基站采用融合网络和独立通信两种方式进行接入。同时在

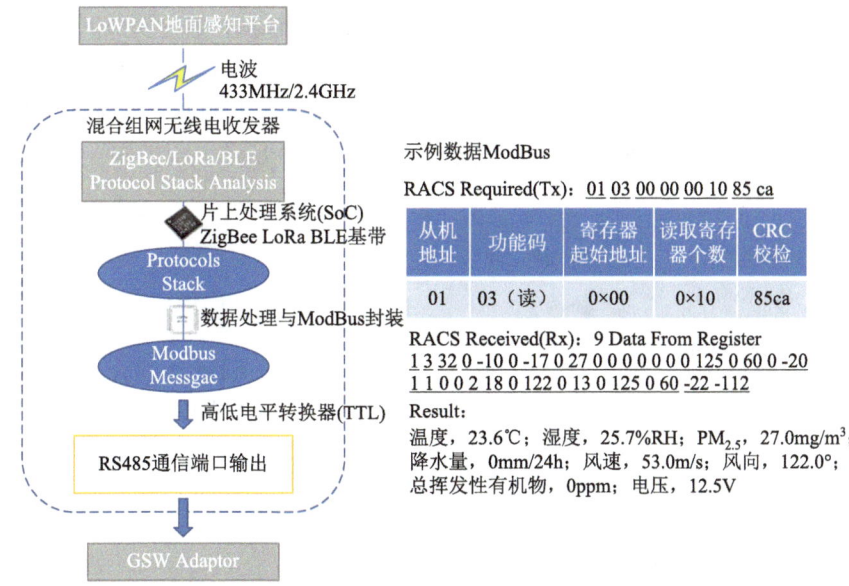

图 8-9　统一接入 LoWPAN 地面感知平台的技术方法

通信优化上，ZigBee/LoRa 集成的 RFID 系统，可以利用 RFID 单跳传输信息的优势，与 LoRa/ZigBee 混合组网。根据现场的实际网络情况，选择 LoRa/ZigBee 或 RFID 进行通信，两种自动切换方式可以提高通信的成功率和可靠性。

统一接入 RFID 立体微网感知平台的技术方法如图 8-10 所示。

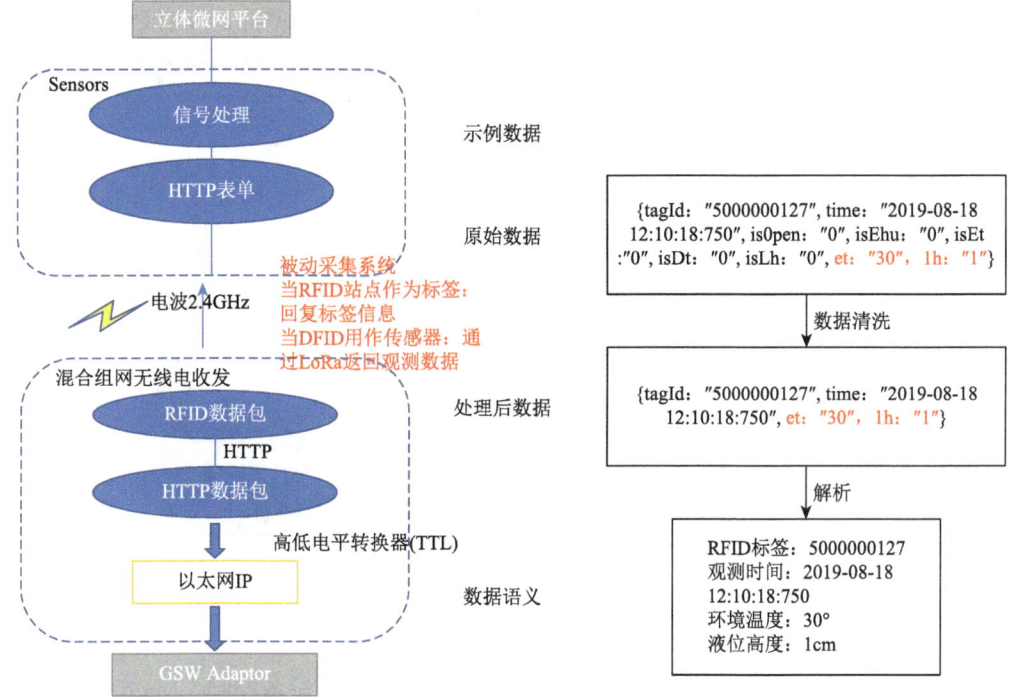

图 8-10　统一接入 RFID 立体微网感知平台的技术方法

由于依赖移动通信运营商的通信基站与网络，基于 NB-IoT 协议的地面感知网络采用 TCP/IP 协议建立网络连接。NB-IoT 站点本身具备数据通信与 Modbus 协议封装的功能，通过感知基站暴露的公网 IP 地址与端口，实现数据从 NB-IoT 的站点向感知基站的推送，统一接入 LpWAN 地面感知网络平台的技术方法如图 8-11 所示。

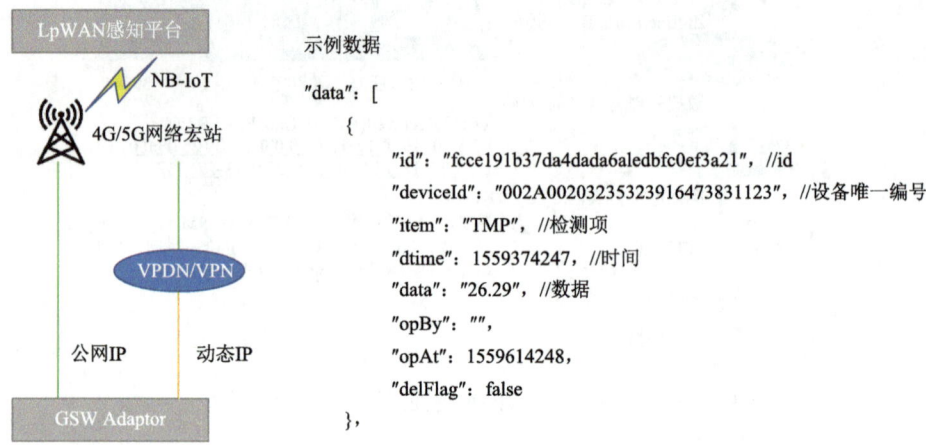

图 8-11　统一接入 LpWAN 地面感知网络平台的技术方法

光场相机和通用视频观测平台，都采用 RTSP 协议对采集的视频流进行编解码，为应用层提供实时播放和控制等功能，网络层使用 TCP 建立连接，保证数据可靠传输。由于光场相机亿级像素规模，并考虑不同终端设备的硬件处理能力差异，作者研发了一种视频流分辨率自适应算法，以便在不同终端能够处理和显示视频。统一接入光场相机和通用视频观测感知平台的技术方法如图 8-12 所示。

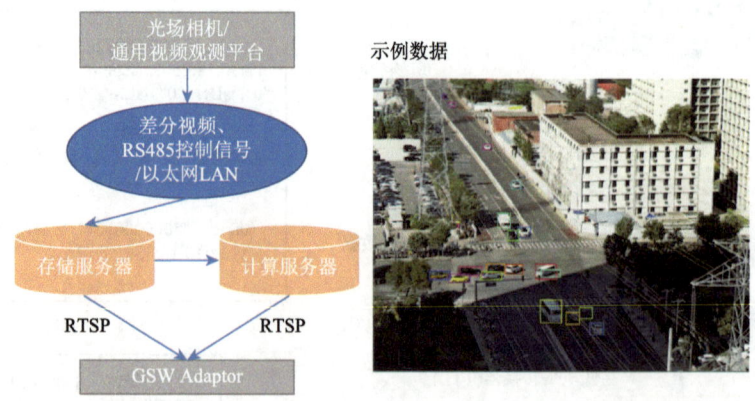

图 8-12　统一接入光场相机和通用视频观测感知平台的技术方法

对于无人车和无人机平台，其均采用 MavLink 协议进行设备控制。MavLink 协议类似于 Modbus，为无人车/机提供控制总线协议，定义不同类型组件的接口规范。同时，根据 GPS 协议进行定位，采用用户数据报协议（user datagram protocol，UDP）将姿态、位置和视频流等数据网络回传到地面站。统一接入无人车和无人机感知平台的技术方法如图 8-13 所示。

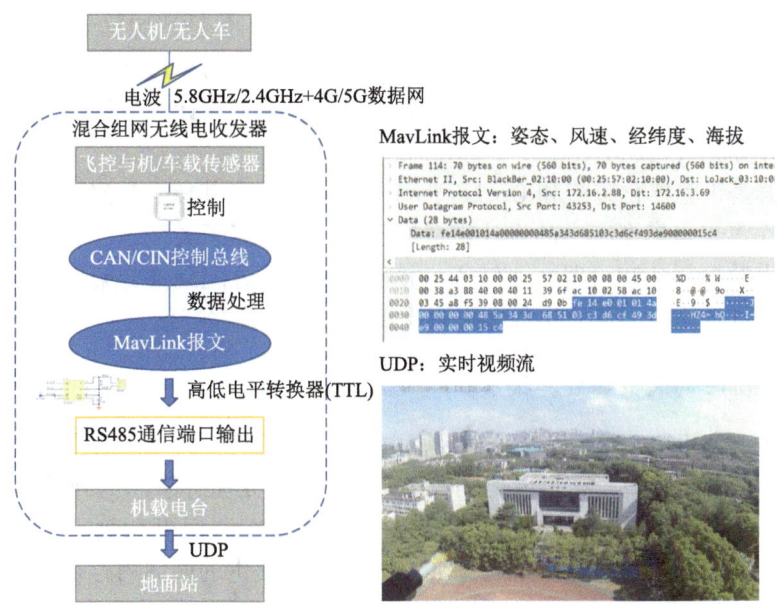

图 8-13　统一接入无人车和无人机感知平台的技术方法

2. 基于混合架构的分布式计算框架技术

CityI³Sensing 采用基于混合架构的分布式计算框架，其计算集群如图 8-14 所示。

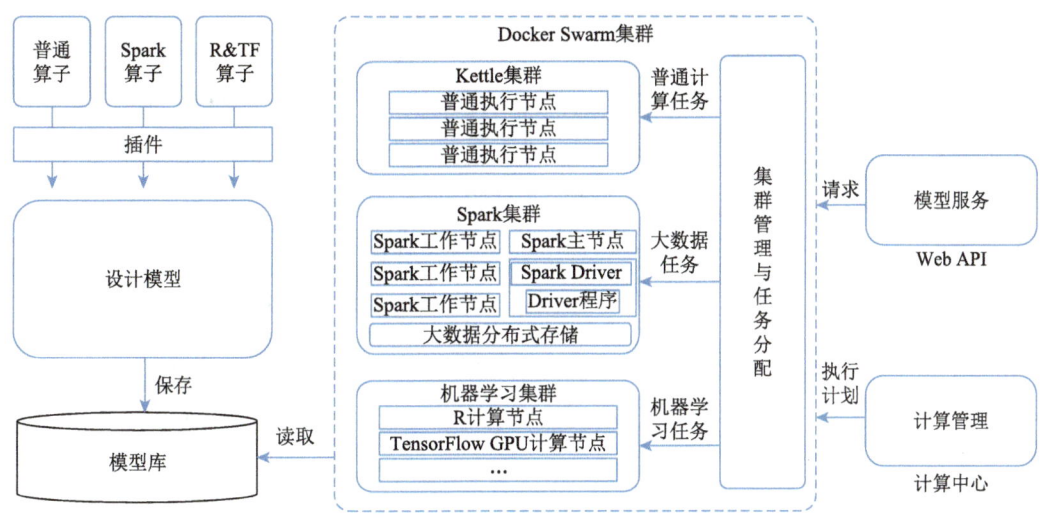

图 8-14　基于混合架构的分布式计算集群

该框架提供了基于 Kettle 的普通分布式执行能力、基于 Spark 的分布式大数据计算分析能力，以及基于 R 语言和 GPU 加速 TensorFlow 框架的机器学习/深度学习能力。其主要由基于算子的模型设计与模型库和基于 Docker Swarm 的计算集群两部分组成，并可接受通过 WebAPI 的模型服务和通过在线融合分析子系统的执行计划两种调用方式。

基于算子的模型设计器将各类基本运算封装成算子，包括普通算子、Spark 算子和深度学习算子。在此基础上以算子组合的方式构建设计器。用户可通过设计器以插件的形式调用不同的算子，构造自己所需计算任务的设计模型。设计模型构造完毕后存储于模型库中，供计算集群调用。

计算集群基于容器化方式和 Docker Swarm 技术构建，其核心是集群管理与任务分配组件。该组件将来自模型库中的设计模型按照其包含的算子类型进行分配，划分为普通计算任务、大数据任务和机器学习任务，并将每种任务分配到混合架构中对应类型的计算节点和集群进行计算，从而实现多类型计算任务的异构并行化。

3. 基于 Spark 的大数据计算技术

CityI^{3}Sensing 基于 Spark 提供了大规模数据分析计算技术。Spark 是一种基于分布式内存存储的通用并行计算框架，也是一种新兴的大数据处理引擎。Spark 利用分布式内存存储方式提供了超高的数据吞吐量，且任务创建和分发流程更高效，数据和任务管理开销更低，因此更适于迭代型算法（图 8-15）。Spark 提供的面向内存存储的数据抽象结

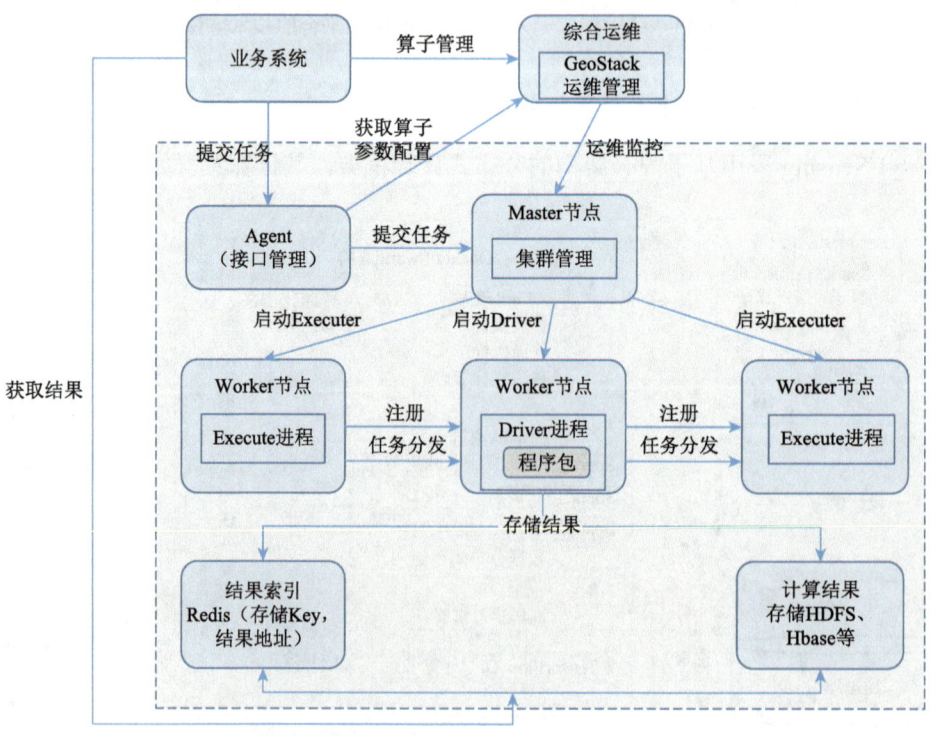

图 8-15　Spark 集群架构

构 RDD（resilient distributed datasets，弹性分布式数据集）作为描述分布式数据的基本单位，通过对 RDD 的序列化/反序列化机制实现分布式数据的分发和同步。Spark 计算任务在执行时通过引入检查点机制和单个节点的撤回/重算功能来提供容错性，并将错误撤回尽可能限制在最小颗粒度上，从而最大限度降低单一任务阶段、单一节点的失败带来的额外开销。

为了支持 Spark 的分布式内存存储模型，将其与分布式数据存储体系建立联系，CityI^{3}Sensing 引入了 GeoSmarter 的 ETL 工具 Kettle。Kettle 可支持多种关系型/非关系型数据库和分布式大数据库框架，且提供图形化的操作界面和拖拽式操作。Kettle 具有流程化的建模能力，基于 Kettle 框架封装各种 Spark 的算法插件来实现大数据并行计算，可构建完整的可视化分布式大数据导入、分析处理与存储体系。

4. 机器学习框架

CityI^{3}Sensing 提供了具备空间数据分类与聚类、时空数据演化过程预测、时空信息识别与提取等功能的机器学习框架，基于 R 语言、TensorFlow 深度学习框架，设计了对多源异构时空数据的规律发现与预测模型构建方法。

R 软件是一种统计软件，也是一种数学计算环境。它提供了有弹性的、互动的环境来分析并展示数据。它还提供了若干统计程序包，以及一些集成的统计工具和各种数学计算、统计计算的函数。用户只需根据统计模型，指定相应的数据库及相关的参数，便可灵活地进行数据分析等工作，甚至创造出符合需要的新的统计计算方法。CityI^{3}Sensing 根据时空大数据的特点，利用 R 语言高效的科学计算能力，开发了数据挖掘算子库、空间分析算子库、时序预测算子库，用户可以通过不同的算子进行融合，形成解决实际问题的业务模型。例如，将空间自相关分析算子、空间插值算子、时间序列预测算子进行融合，生成时空预测模型，预测估计空间不可达位置的未来时刻的对象值。

同时，CityI^{3}Sensing 采用 TensorFlow 深度学习框架提供深度学习功能，该框架是一个采用数据流图来进行数值计算的开源软件库（图 8-16）。它基于 TensorFlow 框架，并

图 8-16 人工智能数据分析组件

利用常见的一系列深度神经网络模型,以过往的工程应用中处理的一系列文本、音频、图像、视频等数据作为训练集,综合运用监督学习和半监督学习的方式进行训练,构造完善的模型训练过程。在此基础上基于训练完成的模型构建一系列深度学习推理算子库,在应用环境下通过神经网络模型推理实现文本分析、语义解析、物体对象识别等功能。

5. 基于 Nginx + Lua 的服务框架

综合感知服务子系统可将服务的注册和权限信息存到元数据。服务调用通过 Nginx 实现反向代理和负载均衡。由 Lua 读取元数据的配置并进行权限控制以实现服务对外访问,以便在有限的服务资源限制下尽可能提供高可靠性、高响应度的网络服务。通过简洁、轻量、可扩展的脚本语言 Lua 实现 Nginx 的权限控制。该子系统支持将服务放到各个 Docker 容器中,同时也支持第三方服务的注册。Docker 是目前应用最广泛的应用程序容器化技术。它将每个应用与其需要的系统环境和依赖的组件打包在一起形成一个"容器",实现应用程序及其运行环境的一键部署和管理。各类服务基于 Docker 实现了自动化部署并形成了微服务架构。同时,该子系统也支持 Swarm 的发布模式。Swarm 是 Docker 官方提供的一款集群管理工具,其主要作用是把若干台 Docker 主机抽象为一个整体,并且通过一个入口统一管理这些 Docker 主机上的各种 Docker 资源。它提供了一套高可用 Docker 集群管理的解决方案,完全支持标准的 Docker API,方便管理调度集群 Docker 容器,合理充分利用集群主机资源。综合感知服务子系统的服务框架如图 8-17 所示。

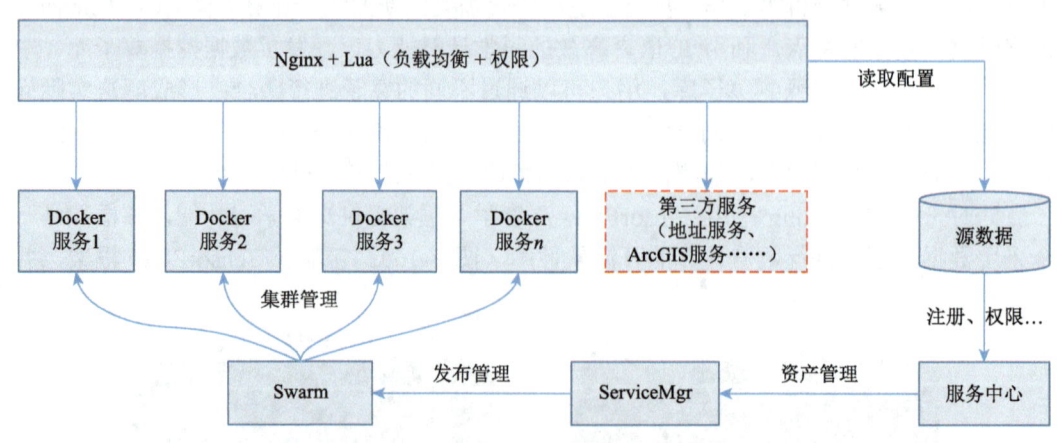

图 8-17　综合感知服务子系统的服务框架

8.2.7　典型部署

1. 典型模式

CityI³Sensing 系统既可以部署在云环境,也可以部署在非云环境(传统物理主机)。图 8-18 给出的是基于云环境的部署模式,而非云模式与云模式的部署结构基本一致,将虚拟主机换成物理主机即可。

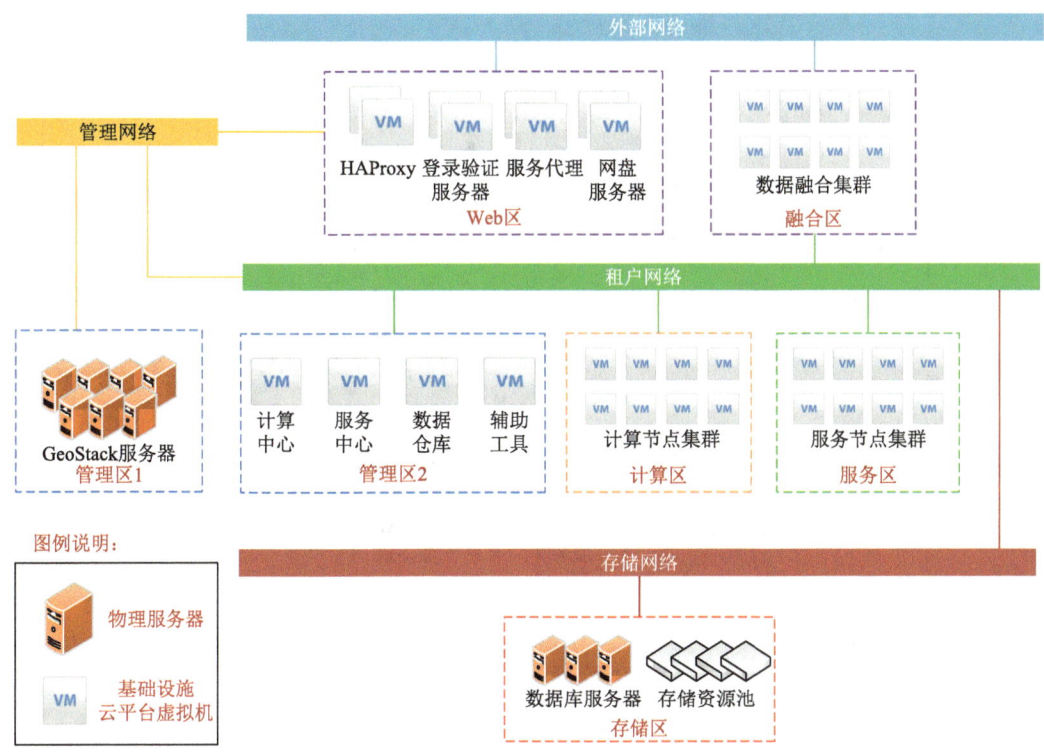

图 8-18　基于云环境的部署模式

CityI³Sensing 系统在云平台之上的运行网络架构遵循 IaaS（infrastructure as a service，基础设施即服务）网络规划原则，包括管理网络、租户网络、存储网络以及外部网络四部分。CityI³Sensing 部署分为管理区、存储区、计算区、服务区、融合区和 Web 区六大区域。管理区部署云平台管理软件，用于管理整个云环境的基础设施；存储区是数据集中存储的区域，部署数据存储软件，如索引数据库、NoSQL 数据库、关系型数据库、文件存储等；计算区用于构建计算节点集群，以及大规模数据计算和模型拟合；服务区用于构建大规模 SOA（service oriented architecture，面向服务架构）集群，以满足高并发下的服务承载能力；融合区用于构建大规模数据融合处理节点集群，其也是外部数据接入的入口；Web 区是面向应用的区域，如用户中心、门户系统等。

2. 主-从模式

针对数据量较大的场景，优先考虑主-从垂直体系的部署模式。主-从节点内部部署结构基本一致，一个主节点可对应 n 个子节点，通过数据交换服务［如安全档案传送协定（secure file transfer protocol，SFTP）］汇交数据到交换区，再通过空天地协同感知子系统或数据接入开发套件接入，后续步骤与 CityI³Sensing 整体结构、流程保持一致，如图 8-19 所示。

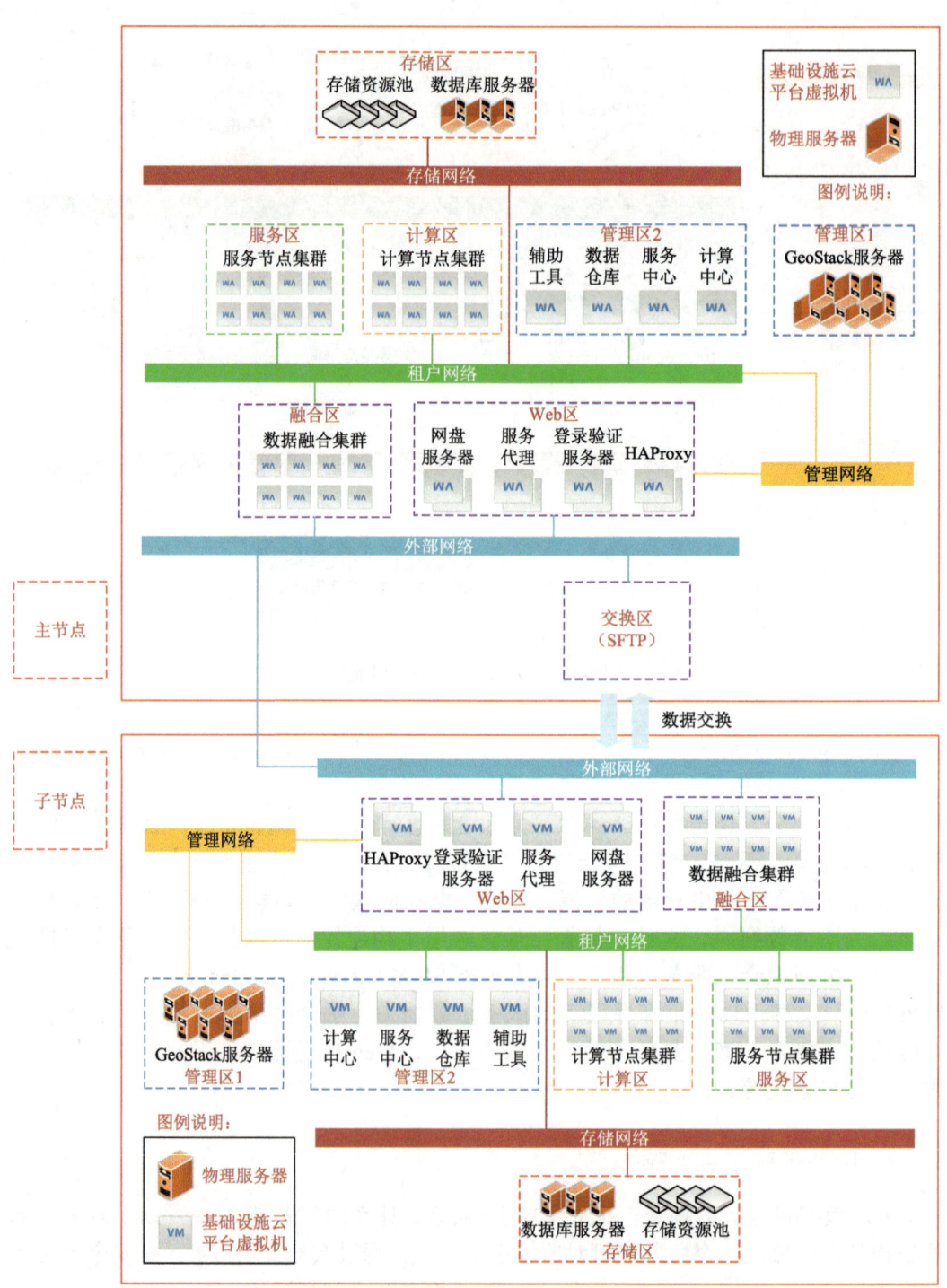

图 8-19 主-从部署图

8.3 空天地协同感知子系统

8.3.1 概述

空天地协同感知子系统用于接入各种平台传感器的感知数据，并对其进行抽取、清洗、转换、处理、加载等操作，从而使得多源异构数据能够满足业务系统进行感知大数据分析利用的需求。空天地协同感知子系统主要由 ETL、实时数据接入两部分组成。

8.3.2 技术路线

空天地协同感知子系统实现城市多尺度感知资源的在线注册、接入、查询，以及多类感知平台和物联观测接口协议传感器统一接入与集成管理。感知资源的接入通过实时数据服务实现。各种传感器设备，如温度、压力、位移等传感器，可发送感知信息到城市多尺度综合感知基站。如前所述，该基站可以实现感知网络与通信网络，以及不同类型感知网络之间的协议转换，既可以实现广域互联，也可以实现局域互联。经过网关的消息通过 HTTP 协议经过消息中间件接入，充分发挥了消息中间件在系统解耦、提高系统响应时间和为大数据处理架构提供服务上的优势。最后实现消息的实时分析和批量处理。

空天地协同感知子系统将日益增长的海量设备数据存放到 Elasticsearch。有些设备数据增长非常快，几天可以达到几百 GB，并且随着时间的推移，这种有大量数据的索引查询会变得很慢，实际上这种索引的查询热点分布也满足二八定律，也就是 80%查询是对近期数据的查询，20%查询是对很久之前的数据的查询。因此，为了优化对近期设备数据查询的速度，利用 Elasticsearch 中的滚动索引功能来滚动存储设备数据，从而达到优化数据查询效率的目的，也方便对老旧数据的管理。

8.3.3 模块说明

ETL 组件是一套数据抽取、转换、加载工具。该组件作为构建数据仓库的重要工具，负责将分布的、异构数据源中的数据抽取到临时中间层后进行清洗、转换、集成，最后加载到数据仓库或数据集市中，成为联机分析处理、数据挖掘的基础（图 8-20）。ETL 不仅提供了对各种空间与非空间数据的抽取、清洗、转换和写入能力，还能通过可二次开发的插件进行功能扩展。

数据的抽取、转换和清洗及加载的整体流程是在 ETL 组件中完成的。

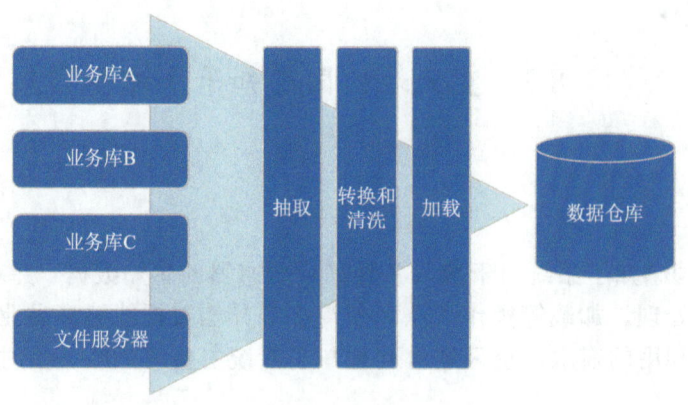

图 8-20 ETL 工作流

（1）数据抽取：将来源于物联网、互联网的业务数据，根据具体业务需求进行全量或增量抽取到目的数据源系统。

（2）数据转换和清洗：从数据源中抽取的数据不一定能完全满足目的库的要求，可能存在诸如数据格式不一致、数据输入错误、数据不完整等问题，这就需要对数据进行清洗和加工，转换成符合业务要求的形式。

（3）数据加载：将转换后的数据加载到目的数据源。

数据融合流程中的一个转换可以包含多个步骤，每个步骤就是一个数据处理方式，如表输入、文件输入、排序、分组、过滤等。CityI^{3}Sensing 模型设计器内置了 200 余个步骤，还支持通过插件二次开发的方式由用户自定义自己需要的步骤（图 8-21）。设计好的模型可以保存在本地文件或资源库（数据库）中。

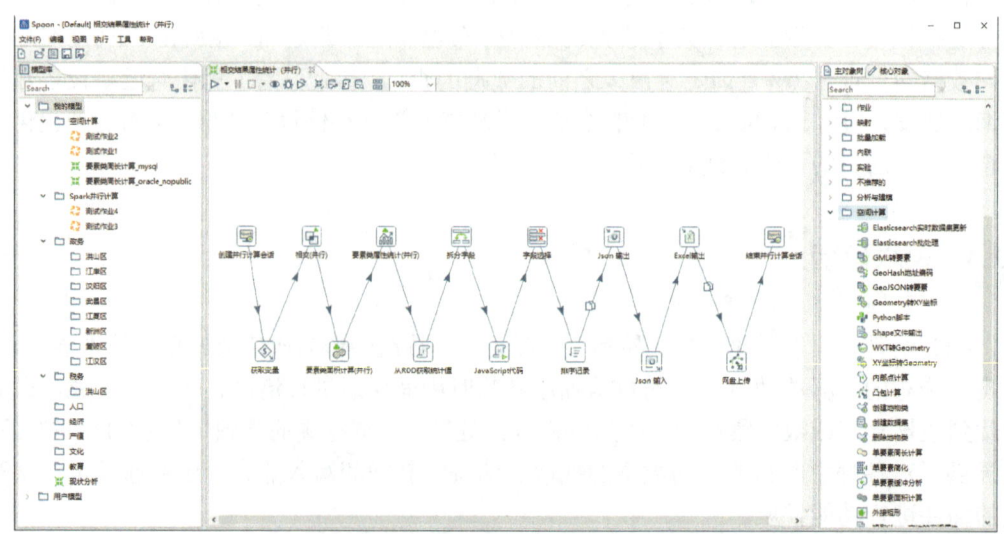

图 8-21 模型设计器中流程定制

RTDS 实时数据接入主要实现对各类实时数据的接入和处理，具有实时数据的接入、存储、查询、预警等功能。该模块主要由数据接入服务、数据存储与查询服务、预警分析、动态监测四部分组成：①数据接入。支持快速接入包括各类移动终端、监控传感器、GNSS 设备等在内的常见实时数据类型，也支持自定义类型扩展。②数据存储与查询。支持对实时数据和历史数据进行高效存储和查询。③预警分析。数据应用使用空间和属性条件对实时数据进行预警，将预警信息及时地在平台上进行展示和提醒。空间过滤支持12 种空间关系，非空间过滤支持六种数值型计算和字符串匹配（图 8-22）。非空间过滤支持组合条件（支持用 and 或 or 连接）。④动态监测。使用现有要素进行地理围栏事件监测，支持动态创建地理围栏而不干扰任何实时数据。

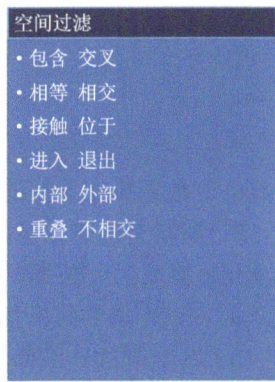 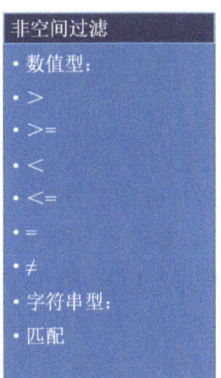

图 8-22　空间过滤和非空间过滤

8.4　多源大数据管理子系统

8.4.1　概述

广义数据中心是指企业的业务应用与数据资源进行集中、集成、共享、分析的场地、工具、流程等的有机组合，包括物理的运行环境（中心机房）和运行维护管理服务。而狭义的数据中心则是指数据仓库，多源大数据管理子系统探讨的是狭义的数据中心。数据仓库常规划分为操作性数据（operational data store，ODS）、数据仓库（data warehouse，DW）、数据集市（data mart，DM）区，但此处设计的数据仓库系统具备管理常规数据仓库划分的三个区，同时也不局限和不固定为这三个区，各区的划分自由配置。为便于描述，采用常规划分的 ODS、DW、DM 来阐述。数据仓库系统原则上只是对元数据库的数据进行管理，但因为元数据库中的元数据是关联了数据仓库中的实体数据的，因此，数据仓库系统也就实现了对数据仓库实体数据的管理。

8.4.2 技术路线

多源大数据管理子系统通过基于元数据的数据仓库管理形式对分布式海量感知数据资源进行统一管理，支持分布式海量异构数据注册、集中编目管理，形成基础地理数据、暴雨内涝、江河湖生态和区域交通等专题数据，实现对传感器实时观测数据、历史观测数据、基础地理信息数据和其他业务数据的浏览、全文检索及统计。数据中心对元数据的管理方式包括新增、查询、注销，以及对已建的元数据进行编辑。

8.4.3 模块说明

1. 元数据

1）元数据设计

每个注册数据集都有自身的基本信息，但每个数据集在不同的分类或行业中具备独特性，因此，选用 XML 结构来存储元数据，满足对特有信息描述的需求。

在数据存储上，使用 CLOB 类型来存储 XML 格式的元数据，不同的数据集可以对应不同的 XML 模板，在业务层解析 XML 模板时，以不同的解析插件来呈现不同的元数据信息。利用数据库自身的全文索引功能，对 CLOB 类型的详细信息字段建立全文索引，来提供全文搜索的能力。

2）分类设计

元数据是数据仓库系统的核心内容，元数据管理的目标是实现数据仓库中数据资源的方便检索。

基于标签的元数据分类模型如图 8-23 所示。

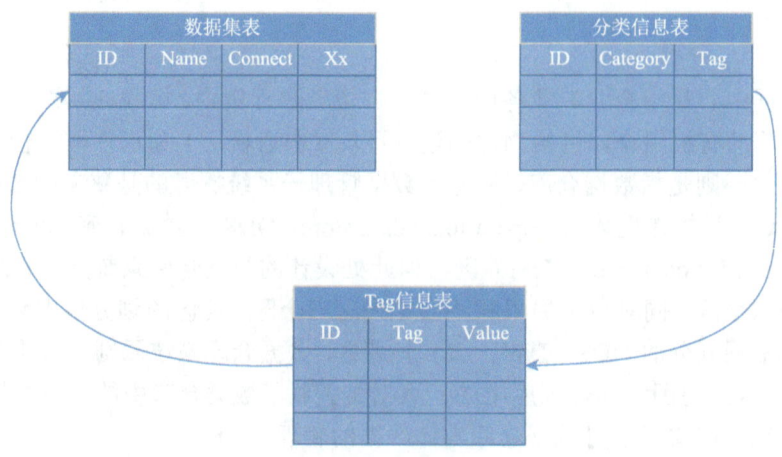

图 8-23 基于标签的元数据分类模型

3）标签设计

元数据管理的原理是通过数据表记录仓库中所有的数据资源基本信息，通过 Tag 信息表关联若干的扩展信息。数据仓库理论上可以存储不同类型的资源，这些资源都可能具有不同的属性。设计中使用 Tag 信息表以 key\Value 形式为数据仓库中的数据集提供任意多的属性信息。

分类信息表设计用来实现对数据仓库中数据集的分类检索，分类信息通过设置数据集的 Tag 信息过滤规则形成多级的树状结构。通过这种过滤方式可以形成对数据仓库中数据集的不同检索分类方式。

标签的设计主要作用是便于将某一数据集灵活自由地挂在任意的主题分类节点下；同时新建的主题分类目录可以配置它包含哪些标签条件，同样具备这些标签条件的数据资源将在这个目录下展现，最终达到目录与资源之间形成多对多关系的目的。

2. 编目管理

数据仓库一般分为 ODS、DW 和 DM，在数据仓库系统中作者对其各区的划分实现以 XML 配置文件自定义的配置，同时各分区的操作项可定制（图 8-24）。在展现上，ODS、DW 和 DM 为树形结构的根节点，其各自子节点可以由用户以主题形式组织分类节点。各主题子节点的可操作项继承至最近的自定义节点。

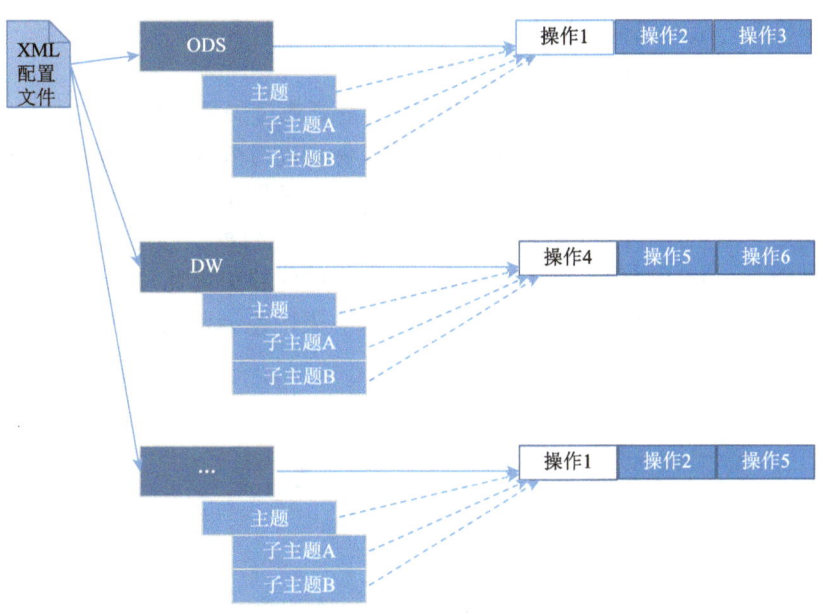

图 8-24 数据仓库目录组织关系图

3. 数据检索

1）基于元数据检索

基于元数据来快速检索数据仓库中的数据集，元数据包含名称、别名、描述、详细信息（XML 结构）。为避免 SQL 中 like 查询的低效，使用数据库的全文索引对以上字段建立索引，通过 contains（Oracle）或 match（MySql）方式查询。

2）基于数据内容全文检索

上面主要解决了基于元数据的关键字搜索问题，但对应的实体数据内容是无法达到关键字搜索的。由于实体数据集的数据量远大于元数据，因此，采用关系型数据库的全文索引技术很难达到性能要求，为解决此问题引入第三方的解决方案 SolrCloud。

SolrCloud 是基于 Solr 和 Zookeeper 的分布式搜索方案，Solr 作为分布式搜索引擎，提供强大的数据查询能力和水平扩展能力，而 Zookeeper 作为集群的配置信息中心，提供数据节点管理。数据仓库使用该方案，帮助解决大数据量的索引建立、分词、关键字搜索、存储及容量扩展等问题。数据仓库与之集成采用非依赖关系，当部署、配置了该方案时即可支持数据内容的检索，但不需要时，数据仓库可以完全不依赖它。在数据仓库中有众多的数据资源，并非每个数据资源都需要建立实体数据的内容索引。数据仓库提供数据资源及其字段的选择，可在数据仓库中建立索引任务供索引的新建与更新使用。

4. 数据浏览

数据仓库系统支持基础的文件浏览和二维表格浏览方式，提供对普通数据表的筛选、排序、分页展示。对于特殊的数据类型浏览，需要提供特定的插件或服务来支撑，如空间数据的图形化浏览。数据仓库系统并不会提供所有类型的浏览支持，但会提供可扩展浏览方式的机制。空间数据可视化浏览设计如下。

1）地图定义文件浏览和矢量数据集浏览

考虑矢量数据集和地图定义文件所指向的可能是海量矢量数据，在 B/S（浏览器/服务器）架构下，以地图模式浏览海量空间数据难以做到高时效性。因此，采用矢量瓦片缓存技术来实现矢量数据快速浏览，即为矢量数据集和地图定义文件生成对应的矢量瓦片缓存数据集（图 8-25）。当矢量数据集或地图定义文件在数据中心注册后，由数据中心提供机制触发命令，向计算中心提交缓存生产任务，同时将矢量瓦片（缓存）动态注册到瓦片服务中，这时就可以在数据中心基于瓦片服务来快速浏览已注册的矢量数据集和地图定义文件。

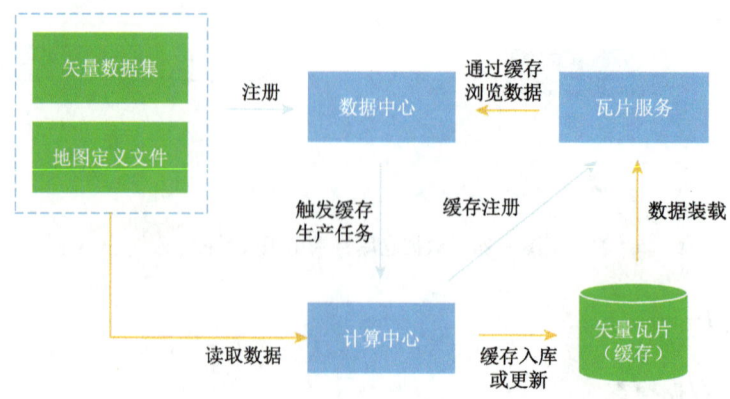

图 8-25 矢量数据浏览实现流程图

2）瓦片数据集浏览

瓦片数据集可直接动态注册到瓦片服务中，即可实现数据中心快速浏览瓦片数据集（图8-26）。

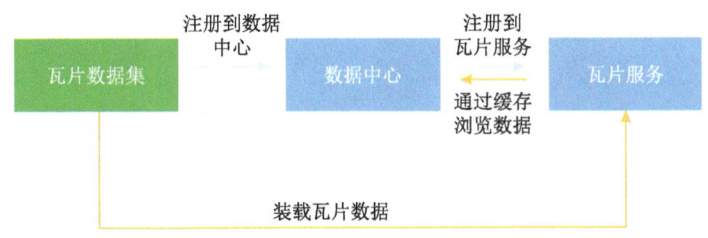

图 8-26　瓦片数据浏览实现流程图

5. 数据统计

数据仓库系统中主页的图表数据需要统计得出。对于数据总量、数据类型占比可以直接使用 SQL 语句即时统计，但对于数据容量这样耗时的统计，需要额外的机制来完成。数据统计如数据检查一样，由一个定时服务来支撑，它定时周期性地检查并更新元数据库中统计信息表，从而完成耗时的统计任务。

6. 数据权限

数据仓库的数据权限指数据资源目录上的可见权限。不同的数据仓库用户登录进来，只能查看自己权限范围内的数据，权限范围以外的数据为不可见，权限粒度到数据集，不涉及数据内容。

7. 数据源管理

数据源管理分为云环境和非云环境两种情况，为用户提供数据库存储资源和文件存储资源的申请、注册和监控。云环境下，通过订单用户可以申请数据库存储资源和文件存储资源，无须人为干预系统自动完成资源申请和注册。非云环境下，需系统管理员手动创建数据库环境和文件存储环境，并注册到数据源管理系统中心，整个过程手动完成。数据存储资源通过统一资源描述符定义，便于系统集成，并确保在各系统中的理解是一致的。

8.5　在线融合分析子系统

8.5.1　概述

在线融合分析子系统简称为计算中心，其负责数据建模和模型计算，系统分为模型设计工具、执行节点、任务调度与监控系统三部分。模型设计工具是一套插件框架，用于管理和扩展各种算子，并提供可视化的流程设计界面，供用户设计、调试、管理各种计算模型；任务调度与监控系统可以管理各种模型，将模型与具体参数绑定形成计算任务，并根据各执行节点的状态将任务分配到有效的执行节点上；执行节点负责具体的任务执行工作。计算平台系统结构如图 8-27 所示。

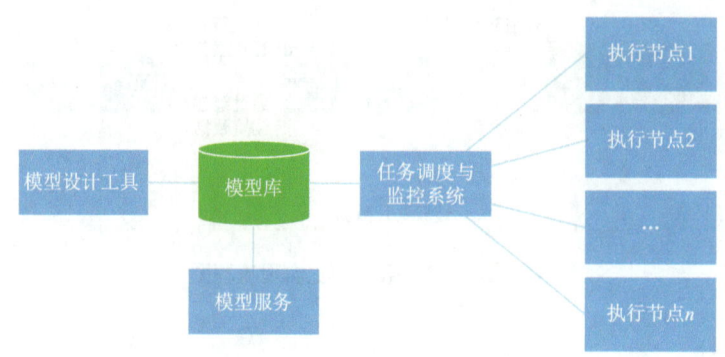

图 8-27　计算平台系统结构图

8.5.2　技术路线

在线融合分析子系统是城市多尺度综合感知服务系统计算能力的关键。它采用分布式计算框架，提供可视化的模型设计器，预置丰富的算子库，并可通过二次开发来扩展算子功能，从而提供强大的大数据计算能力。计算中心采用基于混合架构的分布式计算框架，该框架提供了基于 Kettle 的普通分布式执行能力、基于 Spark 的分布式大数据计算分析能力，以及基于 R 语言和 GPU 加速 TensorFlow 框架的机器学习/深度学习能力。其主要由基于算子的模型设计与模型库和基于 Docker Swarm 的计算集群两部分组成，并可接受通过 WebAPI 的模型服务和通过计算中心的执行计划两种调用方式。通过设计器以插件的形式调用不同的算子，构造自己所需计算任务的设计模型。设计模型构造完毕后存储于模型库中，供计算集群调用。通过计算中心基于分布式计算框架构建多尺度数据即时挖掘与认知模型，实现对海量传感器观测数据的处理和分析，深度挖掘感知信息价值。

8.5.3　模块说明

1. 模型设计工具

算子是计算中心的最小单元，多个算子按一定流程串联起来构成计算模型。因此，算子是可扩展的，基于 Kettle 的插件框架被管理。系统模块划分为模型设计工具、插件扩展框架与功能扩展插件。

1）模型设计工具

模型设计工具是以图形化的界面为介质，通过界面提供的图形化设计功能，完成对数据计算的过程定制，最终形成完整的数据处理流程，即模型。如需要定义循环类型操作的流程,将流程设计为作业形式。作业中还可以嵌套已有的流程,形成复杂的模型。模型设计工具中内含模型的执行功能,设计完成的模型可以直接在模型设计工具中运行和调试。

2)插件扩展框架与功能扩展插件

模型设计工具除了提供上述的界面交互功能外,还提供了包括数据源组件、作业组件及转换组件三个部分的扩展能力。必要时,可通过二次开发接口定制、注册自定义算子,从而扩展平台的能力,满足具体的数据计算需求。

2. 执行节点

执行节点按照任务调度与监控系统设置的策略执行计算模型。任务调度与监控系统根据每个任务的配置信息决定何时、在哪个节点上执行任务,任务执行节点负责数据计算任务的执行,并受任务调度与监控系统的控制。任务执行节点内含了与模型设计工具相同的算子扩展框架,支持自定义功能的扩展。

3. 任务调度与监控系统

任务调度与监控系统提供模型管理、计算定制、任务管理、节点管理,可直观地监控管理各计算任务。具体来说:①模型管理可以管理模型资源目录,根据目录来管理计算模型的基本信息和详细信息,实现模型的注册、编目管理以及元数据编辑和维护。②计算定制选择某个模型填写模型参数(任务名称、模型自身的参数、开始时间、运行频次等),形成计算任务并加入计算任务列表中去。③任务管理可以查看计算任务的执行信息,监控计算任务的执行状态,查看计算任务的日志信息,查看和下载计算任务的运行结果,可对计算任务进行启动或停止操作。④节点管理可远程启动和停止分布式执行节点,并可远程查看节点的运行状态,监控 CPU、内存、IO 等运行指标。

4. 算子库

算子库共包括三种算子设计,分别为空间分析算子(表 8-4)、文本分析算子(表 8-5)和数据挖掘算子(表 8-6)。

表 8-4 空间分析算子设计

序号	算子名称	算子说明
1	缓冲区分析	描述:点、线、面缓冲区计算 输入参数: 参数 1:输入要素 Feature(可从前一步骤接受) 参数 2:缓冲半径 参数 3:缓冲半径单位[米/(°)] 参数 4:末端形状 输出参数:内存 Feature
2	叠置分析(求交)	描述:求交运算 输入参数: 参数 1:用于求交运算的要素类(GeoGlobe 要素类、Oracle Spatial 要素类、SHP 和 FCS 文件) 参数 2:容差值 输出参数:GeoGlobe 要素类、Oracle Spatial 要素类、文件或内存

续表

序号	算子名称	算子说明
3	叠置分析（求并）	描述：求并运算 输入参数： 　　参数1：用于求并运算的要素类（GeoGlobe 要素类、Oracle Spatial 要素类、SHP 和 FCS 文件） 　　参数2：容差值 输出参数：GeoGlobe 要素类、Oracle Spatial 要素类、文件或内存
4	叠置分析（求差）	描述：求差运算 输入参数： 　　参数1：输入要素类（GeoGlobe 要素类、Oracle Spatial 要素类、SHP 和 FCS 文件） 　　参数2：擦除要素类（GeoGlobe 要素类、Oracle Spatial 要素类、SHP 和 FCS 文件） 　　参数3：容差值 输出参数：GeoGlobe 要素类、Oracle Spatial 要素类、文件或内存
5	椭球面积计算	描述：对要素类进行面积计算 输入参数： 　　参数1：要素类（GeoGlobe 要素类、Oracle Spatial 要素类、SHP 和 FCS 文件） 　　参数2：空间范围（支持矩形框和自定义 Geometry 对象） 　　参数3：输出字段 　　参数4：属性过滤条件（SQL 语句 Where 子句） 输出参数：Feature 对象（输出字段＋周长）
6	周长计算	描述：对要素类进行周长计算 输入参数： 　　参数1：要素类（GeoGlobe 要素类、Oracle Spatial 要素类、SHP 和 FCS 文件） 　　参数2：空间范围（支持矩形框和自定义 Geometry 对象） 　　参数3：输出字段 　　参数4：属性过滤条件（SQL 语句 Where 子句） 输出参数：Feature 对象（输出字段＋周长）
7	空间统计	描述：统计一个区域内要素的属性信息 输入参数： 　　参数1：要素类（GeoGlobe 要素类、Oracle Spatial 要素类、SHP 和 FCS 文件） 　　参数2：空间范围（支持矩形框和自定义 Geometry 对象） 　　参数3：属性过滤条件（SQL 语句 Where 子句） 输出参数：统计后的属性值（内存）
8	内部点计算	描述：内部点计算 输入参数： 　　参数1：输入要素 Feature（可从前一步骤接受） 输出参数：内存 Feature
9	外接矩形	描述：外接矩形 输入参数： 　　参数1：输入要素 Feature（可从前一步骤接受） 输出参数：内存 Feature
10	高德坐标转 WGS84 坐标	描述：高德坐标（GCJ02）转 WGS84 输入参数： 　　参数1：坐标 Y 字段 　　参数2：坐标 X 字段 输出参数：转换后的 WGS84 坐标（X，Y）
11	百度坐标转 WGS84 坐标	描述：百度坐标（BD09）转 WGS84 输入参数： 　　参数1：坐标 Y 字段 　　参数2：坐标 X 字段 输出参数：转换后的 WGS84 坐标（X，Y）
12	GeoJSON 转 Geometry	描述：将 GeoJSON 字符串或变量转换成 Geometry 对象 输入参数： 　　参数1：GeoJSON 字符串或变量 输出参数：Geometry 对象

续表

序号	算子名称	算子说明
13	WKT 转 Geometry	描述：将 WKT 字符串或变量转换成 Geometry 对象 输入参数： 　参数 1：WKT 字符串或变量 输出参数：Geometry 对象

表 8-5　文本分析算子设计

序号	算子名称	算子说明
1	算子-基于语义的地名提取	描述：自动提取一段话中的地名地址信息 输入参数： 　参数 1：文本字段名称（可从前一步骤接受） 　参数 2：地址合并间隔距离 　参数 3：输出字段名称 输出参数：地名地址
2	地名地址匹配	描述：基于互联网资源做地名地址匹配，支持百度、高德、腾讯等互联网地名地址匹配引擎 输入参数： 　参数 1：文本字段名称（可从前一步骤接受） 　参数 2：服务授权码 输出参数：坐标（X，Y）
3	兴趣点匹配	描述：基于互联网资源做兴趣点匹配，支持百度、高德、腾讯等互联网兴趣点匹配引擎 输入参数： 　参数 1：文本字段名称（可从前一步骤接受） 　参数 2：服务授权码 输出参数：坐标（X，Y）
4	算子-语义指纹	描述：用编码表示一段话的含义 输入参数： 　参数 1：文本字段名称（可从前一步骤接受） 　参数 2：输出字段名称 输出参数：文本信息 + 分类名
5	算子-文本分类	描述：对文本内容进行自动分类 输入参数： 　参数 1：文本字段名称（可从前一步骤接受） 　参数 2：信息分类规则（正则表达式） 　参数 3：输出字段名称 输出参数：文本信息 + 分类名
6	算子-舆情热点分析	描述：从海量舆情信息中，自动提取某段时间内的热点信息 输入参数： 　参数 1：数据源 　参数 2：关键字数量 　参数 3：话题相似度阈值 　参数 4：输出热点新闻数量 输出参数：热点新闻

表 8-6　数据挖掘算子设计

序号	算子名称	算子说明
1	BPNN-建模算子	描述：模型训练 输入参数： 　参数 1：训练数据集 　参数 2：学习度 　参数 3：激励函数 　参数 4：每一层的神经元个数 　参数 5：训练次数 　参数 6：模型存储路径及文件名 输出参数：训练模型

序号	算子名称	算子说明
2	BPNN-应用算子	描述：模型应用 输入参数： 　参数 1：应用数据集 　参数 2：每一层的神经元个数 　参数 3：模型存储路径及文件名 输出参数：结果数据集

5. 模型服务

模型服务是以 Web 服务的方式来获取模型描述和执行模型功能。模型服务接口设计采用 Restful 及 JSON 的理念，使其能够支持 Restful 方式的请求和 JSON/JSONP 形式的输出。服务遵循 HTTP 通信协议，服务实例的每个操作都是由一个 HTTP 统一资源定位符（URL）定位的，采用 GET 方式发送请求，URL 使用 UTF-8 编码。具体接口设计如表 8-7 所示。

表 8-7　模型服务接口设计

序号	接口名称	接口说明
1	GetCapabilities	描述：用于获取模型服务的能力描述信息 输入参数： 　参数 1：服务名称 　参数 2：操作名称 输出参数：模型服务的能力描述
2	Execute	描述：执行模型 输入参数： 　参数 1：服务名称 　参数 2：操作名称 　参数 3：版本号 　参数 4：执行模型所对应的参数 　参数 5：执行方式，是同步还是异步执行 　参数 6：格式 输出参数：如果是异步执行，返回执行 ID。 　　　　　如果是同步执行，返回模型的运行结果
3	GetExecuteState	描述：根据执行 ID，查询执行状态 输入参数： 　参数 1：服务名称 　参数 2：操作名称 　参数 3：版本号 　参数 4：执行 ID 　参数 5：格式 输出参数：返回执行状态、执行日志及执行结果
4	Stop	描述：根据执行 ID，停止正在执行的任务 输入参数： 　参数 1：服务名称 　参数 2：操作名称 　参数 3：版本号 　参数 4：执行 ID 　参数 5：格式 输出参数：执行 ID、停止的状态信息

8.6 综合感知服务子系统

8.6.1 概述

综合感知服务子系统简称服务中心，提供对不同尺度的数据成果的发布与共享的能力，服务中心是用于发布、管理、监控各种 Web 服务的软件系统，其还对服务提供统一的权限管理。服务中心的核心主要是负责将各类数据资源发布成服务，实现数据共享，通过平台生成的服务代理地址来实现负载均衡、权限控制、安全防护以及监控功能。综合感知服务子系统内置数据服务、分析服务、GIS 服务等 30 多种服务，综合感知服务子系统采用微服务架构，用 Docker 容器化技术保证服务运行的稳定性和高效性。

8.6.2 技术路线

综合感知服务子系统通过一系列标准规范来描述要执行的操作和交互的数据，使得应用之间的交互范围更为广泛。利用服务进行交互的应用只需遵从相应的服务接口，而不需考虑各自的内部实现，从而极大地降低了交互应用之间的耦合度，增加了应用的灵活性。它主要负责将各类数据资源发布成服务，从而实现数据共享。服务中心主要支持以下几类服务：数据服务、GIS 服务、计算模型服务、图谱分析服务、聚合分析服务、地址匹配服务和实时数据服务。

8.6.3 模块说明

1. 服务管理

服务管理包含服务管理列表。服务管理建立在基础服务平台实体服务基础之上，服务列表关联着实体服务，包括发布服务、注册服务、删除服务、服务详情、编辑服务、分页展示等功能（图 8-28）。

图 8-28　服务管理模块

2. 服务授权模块

服务授权模块包含服务授权管理列表，包含用户授权、部门授权、应用授权、自定义授权列表，可以添加、编辑、删除，支持批量授权操作，WMS 和 WMTS 协议支持范围授权（图 8-29）。

图 8-29　服务授权模块

3. 服务监控模块

服务监控模块分为监控图表和监控列表（图 8-30）。监控图表包括不同的服务类型历史访问服务的监控模块，分为监控图表和监控日志。监控列表统计了不同服务类型的历史访问次数、访问流量、失败数、失败率信息。监控列表可以查看服务访问日志记录。

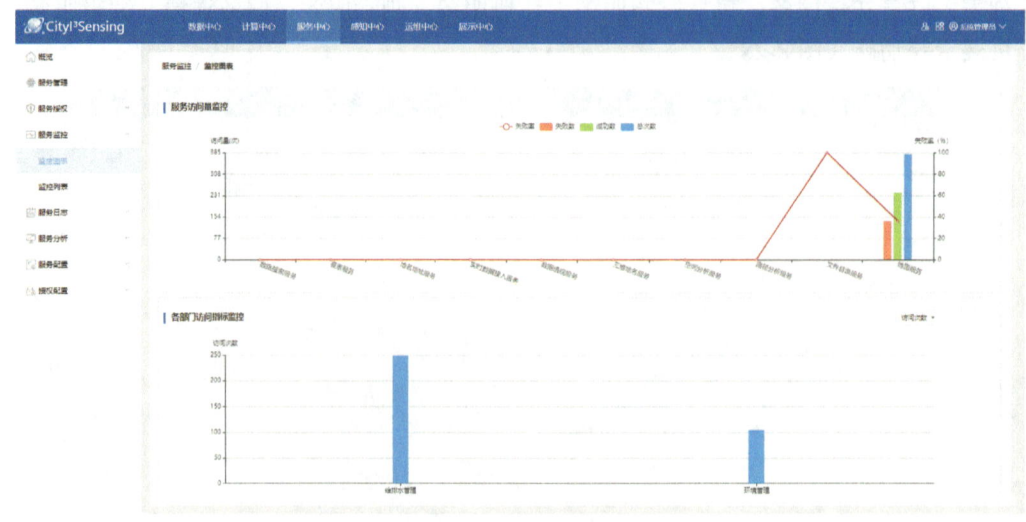

图 8-30　服务监控模块

4. 服务日志模块

服务日志模块包括服务中心系统操作日志及访问日志（图 8-31）。用户在操作系统时，会记录其操作行为，存入操作日志表。服务访问日志对每一次用户访问服务代理地址做一次记录，将通过服务网关系统最终存入访问日志表。

图 8-31　服务日志模块

5. 服务分析模块

服务分析包含目录汇总分析、分类统计分析、异常监控分析（图 8-32）。采用柱状图、折线图、饼图等多种表现形式，将这些数据形象化地呈现给用户，使用户对代理服务的

图 8-32　服务分析模块

运行情况有一个宏观的了解。所有分析的基础都是服务的访问日志记录，依据服务的目录、服务来源、服务类型，从服务的访问量、访问次数等维度进行统计分析。

6. 服务配置模块

服务配置模块包含了服务来源、服务类型、服务元信息、数据源管理、平台管理功能（图 8-33），可以满足服务的发布和注册需求。

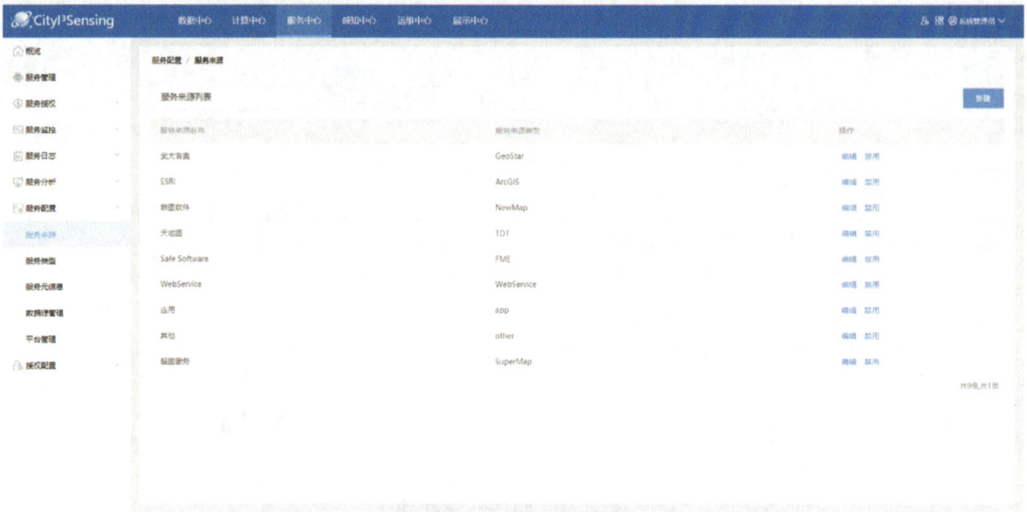

图 8-33　服务配置模块

8.7　综合感知运维子系统

8.7.1　概述

综合感知运维子系统简称运维中心，其提供监控虚拟机、数据库、服务及 Spark 节点的状态，并且依据监控状态对相应资源进行调整，保障相关应用的稳定运行。由于需要实时监控所有系统数据，为保证服务器性能以及运行效率，通过调用 prometheus 对外的 HTTP 接口获取指标数据。各项监控指标通过部署相应的 xx_exporter 来进行 metrics 数据收集，并提交给运维中心进行统计和展示。

8.7.2　技术路线

综合感知运维子系统全部采用 Java 技术体系实现，版本选择 Java 8 及以上。技术架构选择主流的技术及较新的稳定版本，优先使用 Java 标准技术。在 Java 标准技术不能满足要求或流行程度不高的领域，采用如 Spring 5.x、SpringBoot 最流行的框架技术。前端框架用较流行的 Vue、ECharts 等技术；对第三方系统提供的接口，以 HTTP 协议 rest 接口模式提供，交互采用轻量级 JSON 格式进行。实现遵循面向对象分析、设计与编程。

业务对象代表业务实体的属性和行为，使对象映射到现实业务，使得代码组件化。划分良好的软件层次，使得不同类型逻辑分离。对外使用通用接口，不得使软件绑定特定的操作系统、Java 中间件和数据库。

8.7.3 模块说明

1. 监控模块

监控模块主要对城市综合感知服务系统平台运营管理整个系统资源进行统一监控管理，并可设置监控预警阈值，当超过阈值时将发送邮件到指定邮箱（图 8-34）。运维中心主要负责监控虚拟机、数据库、服务及 Spark 节点的状态。运维中心不仅对主机资源层、中间件层、应用层的核心指标项进行统一监控，还对各子系统的资源使用提供管理支持。

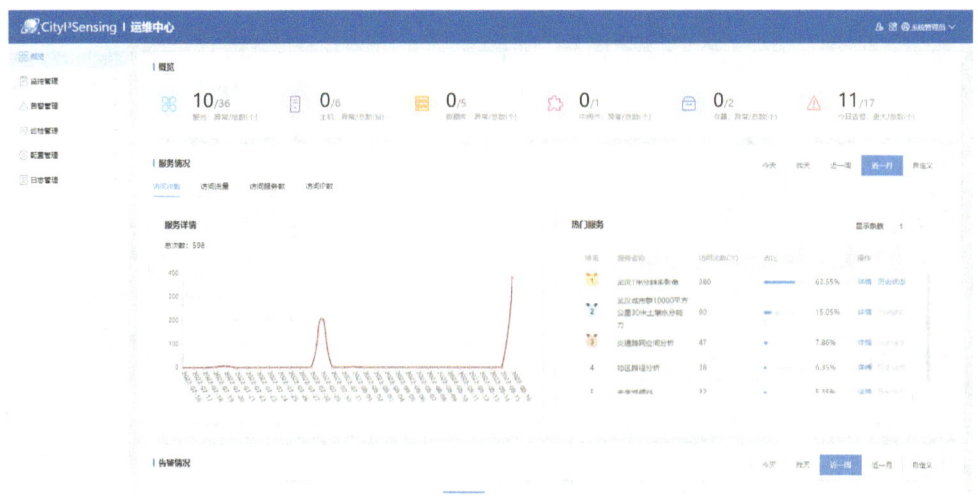

图 8-34　监控模块

2. 日志模块

日志管理主要是对系统访问、操作和运行相关过程进行记录，并对日志信息进行分析便于管理人员了解系统运行。

8.8　综合感知可视化子系统

8.8.1　概述

综合感知可视化子系统简称为展示中心，以更加直观的方式对感知传感器、感知数据进行展示，并集成暴雨内涝、江河湖生态环境和区域交通三个示范应用，多尺度展示不同平台的感知信息，满足政府、企业和公众等不同类型用户的应用需求，提供武汉城市群、武汉市和街区十种要素信息服务，提升城市要素的综合感知能力。具体功能由其他单位基于或扩展 CityI³Sensing 的能力加以实现。

8.8.2 技术路线

传感器以接口形式对接空天地协同感知子系统，数据与多源大数据管理子系统对接。

8.8.3 模块说明

可视化分别以传感器、传感器数据和告警信息三个方面进行展示（图 8-35）。传感器根据分类和尺度（城市群、城市和街区）条件对传感器的数据进行统计，并在三维地图上显示传感器位置。传感器数据根据单个传感器的实时感知信息进行展示。告警信息以告警级别一般、较重、严重、非常严重四个等级展示告警信息，并可以实时展示告警信息。

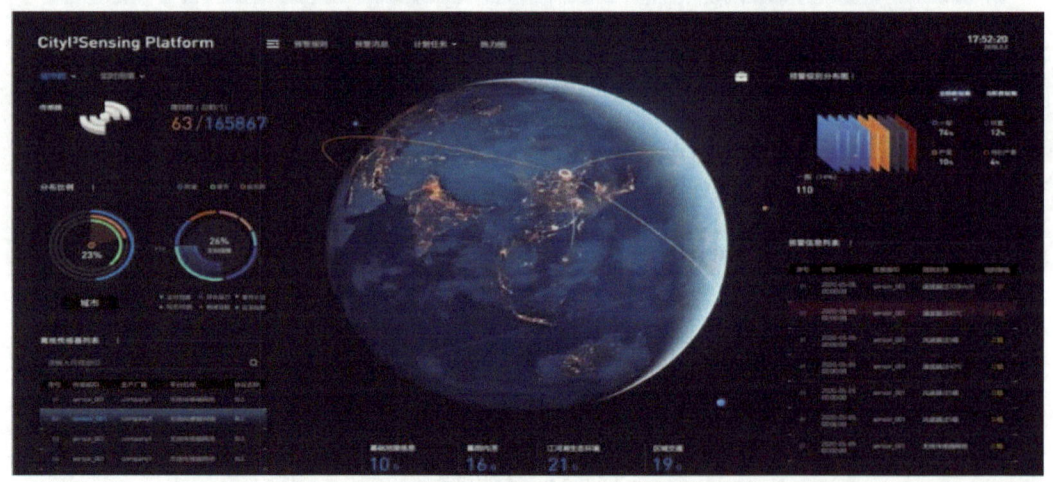

图 8-35　综合感知可视化子系统界面

8.9　典型应用

8.9.1　在暴雨内涝场景中的应用

暴雨内涝灾害是由于雨量过多，地势低洼，积水不能及时排除而形成的自然灾害。城市是暴雨内涝灾害风险变化最迅速、最显著的区域（周成虎等，2000）。武汉市是湖北省省会、华中地区最大都市和中心城市，长江及其最长支流汉江横贯市区；总面积 8467.11km²，其中外环以内城区面积 1171.70km²，大部分地区海拔在 50m 以下；武汉城区面积中水域面积约占 1/4，其城内有面积不等淡水湖数十个。近年来，随着武汉城市化发展进程不断加快，不透水面积增加，坑塘、湖泊减少，城市雨水调蓄功能下降，城市人口增加，国民经济持续发展，用水量和排水量不断增加，现有排水系统建设相对滞后，一旦发生强降水过程，武汉市就会出现大面积积涝现象。

由于暴雨内涝领域感知数据时效性和动态性强、数据量大、数据种类多，因此需要对感知内容有重点地进行划分，针对政府、企业和市民个性化需求，提供武汉城市群、武汉市和街区三种尺度下相关的感知要素，进而从中提炼感知信息，满足不同用户在不同场景下的信息需求，提升城市要素综合感知能力。主要包括如下三个方面。

在城市群尺度下，着重关注暴雨内涝历史受灾数据统计和未来变化趋势，结合交通路网、不透水面等地理基础数据分析城市群暴雨内涝发展态势和规律，指导治理人员排查，规划海绵设施配置分布。城市群尺度感知要素有城市群范围降水量、城市群地形情况、土地利用分类、路网基础信息等，从而为用户提供不透水面、土壤水分、温度、降水和积水等信息服务（图 8-36）。这一尺度的感知范围一般覆盖城市群几个重点城市，需要通过遥感卫星和无人机等手段进行大范围连续观测，空间分辨率几十至几百千米，观测频率则按照不同感知要素有所不同，灾害过程中要求高时效性的感知信息观测频率为一天一次，甚至一天多次，如降水量。变化频率低的感知要素如土地利用类型实现一年一次观测。总体而言，这一尺度的信息服务多用于态势分析和规律总结。

图 8-36　城市群尺度感知

在城市尺度下，渍水达到一定程度后对城市正常运行产生负面影响，此时发生不同程度的内涝灾害，因此这一尺度主要关注暴雨内涝场景下城市整体受灾程度，重点感知城市路网受灾影响、城市低洼地区和城市主要河流、湖泊的状态，以及城市区域降水等气象形势（图 8-37）。典型感知要素有路网淹没深度、城市 DEM、河流水位和流量、城市范围降水量和降水强度等。从感知要素中分析提取内涝风险等级、交通受损程度、河流泛滥概率等知识信息。空间范围覆盖整个城市，空间分辨率达数十千米，借助遥感卫星、专业传感器、摄像头等，使观测频率达到 6h/次、12h/次，最长不超过 1d/次，以便快速实施防洪救灾决策。

图 8-37 城市尺度感知

街区尺度的积水问题对公众的生活和出行影响最大,在街区尺度下重点关注积水详细信息和管网排水情况。感知要素有积水点分布、积水范围、积水水深、管网和雨水口分布、排水速率等,从中分析总结感知信息如渍水风险等级、街区排水能力、公众出行受阻程度等(图 8-38)。街区尺度关注对象为街区和路段,覆盖范围大多控制在 10km² 以内,空间分辨率要求达到米级,相应的感知观测频率以分钟计,最长不超过 1h/次,感知手段为重点街区摄像头实时监控,以实现最高等级的时效性,随时随地为公众提供实时查询等服务。

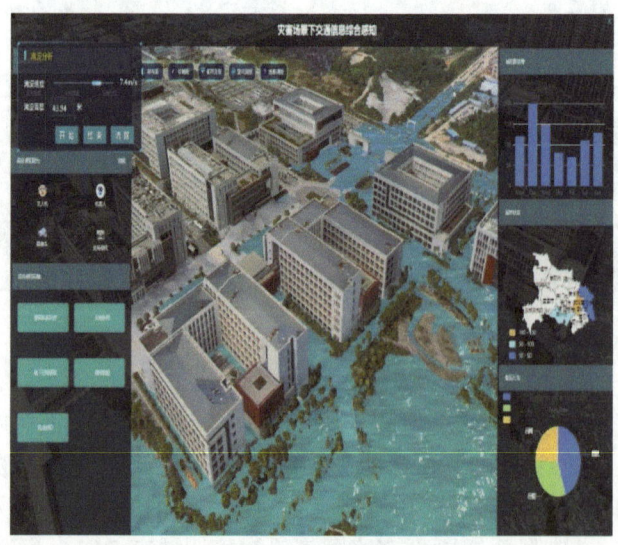

图 8-38 街区尺度感知

8.9.2 在江河湖生态环境场景中的应用

作为"千湖之省"的经济发展的核心区域,武汉城市群内集中了湖北省的大部分水资源，其中 5km 以上河流近 700 条，大小湖泊 1000 余个，水系面积占总面积的 10%以上。同时，武汉城市群作为中部六大城市群的核心，在城市化的迅速发展过程中，人口规模不断增长，资源环境长期被不合理消耗，使得江河湖生态在城市的迅速发展过程中面临着巨大的环境压力，高质量发展的需求日趋明显。根据国务院印发的《全国国土规划纲要（2016—2030 年）》（以下简称《纲要》），武汉城市群被划分为人居生态与优质耕地维护区。《纲要》提出了保护城市绿地和湿地系统，治理河湖水生态环境，科学推进河湖水系联通等保护措施。环境质量作为资源环境承载力的五大类资源环境主题之一，是评估和促进城市发展的重要因素之一。

城市群一体化的发展，必须加强跨城市的联系与沟通，实现跨行政地域的要素流动、产业合作、资源整合、污染防治和环境保护，构建多个尺度下（城市群、城市、街区）的统筹发展。因此，基于生态环境多主题的感知指标体系，面向生态城市建设，开展武汉城市群的江河湖生态多尺度信息感知，可为政府构建有效的、跨城市的协调组织规划提供参考。下面主要针对大气质量、水体质量和土壤水分等要素说明信息服务应用。

大气质量监测主要是指对大气环境中各类污染物的浓度进行有效监测、分析的感知过程，其监测对象为氮氧化合物、二氧化硫、可吸入颗粒物等大气中存在的主要污染物。据《湖北省环境质量公报》统计，2018 年武汉城市群空气质量优良天数比例为 76.07%，低于全省平均水平（78.04%），其中环境空气质量综合指数排名表明，武汉城市群涉及的九个城市均受到了不同程度的大气污染，且主要污染物均为 $PM_{2.5}$，武汉市的污染情况最为严重。因此，开展武汉城市群三个尺度下的 $PM_{2.5}$ 实时监测具有重要意义，其监测结果可为环保、规划相关部门提供数据参考，同时为公众的安全健康出行提供建议。

大气质量的主要监测手段为遥感反演和地面站点监测。目前，由中国环境监测总站发布的"全国空气质量预报信息发布系统"，整合了各省市监测站点实时监测数据（SO_2、NO_2、$PM_{2.5}$、PM_{10}、CO、O_3），计算了空气质量指数（air quality index，AQI），可在一定程度上为公众的决策规划提供参考。但由于地面监测站点有限、分布不均以及遥感反演精度等的限制，大气质量以及 $PM_{2.5}$ 的监测过程中仍存在以下问题：①空气质量监测站一般分布在为数不多的几个点位，进行空气采样后形成整个城市的 AQI，其数据有限，无法用于了解城市各个街区的详细情况，如工厂烟尘等污染一般只会污染一个街区，其他街区不会受到太大影响。②由于环境污染具有局部性，目前的空气质量预报并不能精确、实时地帮助人们获得大气污染信息，需要掌握更小范围更精确的数据。③从长期或平均状态来说，$PM_{2.5}$ 浓度取决于城市的能源结构和工业排放污染物等，但从短期或实时状态来看，$PM_{2.5}$ 却主要与当地、当时的气象条件有关，与人们的日常生活紧密相关。

因此，大气实时监测经常会出现监测结果不到位和监测结果代表性不足等问题，严重制约了我国大气治理效果。针对目前对全面、精准地了解大气环境发展实际情况的需求，综合感知服务系统提供时空无缝的大气 $PM_{2.5}$ 等大气质量产品，以实现大气质量分布专题图、动态变化过程图等系列信息服务，为大气、环保部门和公众提供决策支持及出行规划，同时为雾霾治理的跨地区合作提供可能（图 8-39）。

图 8-39 2019~2020 年武汉城市群 10km 分辨率 $PM_{2.5}$ 分布

武汉城市群水资源丰沛，是武汉城市群最具优势的战略资源，其水域总面积达 4202.16km^2，占国土面积的 7.72%，形成了鲜明的地域水生态特色。《湖北省环境质量公报》公布的相关数据表明，2016~2018 年，武汉城市群的地表水资源总量逐年递减，武汉城市群内除潜江市外，其余城市的地表水资源总量均出现较大下滑，而 2018 年武汉城市群的总耗水量上涨 2.6%。在江河湖生态环境领域，城市多尺度综合感知服务系统主要提供如下水质相关的信息服务能力。

在城市群宏观尺度上，实现城市群跨区域的水资源统筹管理，需对水环境的状态进行全面有效的监测评估。针对武汉城市群开展区域内江河湖水环境监测，实现城市群内的水生态环境监测、水体质量监测评估，获取城市群重点水域的水质。这些信息服务可为湖北省生态环境厅、湖北省水利厅、湖北省城市规划设计研究院等部门的水环境管理、城市规划等工作提供参考。

在城市中观尺度，在武汉市建成区内，针对传统站点监测范围小、卫星数据时效性差等问题，融合多源和多时相遥感数据，绘制天或者周尺度的水体感知要素的动态变化专题图，为关键生态环境要素（如富营养化状态、水灾害事件）的动态变化、过程模拟和溯源提供科学的信息支撑。

在街区微观尺度，通过地面水质传感器等方式对重点街区的水体质量相关参数的变化进行实时监测和过程模拟，形成可视化分析报告图集，为综合治理生态环境提供科学合理的决策支持，从而提高水资源的有效利用，实现水资源的科学管理（图 8-40）。

8.9.3 在区域交通场景中的应用

2004 年 12 月 10 日，在武汉召开的武汉城市圈"8 + 1"交通发展联席会上，武汉与黄石、鄂州、黄冈、咸宁、天门、孝感、仙桃、潜江八个城市共同签订合作框架协议，由此正式拉开武汉城市圈交通一体化的序幕。根据协议，"8 + 1"城市本着合作、协作、联动原则，在公路网、航运网、道路运输、公路口岸建设、科技信息、智能交通和物流信息化等领域推进合作，从而促进交通资源的优势集成与互补，加快构建适应区域合作发展要求的综合交通网络，逐步实现区域内交通运输一体化。近年来，在湖北省委、省政府和"8+1"城市地方政府、交通主管部门的正确领导和积极运作下，按照"市场主导、政府推动"的发展思路，城市圈交通一体化正在稳步推进，交通规划、公路建设、交通产业布局、相互协作四个方面的一体化建设已成为现实。

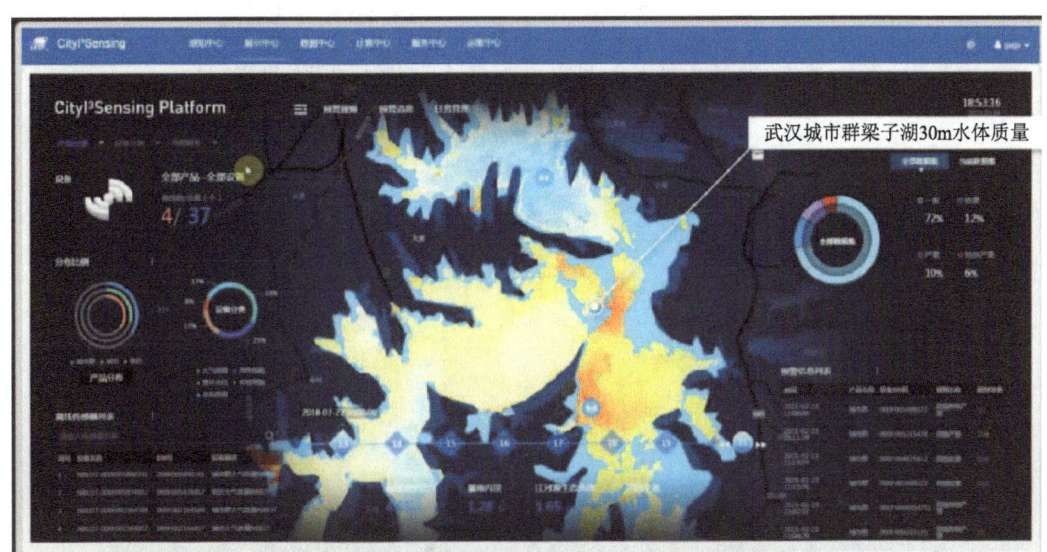

图 8-40　武汉城市群梁子湖 30m 水体质量

实现区域交通的科学管理和协调，交通感知是其中的核心技术需求。交通感知旨在将先进的信息技术有效地综合运用于交通运输、服务控制和车辆制造，加强车辆、道路、使用者三者之间的联系，从而形成一种保障安全、提高效率、改善环境、节约能源的综合运输系统。目前我国在交通感知与相关信息服务方面取得了不少突破，已实现了基础的交通管理、设备管理、人员/车辆管理、交通指挥决策等核心功能，实现了交通实时监控、公共车辆管理、旅行信息服务、车辆辅助控制的应用落地等，显著提升了管理质量与效率。然而，现阶段的交通感知主要是通过视频传感器实现区域性感知，在集成跨领域多源数据实现综合感知、视频传感器数据智能挖掘以及多源数据集成应用等方面仍有提升的空间。

考虑重要程度，此处特别针对重点营运车辆进行感知和信息服务。重点车辆指从事旅游的包车、三类以上班线客车和运输危险化学品、烟花爆竹、民用爆炸物品的道路专用车辆，即"两客一危"车辆。为此，城市多尺度综合感知服务系统在城市群、城市和街区分别提供如下的交通信息服务（图 8-41）。系统示例如图 8-42～图 8-45 所示。

示范内容	示范信息服务
"1+8"城市群宏观尺度交通综合感知	武汉"1+8"城市群城际路网地图信息服务
	武汉"1+8"城市群路网通行状态信息服务
	武汉"1+8"城市群"两客一危"车辆运行状态信息服务
武汉市建成区中观尺度交通综合感知	武汉市主干道路网地图信息服务
	武汉市路网通行状态信息服务
	武汉市"两客一危"车辆运行状态信息服务
武汉市重点街区微观尺度交通综合感知	武汉街区动态三维地图信息服务
	武汉街区路网通行状态信息服务
	武汉街区内部"两客一危"车辆运行状态信息服务

图 8-41 武汉城市群-城市-街区多尺度交通综合感知要素

图 8-42 湖北省重点营运车辆动态监管系统——例 1

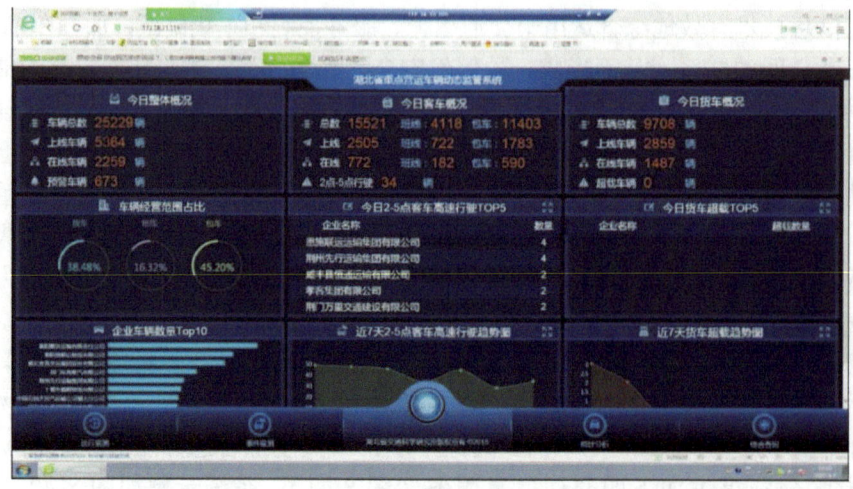

图 8-43 湖北省重点营运车辆动态监管系统——例 2

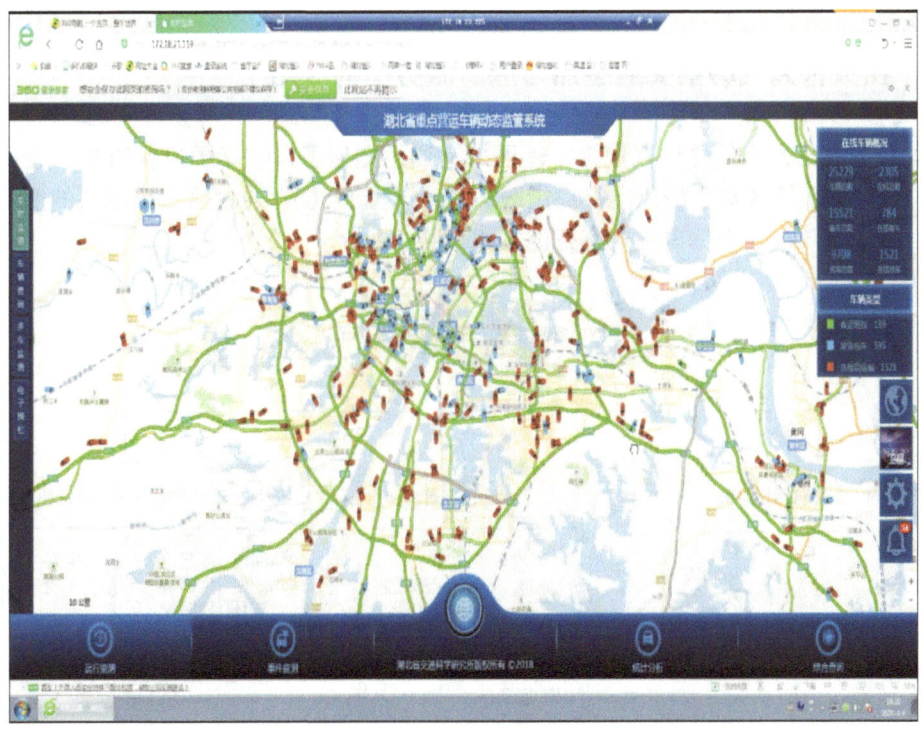

图 8-44 湖北省重点营运车辆动态监管系统——例 3

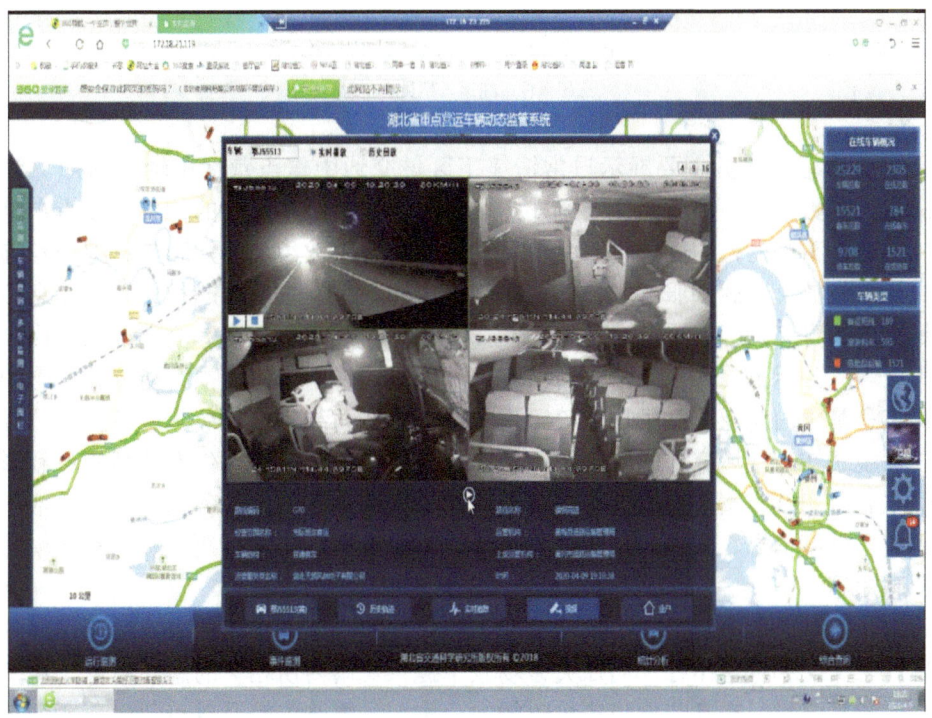

图 8-45 湖北省重点营运车辆动态监管系统——例 4

8.9.4 在灾害天气场景交通感知与应急服务中的应用

本服务示范方案的总体流程为：①区域交通感知服务；②暴雨内涝情景的交通感知服务；③生态环境感知与绿色出行决策服务三步（图 8-46）。通过这三个串联的服务示范场景，逐步深入，集中体现综合感知的技术成果。

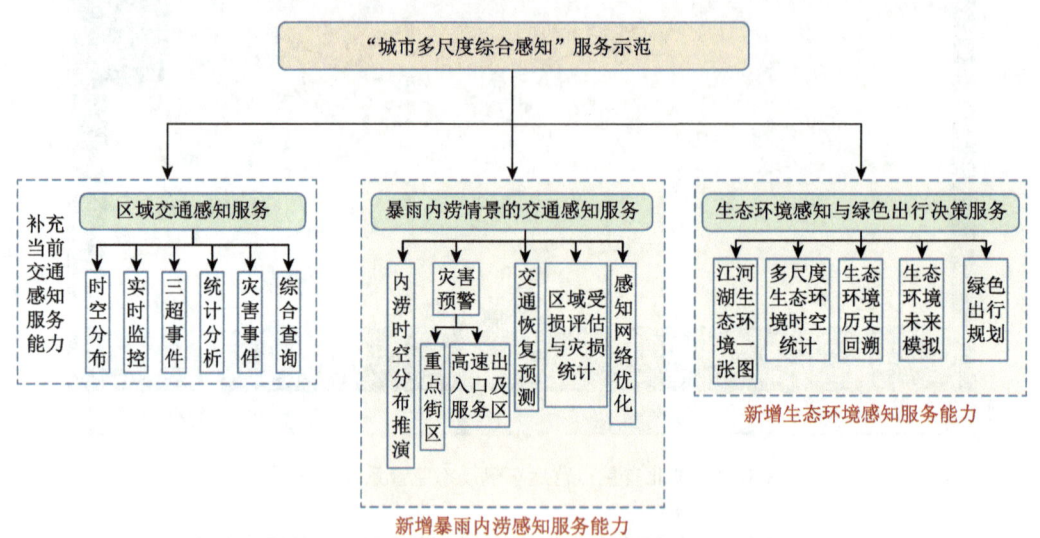

图 8-46　城市多尺度综合感知服务示范

三超事件：超速、超员、超载

区域交通感知服务主要展示日常情境下区域交通中重点营运车辆的感知与管理服务，满足大多数情况下的智慧交通感知需求，如交通运行多尺度的信息、重点车辆的实时监控、违规事件的挖掘、灾害事件信息预警、灾害事故综合感知和信息综合查询等。暴雨内涝情景的交通感知服务主要体现在暴雨内涝灾害发生前后的相关感知信息服务，以满足交通灾害应急管理需求。当前这个服务分属气象/水务部门和交通部门，尚未有效综合集成。服务示范内容包括降水内涝多尺度信息、暴雨内涝灾损智能统计、感知能力优化决策和暴雨内涝避险路径规划等。生态环境感知与绿色出行决策服务主要体现江河湖生态环境感知与区域交通的融合服务，在公众出行规划中考虑生态环境的不利影响，从而优化公众出行方案，这是现有城市交通感知服务缺乏的。服务示范内容包括江河湖生态环境多尺度信息、生态环境的时空统计、市民绿色出行规划决策和生态环境污染事件应急感知等。

因此，在这一服务示范中，日常情况下提供交通和生态环境的多尺度感知服务，助力实现智慧交通和绿色出行，而在灾害场景下提供暴雨内涝相关的感知服务，从交通环境安全的角度出发，提高交通防灾抗灾能力，进而从整体上提升重点营运车辆的感知与管理能力。这一服务示范场景不仅涉及区域交通多尺度综合感知服务，也包含暴雨内涝和江河湖生态环境的多尺度综合感知服务，是同时包含三类主题且突出交通的示范应用场景。这一综合的信息服务能力大幅超过了现有的交通信息服务的覆盖度和服务深度。

对于交通管理部门等政府用户而言，该应用服务示范可以提供多尺度综合感知的数据接口，便于政府规划建设海绵城市；要求统筹发挥自然生态功能和人工干预功能，实现城市良性水文循环，实现自然积存、自然渗透、自然净化的城市发展方式，增强城市防涝能力。另外，政府还需要掌握易涝区域的历史和预测信息，未雨绸缪，方便进一步规划城市公共设施建设，维持并完善城市的海绵功能，避免由内涝引发其他灾害事件，同时实现对公众的预警作用。

对于企业用户而言，有两种情况：一方面，对于参与建设海绵城市的企业而言，企业通过"渗、滞、蓄、净、用、排"等多种技术途径，提高对径流雨水的渗透、调蓄、净化、利用和排放能力，在暴雨内涝发生前、中、后期为政府和公众提供实时有效的信息服务；另一方面，对于直接应用城市多尺度综合感知的企业而言，本应用服务示范所提供的多尺度综合感知信息，可以直接推送给相关企业，或者提供相关数据的接口，为企业的科学决策提供强有力的数据支持。

对于公众用户而言，海绵城市建设尽可能减少了暴雨内涝对公众正常生活带来的影响，公众通过政府或企业获取积水或内涝相关信息，方便重新安排出行路线、出行方式等生活内容，及时规避暴雨内涝带来的不便和危险。同时作为"最智慧的传感器"，公众也可通过有效途径向政府和企业反映无法感知区域的内涝信息。

第 9 章

总结与展望

前述章节系统论述了城市综合感知的主要思想、共性体系、关键技术、核心装备和服务系统，体现了本系统相对于传统单一尺度或者单一主题城市感知系统的显著优势。近年来，工业互联网、云计算、物联网以及 5G 通信网已经成为现代城市建设中的基础设施，有望将城市中的实体要素全部关联起来，构成一个复杂开放的人机融合系统。在城市中人类与机器的融合应该超越单一的人类或机器智能的力量，通过协调人机之间的互动来打造真正自主智能的综合感知能力。因此，未来城市综合感知面临一系列新的发展机遇，仍需努力前行。

首先是未来人机融合感知的发展机遇。城市中可穿戴设备、健康健身追踪器、个人使用的标签和智能设备的普及，极大地丰富了社会感知的手段和范围，已经成为物理传感网络的重要补充，打通社会感知与物理传感之间的壁垒将会为城市综合感知能力带来新的跃升。城市中的每一个人都扮演着传感器的角色，对周围环境进行实时反馈。物理传感网络具有高度的准确性和易于处理的固定格式，数据可用密度很高。与之相比，社会感知的优势在于数据量大、速度实时、覆盖面广、观察密度高，可以详细记录人类的行为模式。社会感知与物理传感的有效集成将会将城市的最小管理单元下探到个人，未来的城市将会拥有前所未有的以人为中心的精细化综合感知能力，不仅可以监听城市的实时运行状况，还可以捕捉人类的空间行为模式，挖掘方方面面的社会特征，主要包括对地理环境的感受、地理空间的活动和运动以及个人之间的社会关系。

其次是未来感知即决策的发展机遇。城市综合感知能力的未来发展目标是采用各种信息通信技术以及感知手段，实时处理城市中每时每刻都在产生的海量数据，并基于此提高城市运作效率，满足城市居民当前和未来的经济、环境和社会需求，做到"感知即决策"。面对多网融合与空天地人集成化的综合感知数据，这意味着感知手段、内容、精度和时效都是多尺度的，这要求极大的算力支撑，还需要为城市装上高效的"操作系统"，其不仅能处理城市中的常规事务，自动组织与演化挖掘城市运行规律，还需要在面对城市异常与突发事件时，根据以往学习样本，提供可靠的决策支持。

最后是未来感知商业化的发展机遇。当前的城市综合感知还是一个比较庞大的系统工程，一般需要用户较大的投入。因此，目前用户还是以政府为主。随着综合感知相关技术不断成熟、软硬件成本不断降低以及普通民众对感知信息接收程度的不断提高，在未来商业化体系的支持下，城市综合感知有望成为普通民众的基础信息服务。在未来这一场景中，大众使用城市感知信息就如同使用水、电和网一样，会深入生活的方方面面，而不再是遥不可及的技术理念。为把握这一机遇，需要在相关商业模式上进行深入探索。

参 考 文 献

蔡博文，王树根，王磊，等. 2019. 基于深度学习模型的城市高分辨率遥感影像不透水面提取. 地球信息科学学报，21（9）：1420-1429.
蔡翠. 2013. 我国智慧交通发展的现状分析与建议. 公路交通科技（应用技术版），9（6）：224-227.
曹学章，高吉喜，徐海根，等. 2016. 生态环境标准体系框架研究. 生态与农村环境学报，32（6）：863-869.
陈波，马向平. 2019. 潍坊市耕地资源可持续利用评价及预测. 湖北农业科学，58（13）：56-59.
陈栋，张翔，陈能成. 2022. 智慧城市感知基站：未来智慧城市的综合感知基础设施. 武汉大学学报（信息科学版），47（2）：159-180.
陈建宏，杨彦柱. 2013. 统计学基础. 北京：北京理工大学出版社.
陈康，郑纬民. 2009. 云计算：系统实例与研究现状. 软件学报，20（5）：1337-1348.
陈能成，刘迎冰，盛浩，等. 2018. 智慧城市时空信息综合决策关键技术与系统. 武汉大学学报（信息科学版），43（12）：2278-2286.
陈文文，欧国立. 2019. 生态交通理论认识及区域生态交通状况评价——以北京市为例. 生态经济，35（5）：94-99.
陈子豪，张毅，刘瑜. 2020. 基于社交媒体感知城市旅游活动类型——以苏州市为例. 地理与地理信息科学，36（2）：54-61.
陈真勇，徐州川，李清广，等. 2014. 一种新的智慧城市数据共享和融合框架——SCLDF. 计算机研究与发展，51（2）：290-301.
党安荣，甄茂成，王丹，等. 2018. 中国新型智慧城市发展进程与趋势. 科技导报，36（18）：16-29.
杜豫川，刘成龙，吴荻非，等. 2022. 新一代智慧高速公路系统架构设计. 中国公路学报，35（4）：203-214. DOI:10.19721/j.cnki.1001-7372.2022.04.017.
冯圣中，樊建平. 2012. 高性能计算的智慧城市机遇与挑战. 集成技术，1（2）：84-87.
冯圣中，李根国，栗学磊，等. 2019. 新兴高性能计算行业应用及发展战略. 中国科学院院刊，34（6）：640-647.
高强，张凤荔，王瑞锦，等. 2017. 轨迹大数据：数据处理关键技术研究综述. 软件学报，28（4）：959-992. DOI:10.13328/j.cnki.jos.005143.
戈晶晶. 2017. 刘奕夫：智慧城市建设后的运维至关重要. 中国信息界，（6）：57-60.
郭庆华，胡天宇，刘瑾，等. 2021. 轻小型无人机遥感及其行业应用进展. 地理科学进展，40（9）：1550-1569.
郭仁忠，林浩嘉，贺彪，等. 2020. 面向智慧城市的 GIS 框架. 武汉大学学报（信息科学版），45（12）：1829-1835. DOI：10.13203/j.whugis20200536.
龚健雅，王国良. 2013. 从数字城市到智慧城市：地理信息技术面临的新挑战. 测绘地理信息，38（2）：1-6.
龚健雅，张翔，向隆刚，等. 2019. 智慧城市综合感知与智能决策的进展及应用. 测绘学报，48（12）：1482-1497.
谷琦. 2008. 网络信息资源组织管理与利用. 北京：科学出版社.
侯丽萍. 2020. 城市道路交通拥堵评价和判定标准研究. 城市道桥与防洪，（3）：9-11，17，8.
华先胜，黄建强，金仲明，等. 2021. 城市大规模视觉智能综述. 人工智能，（5）：6-15. DOI:10.16453/j.cnki.ISSN2096-5036.
黄树松，庄超然，史小金，等. 2019. 赵英芬. 国产陆地观测卫星在智慧社会中的应用. 卫星应用，（7）：24-27.

黄仲华, 李桂林, 龚勋, 等. 2019. 佛山时空大数据开创新格局. 中国建设信息化,（7）：30-33.
贾路颖. 2021. 5G 在智慧城市建设中的探索及应用. 长江信息通信, 34（5）：208-210.
江俊文, 王晓玲. 2015. 轨迹数据压缩综述. 华东师范大学学报（自然科学版）,（5）：61-76.
兰景涛. 2013. 洪水灾害损失评估指标体系研究. 中国人口·资源与环境, 23（S1）：158-160.
李德仁. 2019. 展望 5G/6G 时代的地球空间信息技术. 测绘学报, 48（12）：1475-1481.
李德仁. 2020. 数字孪生城市 智慧城市建设的新高度. 中国勘察设计,（10）：13-14.
李德仁, 李明. 2014. 无人机遥感系统的研究进展与应用前景. 武汉大学学报（信息科学版）, 39（5）：505-513, 540. DOI:10.13203/j.whugis20140045.
李德仁, 邵振峰, 杨小敏. 2011. 从数字城市到智慧城市的理论与实践. 地理空间信息, 9（6）：1-5, 7.
李德仁, 姚远, 邵振峰. 2014. 智慧城市中的大数据. 武汉大学学报（信息科学版）, 39（6）：631-640.
李德仁, 王密, 沈欣, 等. 2017. 从对地观测卫星到对地观测脑. 武汉大学学报（信息科学版）, 42（2）：143-149.
李德毅. 2010. 云计算支撑信息服务社会化、集约化和专业化. 重庆邮电大学学报（自然科学版）, 22（6）：698-702.
李海燕, 王金龙. 2021. 智慧城市关键支撑技术及实践分析. 智能建筑与智慧城市,（6）：23-24.
李建明. 2014. 智慧城市发展综述. 中国电子科学研究院学报, 9（3）：221-225, 233.
李君轶, 唐佳, 冯娜. 2015. 基于社会感知计算的游客时空行为研究. 地理科学, 35（7）：814-821.
李清泉. 2017. 从 Geomatics 到 Urban Informatics. 武汉大学学报（信息科学版）, 42（1）：1-6.
李清泉, 邵成立, 万剑华, 等. 2022. 优视摄影测量与泛在实景三维数据采集：以实景三维青岛为例. 武汉大学学报（信息科学版）：1-23. DOI:10.13203/j.whugis20220079.
李清泉, 邵成立, 万剑华, 等. 2022. 优视摄影测量与泛在实景三维数据采集：以实景三维青岛为例[J/OL]. 武汉大学学报（信息科学版）：1-23[2022-08-16]. DOI:10.13203/j.whugis20220079.
李信茹, 周民, 米屹东, 等. 2021. 智慧环保体系在环境治理中的应用. 环境工程技术学报, 11（5）：992-1003.
李莹, 林宗坚, 苏国中. 2017. 多视影像的城市实景三维生产关键技术. 遥感信息, 32（1）：35-39.
林宗坚, 李德仁, 胥燕婴. 2011. 对地观测技术最新进展评述. 测绘科学, 36（4）：5-8. DOI:10.16251/j.cnki.1009-2307.2011.04.031.
刘良云, 陈良富, 刘毅, 等. 2022. 全球碳盘点卫星遥感监测方法、进展与挑战. 遥感学报, 26（2）：243-267.
刘经南, 方媛, 郭迟, 等. 2014. 位置大数据的分析处理研究进展. 武汉大学学报（信息科学版）, 39（4）：379-385.
刘瑜. 2016. 社会感知视角下的若干人文地理学基本问题再思考. 地理学报, 71（4）：564-575.
刘瑜, 詹朝晖, 朱递, 等. 2018. 集成多源地理大数据感知城市空间分异格局. 武汉大学学报（信息科学版）, 43（3）：327-335. DOI:10.13203/j.whugis20170383.
刘锐, 詹志明, 谢涛, 等. 2012. 我国"智慧环保"的体系建设. 环境保护与循环经济, 32（10）：9-14.
刘锐, 刘文清, 谢涛, 等. 2020. "互联网+"智慧环保技术发展研究. 中国工程科学, 22（4）：86-92.
刘智慧, 张泉灵. 2014. 大数据技术研究综述. 浙江大学学报（工学版）, 48（6）：957-972.
吕北岳. 2013. 基于浮动车的深圳市道路交通运行评价研究. 武汉：武汉大学.
吕雪锋, 程承旗, 龚健雅, 等. 2011. 海量遥感数据存储管理技术综述. 中国科学（技术科学）, 41（12）：1561-1573.
裴衣非, 王艳艳, 李海荣. 2018. 基于云环境下的海量大数据存储系统的设计. 电子测试,（19）：54-55.
彭玲, 陈文建, 李高盛, 等. 2016. 基于空间大数据的智慧城市脉动可视化研究. 地理信息世界, 23（1）：58-63.
邵振峰, 张源, 黄昕, 等. 2018. 基于多源高分辨率遥感影像的 2m 不透水面一张图提取. 武汉大学学报（信息科学版）, 43（12）：1909-1915.
施建成, 郭华东, 董晓龙, 等. 2021. 中国空间地球科学发展现状及未来策略. 空间科学学报, 41（1）：95-117.
施巍松, 孙辉, 曹杰, 等. 2017. 边缘计算：万物互联时代新型计算模型. 计算机研究与发展, 54（5）：

907-924.

宋关福,钟耳顺,吴志峰,等.2019.新一代GIS基础软件的四大关键技术.测绘地理信息,44(1):1-8.

宋晓阳,黄耀欢,董东林,等.2018.融合数字表面模型的无人机遥感影像城市土地利用分类.地球信息科学学报,20(5):703-711.

苏欢欢,李伟强.2019.5G技术进展及其在智慧城市中应用探讨.中国新通信,21(17):95.

孙其博,刘杰,黎羴,等.2010.物联网:概念、架构与关键技术研究综述.北京邮电大学学报,33(3):1-9.

孙秋野,杨凌霄,张化光.2018.智慧能源——人工智能技术在电力系统中的应用与展望.控制与决策,33(5):938-949.

汪芳,张云勇,房秉毅,等.2011.物联网、云计算构建智慧城市信息系统.移动通信,35(15):49-53.

汪韬阳,李煕,田礼乔,等.2020.城市建筑群航天遥感动态监测.武汉大学学报(信息科学版),45(5):640-650.

王光辉,唐新明,张涛,等.2021.全国建筑物遥感监测与分布式光伏建设潜力分析.中国工程科学,23(6):92-100.

王建伟.2019.智慧环保在城市环境治理中的应用研究.环境与发展,31(7):239-240.

王晋川,何宏,张福临.2010.MapReduce框架与调度容错机制研究.中国储运,(12):90-91.

王静远,李超,熊璋.2014.以数据为中心的智慧城市研究综述.计算机研究与发展,51(2):239-259.

王鹏跃,郭茂祖,赵玲玲,等.2019.城市空气质量感知方法综述.计算机科学,46(S1):35-40,51.

王子涵,李纪雯,石涛,等.2021.构建城市管理精细感知体系研究.城市管理与科技,22(1):48-50.

魏敏.2018.智慧城市评价指标体系发展综述.长江丛刊,(30):129.

吴吉义,李文娟,曹健,等.2021.智能物联网AIoT研究综述.电信科学,37(8):1-17.

夏昊翔,王众托.2017.从系统视角对智慧城市的若干思考.中国软科学,(7):66-80.

项志勇,邹小玲,陈江平.2018.结合地理国情监测的宁波市生态环境评价指标体系的构建.测绘通报,(6):98-103.

许庆瑞,吴志岩,陈力田.2012.智慧城市的愿景与架构.管理工程学报,26(4):1-7.DOI:10.13587/j.cnki.jieem.2012.04.008.

徐敏,孙海林.2011.从"数字环保"到"智慧环保".环境监测管理与技术,23(4):5-7,26.

杨婧.2017.城市公共交通服务水平评价研究——以太原市常规公交为例.太原:山西财经大学.

杨靖,张祖伟,姚道远,等.2018.新型智慧城市全面感知体系.物联网学报,2(3):91-97.

杨礼平,武健强,高立,等.2019.基于MapGIS的城市地质信息系统的构建——以镇江市为例.现代测绘,42(4):57-60.

杨林瑶,陈思远,王晓,等.2019.数字孪生与平行系统:发展现状、对比及展望.自动化学报,45(11):2001-2031.DOI:10.16383/j.aas.2019.y000002.

姚晓婧,王喆,王大成,等.2019.智慧城市空间信息公共平台:城市数据价值之源.中国科学院院刊,34(10):1165-1175.DOI:10.16418/j.issn.1000-3045.2019.10.019.

余海霞,来勇,李晓龙,等.2017.杭州城市河道综合治理工程生态环境效应评估指标体系.水资源保护,33(3):90-94.

余文科,程媛,李芳,等.2020.物联网技术发展分析与建议.物联网学报,4(4):105-109.

於志文,於志勇,周兴社.2012.社会感知计算:概念、问题及其研究进展.计算机学报,35(1):16-26.

郁亚娟,郭怀成,刘永,等.2008.城市病诊断与城市生态系统健康评价.生态学报,(4):1736-1747.

袁勇,王飞跃.2016.区块链技术发展现状与展望.自动化学报,42(4):481-494.

苑宇坤,张宇,魏坦勇,等.2015.智慧交通关键技术及应用综述.电子技术应用,41(8):9-12,16.DOI:10.16157/j.issn.0258-7998.2015.08.002.

张新长,李少英,周启鸣,等.2021.建设数字孪生城市的逻辑与创新思考.测绘科学,46(3):147-152,168.

DOI:10.16251/j.cnki.1009-2307.2021.03.022.

张义, 陈虞君, 杜博文, 等. 2016. 智慧城市多模式数据融合模型. 北京航空航天大学学报, 42（12）: 2683-2690. DOI:10.13700/j.bh.1001-5965.2015.0858.

张永民, 杜忠潮. 2011. 我国智慧城市建设的现状及思考. 中国信息界,（2）: 28-32.

赵阿兴, 马宗晋. 1993. 自然灾害损失评估指标体系的研究. 自然灾害学报,（3）: 1-7.

赵平. 2019. 基于物联网技术的智慧消防建设. 智能城市, 5（18）: 83-84.

赵少华, 杨晓钰, 李正强, 等. 2022. 臭氧卫星遥感六十年进展. 遥感学报, 26（5）: 817-833.

赵跃. 2021. 智慧城市时空大数据云平台建设探讨. 测绘与空间地理信息, 44（1）: 93-95.

赵卓峰, 丁维龙, 韩燕波. 2016. 基于云架构的交通感知数据集成处理平台. 计算机研究与发展, 53（6）: 1332-1341.

郑南宁. 2016. 人工智能面临的挑战. 自动化学报, 42（5）: 641-642.

周成虎, 万庆, 黄诗峰, 等. 2000. 基于GIS的洪水灾害风险区划研究. 地理学报, 55（1）: 15-24.

朱庆. 2014. 三维GIS及其在智慧城市中的应用. 地球信息科学学报, 16（2）: 151-157.

朱庆, 朱军, 黄华平, 等. 2020. 实景三维空间信息平台与数字孪生川藏铁路. 高速铁路技术, 11（2）: 46-53.

Atkinson C, Kuhne T. 2013. Model-driven development: a metamodeling foundation. IEEE Software, 20（5）: 36-41.

Barroso L A, Dean J, Holzle U. 2003. Web search for a planet: The Google cluster architecture. IEEE Micro, 23（2）: 22-28.

Biswas K, Muthukkumarasamy V. 2016. Securing smart cities using blockchain technology. IEEE International Conference on Smart City, IEEE: 1392-1393.

Cassandras C G. 2016. Smart cities as cyber-physical social systems. Engineering, 2（2）: 156-158.

Chang T H, Tseng J S, Ye Y H. 2016. Green safety index representing traffic levels of service for online application. IET Intelligent Transport Systems, 10（6）: 421-427.

Chen N C, Xu C, Wang K, et al. 2014. Progress and challenges in the architecture and service pattern of earth observation sensor web for digital earth. International Journal of Digital Earth, 7（12）: 935-951.

Cheng Q, Liu H, Shen H, et al. 2017. A spatial and temporal nonlocal filter-based data fusion method. IEEE Transactions on Geoscience and Remote Sensing, 55（8）: 4476-4488.

Chow A H F, Santacreu A, Tsapakis I, et al. 2014. Empirical assessment of urban traffic congestion. Journal of Advanced Transportation, 48（8）: 1000-1016.

Du R, Santi P, Xiao M, et al. 2018. The sensable city: A survey on the deployment and management for smart city monitoring. IEEE Communications Surveys & Tutorials, 21（2）: 1533-1560.

Fang G, Gao Y. 2009. Construction of evaluation index system and evaluation model of flood disaster risk. Advances in Water Resources and Hydraulic Engineering, 1-6: 130-135.

Gao F, Masek J, Schwaller M, et al. 2006. On the blending of the Landsat and MODIS surface reflectance: Predicting daily Landsat surface reflectance. IEEE Transactions on Geoscience and Remote Sensing, 44（8）: 2207-2218.

Havlik D, Schimak G, Denzer R, et al. 2006. Introduction to SANY (Sensors Anywhere) Integrated Project. EnviroInfo: 541-546.

Hu C, Li J, Xiao C, et al. 2020. SOCO-Field: Observation capability representation for GeoTask-oriented multi-sensor planning cognition. International Journal of Geographical Information Science, 34（1/2）: 1-24.

Huang F H, Yu Y, Feng T H. 2019. Automatic extraction of urban impervious surfaces based on deep learning and multi-source remote sensing data. Journal of Visual Communication and Image Representation, 60: 16-27.

Ibba S, Pinna A, Seu M, et al. 2017. CitySense: Blockchain-oriented smart cities. Proceedings of the XP2017

Scientific Workshops: 1-5.
ISO. 2005. ISO/IEC 19502: Information technology-meta object facility (MOF). International Standard Organization.
Kloeckl K, Senn O, Ratti C. 2012. Enabling the real-time city: LIVE singapore!. Journal of Urban Technology, 19 (2): 89-112.
Li T, Shen H, Yuan Q, et al. 2017. Estimating ground-level $PM_{2.5}$ by fusing satellite and station observations: A geo-intelligent deep learning approach. Geophysical Research Letters, 44 (23): 11985-11993.
Li Z, Shen H, Cheng Q, et al. 2019. Thick cloud removal in high-resolution satellite images using stepwise radiometric adjustment and residual correction. Remote Sensing, 11 (16): 1925.
Liu Y, Liu X, Gao S, et al. 2015. Social sensing: A new approach to understanding our socioeconomic environments. Annals of the Association of American Geographers, 2015, 105 (3): 512-530.
Medina J R, Noorvand H, Shane U B, et al. 2020. Statistical validation of crowdsourced pavement ride quality measurements from smartphones. Journal of Computing in Civil Engineering, 34 (3): 04020009.
Nagurney A, Qiang Q, Nagurney L S. 2010. Environmental impact assessment of transportation networks with degradable links in an era of climate change. International Journal of Sustainable Transportation, 4 (3): 154-171.
O'Keeffe K P, Anjomshoaa A, Strogatz S H, et al. 2019. Quantifying the sensing power of vehicle fleets. Proceedings of the National Academy of Sciences, 116 (26): 12752-12757.
Rajkumar R, Lee I, Sha L, et al. 2010. Cyber-physical systems: the next computing revolution. Design Automation Conference. IEEE: 731-736.
Scuotto V, Ferraris A, Bresciani S. 2016. Internet of things applications and challenges in smart cities: A case study of IBM smart city projects. Business Process Management Journal, 22 (2): 357-367.
Shi Q, Abdel-Aty M. 2015. Big data applications in real-time traffic operation and safety monitoring and improvement on urban expressways. Transportation Research Part C: Emerging Technologies, 58: 380-394.
Skoien J O, Schulz M, Dubois G, et al. 2013. A model web approach to modelling climate change in biomes of important bird areas. Ecological Informatics, 14: 38-43.
Tang X, Shu Y, Lian Y, et al. 2018. A spatial assessment of urban waterlogging risk based on a Weighted Naïve Bayes classifier. Science of the Total Environment, 630: 264-274.
Uusitalo M A. 2006. Global vision for the future wireless world from the WWRF. IEEE Vehicular Technology Magazine, 1 (2): 4-8.
Visconti M, Cook C R. 2002. A Meta-model Framework for Software Process Modeling//Product Focused Software Process Improvement. Berlin: Springer.
Wang B, Fu Y, Xie Y, et al. 2017. A review on evaluation method of economic loss of flood in the world. Journal of Catastrophology, 22 (3): 95-99.
Wang D, Szymanski B K, Abdelzaher T, et al. 2019.The age of social sensing. Computer, 52 (1): 36-45.
Younes M B, Boukerche A. 2015. A performance evaluation of an efficient traffic congestion detection protocol (ECODE) for intelligent transportation systems. Ad Hoc Networks, 24: 317-336.
Zhao G, Pang B, Xu Z, et al. 2019. Assessment of urban flood susceptibility using semi-supervised machine learning model. Science of the Total Environment, 659: 940-949.
Zhu X, Chen J, Gao F, et al. 2010. An enhanced spatial and temporal adaptive reflectance fusion model for complex heterogeneous regions. Remote Sensing of Environment, 114 (11): 2610-2623.